대환란
제3권
적그리스도 출현

신학박사 송기호 지음
(송기호 박사 111번째 저서)

정오출판사

머 리 말

마지막 시대에 대한 비밀을 연구한다는 것은 심히 어려운 일임에도 불구하고 이 위대하고 엄청난 과업을 부족한 종에게 맡겨주신 아버지 하나님께 진심으로 감사를 드립니다.
언제나 주 안에서 저에게 일하게 하시고 말씀을 연구하도록 힘과 용기를 주시고 그리고 마지막 사건을 연구하도록 이모저모로 지혜와 지식을 주시며 도와주시는 성령께 아울러 감사를 드립니다.
　본서는 위대한 과업이나 업적을 남기기 위한 것이 아니고 그리스도 안에서 살려는 모든 성도들에게 성서를 통한 마지막 때의 비밀을 다소나마 알리기 위해서 기술된 것임을 잊으면 안 됩니다. 솔직히 본서는 교회당이나 많은 사람이 모인 가운데 강연이나 강론된 것이 아니고 조그만한 교회에서 주일 낮과 수요일 저녁 시간을 통하여 설교와 성경공부가 된 것을 저자의 인격과 취향에 맡도록 배열한 것인 만큼 문장이 화려하거나 미려, 웅장한 것은 아님을 밝혀 둡니다.
　본서에는 여러 면에서 미비하고 불안전한 곳이 있음을 양지하시기를 바랍니다. 왜냐 하니 대 환란 제1권 서막이나 제2권 피난처뿐만 아니라 마가복음연구 제1권에서도 밝힌바 있거니와 본인은 어느 책을 인용이나 인조 또는 카피해서 규격과 규칙에 맞추어 끼워 넣은 것이 전혀 없다보니 문장이 아름답지 못하고 거칠며 문제가 단순함을 자인하고 있습니다.

본서를 연구함에 있어서 마땅한 참고 서적이 없는 것도 솔직히 문제이였지만 그보다 가장 어렵고 힘든 것은 신구약66권속에서 각기 필요한 성서구절 하나하나를 찾아내는 작업 그것이었습니다. 이로 인하여 땀도 노력도 수고도 했지만 솔직히 기도와 눈물도 많이 흘렸습니다. 그럴 때마다 용기와 힘, 지혜와 지식을 주시고 나아갈 길을 인도해 주신 주님께 진심으로 감사를 드리고 있기에 본서는 솔직히 우리 주 예수 그리스도 그분께 드리는 책입니다.
 그리고 어렵고 힘든 가운데 대 환란 3권을 세 번째 재판 할 수 있도록 도와주신 아버지 하나님께 감사를 드립니다.

 특별히 뒤에서 일생동안 이름도 빛도 환영도 없이 본인을 도우며 조언을 아끼지 아니하는 아내(정오출판사 대표 오영순목사)와 언제나 기도시 마다 아빠의 출판을 위해 기도하는 사랑하는 자녀(송영아목사, 사위 정지일목사, 송영주목사, 송영석강도사, 며느리 김지연 집사) 진심으로 감사드립니다.
 본서는 추호만큼도 타인의 지적 소유권을 침범한 것이 없음을 알리며 예화나 신앙 간증이나 고백 등이 전혀 삽입되지 아니했음도 알립니다.
 본서가 오직 독자 여러분이 종말론 연구에 다소나마 보탬이 되기를 바라는 마음 간절합니다.

감사합니다.

2024년 1월

먼저 알아 두어야 할 사항

① 본서의 뒤에는 참고서적의 목록들이 전혀 나오지 않습니다. 그 이유는 본서는 그 어느 서적도 참고(참조)한 것이 없기 때문입니다.
② 본서는 신구약 66권만 참고했음을 알립니다. 그러므로 다른 사람의 지적소유권은 추호만큼도 도적질해서 넣은 것이 없습니다.
③ 본서에는 예화나 실화뿐 아니라 어느 학자의 책이나 내용을 소개한 것이 전혀 없으며 다른 사람의 주의나 주장을 삽입한 것도 없음을 밝힙니다.
④ 본서는 저자가 섬기는 교회에서 설교와 성서공부 시에 강론된 것들을 모은 것인 만큼 신학과 철학, 사상적으로 구성되거나 집필된 것은 아닙니다. 독자 여러분은 이점을 이해하여 주시기 바랍니다.
⑤ 본서는 66권 성서만을 중심(참고)하다 보니 문장이나 문체가 아름답거나 미끄럽지 못함을 인정합니다. 독자 여러분들의 양해를 구합니다.
⑥ 본서는 "적그리스도 출현"인바 "적그리스도 출현"은 총 18장으로 구성되어져 있습니다. 그럼에도 본서에는 제4장까지만 기술하고 나머지 14장은 대 환란 제4권으로 넘어가 있음을 양해하시기 바랍니다.
⑦ 본서에 대하여 신학자나 성서학자 목회자나 기타로서 비판이나 거부, 반대하고자 하는 자가 있으면 본인은 그들에게 먼저 충고와 비판을 해둡니다. 당신 자신이 먼저 종말론 연

구를(대 환란) 집필해서 출간하라고 말입니다. 그것에는 남의 것을 카피하거나 도적질을 해서 넣지 말고, 그러면 그것이 본서에 대한 비판이 될 것입니다.

2024년 1월

저 자 송 기 호

<차   례>

제 5 편 피난처

제10장 피난처는 어디이어야 하는가? ················· 15
1. 피난처는 에덴동산이어야 하는가? ························ 17
2. 피난처는 공중이어야 하는가? ····························· 18
3. 피난처는 사막과 깊은 산중이어야 하는가? ············ 20
4. 피난처는 성전과 교회당이어야 하는가? ················ 22
5. 피난처는 기도원 등이어야 하는가? ······················ 26
6. 피난처는 이미 이름난 산들이어야 하는가? ············ 29
7. 피난처는 이유 불문코 지구 안에 있어야 하는가? ···· 31
8. 피난처는 하나님만 아시는 곳이어야 하는가? ·········· 33
9. 피난처는 대 환란 시작과 동시에 나타나는
   곳이어야 하는가? ··· 35

제11장 피난처에는 누구와 더불어 가는가? ············ 38
1. 피난처에는 자기 혼자 들어가는가? ······················· 38
2. 피난처에는 여러 명씩 합숙하는 경우도 있는가? ······· 40
3. 위장된 피난처는 속임수임 ·································· 42
4. 두뇌적 피난처의 개념을 버려야함 ························ 46
5. 자기라는 우상을 버려야 피난처를 생각할 수가 있음 ·· 48
6. 피난처로 자기 가족은 데려가지 못함 ···················· 51
7. 피난처에는 자기 혼자는 있지 아니할 것임 ············· 53
8. 피난처로 보내어지는 자는 이웃이 알지 못함 ·········· 57

9. 피난처에서는 이 지상의 교파나 교단적 소속
   따위는 필요가 없음 ································· 60

제12장 피난처에 모일 자는 어떤 자들인가? ·········· 66
1. 구약에서 ·· 67
2. 신약에서 ·· 69
3. 예수의 가르침에서 ·· 70
4. 요한 계시록에서 ·· 71
5. 인간이 보는 관점 ·· 73

제13장 피난처의 주인은 누구인가? ······················ 77
1. 피난처에는 아무나 들어가는 것이 아님 ········ 78
2. 피난처는 어느 누구에게 이미 주신 것이 아님 ········ 79
3. 피난처는 주인이 있는 만큼 초청을 받아야 들어감 ··· 81
4. 피난처의 주인은 누구인가? ·························· 82
5. 피난처의 주인은 그리스도이심 ····················· 85

제14장 피난처로는 누가 인도하는가? ···················· 88
1. 영물들인가? ·· 90
2. 인간들인가? ·· 91
3. 피난처로는 여호와가 인도하심 ····················· 93

제15장 피난처에서는 언제까지 머물러 있을 것 인가? ·· 96
1. 때가 찰 때까지 임 ·· 97
2. 명령이 내려질 때까지 기다려야 함 ············· 99
3. 그곳에 머물러야 할 그때까지 있어야 됨 ··············· 100

4. 지상에서 대 환란의 때가 지나간 그때까지
   기다려야 함 ··· 101
5. 지상에 임할 각종 재앙이 끝날 그 때까지 머물러야함 ·· 102
6. 적그리스도의 때가 찰 때까지는 머물러 있어야 함 ·· 104
7. 그리스도께서 다시 오시어서 승리할 그 때까지
   머물러 있어야 함 ··· 105

제16장 피난처에서는 언제 나올 것인가? ········· 108
1. 피난처에서 왜 나오게 되는가? ···················· 108
2. 대 환란이 끝나면 나오게 됨 ························ 110
3. 이 세상 종국직전에 나오게 됨 ···················· 111
4. 그리스도의 재림 이전에 나오게 됨 ············· 112
5. 악한 자를 결박할 때 나오게 됨 ·················· 114
6. 어린양의 혼인잔치가 시작되면 나오게 됨 ········· 116
7. 피난처에서의 규칙과 룰 ······························ 117

제17장 피난처가 철저히 될 수 없는 곳 ············ 120
1. 기존의 지상 교회당들은 피난처가 될수 없는 곳들임 ·· 121
2. 지상의 기도원들이나 수도원들은 피난처가 못됨 ···· 123
3. 이미 알려진 유명산들은 피난처가 될 수 없음 ········ 126
4. 피난처는 대, 중소 도시는 거의가 될 수가 없음 ·· 129
5. 피난처는 이미 알려진 곳은 될 수가 없음 ············ 131

제 6 편 말세 기독교회에 나타날 현상들 ·· 135

제1장 말세(말기) 교회당적 현상 ···················· 140

1. 거짓 그리스도가 성행하고 날뛰게 됨 ·············· 144
2. 그리스도의 교회당들이 거짓자들의 미혹과
   불법에 떨어짐. ································· 147
3. 말세 교회당에는 멸망의 가증한 것들이 등장함 ····· 149
4. 기독교회(말기교회)가 신비주의화 함 ············· 153
5. 광야 예수, 골방 예수 ························· 156
6. 그리스도교의 권위와 목회자의 권위가
   말기에는 떨어짐 ······························· 159
7. 말기 기독교회에 이질화 현상이 나타남 ············ 162
8. 말기 기독교회는 그리스도의 재림 때를 잊어버림 ·· 166
9. 현세는 홍수전 노아의 때와 같음 ················ 170
10. 현세는 롯의 때와 같음 ························ 173
11. 교회당 안이 시끄러워짐 ······················· 176
12. 신자의 방탕과 술취함 ························· 178
13. 말세(말기)에는 교회당이나 신자가 공히 잠들게 됨 ·· 182
14. 마지막 때의 기독교회들은 오시는 그리스도를
    맞을 준비가 없음(하지 아니함) ················· 185
15. 하나님의 소유를 맡을 자가 없어짐 ·············· 188
16. 극심한 말씀의 기갈과 주림의 때가 도래함 ········ 191

제12장 마지막 때의 교회당들에 일어날 일들 ········ 196
1. 마지막 때 교회당들은 대형화 함 ················ 197
2. 마지막 때의 교회들은 교인들 수효에 치우침 ······· 201
3. 마지막 때의 교회당은 헌금의 부피에
   신경과민현상을 보임 ··························· 207

4. 마지막 때의 교회당들은 권위주의, 교회주의에
   젖음(빠짐). ·· 212
5. 광야 예수, 골방 예수 ································ 217
6. 마지막 때의 교회당들은 홀로서기 운동을 전개함 ·· 221
7. 마지막 때의 교회당들은 문이 닫히는 현상이 나타남 ·· 225
8. 마지막 때에는 주의 종들에게 극심한 타락
   현상이 나타남 ·· 229
9. 마지막 때 교회당들의 위치 ······················ 233
10. 말기 교회당적 파문들 ······························ 237
11. 환란 시 교회당들의 실상 ························ 245

제 7 편 "적그리스도의 출현" ············· 249

제1장 적그리스도의 출처 ·················· 265
1. 적그리스도는 이방에서 나타날 것인가? ············· 269
2. 적그리스도는 유대인 가운데 나타날 것인가? ········ 275
3. 적그리스도는 단 지파에서 나올 것인가? ············· 280
4. 적그리스도는 시오니즘에서 나올 것인가? ············ 284
5. 적그리스도 출현에 대한 성서의 예언들 ············· 287
6. 나타날 적그리스도의 형태들 ······················ 301

제12장 마지막 때의 교회당들에 일어날 일들 ······· 314
1. 적그리스도의 출생지는 마곡에서인가? ··············· 315
2. 적그리스도의 출생지는 로스에서 인가? ············· 317
3. 적그리스도의 출생지는 이방의 바벨론 쪽인가? ····· 320

4. 적그리스도의 출생지는 유대와 예루살렘 쪽인가? ·· 323
5. 적그리스도의 출생지는 바다에서 인가? ············· 329
6. 적그리스도의 출생지는 단에서 인가? ··············· 332
7. 적그리스도의 출생지는 10분국에서 인가? ········ 336
8. 적그리스도의 출생지는 기타 지역인가? ············ 340

제3장 "적그리스도의 명칭" ···················· 345
1. 정치와 관계가 된 것(왕) ···························· 346
2. 신과 관계가 된 것 ·································· 354
3. 대 환란에 관계된 것 ································ 360
4. 종교와 관계된 것 ···································· 365
5. 속임수와 관계된 것 ·································· 373

제4장 적그리스도의 나타날 시기(출현 시기) ········ 379
1. 10분국 시대 ··· 381
2. 적그리스도는 마지막 때에 나타남 ·················· 385
3. 적그리스도의 나타날 시기는 유대의 독립 이후임 ·· 388
4. 적그리스도가 나타날 시기는 두 증인의 때가
   지나가야 함 ··· 395
5. 적그리스도가 나타날 시기는 무저갱에서 마귀가
   나온 후임 ·· 398
6. 적그리스도의 나타날 시기는 그리스도의 재림 직전임 ·· 403
7. 적그리스도가 나타날 시기와 유대의 성전 건축 ······ 408

제 5 편

피 난 처

대환란 제 2권
"제5편 피난처"의 연속입니다.

제10장 피난처는 어디이어야 하는가?

　우리는 제2장에서 "잘못된 피난처 관"을 상고했고 제4장에서는 "피난처는 어떤 곳일까"를 상고했는데 혹자는 본장 이 제2장, 제4장의 내용과 중복되는 부분이 많다며 불평하고 이를 탓할지 모르겠습니다. 그러나 상호간 약간의 차이점이 있고 각 장에 따라 각기 전달해야할 과제와 진리가 따로 있기 때문에 부득이 보완해서 전달하는 것인 만큼 양해를 바랍니다.
　무엇보다 대 환란의 때가 점차 가까워지니 사람들의 심리적 상태와 동향이 피난처를 향해 쏠리고 피난처란 이 세상의 그 무엇보다도 가장 귀하고 복되고 안전하며 가치 있는 곳으로 등장하게 되었습니다. 그럼에도 우리는 그곳을 알지도 알 수도 없으니 답답하고 짜증스럽습니다. 솔직히 지금에서 우리는 그 곳을 알려는 수고와 노력을 전혀 하지 아니하고 있습니다. 왜냐 하니 무지막지한 탓도 있고 이런 것은 여호와에게 전적 속한 것이지 우리에게 속한 것이 아니라며 수수방관해 버린 탓도 있기 때문입니다.
　성서에 보면
"오묘한 일은 우리 하나님 여호와께 속하였거니와"라고(신명기 29:29상반절).
이미 기술하고 있는 것을 하나의 기화나 핑계 삼아 피난처는 장차의 문제인 만큼 인간은 오늘의 현실이 더 급선무라 외치며 의식주 문제 특히 식과 색의 문제에 상당한 정력과 시간과 물질을 투자해 버리니 정로에서 상당히 빗나가 있는 것을 봅니다.

과연 피난처는 어디인가와 어디이어야 하는가? 여기에 대하여는 지금까지 문맹국이나 비문화국들일수록 숱한 사람들이 요리조리 속였고 수단과 방법을 가리지 아니하고 사기를 쳤으며 지금도 세계의 도처에서 종교적 모리배들과 종교적(기독교적) 무당과 복술가들과 기독교적 고등사기배들이 갖은 감언이설로 피난처란 바로 여기 또는 이산이다고 속이거나 아니면 저기 또는 저 기도원과 수도원이라면서 속이고 있는 것을 보고 있습니다. 우리에게 눈이 있고 귀가 있으면 세계의 기독교적 동향과 들리는 각종소리를 들어보십시오. 악한 자들과 속이는 종교적 망둥이들이 교회당을 이용해서 무엇이라고들 외치고 전달하는지를 말입니다.

솔직히 이제까지 기독교회당들 안에서 무엇보다 가장 문제의 이슈화가 된 것은 바로 지상의 피난처는 어디이고 어디이어야 하는가 하는 그것이었습니다. 그것 때문에 수많은 사람들이 자연 이리 밀리고(여의도 5.16광장, 잠실 학생체육관, 남산 야외음악당) 저리 밀리며(지리산, 계룡산, 삼각산, 관악산) 또한 이리 뛰고(각종 기도원들) 저리 뛰고(각종 금식 기도원들) 하는 것 아닙니까? 그럼에도 그것들은 마지막 때에 각자가 살기 위한 하나의 하소연이고 몸부림인 것을 어찌할 것입니까?

그렇다면 피난처는 과연 이 시점에서 어디이어야 합니까? 이를 우리 편에서 상고해 보는 것이라 해도 말입니다. 그럼에도 여기서 반드시(먼저) 유의해 두어야할 것은 피난처는 절대로 이 지구 권을 벗어나서는 아니 되고(시간과 공간) 벗어날 수도 없다는 것을(피난처는 영원성을 입은 곳이 아님) 무엇보다 명심해야 할듯합니다.

피난처는 성서에 나와 있는 그대로 "네가 고난 중에 부르 짖으매 내가 너를 건졌고" 할 정도의(시편 81:7상반절) 장소인 만큼 지구권을 벗어난 공중의(우주) 어디라는 야바위꾼들의 휴거적 속물근성을 철두철미 벗어던지지 아니 하면 안 됩니다. 그런 것에서 모든 피조물의(마귀 : 귀신들 포함) 구경거리가 되거나(고린도 전서 4:9) 웃음거리가 되어서도 아니 됩니다(시편 80:6). 그럼 피난처는 어디여야 합니까?

1. 피난처는 에덴동산이어야 하는가?

상당수의 사람들이 피난처라 하면 에덴동산을 머릿속에 먼저 떠올리고 생각들을 합니다. 그러다 보니 에덴에서 인간이 범죄 했을 때(창세기 3:1~6) 하나님은 인간을 이 지구로 내어 쫓으신 것 마냥(창세기 3:22~23) 이 지상에서의 피난처로는 뭐니 뭐니 해도 에덴동산이 가장 안성맞춤이 아닐까 생각하는 오류를 범하고들 있습니다.

에덴동산이 장차 지상의 대 환란 때에 행여나 피난처가 아닐까고 생각하는 자가 상상 이외로 많다는 것은 이미 심각한 사건이며 우려할만한 일입니다. 에덴동산은 어떤 경우에서든 간에 피난처도 아니고 장차 우리가 돌아갈 복락원도 사실은 아닙니다. 솔직히 그렇게 될 수도 없고 되어도 아니 됩니다. 에덴동산은 어느 면으로 보나 이미 이 지구에서 벗어나 있기에 피난처로는 결코 적합하거나 적당치 못합니다. 왜냐 하니 에덴동산은 과거에 이미 마귀가 더럽힌 곳이며 마귀가 익히 알고 있는 곳이기 때문입니다(창세기 3장).

에덴동산은 과거 사단이 산 곳이고 오고간 곳이므로 누구보다 그곳의 사정을 사단이 더 잘 압니다. 사단이 누구보다 익히 알고 있는 곳이면 그곳이 어디에 있는 어떤 곳이든 간에 이미 피난처는 아닙니다. 될 수도 없고 말입니다. 이것이 성서의 가르침이고 하나님 아버지께서 요구하는 처음부터의 요구사항입니다.

어떤 이는 에덴이 천국이라도 되는 양 "에덴을 사수하라"거나 "에덴을 사모하라"거나 아니면 에덴으로 나아가자고 외치지만 사실 에덴은 에덴동산 그 이상도 아니고 그 이하도 아닌 그것 그대로일 뿐입니다. 에덴은 누구보다도 사단이 더 잘 압니다. 에덴에서 여호와의 눈을 피해 인간을 속이고 넘어뜨렸기에 사단은 여기에 대하여 아직도 호기심과 비상한 관심을 가지고 있습니다. 여호와께서 이곳을 피난처로 꾸미려 해도 아니 되는 것은 사단이 익히 아는 곳이고 사단이 전에 난장판화한 곳이니 또한 그곳에는 우려할만한 생명 과일과 선악과가 그대로 아직까지 남아 있는 곳인 만큼 어느 면으로 보아도 피난처로는 적합하지 못합니다.

그러므로 에덴으로 이제 다시 돌아간다(복락원)라는 사고와 사상과 신앙 따위를 철두철미 배격하고 벗어버려야 고차원적 우상숭배에서 벗어날 수가 있습니다.

2. 피난처는 공중이어야 하는가?

여기서는 피난처가 공중의 어디가 아닌가 생각케 되는데 이런 경우는 무엇보다 공중휴거를 주장하는 자들이 피난처와 공중휴거를 혼돈하거나 끌어다 붙이려함에서 기인된 것인 듯합니다. 그러다 보니 성서에 나타나는

"우리 살아남은 자도 저희와 함께 구름 속으로 끌어 올려

공중에서 주를 영접하게 하시리니"(데살로니가 전서 4:17). 라고 하는 이 성서가 문제인데 이를 오해한 이들은 본문을 "공중휴거"로 보지만 사실상 데살로니가 전서 4:17절의 후미인 "그리하여 우리가 항상 주와 함께 있으리라" 한 말씀을 보면 이는 공중휴거와는 거리가 먼 것이 아닙니까?

솔직히 어떤 이들은 여호와께서 그 때에 공중의 어디를 피난처로 조성해 두신 것이 아닌가고 반문하는 자도 있습니다. 그러다 보니 어딘지 모르게 피난처와 공중휴거를 연관과 연계시키려는 경향이 뚜렷이 보이는데 이것은 동석이나 긍정할 수 없는 대단히 잘못된 사고와 신앙들입니다.

그리스도교의 잘못된 지도자들은 장차 신자는 공중에서 그리스도를 맞이하게 되는데 그 때 그곳에서 3~7년간(보편적으로는 7년간) 살게 되는 양 단단한 오해를 한 나머지 이를 선전하는 경우를 보는데 이것은 고차원적 모순의 악이며 현실을 기피하고 도피해 보려는 거짓자들의 악의에 차고 얄팍한 헛된 수작으로서 종교적 모리배들의 현대적 악한병폐입니다.

어처구니없는 것은 어떤 이는 공중의 별들 가운데 그 하나가 특히 헬리 혜성이나 그리스도께서 이 세상에 처음 오셨을 때에 나타난 동방의 별과(마태복음 2:1~4) 같은 것들이 장차 이 세상에 나타날 피난처가 아닐까고 의문을 제기하는 자들도 봅니다. 또한 어떤 이들은 장차 나타날 우주시대의 우주 식민지들이 피난처가 아닐까고 이야기하는 것들을 보기도 합니다.

이런 것들은 모두가 스스로 가져보는 단순한 의혹은 될지언정 그런 것이 피난처는 절대로 아닙니다. 피난처란 이 지구권에서 단 한 걸음도 벗어나지 아니하고 벗어날 수도 없는 것입니다.

폐일언하고 공중은 이때 공중 이하도 아니고 이상도 아닙니다. 공중과 하늘은 그리스도께서 다시 오실 때 불태워(베드로 후서 3:7, 3:10) 버릴 것이므로(베드로 후서 3:10) 공중에 대한 지나친 미련과 선입관념은 금물임으로 버려야 합니다. 이것을 창조주 하나님의 만세전의 경륜과 뜻과 섭리라고 한다면 무엇보다 우리는 피난처의 공중개념(고차원)에서 철두철미 벗어나야 합니다. 공중이 피난처가 아님을 우리는 여호와께 감사드려야 합니다.

성서는
"너도 대적을 인하여 피난처를 찾아보리라"고(나훔 3:11).

3. 피난처는 사막과 깊은 산중이어야 하는가?

"양과 염소의 가죽을 입고 유리하여 궁핍과 환란과 학대를 받았으니 이런 사람은 세상이 감당치 못하도다 저희가 광야와 산중과 암혈과 토굴에 유리 하였느니라"고(히브리서 11:37~38).

상당수의 사람들은 피난처란 어디까지나 모두가 모르는 곳이 되어야 하는데 그런 곳이라면 행여나 사막이나 깊은 산중의 어디가 가장 적합하고 안성맞춤의 장소가 아닐까고 반문과 지적을 하는 자들을 봅니다. 의미와 일리가 충분히 있는 지적들입니다.

사실 여러 가지 면과 여건을 종합하고 참작해 보면 광야와 깊은 산중이 그 어느 곳보다도 가장 피난처로서는 적합하고 안전한 곳임에는 부정할 수가 없습니다. 그런다고 해서 깊은 산중이나 광야들 모두가 피난처이다거나 여기에 반대를 하기 위해 모두가 아니라고 하기란 심히 어렵습니다. 사막이나 광야 그리고 깊은 산중이라면 그런 속의 일부가 활용될 가능성은 다분하고 존재론적으로도 그럴 가능성이 매우 높습니다. 누구보다도 이런 문제는 여호와 하나님이 더 잘 아시고 계실 것입니다.

솔직히 피난처는 여호와 하나님의 장중이요 그가 친히 조성하신 곳인 만큼 한 치의 오차나 모순된 점이 없이 시종과 좌우가 질서정연하게 잘 진행되고 역사되고 있지만 그럼에도 지금에서는 철저히 만사가 잘 가려져 있고 누구의 눈에도 보이지 아니하게 잘 감추어져 있음을 잊어선 아니 됩니다.

우리나라의 강원도 산악지역을 가서 둘러보면 사람의 발자국이 전혀 미치지 못한 지역이 더러 있습니다. 너무 악산이어서 그런지는 모르나 인적이 거의 없는 지역이 한 두 곳이 아닌데 그런 곳을 볼 때마다 이런 곳은 만세전부터 여호와가 어떤 뜻이 있어서(깊은 뜻) 이렇게 조성해 두신 것이라고 생각할 때 분명 여기서 느끼고 깨닫는 바가 크고 많습니다. 한국의 경우는 다른 나라에 비해 산악지역이 보편적으로 많은데 그것은 기독신자들이 많은 것과 연관성이 있는지도 모를 일입니다. 전혀 관계가 없다고 보지 못할 것입니다. 아직도 전국적으로 발견되지 아니하고 감추어지고 숨겨진 동굴들도 있을 것이니 이 또한 한 과제물이 됩니다.

사막이나 광야도 피난처로는 안성맞춤인데 우리나라의 경우는 사막이나 광야가 없기 때문에 이 땅의 그리스도인들이 사막이 많은 지역과 광야지역으로 피난을 보내어진다는 것은 기대하기가 심히 어렵다고 보아야 합니다. 혹시 보내어질 자가 없는 것은 아니지만 그럼에도 그것은 극소수가 될 것이니 말입니다.

마지막 대 환란을 눈앞에 두고 있는 오늘의 성도들이 심히 유의해야할 것은 대 환란이 언제 시작이 되고 믿는 신자를 피난처에로 언제쯤 보내어질지 모르므로 피난처에로 가려면서 빈손으로 갈 수는 없는 것 아닙니까? 피난처에로 지금에서 입은 옷 그대로, 신은 신도 그대로 갈 것이지만 여호와의 말씀인 성서는 가지고 가야 여러 해(4~7년) 그곳에서 머물며 읽고 기도하며 지낼 것 아닙니까? 성도는 이 시점에서 어디를 갈 때 성서를 가지고 다니는 도리와 의무를 익히고 배워두어야 합니다.

4. 피난처는 성전과 교회당이어야 하는가?

"저는 대적하는 자라 범사에 일컫는 하나님이나 숭배함을 받는 자위에 뛰어나 자존하여 하나님 성전에 앉아 자기를 보여 하나님이라 하느니라"고(데살로니가 후서 2:4).

과연 선민들에게는 성전이(제4성전) 피난처가 되고 이방인들에게는 기존의 교회당들이 피난처가 되어져야 하는 것입니까? 솔직히 지금의 교회당에서 신자들은 자기가 출석하고 있는 교회당이 현실적 피난처가 되기를 은근히 바라고 염원하며 기다리는데 말입니다. 그럼에도 불구하고 기존의 교회당들은 어느 것도 피난처가 아니고 못되니 이를 어찌할 것입니까?

과거 유대인들에게 환란이 일어나니(AD 70년) 그 어디보다도 성도인 예루살렘과 여호와의 성전인 예루살렘 성전이 가장 안정된 피난처가 아닐까하는 기대감(기대심리)과 소망 때문에 너도 나도 예루살렘으로 모여왔다가 떼죽음을 당한 것은 산 역사의 증거로 생생히 남아있지 않습니까? 이 때 유대인들 가운데 살아남은 자는 그리스도 교인을 제외하고 겨우 96,000여 명이였느니 전체인구의 93~94퍼센트 정도는 함께 떼죽음을 예루살렘 도성 안에서 당한 것이고 겨우 6~7퍼센트 정도가 살아남았는데 그것은 지금에서 과연 무엇을 의미하는 것입니까? 다가올 대 환란의 때에도 현실은 그러하다는 것을 단말마적으로 보이고 가르치는 것 아닙니까? 역사의 회전은 언제나 동일하니 말입니다.

AD 637년에 마호멜 교도들에 의해 예루살렘성이 다시 점령을 당할 때 역시 그 곳에 남아있는, 흩어졌다가 그곳에 다시 돌아온 자들 역시 재차 일부는 죽음을 당하고 흩어졌는데 이를 예의 주시해 보면 예루살렘과 성전은 저들에게 피난처로는 적합하지 못하고 오히려 사사건건 화근이 되고, 죽음의 칼이 임할 때마다 항상 제1차적 대상이었음을 알게 됩니다.

그리스도의 교회들도 처음 얼마간은(제1세기 초반) 예루살렘에 머물렀으나 제1세기 후반부터는 점차 예루살렘을 벗어나게 되었는데 그 이유는 그곳에 여호와의 성전은 있으나 임하는 환란에 피난처로는 그곳이 적합하지 못하므로 자연 그곳을 벗어날 수밖에 없었습니다. 장차도 역시 마찬가지일 것입니다. 장차 이 지상의 교회당은 원수가 위에 악을 행사하게 되고(시편 74:3, 데살로니가 후서 2:4, 계시록 11:2, 13:7, 15:8) 성소를 불사르고 주의 이름을 그곳에서 철거시킨 후(시편 74:6~7) 여호와의 전기물들을 불사르게 할 것입니다. 이는 여호와께서 교회당들도 대 환란 시에는 피난처화 할 수 없다는 의지를 보인 것입니다.

이방에 있는 기존의 기독 교회당들 역시 환란 시에는 마찬가지입니다. 기독교회라고해서 대 환란 날에 예외일 수는 없는 것 아닙니까? 성서는 이방에 있는 기독교회의 목사들이 이 때 죽임을 당하고(마태복음 24:9, 마가복음 13:9, 시편

78:64, 79:2, 예레미야애가 2:20) 양떼는 흩어져서 유리방황하거나(스가랴 13:8) 각종 우상을 섬기며 적그리스도를 따라 가거나(계시록 13:7, 13:14~15, 다니엘 8:24, 11:2) 기독청년들은 불에 태워져서 죽임을 당할 것이며(시편 78:63) 교회당(회당, 성당포함)들이 불살라져서(시편 74:8) 흔적조차 없이 사라지는 것은 도리가 없는 일이고 교회당에서 그 때 여호와의 이름과 십자가와 종탑 그리고 간판들이 모두(시편 74:9) 철거가 되고 사라져서 보이지 아니하는 것은 도리 없는 일이 될 것이므로 마지막 때 이방에서 예수 그리스도를 믿으며 사는 우리는 이것을 우선 염두에 두고 신앙생활을 바르게 해야 하고 그럼과 동시에 이방 땅에 있는 모든 교회당들이 불살라지거나 아니면 그 때 이것들에서 감옥화 현상이 나타나 감옥화가 되므로(마가복음 13:9, 누가복음 21:12~13) 목회자와 신자들을 잡아다 가두고 매질을 하고(누가복음 21:12) 구박하며 갖은 고문과 추악을 자행하는 장소로 변모될 것인데 그런 곳이 우리의 피난처로 간주되거나 생각하는 어리석음과 모순의 악은 기필코 버리는 것이 현명한 처사입니다.

  지금에서 우리가 출석을 하고 있는 교회당들은 장차 나타날 대 환란 시에 피난처의 구실은커녕 오히려 그리스도교의 대적 구실을 하는 적그리스도의 전당이 되어(데살로니가 후서 2:4, 계시록 13:14~15) 적그리스도와 거짓 선지자의 신을 섬기는 사당화 될 공산입니다. 그러므로 이 시점에서 지상의 다른 곳보다 교회당들이 가장 안전하고 안성맞춤의 지역이 아닐까고 생각하거나 아니면 교회는 그리스도의 몸이니 성역화 되고 아름다운 곳 화 그 때도 되는 것 아닐까고 반문하는 모순의 잠꼬대에서 이제 우리는 그만 깨고 벗어날 기회가(시기) 되었습니다.

제정 러시아의 기독교회들이 넘어질 때 수천 만 명의 희생자를 냈지만 교회당들이 피난처 구실을 못했고 중공, 월남, 라오스, 캄보디아, 심지어 이디오피아에 신자의 대량 학살소동(순교)이 일어났지만 기독 교회당들은 어느 나라 그 어느 것도 피난처의 구실은커녕 앞장서서 없어지고 사라져 버렸습니다. 이 땅의 38선 이북의 교회당들도 전혀 예외는 아닙니다.

기존의 교회당들은 지상에서 사람들이 오고가는 길목에 위치해 있기에 이미 너무나 많이 노출되어 있는 곳이므로 피난처로서는 그 몫을 감당할 수가 없습니다. 교회당은 휴식처나 놀이터가 아닙니다. 그럼에도 아직까지 상당수의 종교적 권위주의자들과 보수주의자들과 교회주의자들은 유한 안에 있는 이 교회당 건축물들을 지나치게 성역화와 거룩화와 권위주의화 하기 때문에 교회당이 흡사 피난처라도 되는 양 오해된 나머지 그 안과 밖을 사치화와 허영화의 온상으로 색칠을 하고 있는 것을 봅니다. 그러니 이를 어찌합니까? 분명 이것은 기독교회당적 우상화 놀음과 목회자적 사당화 놀음이므로 기존의 교회당들이 이를 철저히 벗겨버려야 할 그리스도교적 현대병폐입니다.

얼마가지 아니해서 대 환란이 임하면 이 지상의 모든 교회당들은 하나같이 문을 닫게 되고 교회당의 모든 직분들도 사라져 버립니다. 대 환란과 박해가 다가오는데(마태복음 24:9~13) 교회당의 각종 직분이 어디에 있고 누가 자기의 직분을 보라는 듯이 나타낼 것입니까? 그 때는 죽음의 문턱밖에 없는데 말입니다.

성서를 보십시오.

"이스라엘은 열매 맺는 무성한 포도나무라 그 열매가 많을수록 제단을 많게 하며 그 땅이 아름다울수록 주상을 아름답게 하도다"고(호세아 10:1).
이는 말세 교회당들에 대한 여호와의 다이너마이트이며 하늘의 경고장이 아닙니까?

5. 피난처는 기도원 등이어야 하는가?

"우리는 거짓으로 우리 피난처를 삼았고 허위 아래 우리를 숨겼음이라 하는도다"고(이사야 28:15하반절).

위에서 이미 설명한바 그대로 사람들이 오고간 발자국과 흔적이 있는 것은(곳은) 그 곳이 어디이든 간에 피난처는커녕 박해자와 이방인들의 칼이 먼저 가서 기다리는 살육과 도살의 장소가 됩니다. 그래서 교회당들도 이미 피난처는 못되고 대 환란의 날에 믿는 성도를 잡아 가두고 재판을 하고 매질과 구박과 야유, 협박을 하고, 경우에 따라서는 잡아 가두고 죽이는(마태복음 24:9, 마가복음 13:9) 몰상식의 곳이 될 것인데 기도원이라 해서 별것이고 별천지이며 예외일리는 없는 것 아닙니까?

도처에 산재한 기도원들이나 금식 기도원, 수도원 수양관 등을 보십시오. 그런 곳들은 이미 자본주의의 물에 완전히 젖어서 기도처의 냄새보다 자본주의의 냄새가 더 풍기고 있습니다. 요즘 기독교회들의 최신 유행어가 무엇입니까? 그것은 "돈을 벌려거든 기도원을 차려라"하는 것 아닙니까? 이 얼마나 어처구니없는 망언이고 꼴불견입니까? 어쩌다가 이 지경이 되었는지 타락도 이만저만이 아닙니다.

그럼에도 상당수의 사람들은 아직까지 피난처란 어느 금식 기도원이나 이름난 기도원 정도가 되는 것이 아닐가고 가정

합니다만 그것은 찬란한 현실적 오산들입니다. 기도원은 그것이 어디에 있는 것이든 간에 이미 피난처로는 전혀 적합하지 못하며 피난처로는 완벽할 만큼 적임지가 못됩니다.

오늘의 기도원들을 보십시오. 모두가 하나같이 저들 스스로가 "여기는 피난처가 아닙니다" 하는 슬로건을 앞에다 내세우고 있는 것을 보지 않습니까? 여기저기에다, 이 산과 저 산에다 금식기도원이니 기도원이니 수양관이니 수도원 이니 하는 것을 세워놓고 그곳으로 나오라고 마구 손짓을 하니 그 소리가 심히 요란합니다. 교회당 안에서는 구전으로, 각종 기독교의 주간지들과 월간지들을(매스컴) 동원해서 또한 교인들의 조직적 구전을 통하여 PR을 하며 오라고 부릅니다. 그곳에는 언제 어느 때에 유명인사 누가 와서 신유와 은혜와 성령과 말씀의 충만 집회를 개최한다며 떠들고 야단법석을 떨기도 합니다.

이런 기도원들과 금식 기도원들은 불의와 불법 탈법이 난무하고 범람하는 경우도 자주 보지 않습니까? 어떤 곳들은 일반 사회보다 더 추하고 더럽고 악한추태를 마구 토해 냅니다. 어떤 곳은 종교적 기업화 되었고 어떤 금식 기도원과 기도원 등은 도적들의 소굴화 또는 종교적 모리배의 고등 사기화 집단이 되기도 합니다(에스겔 34:5~6, 34:8).

어떤 곳들은 에스겔 선지자의 예언을 이루어 드리려고 폼을 잡고 나아가기도 합니다(에스겔 36:5~6). 그러니 예언된 섭리에 의해 어찌 멸망이 임하지 아니할 것입니까?(에스겔 35:8~9)

요즘의 기도원 제도는 기도하려 가는 자들에게 입회비(입소비)란 명목아래 입회금을 받고 각종 감사금을 강요하며 저들 기도원 또는 교회당의 버스를 이용하게 하고 차비까지 거두어 들여서 일거양득이 아닌 일거삼득 또는 일거사득을 취한 후 입을 다물고 맙니다. 그럼에도 이들은 대개가 헌금당대 기독교계의 최고 지도자들이란 데에 문제의 심각성이 있습니다. 이들은 대개가 자기들 기도원에서 나오는 헌금은 연중 정상적인 보고 한번 없이 고스란히 가져가서 착복 착취해 버리는 것이 현실 기도원 운영자들의 현장 실태들입니다. 모두는 아니지만 말입니다.

그럼에도 그런 곳이 피난처인양, 은혜의 동산인양, 성령의 보고인양 선전하고 떠들고 취급들을 하기 때문에 현실적 그리스도 교회와 교인들의 실태가 심히 어리석고 추하기까지 해 보입니다. 현실적 기도원들은 어느 곳 어떤 것이든 간에 피난처는 그러므로 절대로 아니고 못됩니다. 피난처 근처에도 못가는, 피난처의 괄호밖에 있는 곳들입니다. 사실 기도원에 가서 보십시오. 그곳에 오는 무리들 역시 그렇고 그런 것 아닙니까?

기도하러 가려면 솔직히 목숨 내놓고 산이나 들, 광야, 사막 어디든지 주가 인도하는 곳으로 가서 자기를 내어 놓는 것이 정상 아닙니까?

그래서 기독교적 선진국에서는 이미 제반의 기도원들이 철수 되어져 가고 그리스도교적 후진국에서는 기도원들이 우후죽순처럼 생겨나면서 성업 중이고, 신앙적 후진국에서는 기도원에서 초만원 사례를 외치니 아무리 보아도 이는 연구의 과제요 대상들입니다.

자고 이래로 기도원이라 하면 사람들이 오고가게 되는 곳이므로 사람이 모이거나 오고 가는 곳이면 그곳은 이미 피난처에서 완전 제외되고 열외 된 곳입니다. 이를 소급 명심해야 합니다.

성서를 보십시오.

"목자가 없으므로 그것들이 흩어지며 흩어져서 모든 들짐승의 밥이 되었도다. 내 양의 무리가 모든 산과 멧부리에 마다 유리되었고 내양의 무리가 온 지면에 흩어졌으되 찾고 찾는 자가 없었도다"고(에스겔 34:5~6).

6. 피난처는 이미 이름난 산들이어야 하는가?

"주 여호와의 말씀에 내가 나의 삶을 두고 맹세하노라 내 양의 무리가 노략거리가 되고 모든 들짐승의 밥이 된 것은 목자가 없음이라 내 목자들이 내 양을 찾지 아니하고 자기만 먹이고 내 양의 무리를 먹이지 아니 하였도다"고(에스겔 34:8).

이 땅의 이곳과 저곳의 각종 산들이 기독교인들에 의해 성역화 되어져 가는 것을 보면서 허무와 비굴과 굴욕과 수치와 치사스러움과 환멸과 모순을 맛보고(느끼고) 있습니다. 기독교인이란 자들이 가방을 옆구리에 끼고 기도의 전당인 교회당으로 기도하려 가는 것이 아니라 낮과 밤을 가리지 아니하고 산으로 허리케인 마냥 몰려들 갑니다. 그들 가운데에는 소위 목회자란 지도자들도 스페어 마냥 끼여서 가고 있습니다. 그러다 보니 기도의 전당으로서 교회들은 한물갔는지 시세가 없고 여기저기의 이름난(소문난) 산들이 흡사 피난처라도 되는 양 단단히 오해들을 하게 되었습니다. 삼각산이나 관악산 계룡산… 이런 산들에 기도하러 오는 무리들로 언제나 초만원 사례를 이루다 보니 흡사 성지나 이미 성역화 된 곳인 양 잘못 생각들 하고 있는 것을 봅니다. 이런 곳은 어떤 이유에서든 간에 결코 성지도 성역화 된 장소도 아니고 피난처도 아닙니다. 이런 곳들은 교인들이 기도하려고 모여도 그렇고 아니 모여도 그런 곳에 불과한 아무것도 아닌 지역임에도 불구하고 괜히 끼리끼리 장단 맞추며 와서 기도하는 것을 보면 기독교적 괴리현상으로 완전 빗나간 느낌마저 가지게 됩니다.

  어떤 지역의 산들에는 금요일이나 토요일 오후에 올라 가 보면 기도할 자리를 잡지 못할 지경이 되었습니다. 왜 이런 현상이 나타나야 합니까? 왜 신자들이 기도의 동산인 교회당을 하나같이 마다하고 산과 들로 나갑니까? 그러다 보니 이런 곳이 마지막 때의 피난처라도 되는 양 잘못들 생각하게 되는데 이런 망상은 에스겔이 본 해골 땅과 같은 실정입니다. 그것도 이방 땅 해골골짜기 말입니다. 이미 기도하는 자들이 모인 지역이 되거나 일단 사람들이 오고간 곳에는 마귀와 적그리스도와 거짓 선지자의 군사와 칼이 장차 나타나기 마련입니다.

  아무것도 모르는 천진난만하고 천진무구한 양들이 기도하는 산을 찾기도 하나 그와는 반대로 이런 산속에는 이미 종교적으로 찬란한 능구렁이들이 사제 십자가를 곳곳에 붙여(꽂아)놓고 그리스도교적 푸닥거리와 복술과 거짓 예언과 기타 등등을 일삼고 있는 것을 봅니다. 이들이 앞내세우고 주장하는 것을 보십시오. 모두가 하나같이 진리, 성령, 은사, 축복, 감사, 은혜, 꿈 해몽, 예언, 입신들과 은근히 자기는 하나님이 보내신 자임을 암시합니다만 그 실상은 최면술, 기압술, 정령술, 찰력술 각종 사기술과 전기 감전술과 약물 흡취술(최면술) 등을 사용하고 경우에 따라서는 공갈협박을 하고 거짓 진언과 거짓 입신과 거짓 예언과 거짓 방언을 일삼고 어떤 이는 각종 간증이나 간통까지 자행하기도 합니다.

그러니 이를 어찌합니까? 기도의 소굴이 아니고 대개는 사기와 악마의 소굴화 되기도 하니 말입니다.

산들이 순수성에서 벗어나 오염도에서 이미 기도처로서는 폐쇄치가 완전 넘어서 색깔이 변질되어 있는 곳이 거의입니다. 아무리 외간을 기묘 법에 의해 페인트칠을 해도 근본이 이미 녹슬어 있고 생명체는 부실해서 지탱이 이미 어려워져 갑니다. 그럼에도 봄, 여름, 가을철만 되면 전국의 유명산이나 기도원들이 제철을 만나서 초만원사례 상을 이룹니다. PR을 잘하고 외형을 잘 꾸미고 낚시와 미끼를 잘 끼우고 착색을 고상히 해서 그런지는 모르지만 이미 종교적 퇴폐가 수준치를 넘어선 것은 우려할만한 일들입니다.

어떤 이는 기도하는 자들이 많이 찾는 기도원들이 피난처라도 되는 양 오해하기에 집에서나 교회당에서는 기도가 잘 안되어도 그 곳에 가서 기도하면 왠지 기도가 더 잘 되기에 그 곳에서 기도하다가 대 환란이 오면 어디로인가 보내어지는 것이 아닐까 하기에 상당한 문제가 생깁니다. 이 얼마나 어처구니없는 이방적 그리스도 교회와 교인들의 마지막적 발작병세인가 하는 것입니다.

7. 피난처는 이유 불문코 지구 안에 있어야 하는가?

피난처는 헬리 혜성마냥 60~70여 년 만에 한번 씩 지구 권 가까이 다가오는 그런 곳이 아닙니다. 또한 공중의 수많은 별들 가운데 그 하나도 역시 아닙니다. 그것들은 하나같이 이미 이 지구 권(세상)에서 완전 벗어났기에 피난처로서는 적합하지 못합니다.

솔직히 피난처는 기존의 이 시간과 공간에서 벗어나지를

못합니다. 그리스도가 이곳을 벗어나지 않고 순교했듯이 피난처는 시간과 공간 안에 있어야할 대상인 만큼 그것에서 결코 벗어나서는 아니 되고 보이지 아니하는 제3차원의 세계에 예비 되어 있어서도 역시 아니 됩니다. 그러므로 우리는 믿음을 소유한 자이기에 피난처를 이 지구 권에서 벗어난 그 어디로 생각하거나 믿는 헛된 외식과 오류에서 반드시 벗어나야 합니다.

피난처가 이 지구 권에서 벗어나면 그 때 인간도 이 지구 권에서 벗어나야 되는 것 아닙니까? 인간이 지구 권에서 벗어나 3~7년 후에 다시 지구 권으로 오게 된다는 것은 어불성설이 아닙니까? 지구 권을 벗어나려면 변화를 입어야 하는데 그 후 다시 지구 권으로 돌아오면 그 때 다시 변화를 입어야 되는(원상회복) 이중의 번거로움은 어찌합니까?

성서를 보십시오. 하나님은 무엇보다 이 세상을 사랑했기에 독생자를 보내셨습니다(요한복음 3:16). 뿐만 아니라 이 세상을 사랑했기에 오신 그리스도께서는 오셔서 사시고 쉬시고 우시고 주무시고 그리고 이 지상에 있는 죄인을 위해 십자가에서 죽으시고 부활하시고 승천하시면서 다시 오신다고(요한복음 14:1~2) 약속까지 하셨습니다. 성서에 보면 그리스도는 다시 오실 그때(사도행전 1:11) 이 세상에 오셔서 알곡과 쭉정이와 가라지를(마태복음 3:12, 13:25~30) 구별케 되십니다. 첫 번째 오신 그리스도와 두 번째 오실 그리스도가(히브리서 9:28하반절) 이 땅 안에 오시니 피난처도 이 유한세상을 벗어날 수가 없고 벗어나서도 아니 된다는 결론입니다. 피난처를 이 시점에서 생각하는 자는 이 시간성과 공간을 넘어(벗어나) 제3차원의 세계를 생각하는 모순과 오류를 범해서는 아니 됩니다.

또한 피난처는 어디까지나 이 지구권 안에 있되 대도시와 사람들이 많이 오고가는 중소도시 그리고 지방도시 그런 곳도 될 수가 없습니다. 사람이 많이 또는 자주 모이는 지역은 전쟁이나 기타의 표적(과녁)이 되며 적그리스도와 거짓선지자 일당이 자주 왕래하는 지역으로서 그 때 기독교인들에게는 결코 보람되고 알차고 바람직한 지역은 될 수가 없습니다.
　위에 나타난 이런 지역은 대 환란 시 믿는 성도들의 피난처로서는 안전지대가 못되고 이미 예외 지역과 열외 지역임을 명심해야 합니다. 언제나 성서는 우리에게 정의로운 판단을 요구합니다.

8. 피난처는 하나님만 아시는 곳이어야 하는가?

"입을 지키는 자는 그 생명을 보전하나"라고(잠언 13:3상반절).

　신구약 66권 성서를 보면 모두가 우리에게 제시하고 가르쳐 주시는 바의 진리가 있습니다. 그것을 모두 종합해서 보면 피난처란 어디까지나 인간은 알 수 없는 곳 그리고 인간은 피난처에서 지금은 외시되고 열외 된 장소로서 오직 "여호와 하나님만 아시는 곳"과 여호와의 괄호 안에 있는 곳으로 나타나 있습니다. 피난처는 어디까지나 하나님 아버지 그 한분만 아시고 그 외에는 아무도 모르는 곳이어야 그 곳이 바로 피난처가 되고 피난처의 구실을 제대로 할 수가 있는 것이지 천사나 마귀 기타 그 누군가 그 곳을 사전에 알아도 그 곳은 이미 피난처가 될 수 없는 외시된 장소입니다. 이것은 시작부터 성서의 원리입니다.
　이유 불문코 피난처를 천사들이 사전에 알아도 아니 되고 사람들이 사전에 알아서도 전적 아니 되는 곳이며 거짓 자들이나 적그리스도 역시 알아서는 아니 되는 완전 완벽한 곳입니다. 만약에의 경우 인간들이 그 곳을 사전에 알아 버린다면 아무리 바리게이트를 쳐도 그 곳이 어디라고 입 나팔을 불게 되기에 그 곳은 이미 외부로 알려져서 뒤죽박죽의 장소화가 될 뿐 아니라 별에 별 잡것들이 먼저 가서 자리를 각기 틀고 앉아서 텃세 놀이를(게임) 하려할 것이고 진짜 그 곳에 가야 할 성도는 완전 뒷전에 밀려서 기를 펴지 못하고 말 것입니다.

만약에의 경우 마귀가 그 곳을 알면 귀신들과 유령들을 그는 동원해서 별에 별 사악과 더러움과 못된 짓을 유발해 낼 것이고 그 곳을 이용해서 성도를 넘어뜨릴 것입니다. 여호와가 천지를 창조하시니(창세기 1:1) 공허와 혼돈케 했듯이(창세기 1:2) 피난처도 혼돈과 공허케 만들 것입니다. 그러므로 어느 누구도 사전에 피난처를 알게 해서는 안 되고 알아도 아니 됩니다. 또한 누구도 사전에 그 곳을 아는 것은 악과 더러움을 더하게 하는 행위이고 뒷맛을 쓰게 하고 권세와 돈과 미색을 범벅해서 아수라장화 시킬 것인 만큼 아무도 모르게 하신 것이 공의입니다.

인간은 간사하고 간교까지 합니다. 속기도 하고 속이기도 합니다(디모데 후서 3:13). 더럽고 추해서 만물의 찌꺼기와 같습니다(예레미야 17:9). 이런 인간에게 그리스도를 믿는 믿음 하나 보시고 피난처를 사전에 알려주신다는 것은 대단한 위험 아닙니까? 만에 하나 이런 인간에게 피난처를 알리면 봉이 김선달이 대동강 물 팔아먹듯이 피난처를 상표나 배경으로 해서 대단한 장사를 할 모리배와 종교적 도적배, 사기배가 도처에서 생겨날 것 아닙니까? 그렇지 아니해도 자기들 교회당으로 오라거나 자기들 교회당의 목사에게 와야 삼박자 축복을 받는다느니 소원이 성취된다느니 하는데 또한 자기들 교회당과 교파 속으로 들어와야 구원을 얻게 되고 확정짓는다고 큰 소리를 치고 떠드는 판국인데 이를 누가 알게 되면 "피난처 순례단 모집"과 또 "피난처 관광단 모집" 대행업체가 도처에 생겨날 것이고 피난처의 자리싸움마저 마구 일어나므로 피난처를 담보로 잡고 돈을 빌리거나 돈 놀이를 하려거나 그것을 미끼와 기화로 해서 성공과 출세도 단단히 하려 할 것입니다. 이렇게 되면 그런 피난처는 이미 아수라장화 되고 그리스도교회적 약삭빠른 사기배들의 젖줄이 되기도 할 것입니다.

피난처는 대 환란 직전까지는 어느 누구도 알 수 없는, 완전 인봉된 곳으로서 대 환란 개시 나팔 소리가(요엘 2:1, 아모스 3:6, 스바냐 1:16) 몇 달과 몇 날 전에 열릴지도 모를 일입니다. 그것이 피난처를 조성하신 여호와의 뜻이니 우리는 오직 감사할 것뿐입니다.

9. 피난처는 대 환란 시작과 동시에 나타나는 곳이어야 하는가?

이미 기독교회가 가지고 있는 성서가 제시하는 바로는 피난처란 어디까지나 지금에서는 누구도 그 곳이 어디인지에 대하여는 알 수도 없고 알아서도 안 되고 알 수 있는 권리도 주어져 있지 아니하다는 것을 알게 되었습니다. 성서적 피난처는 어딘지 모르게 대 환란의 나팔이 불기 시작하면, 또한 불기 시작할 그 때에 가서 여호와 하나님께서 아셔서 처리할 과제로 나타나고 있습니다.

피난처에 대하여 우리는 솔직히 여러 가지 의문을 가집니다.
① 대 환란이 일어나기 직전에도 들어가는가?
② 대 환란의 전반기(1260일 때에)에도 들어가는가?(요한계시록 11:3)
③ 대 환란의 후반기인 42개월(계시록 11:2, 13:5) 때에도(적그리스도 때) 들어가는가?
④ 대 환란의 전반기인 1260일과 후반기인 42개월의 가운데 지점에서도 피난처로 들어 갈 수 있는가? 하는 것이 솔직한 의문점입니다. 여러 가지 여건으로 보아 이 4개항 가운데 어느 하나를 꼬집기보다 이 4개 항 모두가 적용되는 것이 아닐지도 의문이고 이는 심사숙고 할 과제들입니다.

또한 우리가 피난처를 연구 검토하고 상고함에 있어서 유대적 피난처와 이방적 피난처가 따로 있어서 각기 다른 각도와 방법 등에 의해 피난케 될 것이고 유대나 이방 모두가 그 곳의 실정과 상황과 여러 가지 방법에 따라 편리한 곳으로 피난하게 될 것임을 알게 됩니다. 유대에서는 피난처가 분명 선민을 위해 준비되어 있을 것이고 이방 땅에는 이방인을 위한 피난처가 도처에 예비 되어 있되 서방에는 서방인을 위한, 동방에는 동방인을 위한, 아프리카나 바다 가운데에는 각기 그곳의 성도를 위해 준비해 두었다는 것은 무엇보다 가장 바람직한 일인 듯합니다. 다소는 차이가 있고 엇갈리는 경우도 있을 것입니다. 여행이나 공무관계로, 직업상 해외파견 근무 등으로... 그 곳에(해외) 나가서 있다가 고국까지 돌아오지 못하고 그곳 피난처에로 보내어지는 경우도 있을 것이니 말입니다.

폐일언하고 위에 나타난 이런 문제에서 자문자답은 결국 유익을 주는 경우도 있지만 보편적으로 해를 더해 줍니다.

또한 지나친 나머지 자기와 자기 주변에다 연계를 시키거나 언제나 자기 범주권 안에 넣고 오고가는 어리석음의 모순은 벗어던져야 할 괴리적 우상들입니다.

심지어 어떤 이는 자기가 출석하는 교회와 피난처를 연관시키거나 아니면 자기가 자주 드나들고 있는 기도원 등이 피난처와 관계가 있고 된 곳이 아닐까 해서 피난처와 관계를 연계시키기도 합니다. 어떤 이는 종교적 슈퍼스타라는 부흥사나 유명목사가 목회를 하는 그런 곳(교회당)이나 그와 연관이 있는 제반의 장소가 피난처와 관계가 있고 되는 곳으로 오해와 착각을 단단히 하고들 있기 때문에 심각한 우려를 현금당대에서 불러일으키기도 합니다.

그럼에도 천상천하에서 가장 값지고 보배롭고 귀한 피난처는 창조주 하나님이심을 잊어서는 아니 됩니다. 그래서 성서는 "주 여호와를 나의 피난처로 삼아야 한다"고(시편 14:6, 46:1, 61:3, 73:28) 지적하고 있습니다. 또한 피난처가 바다에도 있다는 것이 놀랍고(시편 77:1, 계시록 7:1,3) 지구의 구석구석에 있다는 것도 놀랍습니다.

또한 성서는 "여호와는 나의 피난처시요 나의 요새요"(시편 91:2)라고 합니다. 우리는 성서의 가르침을 여기서 다시 한 곳 상고해 보십시다.

"우리는 다가올 이 모든 일을 능히 피하고 인자 앞에 서도록 기도하라"고(누가복음 21:36) 함을.

제11장 피난처에는 누구와 더불어 가는가?

"나를 붙드소서 그리하시면 내가 구원을 얻고 주의 율례에 항상 주의 하리이다"라고(시편 119:117).

다가올 피난처에는 누구와 더불어 갈수가 있다고 보십니까? 그 때는 자기 개인이 혼자 그곳으로 갈 것입니까? 이것은 예나 지금에서 우리 모두에게 비상한 관심사를 제공하는 대목입니다.

상당수의 사람들은 자기 혼자 그곳으로 가기 보다는 누구와 더불어 함께 가기를 열망하고 있습니다. 대개는 부부끼리 또는 자기부모나 자녀와 함께 또는 교회의 목회자와 함께 또는 다정다감한 이웃이나 벗이나 성도들과 함께 그곳에로 보내어지기를 열망하고 있는 것을 봅니다.

또한 보내어지는 피난처에서는 누구와 더불어 있는가 아니면 자기혼자 있는가 하는 것도 문제점으로 가시화되고 있습니다. 여기에 대하여도 우리는 이 시점에서 이를 상고하고 넘어가는 것이 무엇보다 현명한 판단과 방법과 처사일 듯합니다.

1. 피난처에는 자기 혼자 들어가는가?

"내가 내 몸을 쳐 복종하게 함은 내가 남에게 전파한 후에 자기가 도리어 버림이 될까 두려워 함 이로다"라고(고린도전서 9:27).

성서를 보십시오. 성서는 피난처가 있다라는 그것만을 상고하고 있지 그곳에는 누구와 더불어 간다라는 말은 거의가 언급이 없고 회피하고 있습니다. 때문에 우리도 성서가 단순히 그곳에는 나무들이 있고(계시록 7:1, 7:3) 밀과 보리와 감람유와 포도주등이(계시록 6:6) 있다고 하니 "그 곳에도 그런 것이 있는 것이로구나" 하는 것만 생각하는 근성적 신앙의 소유자였지 그 이상의 것에 대하여는 알려거나 연구 검토해 보려는 생각을 전혀 하지 아니한 근시안적 신앙 소유자들 이였습니다.

그럼에도 우리가 유념할 것은 피난처란 여호와에 의해 대환란이 시작되기 이전까지는 가리어지고 숨겨진 장소이지만 그것이 대 환란 시작과 동시에 문이 열리게 된다는 그것입니다. 어떻게 보면 이런 특정지역을 여호와께서 이미 정하시사 그곳을 피난처로 하신다면, 또한 그곳에 이런저런 것을 필요에 따라 넣으셨다면 이 엄청난 피난처에 어떻게 개인이 혼자 들어가서 보라는 듯이 안주할 수가 있을 것입니까? 그런 정도의 장소이라면 어떻게 해서 그곳에 들어왔든지 간에 도처에서 모여온 자들이 있어서 함께 모여 대 환란이 지나갈 그때까지 머물 것입니다. 이런 장소라면 많고 와 적고의 차이가 지역과 여건, 환경과 처지에 따라 다소는 있을 것이지만 그렇게 많지는 아니할 것입니다.

피난처에로 가는 과정에서 어느 누구도 누구와 함께 가는 것은 처음부터 금지된바 입니다. 처음부터 누구와 더불어 가는 것이 금지된 구역인 만큼 목회자나 교인, 아내나 남편, 이웃과 형제 자녀 부모 친구 등⋯ 그 누구와도 함께는 절대로 못갑니다. 반드시 개인 혼자이어야 하고, 혼자이면서도 성령의 인도와 도우심을 철저히 받아야 합니다. 성령께서는 개개인을 피난처까지 인도하시고 그곳으로 인도함을 받는 자는 인간이고(성도), 뒤에서 역사와 이끄시는 이는 여호와 하나님 이시니 오직 그에게 감사드려야 합니다.

피난처로 가는 과정에서 한국마냥 산악지대가 많은 지역에서는 자기의 숙소나(가정) 교회당에서 피난처까지는 결코 먼 거리가 아닐 것이지만 광야나 사막이 있는 나라와 지역에서는 그곳이 결코 가까운 거리는 아닐 것입니다. 경우에 따라 한국의 기독교인 가운데 미주지역이나 구라파나 동남아지역 그리고 아프리카 쪽으로 피난을 보내어질 신자들도 생길 것입니다. 그렇게 많지는 아니할 것이지만.

그럼 왜 피난처에로 보내어지는 과정에서 우리는 혼자만이 가야합니까? 누구와 더불어서 가지 아니하고 말입니다. 그 이유는 누구와 더불어 가면 외롭지도 쓸쓸하지도 아니하고 의지할 수도 있으나 그럼에도 소리가 난다는데 문제가 있다는 것입니다.

본 과제는 성도들 모두가 유의해야할 과제요 사항입니다. 피난처에로 누구와 더불어 간다거나 갈수가 있다면 자연 그곳에도 잡음이 나고 소리가 들리기 마련입니다. 각각 사고와 신앙과 인격의 차이가 나기에 각기 자기가 바라고 요구하는 자와 함께 피난처로 가려고 요구할 것이고 그러다 보면 선택 그 자체에서도 소리가 나서 자연 외부로 반갑지 못한 하늘의 비밀이 퍼져나가기 마련인 만큼 결과는 보나마나 아름답지 못하게 나타날 것입니다. 그럼 여기에 대한 책임을 누가질 것입니까? 같은 값이면 다홍치마라는데 서로 끼리끼리 모여서 가겠다는데 누가 반대할 것입니까?

2. 피난처에는 여러 명씩 합숙하는 경우도 있는가?

지역적 사정과 여건을 분석하고 고려해보면 경우와 형편에 따라 여럿 또는 수백 수천 명씩 집단적으로 피난처에 모여 동고동락할 곳은 못되지만 그럼에도 두 셋씩 경우에 따라 10여명 미만의 성도가 모여서 피난을 해야 할 경우도 있을 듯합니다.

  초대 로마교회에서는 10대 박해 시 300여 년 간 지하교회화 되었습니다. 10대 박해를 위시해서 지나친 박해를 견디기 위해 신자들은 너나할 것 없이 산으로 도망을 쳐서 카타콤에 머물면서 예배를 드린 그것과 같이 다가올 대 환란의 때에도 그럴 것이다거나 아마도 그와 유사하다는(그 정도) 생각은 철저히 버려야 합니다. 옛 로마의 카타콤보다는 박해나 살상, 위험, 기타가 수십, 수백 배 더 험악하고 무섭고 악하게 나타난다고 보는 것이 가장 현명한 판단입니다. 제5권 대 환란의 시작에서도 밝혀질 것이지만 이때는 문자 그대로 대 환란입니다. 그러니 마귀와 적그리스도와 거짓선지자와 저들의 사자들이 마지막 때인 것을 알기에(계시록 20:3하반절) 전무후무한 발악을 하게 되고 저들로서 이 세상에서 행사할 수 있는 모든 권세와(계시록 13:3~5) 힘과 지혜를(계시록 13:1) 다 동원해서 갖가지 포악과 더러움과 추함을 나타낼 것이고(베드로 전서 5:8) 택하신 자를 하나라도 넘어뜨리기 위해서 갖은 수단과 방법을 동원할 것입니다. 마귀는 가룟유다를 넘어지게 한 후(마태복음 26:14~16, 요한복음 13:27) 스스로 자살을 하게 했듯이(마태복음 29:3~5) 또한 수사도 베드로를 넘어지게 한 그런 술법을 가지고(마태복음 27:69~75) 이때에도 덤빌 것입니다.

성서의 가르침 그대로라면
  ① 먼 곳으로 피난하지 못한 성도는 지역특성에 따라 가까

운 지역으로 가되 한 두 사람이 모여서 피난하게 되는 경우도 있고

② 지역적 여건과 환경 입장과 처지에 따라 몇 명 씩 모여서 하게 되는 경우도 있고

③ 지역이 광야나 사막인(모래) 경우에는 여건과 사정상 1~2사람은 곤란하고 위험하니 여러 명씩 모여서 서로 위로와 권면을 하며 지낼 수도 있을 듯합니다. 왜냐 하니 지역이 광야나 모래사막인 경우는 피난할만한 자리가 그렇게 많지 않을 뿐 아니라 바람에 의한 모래와 먼지들 때문입니다. 기독교 신자들은 언제나 이를 심사숙고와 명심해 두어야 하되 그런다고 해서 일개 소대나 중대식 피난은 곤란한 것입니다. 그것은 그곳의 현실이 외부로 즉시 나타나 버리므로 위험하기 때문입니다.

3. 위장된 피난처는 속임수임

"주의 말씀은 내 발의 등이요 내 길에 빛이니이다"라고(시편 119:105).

상당수의 사람들이 고상하고 그럴듯한 감언이설로 속입니다. 이들은 하나같이 피난처란 어디까지나 대 환란 때에 기존의 종교단체들인 양 음미시키거나 미사여구로 속입니다. 그럼에도 여기에 현혹된 무리는 언제나 자본주의적 의자에 앉아서 종교단체들을 바라보게 되니 성서적 말기 사상과는 항상 역 현상이 나타나게 됩니다.

그리스도교의 지상 최대의 적은 자본주의 사회입니다. 신자를 피난처로 가지 못하게 붙들어 매고 성도를 피난처 입구

에서 눈과 귀와 입과 양심을 틀어막고 내어 쫓거나 아니면 피난처가 무엇인지 왜 그것이 필요한지 전혀 모르게 만들고는 그곳에 들어가지 못하게 하는 것이 자본주의 현사회입니다. 그래서 자본주의 사회는 그리스도교의 지상 최대의 적이며 그리스도인들의 최대 적이기도 합니다. 고로 기독교와 기독교인들에게는 바로 이 자본주의 사회가 악마나 귀신들보다 더 무서운 현실적 사회상입니다.

심지어 어떤 이들은 지금은 마지막 말세요 그리스도의 재림이 수년 앞으로 다가온 때라고 외치면서 내면적으로는 자기들 교회당 건축과 성도들로 부터 거두어들이는 재물착취에 눈이 어두운 냄새나는 집단이 있는가 하면, 어떤 곳을 보면 그리스도의 재림이 몇 년 앞으로 다가왔다고 교회당 안에서는 떠들고 외치면서 끌어 모은 돈으로는 각종신문사를 경영하는 빗나간 오산의 난장판을 벌이는 자가 있는가 하면 예수의 재림임박을 외쳐서 거두어들인 헌금으로 각종기도원, 고아원, 양로원, 수양관… 등등을 운영하는가 하면 심지어 교육사업에까지 손을 뻗어서 초, 중, 고등학교를 설립하고 대학과 대학원까지 세워서 운영하기도 하고, 심지어 선교 사업이라면서 병원과 각종선교부도 운영을 합니다. 교회당들이 닥치는 대로 사업을 벌이니 종교단체가 흡사 대 환란 시에 힘 있는 곳이 되어 자기를 이끌고 인도해 줄 그 무엇으로 오인하는 비정한 현실을 보기도 합니다.

솔직히 상술한 것들과 피난처를 연결시키거나 연관이 있는양 오해하기 때문에 그리스도 교회의 각 단체들이 우후죽순처럼 난무해집니다. 그럼에도 이런 종교적 각 단체들은 어느 것도 피난처와는 처음부터 하등의 관계가 없습니다.

오늘날 그리스도교회에서 행해지는 교육단체들이나 각종

선교단체들, 자선단체들, 심지어 그리스도교적 구국단체니 뭐니 하는 것들도 하나의 고상한 자기 아집 단체들이거나 일종의 명예를 얻기 위한 출세의 집단인 경우가 허다합니다. 그리스도의 일은 오른손이 하는 것을 왼손이 모르게 하는 것이 원리입니다(마태복음 6:3). 누구도 그리스도를 이용과 악용하는 일이 있어서는 아니 됩니다. 겉과 속이 다른 사과식 그리스도인이 되어서도 안 됩니다. 겉과 속이 다른 수박식 그리스도인이 사과식 그리스도인 보다 나을지도 모릅니다.

유념할 것은 그리스도 교회당에서 시작하는 일, 지금 시작한 일들이라고 해서 모두가 선은 아닙니다. 악도 더러움도 추함도 거짓과 위선들도 얼마든지 있다는 것을 명심해야 합니다. 피난처와 구원, 각종 은사와 성령, 축복 따위를 미끼삼아 남의 소유를 가로채려는 강도가 있어서는 안 되고 축귀와 병 고침 피난처 등을 개인의 소유화와 사유물화 하려해서도 역시 아니 됩니다. 자기들의 기존교파나, 자기들 교회당이나 자기들 교회당의 목회자에게 오면 흡사 피난처라도 가는듯한 미사여구를 쓰는 바람잡이 여우를(에스겔 13:4) 교회당 안에서 철저히 추방해야 합니다.

피난처에 대한 장소문제에서 우리가 아는 것은, 그리고 알 것은 전혀 없습니다. 솔직히 이 문제는 무엇보다 우리가 가장 알고 싶어 하는 것 가운데 그 하나이지만 알 수 없다는 것을 또한 알게 하신 것이 성서의 가르침이고 요구사항들입니다. 그곳들에 대하여는 알 수가 없지만 그곳에서의(의식주) 먹을 것과 마실 것에 대하여는 모세 당시의 광야생활을 연상하고 기억하면 되겠습니다. 어떤 이는 피난처를 공중의 정찰 비행기나 인공위성 또는 우주식민지 등에서 능히 찾아낼 수 있는 것 아닌가고. 반문을 하며 겁을 먹기도 하나 그런 오해나 우려는 할 필요나 근거가 없는 것입니다. 이미 제1권 제3편 징벌에서 밝힌바 그대로 이때는 해와 달과 별들의 3분의 1과 그리고 산이나 들, 나무의 3분의1이 타서 없어지거나 갈라지거나 파괴된 이후이며 땅과 하늘은 이미 그 터전이 흔들렸고 바다와 그 안에 있는 고기들의 3분의 1과 배들도 힘을 상실당한 이후이므로 공중의 위성이나 비행기 등은 이미 회생불능 상태에 떨어진 때인 만큼 이런 것들에게 미련과 겁을 내거나 두려워할 것이 전혀 없는 터전이 흔들린 시대입니다.

 터전이 모두 흔들려 버린 때에 일단 피난처에로 보내어지는 은총과 선택을 입은 자들은 그곳에서 오직 믿음으로 감사하며 살면 되고 주시는 음식물의 고가를 따지기보다 감사하면서 먹으면 되며 적든 많든 간에 주시는 음료수를 마시면 그만이고 이미 주어져 있는 풀이나(계시록 9:4) 나무에서 잎이나 과일(열매)을 따서(계시록 7:1,3) 먹으면 될 것입니다. 그 곳에서는 그 이상의 것은 조금도 생각할 여유나 겨를이 없습니다. 왜냐 하니 그 이상의 것을 생각하는 것은 여건과 형편상 찬란한 사치이며 고상한 허영이 될 뿐입니다. 그 때는 환란의 때요 그리고 이 세상 안은 죽고 죽이는 살육의 때이며 그럼과 동시에 적그리스도가 이미 출현을 했고 거짓 선지자까지 나타나서 세상을 미혹하고 어지럽고 천박하게 만들며 계속해서 믿는 성도를 잡아다 가두고 매질을 하고 고문하며 죽이는가 하면 최선을 다하여 넘어뜨리고 적그리스도의 우상을 만들어 놓고서 그것에게 전 인류를 경배케 하는 때이니(계시록 13:14~15) 어디에 누가 있던지 간에 이런 것을 생각할 여유가 도무지 주어져 있지 못합니다.

 또한 이 때 마귀와 짐승(적그리스도)과 거짓 선지자는 삼위일체가 되어 시간과 장소, 여건과 환경 등을 가리지 아니하고 닥치는 대로 대항을 하고 항복과 굴복을 시키며(다니엘 7:21, 25, 8:23~25) 저들을 섬기게 함과 동시에 여호와의 피난처들을 찾아내어 그 곳에 있는 성도를 잡아 가두거나 죽이려고 자기의 백성들과(다니엘 9:26상반절) 군대를 동원한 후(다니엘 11:31) 수단과 방법을 가리지 아니하고 나설 것인데 이 와중에서 저들의 칼을 피하여 피난을 나온 백성들이 저들만의 종교적 사치스러운 생각을 하거나 과거 마냥의 호화스럽고 안정된 생활을 꿈꾸거나 즐기려할 수가 있느냐 함입니다.

피난처 행을 원하는 신자는 몸과 입과 발과 몸 전체와 기타가 먼저 할례를 받아야 할 듯합니다. 그렇지 아니하고서 피난처로 보내어진다고 해도 그곳에서, 생활할 수 있는 형편과 처지가 못 될 것입니다.

4. 두뇌적 피난처의 개념을 버려야함

상당수의 사람들은 기독교회에서 대 환란의 시작을 전 후해서 신자들 가운데 엄청난 수가 피난처에로 보내어진다고 외치니 그 나름대로 미리 짐작을 하거나 아니면 자기 나름대로 자기적 울타리 개념에 얽매이거나 사로잡혀 "나"는 "우리 교회의 집사 장로 목사" 누구 또한 자기가 존경하거나 믿거나 따르는 자가 있으면 그와 함께 피난처에로 갔으면 좋겠다고 고백하거나 보내어졌으면 얼마나 좋을까 하는, 그렇게 되면 정말 하나님께 성심성의껏 감사하게 될 것인데… 를 연발해 보는 어처구니없는 신자들을 자주 봅니다.

누구보다 자기는 자기가 출석을 현실적으로 하고 있는 그 교회당 안의 누구와 더불어 또는 어디에 사는 누구와 함께 피난처에로 갈 수만 있으면 참 좋겠다고 마음속으로 외치거나 요구하는 경우도 자주 봅니다. 그럼에도 불구하고 이와 같은 생각은 신자 된 자의 자기 악이며 성서를 착각한 처사이며 찬란한 고등 이기주의 발작증세이며 믿는다는 자의 독과점식 악한 병들입니다.

언제나 자기가 출석을 하고 있는 그 교회당의 신자들만이 신자는 아니며 자기들 교회당의 목회자만 선지자나 제사장, 주의 종이 아닙니다. 이런 개념은 오도된 개념인 만큼 반드시 버려지고 고쳐져야 합니다. 피난처와 대 환란이란 말이 나오면 교인들은 먼저 자기들 교회당이나 자기들 교회의 목회자나 장로 집사 권사 기타 그 누구를 연상하거나 생각하는 아주 버릇없고 고약한 비도덕적인 속성과 비성서적 사고방식들을 가지는데 껍질부터 철저히 벗어 던져야 합니다.

다가올 대 환란과 마지막 때에는 "내 교회와 우리 교회라는 개념"이 이 세상에서는 흔적조차 없이 사라져 버리고 맙니다. 왜냐 하니 그 때는 앞에서 이미 수차 논한바 그대로 이 지상의 교회당들의 개념이 사라져 버리기에(회당, 성전포함) 그런 개념을 결코 가져서는 아니 됩니다(스가랴 13:7, 시편 74:4~7, 74:8~9, 계시록 11:2,15:8, 예레미야 8:12). 지상의 교회당들이 사라져 버리고 없는데 무슨 개념을 가질 것입니까?

이때는 이 지상의 목회자인 선지자와 제사장과 주의 종들이(시편 74:9, 78:64, 79:2, 예레미야애가 2:20, 마태복음 24:9) 완전히 사라져버린 후입니다. 이때 교회당들도 모두 흔적조차 없이 사라져 버리고 적그리스도의 기와(시편 74:4) 우상과(계시록 13:14~15) 거짓 선지자의 준동이(데살로니가 후서 2:9~12, 계시록 13:1~13) 천하를 뒤

덮는데, 특히 기독교회와 성도는 이 때 적그리스도와의 한판 전쟁에서 참패를 당하고(다니엘 7:21, 계시록 13:7) 무너지면서 엄청난 순교자를 내게 되고(다니엘 8:24, 계시록 7:13~15) 외적으로는 완전 사라지고 맙니다(다니엘 8:11~12, 8:12, 9:17~18, 9:26~27).

그러나 피난처의 교회는 그리스도의 몸이니(에베소서 9:22~23) 존재케 될 것입니다. 피난처 이외의 교회들이 이 지상에서 사라지는데 아직까지도 지나친 이기주의와 자본주의 개념에 얽매여 우리 교회, 내 교회란 개념에 얽매이는 것은 모순의 악과 우상숭배들 입니다.

무엇보다 마지막 때에 이르러 생명을 사랑하고(베드로 전서 3:10) 살기를 원하는 자는 우리 교회와 내 교회라는 개념적 말자 우상을 버리고 "그리스도의 교회"라는 통일된 개념 아래 자기들 교회당 안만 바라보는 자기적 우상숭배에서 벗어나 이웃에 있는 그리스도인들 모두를 보는 넓고 큰 안목을 가져야합니다.

대 환란은 넓은 의미에서 그리스도교와 유대를(선민) 보다 더 생각하는 때인 만큼 마지막을 준비하는 성도는 먼저 이 원리를 염두에 두고 하나하나 대처해 나가야 됩니다. 두뇌적 신앙은 언제나 고차원이니 저차원이니 하는 것에다 우리를 얽어 묶으려하나 우리는 전적 그리스도에게 얽매이고 묶여야 할 것입니다.

5. 자기라는 우상을 버려야 피난처를 생각할 수가 있음

피난처란 원래부터 자기란 개념이 살아있으면 보이지 아니하고 나아갈 수가 없는 곳입니다. 자기란 것의 최대 적은 피난처입니다. 피난처에는 자기가 살아있는 자는 들어갈 수가 없고 자기란 개념이 없는 자만 들어가는 곳입니다.

 마지막 때에 피난처를 생각하거나 염두에 두려는 자는 무엇보다 자기라는 독보적 우상과(개념) 자기라는 이기적이고 독선적 우상을 철저히 벗어던지지 아니하면 아니 됩니다. 언제나 하나님 앞에서 거추장스럽고 문제의 이슈가 되는 것은 어디서나 바로 자기입니다.

 자기의 것, 자기들의 것, 내 것, 우리들의 것 그리고 우리들 교회당, 우리 목사, 우리 전도사, 우리들 교파라는 개념의 모순과 악을 피난처를 바라보면서 사는 자는 철저히 배격해야 합니다. 자기와(우상) 자기라는 것을(소유) 가지고서는 누구도 마지막 때에 살 수가 없고 생명을 부지나 연장할 수가 없으며 사는 정의나 룰, 법이 전혀 주어져 있지 않습니다. 인간에게 있어서 자기란 언제나 여호와 앞에서 파괴 되어야할 죄악 덩어리요(시편 51:5) 우상덩어리요(로마서 1:23) 썩어질 것과(로마서 1:23상반절) 썩어질 씨에(베드로 전서 1:23) 불과 합니다.

 그러므로 피난처에는 어느 누구라도 특정인이 결코 필요치 아니합니다. 지상교회당들의 슈퍼스타란 자는 그곳의 문지기나 거지로도 필요치 아니하고 기독교적 현 위치에서 성공했다는 목회자를 그곳의 쓰레기로도 필요치 아니하는 곳이 그곳입니다. 다시 말해서 교회당의 현실적 목회자나 당 회원, 제직들이란 것과 피난처로 간다는 것과는 차원적 차이가 나며 근원적인 거리가 먼 것이기에 완전한 별개입니다. 기존의 교회당에서 그가 어떤 직분을 가지고 있다는 것과 천국으로 가는 것이 다르듯이 피난처 역시 마찬가지입니다. 하나님의 보좌에 있는 생명책에(출애굽기 32:32, 다니엘 12:1, 계시록 20:12) 기록이 있는 자라야 천국에도 피난처에도 보내심을 받게 될 것입니다. 여기서 우리는 잘못된 신앙적 망령과 이기주의와 사치스러움과 신앙적 각종 우상들 곧 심령 우상과(에스겔 14:1~5) 투기 우상과(에스겔 8:3, 5) 탐심 우상과(골로새서 3:5) 고집 우상과(사무엘 상 15:22~23) 기타를 버려야 하는가 하면 교회당적 우상과 목회자적 우상과(호세아 10:1~2) 자의적 우상도 버려야합니다(골로새서 2:23).

인간은 누구와 의논을 한 후 피난처로 들어갈 수가 없고 자기가 출석을 하는 기존 교회당안의 어느 누구와 함께 피난처로 갈 수도 없습니다. 자기가 출석을 하는 그 교회당 적으로는 그곳에 들어갈 수가 없는 장소임에도 아주 오도된 나머지 기존의 교회당적 피난처를 구상하거나 염원하고 바라거나 가려는 속세적 퇴폐행위도 반드시 벗어 던져야 합니다.

대 환란의 날을 눈앞에 두고 있는 그래서 피난처를 바라보고 생각하는 현금당대 목회자나 평신도들은 오직 그리스도만 바라다보고 나아가야 합니다(히브리서 12:2). 또한 특별히 목회자 된 자들은 자기의 양손이나 품안에 또는 두 다리를 성도들이 잡고서 피난처에나 공중휴거라도 될 듯한 못된 야바위 습성과 사기술은(속임수) 그것이 구술에 의한 것이거나 행술이거나, 마술에 의한 것이거나 간에 철저히 벗어 던지지 아니하면 심판을 면치 못할 것임을 명심해야 합니다. 자기를 지나치게 비천과 비하해서도 아니 되지만 자기를 과장확대하고 높여서 우상화 놀음을 하거나 얄밉게도 종교적 슈퍼스타화 해서도 더욱더 아니 됩니다.

피난처는 누구도 둘은 함께 갈 수가 없고 오직 혼자서만 가야하는 곳인 만큼 바른 자세와 신앙이 요구되므로 성서는 "참 마음과 온전한 믿음으로 하나님께 나아가자"고 하여(히브리서 10:22) 성도들 개인의 믿음을 요청하고 있는 것입니다.

6. 피난처로 자기 가족은 데려가지 못함

"또한 우리를 무리하고 악한 사람들에게서 건지시옵소서하라. 믿음은 모든 사람의 것이 아님이라"고(데살로니가 후서 3:2).

과거 하나님께서 물로서 세상을 심판하실 때 노아의 가정은 부부와 자식들 모두가 함께 구원을 얻고 사는 법을 선택했습니다. 노아의 가정에서는 방주를 40~60여 년 동안 지었는데(창세기 5:32, 6:18~22, 7:6~7) 그 기간 동안 노아의 세 아들과 세 며느리는 자녀의 출산도 잊고 반납했습니다. 그래서 대 환란 시 사는 비결은 어디까지나 노아의 가정에서 찾아보게 되는 것입니다. 노아는 자기의 가족을 피난처로 데려가는데 성공한 합리적 모델케이스 입니다.

노아와는 달리 믿음의 사람 롯은 자기 가정 식구 모두를 구원하는데 실패한 모델케이스 입니다(창세기 19:1~22). 그래서 롯의 아내는 소금기둥이 되어 죽고 말았으며(창세기 19:26) 두 사위는 소돔성과 함께(창세기 19:14) 죽고 말았으니 이것이 비극의 표본입니다. 한 가정 안에서 신자와 불신자가 함께 살면 하나는 구원을 얻고 다른 하나는 멸망 곧 지옥에로 던져지게 되어져있으니 이것이 바로 지상최대의 비극이요 현실적 저주의 본보기입니다.

그럼에도 예비 된 피난처로는 이 지상에서의 자기 가족 곧 부부와 자녀, 부모와 친척, 친구, 형제들과 더불어 함께 가는 것이 아니니 심각한 문제입니다. 한 교회당안의 신자 누구와도 함께는 가는 것이 아닌 만큼 이별의 슬픔과 실망함도 있습니다. 그럼에도 이런 자와는 나타난 현세에서 원리나 도덕적으로 관계가 되고 있을 뿐입니다. 그럼에도 이런 자와 함께는 피난처 그 자체가 전혀 관계가 없는 것임을 봅니다.

 이들은 상호 고기 덩어리 적으로는 나의 형제와 부모와 자녀와 아내와 남편이지만 하늘의 생명책에 기록이 된 바로 보면 그들이 바로 내 가정과 내 개인의 대적과 삯군이 되기도 하고(요한복음 10:12~13) 라이벌이 되기도 하고 나를 잡아다가 가두고 이간질하고 매질을 하고 죽이는 곳에 넘겨줄 자들이기도 합니다(마태복음 24:9, 마가복음 13:9, 누가복음 21:16).

 현세를 자본주의 또는 가족주의 제도와 사회라고 합니다. 그러니 지나친 나머지 다른 사람은 몰라도 자기 식구들과 함께 피난처에로 가려는 사람들이 예상외로 많은 것을 보는데 이런 상식과 신앙은 종교적 이기성으로서 더럽고 추한 몰골이며 이끼와 잡초가, 양심과 신앙위에 더덕더덕 달라붙고 끼어있어 앞이 도무지 보이지 않는 상태인 만큼 이를 먼저 감안과 우려해야 합니다.

 노아의 가정마냥 자기 식구들과 함께 갈 수 없는 곳이 피난처이기에 여기서는 우리의 믿음이 문제화 됩니다. 누가복음 16:19~31절을 보면 어리석게도 부자는 음부에 떨어져서도 구하기를 제발 자기 가족들만은 자기가 지금 와서 고통과(누가복음 16:23) 불꽃 가운데서 고민을 하고 있는(누가복음 16:24~25) 그곳에 들어오지 않게 해달라고 하소연 하는데 이는 아마도 자기 가족에 대한 미련과 애착 인듯합니다(누가복음 16:27~28). 인간은 누구나 자기 가족과 함께 구원과 피난처를 생각하고 갈망하는 것은 상식선이요 현실적 도리인 듯합니다. 그럼에도 우리의 믿음은 철저히 개인의 것이기에 다음의 성서에 귀를 기울여야 합니다.

"인자야 가령 어느 나라가 불법하여 내게 범죄 하므로 내가 손을 그 위에 펴서 그 의뢰하는 양식을 끊어 기근을 내려서 사람과 짐승을 그 나라에서 끊는다 하자 비록 노아 다니엘 욥 이 세 사람이 거기 있을지라도 그들은 자기의 의로 자기의 생명만 건지리라. 나 주 여호와의 말이니라"고(에스겔 14:13~14).

또한 성서는

"내가 사나운 짐승으로 그 땅에 통행하여 적막케 하며 황무케 하여 사람으로 그 짐승을 인하여 능히 통행하지 못하게 한다 하자 비록 이 세 사람이 거기 있을지라도 나의 삶을 두고 맹세하노니 그들은 자녀도 건지지 못하고 자기만 건지겠고 그 땅은 황무하리라. 나 주 여호와의 말이니라"고(에스겔 14:15~16).

연이어서 에스겔 14:17절에서도 칼로, 에스겔 14:19절에서는 온역으로, 에스겔 14:21절에서는 기근과 칼과 사나운 짐승과 온역으로 사람을 죽일 때 위의 3대 의인들인 노아, 다니엘, 욥 이 세 사람이 거기 있다고 해도 자기 가족 중에 누구도 구하지 못할 것임을(에스겔 14:20) 단말마적으로 이미 알리고 있습니다. 가정의 식구는 평화 시 사랑과 도움의 관계를 서로 가지고 유지하나 대 환란 시에는 서로가 배신의 삯군도(요한복음 10:12) 될 수 있음을 알립니다.

7. 피난처에는 자기 혼자는 있지 아니할 것임

가버나움 사람들이 누구보다 나사렛 예수를 저들만의 예수화(독점) 하려고 안간힘을 쏟았으나(마가복음 1:35~37) 결코 그곳만의 예수화는 될 수 없듯이(마가복음 1:38~39) 피난처는 어느 개인이나 어느 교회당적 피난처 화 하거나 될 수는 없는 것입니다. 원래부터 피난처는 그리스도인 모두의 것입니다.

 우리는 피난처가 있다고 해서 자기 가족을 그곳으로 데려 갈 수 없음을 앞에서 강조했습니다. 정말로 하나님의 말씀과 믿음으로 사는 가정은 가정 전체가 보내어 질 수도 있을 것 입니다. 노아의 가정마냥 말입니다. 그럼에도 가정의 식구들 이 함께 하나의 피난처로 보내어질 수는 없는 것 아닙니까? 그 이유는 가정의 식구들이 함께 가게 되면

 ① 사전에 누설될 공산도 있으며
 ② 이상한 루머가 퍼질 수도 있어서 반대자들의 미행도 염두에 두어야하고.
 ③ 인간이기에 암컷과 수컷적 미련과 정욕이 살아날 수도 있고.
 ④ 부부와 자녀 사이에 인간적 사랑과 애착 등이 살아날 수도 있고.
 ⑤ 자연적 증가도 이런 경우 생겨날 수도 있을 것입니다.

 이를 무엇보다 감내해야할 것입니다. 어떤 이들은 피난처 란 자기 혼자 가서 유아독존적으로 있는 곳이 아닐 진데 어 찌 그곳에 어느 개인 혼자를 보낼 수가 있느냐고 반문을 하 면서 일개 동란이 일어나도 여러 사람씩 어울려 도주를 하듯 이 그 때에도 주위의 누구와 더불어 갈 수 있는 곳이 아닌가 고 반문을 가하는 자도 있습니다. 가져볼 법한 의문일지도

모릅니다. 어떤 이들은 하나님은 사랑이신데(요한 1서 4:8, 4:16) 그곳에 보내어져서 성도가 왜 외롭게 혼자 보내어야 하는가 하며 아마도 여럿이 함께 그곳으로 갈수가 있을 것이다고 주장하는 것을 봅니다. 어떤 이는 노아 당시는 8명이 함께 들어갔고(창세기 6장~7장) 다니엘서에 보면 풀무불 속에 사드락, 메삭, 아벳느고 이 세 사람이(다니엘 3:13~23) 함께 들어갔듯이 대 환란 시에도 누구와 함께 들어 갈수가 있는 것 아닌가고 반문하는 자를 봅니다만 이는 비성서적 사고요 언행입니다. 피난처 행을 다만 성지순례 형식으로 생각하는 오산을 버려야 합니다.

　대 환란의 때를 "나신 아기 예수를 만나기 위해" 찾아간 동방의 박사들 마냥(마태복음 2:1~11) 생각하거나 그와 유사한 것으로 생각해서는 결코 아니 됩니다. 왜냐 하니 피난처에를 누구와 함께 또는 집단적으로 가게 되면 그곳에서는 요란한 소리가 나기 때문에 반대자들에게 가장 잡히기 쉽고 사람의 눈에 자연 보이기 십상입니다. 피난처로는 아무도 보지 못한 가운데 살짝 가야됩니다. 큰소리를 치거나 나팔을 불거나 누구에게 자랑을 하거나 언질을 주어서는 아니 됩니다. 자기는 여호와께서 언제쯤 부르셨기에 피난처로 간다라는 이야기를 하게 되면 형제와 부모, 이웃과 친척이 줄줄이 이어질 것이기에 대단히 위험합니다. 이런 경우 잘못하면 불신자들에게보다 오히려 여호와가 편파적이라며 반기를 들고 교회들마다 야단법석일 것이니 그것도 골치 아픈 문젯거리가 됩니다. 골치 아픈 문젯거리와 시빗거리를 일단 없애기 위해서라도 피난처로 보내어지는 것은 여호와 하나님 그분만이 아는 극비가 되어야 합니다.

　우리가 여기서 유의할 것은 피난처에 "장막"이 있다는 것인데(시편 91:10, 계시록 7:15) 이것은 그곳에 보내어진 성도가 홀로 있게 하시는 것이 아닌 몇 사람씩 함께 있게 하신다는 약속인 듯합니다.

　일단 그곳 피난처에로 보내어져서 가게 되면 나 아닌 다른 사람들이 두세 명이나 그보다 조금 더 와서 기도하고 있을지도 모를 일입니다. 동방의 박사들을 보십시오. 그들은 한 나라 사람들이 아닙니다. 한 지역적 사람도 아닌데 별을 따라 오다보니 예루살렘 입구에서 서로 만나게 되었듯이 대 환란 시 피난처도 마찬가지일 것입니다. 대개는 그곳에 성도가 혼자 외롭게 있지는 않게 하실 것입니다. 소알 성으로 도망을 롯과 두 딸이(3명) 함께 했듯이(창세기 19:19~22) 노아는 8식구가 함께 방주로 했듯이 언제나 인간은 하나보다 둘이 낫다는 것이 원리입니다. 그래서 구약 성서를 보면 두 사람이 한 사람보다 낫다거나(전도서 4:9) 두 사람이 함께 누우면 따뜻하다고(전도서 4:11) 하는가 하면 한 사람이면 패하겠거니와 두 사람이면 능히 당한다고(전도서 4:12) 한 말씀이나 예수께서도 자기의 제자들을 전도하려 보내시면서 둘씩 짝을 지어 보내신 것이나(마가복음 6:7~8) 초대교회에서도 전도나 교회를 개척하기 위해 반드시 둘씩 보내신 것을 알게 됩니다. 베드로와 요한이(사도행전 3:1~6) 함께 다녔고 바울과 실라가(사도행전 16:19) 바울과 바나바가(사도행전 13:1~3)바나바와 마가가 함께(사도행전 15:37~39) 다닌 것은 좋은 본보기들 입니다. 서로가 위로하고 협력하고 기도해 주고 도와주니 오히려 힘이 배나 생기게 됩니다. 어디서나 성도가 함께 손을 잡고 기도하는 것은 아름답고 귀한 일입니다. 피난처라고 해서 예외일 수는 없는 것 아닙니까?

8. 피난처로 보내어지는 자는 이웃이 알지 못함

신약성서 마태복음 24:40~41절을 보면 "그 때에 두 사람이 밭에 있으매 하나는 데려감을 당하고 하나는 버려둠을 당할 것이요. 두 여자가 매를 갈고 있으매 하나는 데려감을 당하고 하나는 버려둠을 당할 것이니라"고.

이것은 무엇을 의미하고 있습니까? 어처구니없게도 공중휴거를 외치거나 주장하는 무리들은 이 본문을 인용해서 이것은 바로 장차 잘 믿는 성도를 대 환란이 지상에 임하기 전에 공중 혼인 잔치를 위해(계시록 19:7, 19:9) 데려갈 것을 말하는 것이고 예수를 잘못 믿는 성도는 대 환란 시에 금을 연단하고 은을 연단하듯이(말라기 3:3) 연단키 위해(베드로전서 1:7~8) 세상에 그냥 두는 것이라고 주장을 하나 근거도 없는 어불성설이며 성서해석학 상 모순투성이일 뿐입니다.

여기서 하나는 데려감을 당한다함은 두 가지 의미를 지니는데 하나는 대 환란이 일어나기 전에 하나님 나라로 간다는 뜻이고(죽음) 다른 하나는 피난처에로 보내어 진다는 뜻입니다(계시록 18:4~5). 그리고 여기서 버려둠을 당한다는 것은 잘못 믿은 성도가 대 환란을 통과할 것을 뜻하는 것이 아니라 쉬지 아니하고 주의 일을 했지만 그들은 지상에 임할 대 환란을 통과해야할 신자들이기에(계시록 15:2~3) 이 땅 위에서 대 환란 통과를 위해 그냥 두신다는 의미입니다(요한복음 16:33절 참조).

이런 데에서 일어나는 잘못된 오해들은 사람의 영혼을 좀 먹고 사냥하는 일이 되기에 금물입니다. 우리가 먼저 유의해 두어야할 것은 무엇보다 피난처로는 반드시 자기혼자 간다와 가게 된다는 그것입니다. 마태복음 24:40~41절의 의미도 피난처로 보내어지는 자는 반드시 누구와 더불어 가는 것이 아니라 개개인이 어느 날 갑자기 위의 부르심을 받고 가게 된다는 것인 만큼 이 비밀은 오직 여호와만 아시는 비밀입니다.

  이 때 피난처로 보내어 지는 자는 여호와께로부터 "너는 이제 피난처로 가라"며 부르심과 보내어지심을 받는 것이 아닙니다. 부르심을 받는 자기 스스로가 피난처로 가는 것을 알아서는 아니 되고 알 수도 없어야 합니다. 어느 날 갑자기 누구에 의해 부르심 받아가서 어디로 가서보니 그곳에서 다시 어디로 가라하여 가게 되고 그곳에서 아무도 모르는 야간이나 이른 새벽에 어디로 다시 갔더니 그곳이 이미 예비 된 피난처란 것입니다. 이렇게 되니 아무도 모르는 상태에서 피난처행이 이루어진 것입니다. 그럼에도 이 은총의 예비사건이 사전에 누구에 의해서든 간에 알려지면 그곳이 난장판화 되고 야단법석이 날 것은 명약관화한 일입니다. 서로 먼저 그곳에 가려고 머리가 터지도록 아비규환과 아귀다툼할 것입니다. 솔직히 자기 자신도 피난처로 가는 것을 모르고 가게 되는데 어찌 이웃과 주변 사람들이 그것을 알거나 눈치 챌 것입니까?

  여호와께서 예비해 두신 피난처에 인도함을 받으려거나 인도되려는 자는 이 땅에서 결코 누구를 의식해서는 아니 됩니다. 전적으로 그 개인이 부르심을 받고 가게 된다는 그것을 먼저 의식해야 하고 믿음은 전적 개인의 것이지 단체나 집단의 것이 아니며 구원은 개인적으로 얻고 이루어지는 것이지 단체나 집단적으로 얻는 것이 아님을 무엇보다 명심해야 합니다.

  피난처로 보내짐으로 해서 갈 때에는 북을 치고 징을 울리고 나팔을 불면서 가는 것이 아님과 대낮에 어디서 모여 집단적으로 비행기나 그 무엇을 이용해서 가는 것도 역시 아닌 것입니다. 밤이나 낮 새벽이나 초저녁이나 간에 그 때 가서 하나님이 누구를 부르시되 사람이나 천사를 통하여 또는 성령의 역사를 통하여 어디를 가라거나 교회에로 나오라거나 해서 그곳에 갔더니 그곳에서 또 어디로 해서 몇 차례 반복한 후 지정된 장소에로 나아가게 되는 것인 듯합니다.

처음에는 무의식 가운데 아무런 부대부담 없이 떠난 것인데 그곳에서 다시 다른 곳으로 가서 막상 정착을 하고 보니 가족이나 누구를 만나보지 못하게 되는(생이별) 경우가 된다는 것입니다. 그 후 대 환란이 끝날 때까지 격리된 상태에서 아무것도 모르게 지낼 것입니다. 해당자 자기 자신만 그런 것이 아니고 그곳에 보내어져서 나는 사람들은 하나 둘, 아니면 여럿이 모두가 똑같은 형편과 처지, 입장과 경우가 되니 그곳에 와서 함께 만나, 대 환란을 피하는 저들끼리는 서로 위로와 권고 권면하면서 지내게 될 것인데 그 지혜가 고귀하게 나타날 것입니다.

피난처에서는 어느 교회당의 교인들끼리 이합집단화 하거나 저들끼리 특수한 처지에서 만나는 일은 결단코 없을 것입니다. 하나님께서 위에서 보시고(베드로 전서 3:12) 지상교회적으로 꼭 필요하여 인치심 받은 자들끼리 모이게 하실 것입니다. 이때는 시기적으로 이미 하나님께서 천군천사를 통해서 불러 모으시는 때인 만큼 누구는 누구와 같이 간다라는 그런 사고와 신앙은 전적 기독교적 미신 행각이기에 애초부터 버려야 합니다.

우리는 여기서 성서를 보십시다.

"천인이 네 곁에서, 만인이 네 우편에서 엎드러지나 이 재앙이 네게 가까이 못하리로다"고(시편 91:7).

또한 성서는
"네가 말하기를 여호와는 나의 피난처시라 하고 지존자로 거처를 삼았으므로 화가 네게 미치지 못하며 재앙이 네 장막에 가까이 오지 못하리니 저가 너를 위하여 그 사자들을 명하사 네 모든 길에 너를 지키게 하심이라"고(시편 91:9~11).

또한 성서는
"여호와여 구하옵나니 이제 구원 하소서, 여호와여 우리가 구하옵나니 이제 형통케 하소서"라고(시편 118:25).

또한
"주께서 저희를 주의 은밀한 곳에 숨기사 사람의 꾀에서 벗어나게 하시고 비밀히 장막에 감추사…"(시편 31:20).

9. 피난처에서는 이 지상의 교파나 교단적 소속 따위는 필요가 없음

요즘 보면 너도 나도 교파 교파하고 혹자는 자기들 교파(교단) 사수까지 외치고 교파가 없으면 흡사 당장이라도 거꾸러져 죽거나 망가지거나 파괴가 되는 양 오해들을 단단히 하고 있는 것을 보기도 합니다. 어떤 이는 자기가 소속된 교단은 보수파요 정통교단이요를 외치는 열성파들도 봅니다. 어떤 이는 자기가 소속된 교파(교단)를 위해서는 목숨이라도 버리려는 오만하고 치사한 자세를 취하기도 합니다. 그러다 보니 자기들 소속 교파가 없으면 안 되는 것 같고 기독교회에 교파가 사라지는 것은 그리스도교 자체가 말살이 되고 신자들은 구심점을 잃고 뿔뿔이 흩어지고 당장 성서가 혼돈이라도 되는 양 오해를 단단히 하는 "원인이 경솔한 자들"을 봅니다. 고로 어디를 가나, 누구를 만나나 자연 교파를 외치고 저들 교파의 사수를 외칩니다. 그럼에도 피난처에 들어갈 자나 장차에 들어간 자들은 그곳에서 교회당적 소속이나 교파적 소속 따위는 처음부터 이 지상적 배설물일 뿐입니다. 그곳에서는 이 지상의 어느 교파에 소속이 되었냐 하거나 어느 교회당에 다녔느냐 하는 것 등은 솔직히 무용지물이나 물어 볼 이유도 없고 알 것도 없는 것입니다. 이미 그런 소아기적 신앙 시대는 지나갔기에 현실을 향해, 구원을 향해 나아 갈 뿐입니다.

그럼에도 현금당대에서 아직까지 교파나, 보수라는 한 개념 안에 얽매인 자들은 교회당 안에 있거나 밖에 있거나 간에 은근히 믿고 바라는 바는 장차 대 환란이 이 세상을 강타하고 허리케인 마냥 마구 뒤 덮어 버릴 때에 그 무엇보다 자기가 지금까지 소속되었던 그 교파가 바로 자기를 대 환란의 허리케인으로 부터 구원해 낼 노아의 방주라도 되는 양 생각하거나 대 환란 시에 현존 보수니 정통이니 전통이 있는 교파니 하는 것들이 피난처가 되고 환란시의 우산이 되어 자기를 보호해 주거나 아니면 적그리스도와(계시록 13:3~7) 거짓 선지자의(계시록 13:11~14) 힘과 능력 앞에서 자기의 소속 교파가 자기 식구와 자기 그리고 자기들 교회당의 모든 교인들을 잘 인도해서 피난처에로 보내어 줄 길 안내자라도 되는 양 오해를 단단히 하고 있는 꼴은 참아 눈 뜨고 볼 수 없는 현실적 분열과 현기증과 전율이 되고 있습니다. 주로 이런 현상은 종교적 몰 아병을 앓고 있는 대형교회와 대형교파에 소속된 교회당 안 신자들일수록 더욱 더 그러합니다.

이유 불문코 참된 피난처적 신자들은 지상의 어떤 교파이든 간 그것에 얽매여 교파주의자와 교회주의자가 되면 아니 됩니다. 서로가 친교를 맺거나 연합하는 것은 어쩌할 도리가 없지만 지나친 나머지 교파주의자가 되는 것은 자신을 어리석고 우둔하고 바보스럽게 만들고 둔갑시킴입니다. 지나쳐서 교파주의자가 되거나 교회주의자가 되면 그것 자체가 이미 그리스도교적 망상과 헛된 상이니 스스로 진리와 정의를 포기하고 허수아비 화 하는 현상(꼴)이 되기 때문에 탈선의 위기를 맞게 되는 것입니다.

원래 교파란 비성서적입니다. 비성서적 어부지리들 입니다. 성서를 보면 교파란 존재무요 가치 무입니다. 교파란 허요 비인입니다. 그리스도 당시의 바리새파나 사두개파 그리고 세례 요한 파나 에세네파 등등은 성서에서 기인되어 나온 것이 아니고 얄팍한 종교꾼들의 수치심의 발작에서 나온 몹쓸 병들입니다. 그래서 교파에 소속된 자들일 수록 언제나 악에는 야비하고 비굴했으나 선과 의에는 역으로 용감하고 강해서 하나님의 아들 그리스도까지 잡아 죽이는데 앞장들을 섰습니다.

신약시대는(초대교회) 그리스도 당시와는 약간의 차이가 났습니다. 신약시대에 보면 셈의 후예인 유대주변과 소아시아(터키)에서는 전혀 교파 개념이 없고 그런 것에 관심도 없는 것과는 대조적으로 서구로 넘어가는 과정에서 고린도 교회 주변에서는 교파의 조짐이 이미 보이게 되었습니다(고린도 전서 1:12~13, 3:4~9). 그러던 것이 AD 313년 로마제국이 그리스도교회를 공인하고 받아들이면서 복음전파가 본격화되기 시작했는데 여기에 뒤질 새라면서 그 주변 국가들에서 교파 현실의 조짐이 보이기 시작하다보니 자연 교파란 어디까지나 유럽 쪽 백인들의 전용물 또는 전유물화 되기 시작했습니다.

백인들은 성서에도 없는 교파들을 만들되 그냥 만든 것이 아니라 각 나라와 민족과 언어의 자존심을 앞 내세워서 고상하고 그럴듯하게 만든 것이 거의 전부입니다. 그 어느 것을 보아도 예외는 없습니다. 그 실례들로서

① 로마가 로마 카톨릭을 앞 내세워서 교파를 형성하여 나아가니
② 그 바로 옆에 위치한 그리스(헬라)는 희랍 정교회(교파)를 만들어 여기에 대처했고,
③ 로마와 희랍을 주시한 제정 러시아는 러시아 정교회(교파)를 만들어 여기에 대처했고,
④ 이런저런 주위를 의식한 코 높은 영국에서 가만히 있을 수가 없으니 자존심을 위해서도 뒤질 수가 없다며 만든 것이 성공회인데 이는 로마 카톨릭과 정면 승부수를 던진 것입니다.
⑤ 그리고 기타 등입니다.

사실 이런 것들은 대개가 로마제국과도 연관이 있지만 각 지역과 나라, 언어, 기타 등과 연관성이 있기에 그냥 넘어갈 성질이 아닙니다. 어디 그것뿐이 아닙니다. 개신교들을 보십시오.

① 종교개혁의 깃발을 높이 들고 독일에서 마르틴 루터가 들고 일어나서 "루터교파"와 기타 교파를 형성하니
② 우리도 민족과 언어적으로 독일교회와 민족에 뒤질 수가 없다면서 불란서(프랑스)에서 들고 일어난 것이 칼뱅의 장로교회입니다. 지금은 스위스이지만 그때는 불란서 령이었으니 장로교도 근본적으로 따지면 불란서에서 만들어진 불란서 교파입니다.

③ 독일과 불란서가 개신교의 교파를 만들어 가지는데 대영제국이 저들의 신사체면을 구기는데 어찌 이것을 보고 가만히 있을 것입니까? 그래서 대영제국에서는 웨슬리가 일어나 감리교회를(감리교파) 만들었고 이 감리교회에서 윌리엄 부스가 나가서 다시 구세군파를 만들어 대처하다보니

④ 캐나다나 호주, 미국지역의 백인들이 우리도 이래서는 아니 되겠다며 만들어 앞 내세운 것이 각종 오순절 교파들입니다.

그래서 교파란 백인들이 만들어 교회당 위에 던져놓은 노리개 비슷한 것이었음에도 세월이 흐름에 따라 잘 단장하다보니 오늘에 와서는 성서와 엇비슷한 그 무엇이 되어 버렸습니다. 백인들의 나라와 민족적 기호에 알맞게 이리 쪼개고 저리 쪼개고 해서 그리스도교의 각 교파를 만들어 놓은 후 흑인종과 황인종들에게 이것이 가장 좋은 교단(교파)이라며 그것 선전에 치열한 경쟁을 벌리는 그 와중에 어리석게도 황인종들은 성서의 권위와 그리스도의 위엄을 잃어버리고 각 나라(백인 나라들)의 교파 PR(선전) 각축 전쟁의 도가니에서 무비판적으로 쳐다만 보게 된 것입니다. 한국의 기독교회는 이런 와중에서 불란서와 영국의 교파를 더 선호해 버린 경향인데 그럼에도 이미 재고해야 할 시점에 도착한 듯합니다.

솔직히 한국의 각종 물건들이 처음에는 기술 이전을 다른 나라(선진국)로부터 받았으나 이제는 한국의 고유 브랜드를 가지고 역으로 수출하듯이 모든 것이 이제는 그렇게 되어져야할 때가 왔습니다. 이제의 한국 교회는 대 환란의 목전에서 성서적 교파 브랜드를 자체적으로 개발해서 외국에 역 수출할 단계가 되었고 우리도 한국적 고유 브랜드(교파)를 만들 막강한 힘의 단계까지 왔으니 한 세기 이전에 우리가 교

파를 수입했듯 이제는 백인들 국가의 종교적 고유 브랜드인 각 교파를 그들 나라에로 도로 수출(돌려) 시켜드려야 할 단계도 된 듯합니다.

  수입한 종파(교파)는 이제 각기 그 나라들로 수출해드리고 예수 그리스도 그분만을 위해서도 우리 나름대로 성서적 종파 브랜드를 개발해서 떳떳한 자세로 성도들에게와 우리의 후손들에게 이를 제시하고 그럼과 동시에 한국의 기독교인들이 피난처도 바로 알 수 있도록 바르게 가르치며 정로에서 보게 만들어야 합니다. 종교적 사대주의 근성과 수입한 종파의 종속성의 염병과 잠꼬대에서 여전히 벗어나지 못하고 그대로 앉아 대 환란을 맞거나 피난처로 간다는 것이 어딘지 모르게 웃음거리인 것 같지 않습니까? 성서나 천국, 피난처 등에는 교파의 개념은 호리만큼도 필요치 아니합니다. 그런 것들은 이편적 불순물이기에 그곳에서는 모름지기 존재치 않습니다. 고로 재고가 필요합니다.

제12장 피난처에 모일 자는 어떤 자들인가?

"여호와의 규례를 지키는 세상의 모든 겸손한 자들아 너희는 여호와를 찾으며 공의와 겸손을 구하라 너희가 혹시 여호와의 분노의 날에 숨김을 얻으리라"고(스바냐 2:3).

피난처 행은 이미 허용된(허락된) 자가 있고 허용이 이미 금지된 자들이 있습니다. 그렇다면 장차 나타날, 예비 된 피난처에 모일 자들은 누구이고 어떤 자들입니까? 당신은 지금 어디에 사는 누가 피난처에 들어가기를 기도하고 바랍니까? 행여나 당신은 기존의 자본주의화 된 교회당적 교회주의에 얽매여 당신 자신이 만약에 피난처에로 보내어지는 행운을 얻는다면 당신의 신앙과 인격 사랑 믿음 기타로 보아 행여 당신이 출석을 하는 교회당의 목사나 장로, 권사나 집사, 전도사나 강도사 또는 교사나 찬양대원이나 어느 구역장이나… 하는 분들과 함께 그곳에 들어가기를 솔직히 원하고 계십니까? 여태까지 그리스도교의 신자란 자들의 대개가 이구동성으로 이와 같은 신앙과 사고를 가지고 있었기 때문에 현금당대 교회당이나 그리스도 교인들은 기존의 교회주의와 교회당적 각종 우상과 우상화 놀음에 얽매이고 사로잡혀 우상과 악의 그늘에서 벗어나지 못하는 것을 봅니다.

누가 이렇게 만들었는지 누가 그렇게 되기를 바라고 기도했는지 또는 이렇게 되라고 누가 가르쳤는지 모르지만 빗나간 교회당적 행동과 신앙적 모순은 함정이므로 벗어 던져야 되는 것입니다. 이런 것은 아직도 소아기적 병에서 벗어나지 못한 고약한 종교적 병입니다. 신자는 대아적이고 대승적이며 그리스도적이어야 종교적 모리배는 아니 될 것입니다.

그렇다면 피난처에는 어떤 자들이 모여야 합니까? 어느 특정적이고 특수적인 교회당의 교인들만 가서 모이고 산다는 사고는 찬란한 이방인의 말기적 신앙 발광이고 교회당안의 어리석은 신앙꾼들의 자기 탈선과 타락 행위이므로 권장할 만한 것이 전혀 못됩니다. 여호와가 예비한 피난처에 모일 자는 이 지구상에 있는 전체 교회당에서 부르심을 받고 나오는 자들이기에 자기 주변만보는 소아기적 병폐는 벗어버리고 성서적이고 그리스도적 주위를 보는 대승적 신앙을 가진 자들인 것입니다.

1. 구약에서

신약적 신앙 기준과(기본) 예배가 다르고 구약적신앙 기준과 제사 제도가 현격한 차이를 나타내기에 사전에 이를 명심해 두어야 합니다. 신약 성서를 보면 신약적으로 피난처에 가서 살 자가 나타납니다만 구약 성서를 보면 구약 성서적 피난처에로 보내어져야할 자들도 나타납니다. 구약 성서를 보면 어떤 자들이 피난처에로 보내어져야 하는지 그 룰과 규칙과 법이 나타나기에 이를 상고해 보기로 하십시다.

① 에녹과 같은 자는(창세기 5:21~24) 죽지 아니하고 피난처에로 보내어져서 살다가 죽지 아니한 이 몸 그대로를 가지고 다시 오시는 예수 그리스도를 맞을 수 있는 것 아닐 가고 믿거나 생각들을 합니다. 왜냐 하니 에녹은 365년 동안 하나님과 동행하는 생활을 했으므로(창세기 5:22, 24)

그 몸을 그대로 가지고 하늘로 올라갔듯이 말입니다.

② 선지자 엘리야와 같은 자가 피난처에로 보내어질 자격의 소지자들입니다(열왕기 상 19:1~7). 그는 일생 여호와와 함께 동행 하며 살았기에(열왕기 상 18장, 19장) 하나님은 그를 죽지 아니한 상태 그대로 데려갔는데 그는 죽지 않고 승천한 자의 모델케이스였습니다. 이런 자는 그 누구도 그들의 가능을 앞에서 또는 도중에서 가로막을 수가 없습니다. 그래서 그는 이 몸을 그대로 가지고 하늘로 승천한 장본인이고(열왕기 하 2:10~11) 모든 신앙인의 귀감이 된 것입니다.

③ 노아와 그의 아내 그리고 세 아들과 세 며느리와 같은 자들이 피난처로 보내어질(창세기 6장~7장) 유자격자요 그 장본인들입니다. 인내가 이들에겐 있었고 믿음이 확고부동했으며 내세에 대한 확고한 신앙이 있었으며 수십 년 후에 다가올 사태를 미연에 방지키 위해(유비무환) 방주를 짓는 결단과 용기, 따름에의 순종과 소망을 갖고 모인 자들이므로 이들이 바로 피난처에로 모일 제1차적 조건과 자격을 갖춘 자들이었습니다. 피난처에서는 언제나 사전에 이와 같은 준비가 있는 자를 요청하고 있습니다.

④ 피난처는 롯과 같은(창세기 19:1~22) 믿음을 가진 자가 들어갈 것입니다. 그는 천사를 대접하는 믿음과 앞을 주시할 눈을 가진 자입니다(창세기 19:1~8). 그는 하늘의 소망을 가진 자요 천사의 지시에 순종하고 따른 자입니다. 그는 신앙의 목적지를 향해 소알 성까지 달려간 자요(창세기 19:20~22) 소돔과 고모라 성 사람들이 떼죽음으로 끝맺음 할 때 자기 세 식구를 구하고 살린(아내는 죽음) 그 장본인입니다. 이런 신앙적 인격과 믿음을 가진 자는 지금이나 장

차에서 피난처에로 보내어져서 살게 될 것입니다.

⑤ 사무엘이나 다윗 임금과 같은 믿음의 성현들이 대 환란 때에 살아 있다면 반드시 그들은 피난처에로 폐일언하고 보내어질 자들입니다. 어느 누구도 이들이 살아있어 대 환란을 맞으면 저들은 피난처에로 보내어질 자격이 없어서 대 환란을 맞는다고 말할 수는 없을 것입니다.

2. 신약에서

구약성서에서는 구약대로 피난처에 들어갈 유자격자가 있다는 것을 상고했기에 여기서는 신약 성서적 피난처에 들어갈 유자격자들에 대하여 상고해 보기로 하십시다.

신약 성서는 누구보다 사도 요한과 같은 자가 피난처에 가서 살 자격이 있다고 지적합니다. 환란이 와도, 핍박이 와도 믿음으로 조금도 굴하지 아니하고 이 모든 고통과 고난을 이기고, 풀무 불에 태워 죽이기 위해 내던져져도 죽지 아니하고 결국에는 밧모라 하는 섬으로(계시록 1:9) 보내어져도 그곳에서 죽지 아니하는, 심지어 그곳에서도 여호와의 도우심을 받는 믿음과 저력을 보이고, 인내와 용기 결단과 힘을 보인 것은 돋보이는 신앙입니다.

사도 요한에게 밧모 섬이 피난처의 역할을 했듯이 장차 대 환란 시에도 사도 요한의 경우와 같은 현실도 나타나 성도가 갖은 고문과 고통을 다 당한 후에 보내어 지는 곳이 피난처가 될 수도 있을 것입니다.

대 환란 시에 사도요한마냥 먼저 적그리스도의 일당에 의해 잡혀 무인고도나 광야등지로 공민권이 박탈당한 상태에서 추방되었는데 그곳이 바로 보내어진 피난처이고 경우에 따라 그런 자들이 모인 곳과 모여서 즐거운 피난처의 구실을 할 수도 있을 것입니다.

어떤 경우는 적그리스도나 거짓 선지자와 그 일당에게 잡혀서 지하 감옥에 들어갔는데 그곳에서 구약의 요셉마냥(창세기 39:1~23) 최소한 3~4년 동안 견디는 그래서 그 곳이 바로 피난처의 역할과 구실을 단단히 하는 그런 곳이 될지도 모를 일입니다. 능히 여호와 하나님의 역사 속에서는 우리가 알 수 없는 이런 저런 일도 있을 수 있다는 것을 알리고 있지 않습니까? 예로부터 등잔 밑이 어둡다고 하듯이 적그리스도와 거짓 선지자와 그 일당의 가장 가까운 주변이 어두운 면도 있을 것임을 명심해야 합니다.

3. 예수의 가르침에서

성서는 그리스도의 재림직전에 반드시 이 지상에는 극심한 환란이 있을 것인데 반하여 믿는 성도는 사전에 피난처에로 보내어진다는 것을 알리고 있습니다. 대 환란의 극심한 와중에서도 사랑하는 성도를 미리 예정 섭리에 의해 조성된 피난처에로 보내신다는 것은 이만저만 보장되고 복되고 보람되고 알찬일이 아닐 것입니다.

마태복음 24장과 마가복음 13장과 누가복음 21장을 보면 예수께서는 여기서 다가올 마지막 때의 환란을 강론하시면서 피난처는 반드시 있는데 누구이든 그곳에 들어가지 못하면 이 지상에 임하는 대 환란을 모두가 겪고 당해야 하는데 그 환란이 솔직히 너무 극심하여(마태복음 24:21) 예정된바 그대로 전반기 1260일과(계시록 19:3) 후반기 42개월을(계시록 11:2, 13:5) 그대로 두면 사실상 선택된 그리스도의 백성들도 넘어지고 쓰러질 확률이 너무나 높기 때문에 이를 우려하시면서 사랑하는 성도들을 위하여 예정된 대 환란을 조금 감하신다고 약속하셨습니다(마태복음 24:22).

성서가 성도를 위하여 예비 된(예정) 환란을 감하신다고 한 것은 대 환란을 통과해야 하는(계시록 15:2~3) 성도들을 위함면도 있을 것이지만 일면으로는 피난처에 와서 있는 성도들도 위한 말씀임이 분명합니다. 왜냐 하니 이 때 피난처에는 모두가 자기 가정과 식구들 모두를 뒤로 하고 들어와 있는 자들뿐입니다. 그들 가운데에는 일찍 들어온 자들은 약 7년여 가까이 있어야 될 것이고 늦게 들어온 이들도 약 3~4년 정도는 있어야할 것이 분명한데 자연 신앙뿐 아니라 심신이 심히 지쳐있다는 것을 알게 됩니다. 그러므로 예수께서는 자기의 사랑하는 성도 바로 그들을 위해 이미 예정된 대 환란 가운데 조금은 감하신다고 선언한 것입니다. 신자된 우리에게 이보다 더 기쁘고 고마운 일은 없습니다.

피난처로는 대 환란을 끝까지 이길 수 있는 능력과 힘이 없는 무리들 가운데 보내어질 자들을 골라서 보내실 것입니다. 연약한 믿음의 소유자들과 강하고 담대하지 못한 자들은 (요한복음 16:33) 피난처로 미리미리 보내어지는 것이 아버지의 요구사항과 뜻일 것입니다.

4. 요한 계시록에서

요한 계시록을 보면 피난처는 분명히 있고(존재) 그곳에 모일 자는(대상) 어떤 자들인지에 대하여 잘 밝혀두고 있습니다. 그럼 우리는 여기서 피난처에 모이는 자들이 누구며 어떤 자들인지 그것을 상고해 보기로 하십시다.

① 계시록 6:8하반절을 보면 대 환란 시 환란의 검과 흉년과 사망과 땅의 짐승 등으로는 도저히 죽일 수가 없는 자들이 나타나는데 이런 자들은 이미 피난처에로 보내어질 자들임을 기술하고 있습니다. 이들은 이미 죽지 아니하고 오시는 그리스도를 살아있는 상태 그대로 만나게 될 것임을 알립니다.

② 계시록 3:10절의 말씀을 상고해 보면 다가오고 있는 장차의 대 환란이 이미 면제된 자들이 나타납니다. 이미 죽어서 저 세상으로(내세) 간 것도 아닌데 이들은 이미 대 환란이 면제된 상태이니 자연 피난처에로 인도되어서 그곳에서 대 환란이 이 지상에서 지나가고 그리스도께서 다시 오실 그 때까지 머물러 있게 될 것임을 알립니다. 이는 하늘에 계시는 우리 아버지의 선하신 뜻이니 고스란히 받아들일 수밖에 도리가 없습니다. 누가 무엇이라 해도 이 세상에서 현실적으로 가장 복 있는 자는 이미 대 환란을 면제받고 있는 신자들일 것입니다.

③ 계시록 6:11절 말씀을 보면 환란 시 순교자가 상당히 나오게 되는데 그럼에도 그 순교자의 반열에서 고상하게도 벗어나 있는 성도들이 있습니다. 순교자의 반열에 들어가지도 못하고 그런다고 해서 대 환란 통과의 반열에도 끼이지 못한 자들은(계시록 15:2~3) 피난처에 반드시 보내어져야 할 것입니다. 이런 자를 그냥 대 환란 가운데 내어버리면 대해 속에 던져버리는 것과 같아서 환란을 이기거나 통과할 능력이 전혀 없기에 무방비 상태에서 그냥 넘어지고 말 것입니다. 다시 말해서 대 환란을 통과해야 할 반열에서는 이미 벗어나 있고 순교자의 반열에도 속한 것이 아니라면, 또한 그런다고 해서 그리스도를 부인할 배도의 위인도 못되니 이를

어찌할 것입니까?(다니엘 11:30, 11:32, 11:34, 데살로니가 후서 2:4, 2:9~12) 각기 배운 대로 생긴 대로 살아야 할 것이니 도리가 없는 것 아닙니까?

④ 계시록 9:6절을 보면 하늘의 보좌에 있는 생명책에 이름이 기록된 자로서(누가복음 10:20) 순교에 의한 죽음이 피해 있고 대 환란 통과는 할 능력과 힘의 소유자는 아니고 못되고 하니… 이와 같은 처지와 형편의 신자는 그리스도가 먼저 보호하시고 인도해야 하는 것이 당연한 것입니다(계시록 18:4). 이런 경우는 어떻게 하든 내어 버릴 수는 없는 것 아닙니까? 성서는 무엇보다 이 문제에 대해 상당한 관심을 집중시킵니다.

환란 시에는 이런 처지와 상황이 세계도처에 나타날 것이니, 지상에 있는 성도들 가운데 상당수는 사전에 보내는 것이 아버지의 뜻이므로 사전 준비도 필요하고 요구됩니다. 오늘의 성도는 피난처를 향한 성도의 일편단심을 그리스도에게 보일 법도 합니다.

5. 인간이 보는 관점

인간이 보는 관점은 언제나 비열과 졸렬과 한정된 범위로 가득 차 있습니다. 특히 지금의 상태에서 신자 된 자들일수록 더욱 더 그러합니다. 왜냐 하니 위는 보지 아니하고 기존의 교회당적 자본화 현실만 보기 때문입니다. 그러니 자기 확대와 도치경에 사로잡히기도 하고 자기 아닌 다른 사람의 확대와 광대놀음에 사로잡히기도 해서 말입니다. 어떤 이들은 다른 사람에 대하여는 괄호 밖이고 관심 무이기도 합니다. 항상 상대를 제2 제3선 밖에 두거나 마이너스 너머에 있는 괄호 속에 넣고 항상 사이에 마이너스와 괄호를 쳐서 두기에 이기주의의 극치를 이루는 것도 봅니다.

　요즘 교회당안 사람들은 보십시오. 모두가 하나같이 자본주의의 극치란 병에 의해 시름시름 죽어들 가고 있습니다. 도무지 신앙적 아름다움을 나타내 보이지 아니하기 때문에 문제의 혼선을 자아냅니다. 여기에 나타난 피난처만 해도 그러합니다. 흔히들 우리는 우리자신이 그리스도의 도우심과 인도, 이끄심 등에 의해서 다가오고 있는 대 환란 시 제일 먼저 피난처에로 보내어져야할 그 당사자(대상자)라고 믿거나 반문하기에 심각한 오염의 종교적 위기를 맞고 있는 중입니다. 솔직히 현대인들이 생각하거나 믿고 바라고 하는 것과 그리스도께서 하늘에서 보시는 것과 요구하시는 것은 완전히 다릅니다.

　우리는 교회당에 현실적으로 다니고 세례를 받았으며 성찬에 부지런히 참여하고 예배를 드리며 교회당 안에서 교사, 집사, 찬양대원, 권사, 전도사, 장로, 목사가 되면 그리스도인이란 호칭을 하지만 이런 것은 어디까지나 이 세상에서 본 종교적 직위와 직분 등이지 - 경우에 따라 그것이 교회당적 감투가 되고 - 그것을 하늘이 친히 주신, 하늘이 인정하는 직분은 거의가 아니고 못됨을 명심해야 합니다.

　우리의 제1차적 악의(피난처 문제에서)
　① 하나님이 피난처를 흡사 자기를 위해 조성(예비) 하신 양 오해함.
　② 하나님이 피난처를 인간 자기를 위해 예정섭리 하신 양 오해함.
　③ 하나님은 피난처에 오직 자기만 넣으시려고 하신 양 오해함.

④ 피난처는 전적 별천지인 양 오해함(희한한 세상으로 착각).
⑤ 피난처는 기존 교회당적 장소인 양 해함.
⑥ 피난처는 기존의 기도원 형인 양 오해함.
⑦ 피난처를 고상하고 찬란한 유토피아적 세상으로 착각함.

이런 자의적 이기성과 우상에 얽매이고 사로잡히다 보니 언제나 제1차적 피난처에는 보내고 싶은 자는 폐일언하고 자기의 부모나 아내나 남편 자녀, 형제자매들이고 또한 자기들 교회의 누구와, 목회자 누구와 더불어 가는 그런 장소인 양 오해하나 기실에 있어서는 그럼에도 그것이 자의적 숭배임을 (우상) 잊어선 아니 됩니다. 또한 인간들은 교회당 안에서 철저히 여호와가 자기만 피난처에로 보내어 주시고 타인은 완벽할 정도로 거절케 하려는 못된 양상과 근성을 나타내 보이고 있습니다.

참으로 피난처에 모일 자 중
① 인간이 보는 자.
② 그리스도의 교회당에서 보는 자.
③ 불신 사회에서 보는 자.
④ 현 위치에서 보는 자.

등은 각기 엄청난 견해차를 나타내 보이고 있습니다. 흔히들 보면 기존의 교회당에서 그가 가진 직분이 감투가 되거나 대단한 권력 구조물이 되는 것은 결코 반갑지 못한 처사입니다. 현금당대 교회당에서는 이세상적 자기 개인의 직위 지위 재산의 유무 등을 앞 내세워서 이상한 분위기를 조성하고들 있는데 유의해야 됩니다. 이런 것으로 인간을 과소과대 평가

하고 피난처 행 연구를 한다는 것은 결코 성스럽지 못합니다.
  어떤 이는 그가 헌금을 많이 해서 교회당을 지었다거나 아니면 교회당의 부흥에 적극적인 참여를 한자는 당장 피난처라도 가게 되는 양 단단한 오해를 하지만 그래서는 아니 됩니다. 이런 것과 피난처 행과는 전혀 상관관계가 없습니다. 성서에 보면 여우라 불리는 헤롯 안티파스의(누가복음 13:32) 아버지인 헤롯 대왕도 제3성전인 예루살렘 성전을 지었습니다. 제3성전은 세계의 7대 건축물 중 그 하나였으니 대단한 것 아닙니까? 그럼에도 그는 구원을 얻지 못한 모델 케이스입니다. 이것은 하나의 현실적 상식선이고 성도의 목전에 있는 나인선상입니다. 이런 데에서 오는 오해는 그것이 어떤 것이든 간에 철저히 배격하고 버려야 합니다.

제13장 피난처의 주인은 누구인가?

 이제 우리는 피난처의 주인은 과연 누구인지에 대하여 상고하게 되었습니다. 도대체 피난처의 주인은 누구이며, 누구이기를 바라고 갈망합니까? 피난처의 소유주는 누구이십니까? 우리도 이 질문에서 의미의 핵심은 완전히 뽑아버린 후 어처구니없게도 피난처는 이 지상에 있으니 우리들 것이고, 우리들의 놀이터나 수양관 정도로 오해하는 경우도 봅니다. 어떤 이는 피난처를 두뇌 적으로 만들거나 조작해서 인간의 두뇌가 시키고 고안하고 이끄는 데로 움직이고, 역사하는 곳인 양 단단히 오해하는 것을 보기도 합니다.
 하나님이 창조하신 모든 만물에는 그 주인이 없는 것이 하나도 없습니다. 이 세상이나 에덴동산, 낙원, 음부, 천국과 지옥도 주인이 있듯 삼라만상과 인간에게도 주인이 있기 마련입니다. 여기에 나타나는 피난처도 예외는 아닙니다. 분명 기독교인들은 그곳의 주인이(시편 96:14) 여호와 하나님이심을 명심해야 합니다.
 성서의 핵심 근거를 보면 피난처로는 아무나 가는 것이 아님이 확인됩니다. 그 이유는 그곳은 주인이 없어 버려진 장소가 아니고, 주인이 있는 곳이기 때문에 주인이신 여호와가 불러주시는 자들만이 가게 된다고(계시록 18:4~) 전달하고 있습니다. 분명 피난처로 부르심을 받고 들어간 자는 결단코 "둘째 사망의 해를 받지 아니합니다"(계시록 2:12). 그렇다면 그 이유는 무엇이고, 어디에 있는 것입니까?
 이미 성서의 지적대로 피난처의 주인은 여호와이시니 그가 부르시는 신자는 사방에서 모여 갈 것입니다. 어떤 경우에도 그곳은 누구도 해를 당하지 아니하는 곳이며, 그곳은 언제나 어느 때나 보호와 인도하시는 분이 계셔서 하나하나 지키시고, 보호하실 것입니다.

피난처가 이미 여호와의 것이고, 여호와가 주인으로서 지키시고 보호하시는 곳이라면 그의 자녀가 되는 이 지상에의 성도된 우리는 무엇보다 그것에다 소망과 확신, 믿음을 가져 볼 법한 것입니다. 누가 무엇이라고 해도 말입니다.

1. 피난처에는 아무나 들어가는 것이 아님

"천지는 없어지겠으나 내 말은 없어지지 아니하리라"고(누가복음 21:33).

피난처는 처음 섭리 될 때부터 아무나 들어갈 수 있는 곳이 아니도록 구조(섭리)되어져 있습니다. 그럼 그 이유는 무엇이고 어디에 있습니까? 그 이유는 그곳을 조성하시고 섭리하신 분이 계시기 때문입니다. 그곳을 그럼 조성하신 분이 누구이십니까?

결과론적으로 이야기해서 그곳의 주인은 여호와 하나님이십니다. 피난처의 주인이 되시는 여호와께서는 그곳의 모든 열쇠들을 친히 가지고 계십니다. 그분이 그곳의 조성자이시니 당연히 그곳의 열쇠를 가지시고 필요한 시기에 문을 여시고 그렇지 않으실 때 닫으시는 것이 원리요, 이치가 아닙니까? 그곳의 열쇠를 가지신 여호와는 선별해서 필요한 자들만 그곳에 들여보내실 것입니다. 그곳에 들어가는 것은 인간의 마음과 요구 조건에 의한 것이 아닙니다. 왜냐 하니 주인의 요구사항에 의해 들어가게 하시기 때문입니다.

피난처에 아무나 들어가게 한다면 그곳은 마귀의 난장판 소굴과 이미 더럽고 추한 곳으로 변질된 곳이지, 성령의 인도를 받는 곳은 이미 아니고 못될 것입니다. 피난처에 바른 질서와 정당한 법 옳은 규칙과 정의가 없거나, 이미 혼돈과 공허한 곳이면 그런 피난처를 솔직히 우리도 처음부터 바라지도 요구하지도 원하지도 아니할 것입니다.

요즘 보니 피난처를 인간들이 자기들 멋과 맛대로 고상하게들 가공하고 착색들을 한 연후에 자기들의 특허품이나 독점물인양, 자기들의 소유물인양 처신을 하는가 하면 어느 특정인이나 어느 교회당적 또는 어느 교파적 소유물인양 착색과 착각들을 하면서 기고만장해서 이리 뛰고 저리 뛰는 것을 보는데 이는 심각한 우려를 자아내는 것이 됩니다.

피난처는 여호와가 그 키를 가지고 계시는 곳인 만큼 인간이 각종 부동산이나 동산을 매입하듯이 매입하려는 저질적 속물근성을 버려야하며, 피난처를 자기들 소유로 만들려는 속물 개념도 철저히 배격해야 합니다.

2. 피난처는 어느 누구에게 이미 주신 것이 아님

처음부터 피난처는 여호와가 조성하시고 그 키를 가지시고 계시는 곳인 만큼 누구도 소유화하려거나, 도적질 하려는 못되고 악한 근성을 버려야 합니다. 여호와는 그 키를 한 번도 그 장중에서 놓거나 인간 누구에게 주시거나 맡기신 적이 없습니다. 또한 빌려주신 적도 없고, 구경을 시키거나 돈이나 기타로 사서 가지라고 하신적도 없습니다. 심지어 각종 부동산들 마냥 "전지를 자기 이름으로 칭하듯"(시편 49:11) 칭하게 해서(등기) 주려고 하신적도 없기에 넘겨다보거나 소유하려는 도적 행각은 버려야 합니다.

  고로 피난처를 소유하려는 욕구나 욕망은 모두가 철저히 버려야 합니다. 피난처는 어느 교단이나(교파) 어느 교회당이나 큰소리치는 어느 목사 장로 어느 교인의 것이(소유) 아닙니다. 우리는 그러므로 피난처에 대한 잘못된 오해나 곡해는 교회당 안과 밖에서 버려야 합니다.

  상술한 바와 같이 피난처가 어느 개인이나 교회당이나 교파의 것이 아니기에 누구도 개인이 소유하려는 찬란한 악을 버려야하며 자기가 지금에서 교회당에 다니고 헌금을 하고 전도를 했으니 얻거나 소유한다는 경거망동과 이질적 신앙 착각도 배격해야 합니다. 그런 것은 야비한 두뇌적 착각일 뿐이지 성서적 요구사항은 아니고 못됩니다. 두뇌적 피난처는 언제나 가공된 피난처이기에 고상하고, 잘 고안과 착색된 피난처는 될지 모르나 여호와가 조성한 피난처는 아닙니다. 또한 성도는 고차원적이고, 저차원적 피난처 개념도 철저히 배격해야 합니다.

  여호와가 조성하신 후 피난처의 키를 항상 가지고 계셨기에 피난처는 개인의 소유물도, 어느 개인의 재산 목록 제1호나 제2호도 아니며, 특정 교파나 교회당이나 개인을 구하거나 인 치시려는 그런 보잘 것 없는 장소도 아님을 기필코 명심해야 합니다. 여기서 인간은 피난처에 대한 소유욕 개념과 우상 개념을 철저히 벗어나고, 버려야하며 피난처를 독점하려는 싹쓸이 개념에서도 벗어나야 합니다.

  피난처는 인간에게 주어진 것도 맡겨진 것도 아닌데 인간의 우상화 놀음 판때기 위에 올려 세워져서 한판의 굿을 벌일 이유는 없는 것 아닙니까?

3. 피난처는 주인이 있는 만큼 초청을 받아야 들어감

 초청도 없이 남의 집에 들어가서 먹고 마시려는 행위는 대단한 실례가 됩니다. 초청도 없이 잠시 방문했으면 그 집의 대문간 손님이거나 마당이나 마루 손님으로서 일이 끝나면 즉시 돌아가야 합니다. 일이 끝났으면 돌아가는 것이 순리요, 원리이니 지체할 이유가 없습니다.
 피난처 역시 마찬가지입니다. 주인이 없어 텅 비고 무질서와 무법과 탈법의 장소가 피난처는 아닙니다. 피난처에는 그 나름대로의 법과 정의와 질서와 규칙이 있고, 모든 것이 질서정연하게 움직이고 역사됩니다. 피난처는 주인의 의향과 섭리대로 역사되고 움직입니다. 그곳의 주인은 인간과 같지 아니하기에 생각하는 것이나 의식하고 느끼는 것과 믿고 보는 것이 완전히 다름도 있어서는 아니 됩니다.
 피난처는 대문은 없지만 문은 있고, 문지기는 없지만 그곳의 모든 것 하나하나가 그곳의 주인께서 하시는 의향대로 이끌려가고 있습니다. 지금에서도 장래에서도 마찬가지입니다.
 피난처는 지금도 역사되고 있지만 아직 그곳의 때가 아닌 만큼 문은 열지 않고 있습니다. 주인께서 때가 되면 문을 여시사 곳곳에서 부름 받고 나오는 자기 백성들을 그곳에로 이끌어 들이시사 함께 쉬게 하실 것입니다.
 이 세상의 집들 마냥 피난처도 그 주인이 있기에 들어가려는 자도 주인의 초청장이 있어야 합니다. 주인의 초청장을 받지 못한 자는 들어 갈 수가 없습니다. 이것이 하늘의 뜻과 요구사항입니다. 그곳의 주인께서는 이미 초청장을 발부하셨고 그 초청장은 그리스도의 몸 된 교회 안에 전달이 되어져 있습니다. 눈이 있는 자는 하달된 초청장을 보게 될 것이고 귀가 있는 자는 오라고 부르시는 그 소리를 듣게 될 것입니다.

구약의 롯을 보십시오(창세기 19:1~22). 그는 들려오는 심판의 소리도 현실도 보고 들었기에 살았고, 노아와 7식구는 들리는 소리에 귀를 기울였기에(창세기 6:1~7) 살게 되는 영광을 얻은 것입니다. 롯은 보는데 소돔과 고모라 성 사람들은 보지를 못했고, 노아와 7식구는 다가오는 대 심판의 소리를 듣는데 다른 이들은 그 소리를 듣지 못하니 대비치 못하여 떼죽음을 당한 것입니다.

성서가 이미 피난처가 준비되어 있으니 준비된 자는 오라고 초청을 했음에도 불구하고 어떤 이들은 귀머거리 독사가 되어 독을 품고 앉아 있으니 못가고(시편 58:4~5) 어떤 이는 목이 곧고 마음과 귀에 할례를 받지 못한 탓으로 가기를 거부하고(사도행전 7:51) 어떤 이는 제단을 많게 하고, 주상을 꾸미느라고 바빠서 가는 것을 거부하며(호세아 10:1~2) 어떤 이는 소경이 되어서, 어떤 이는 반신불수가(반신반의)되어서 어떤 이는 문둥병적 신자가 되어 양심이 마비되었으므로 가기를 거부하고, 어떤 이는 세상적 썩은 냄새를 풍기고 사리사욕에, 허영과 사치와 연락에 쫓아다니다보니 그곳에 가는 것을 거부하고 있습니다.

흔히들 아무리 하늘의 소리도 좋지만, 그 못지않게 땅의 소리도 좋다고 외치니 피난처 따위가 눈에 들어오거나 보일 리 만무입니다. 피난처의 주인께서는 결코 교회 밖에서는 피난처의 초청장을 보내지 아니하니 그곳의 초청장을 받기 원하는 자는 교회에로 나아가야 할 것입니다.

4. 피난처의 주인은 누구인가?

"내가 산을 향하여 눈을 들리라. 나의 도움이 어디에서 올 꼬. 나의 도움이 천지를 지으신 여호와에게서 로다"라고(시편 121:1~2).

단도직입적으로 이야기해서 피난처의 주인은 여호와이십니다. 그럼에도 불구하고 이 피난처에 대하여 왈가왈부하는 것은 대단히 슬픈 일입니다. 심지어 기독교회의 지도자들 가운데에도 아직까지 피난처 문제를 논하지 아니하는 것은 고사하고 피난처가 있는지 없는지 그것조차 이해하지 못하고 있는 것은 그 자신만이 아니고 기독교 전체의 부끄러움이고 창피스러운 몰골을 들어내는 것 같아서 여호와께 송구스러움을 금치 못할 뿐입니다. 피난처는 선민을(유대) 위한 곳도 있고, 이방의 그리스도 교인을 위한 곳도 있습니다. 선민을 위해서는 유대와 예루살렘과 광야 등지에 마련되어 있을 것이고, 이방인을 위해서는 이방 땅 도처에 준비되어 있을 것입니다. 도처에 피난처가 준비되어 있다고 해서 아무나 들어가는 그런 보잘것없는 곳은 아닙니다.

위에서 이미 상고한 바와 같이 피난처에는 아들의 혼인잔치 마냥(마태복음 22:1~2) 오라는 초청장을 받은 자들이 가게 될 것입니다(마태복음 22:8~10). 분명 초청장이 없는 인사는 누구도 그곳에 들어갈 자격이 없습니다. 혹시 피난처에 들어가려면 입구에 천사들이 서서 아버지의 초청장을 보자고 요구할지도 모릅니다.

요셉이 애굽에 내려가기 이전에 여호와는 먼저 애굽에 내려가서 요셉을 기다린 것 마냥(창세기 45:4~5) 성도가 초청장을 들고 피난처에로 들어가기 이전에 먼저 여호와께서 그곳에 가셔서 기다리고 계심을 명심해야 합니다.

현금당대 기독교의 최대 이슈는 무엇보다 "피난처란 있는가"와 있다면, 그곳은 "어디에 있는가" 그것이 아닙니다. 이런 문제는 이미 피난처의 "주인이 계시느냐"와 피난처의 주인이 있다면 "누구이냐" 하는 그것에 따라 판가름이 나기에 그렇게 문제될 것이 없습니다.

① 피난처란 있는가?
② 피난처란 과연 어디인가?

하는 것은 인간의 이편적 관심이지, 하나님과(하늘) 성서적(영적) 관심은 아니기에 결코 문제화(이슈화)될 것이 못됩니다. 왜냐 하니 이런 것이 있는가와 그 어디인가가 문제화 된다고 해도 그곳에 주인이 없어서 텅 비고, 버려진 곳이라 한다면 그곳이 떠돌이별과 같다거나 이리저리 기반이 흔들리고, 터전이 동요되는 곳이라면 이미 악마의 요지경 통속과 같은 곳인 만큼 바랄 것이 못됩니다. 그래서 성서는 피난처가 "있는가"와 "어디인가"라 하는 그것보다

① 피난처의 주인이 계시느냐(있느냐)
② 피난처의 주인은 누구이냐?

하는 그것을 우선순위에 놓고서 논하는 것입니다. 어느 면으로 보나 피난처의 문제에서도 양자가 최우선 순위입니다.
　피난처에는 언제쯤 들어가게 되느냐고 반문을 하면서 기독교의 현실적 최대 이슈도 이것이 언제냐고 혹자는 반문할지도 모릅니다. 그러나 기실에 있어서 그것은 그렇게 큰 이슈가 되지 못합니다. 기독교의 최대 이슈는 피난처는 누구의

것이고, 누가 주인이냐 하는 것이 최대의 이슈가 될 뿐입니다. 지금에서 우리가 유의하고 넘어가야 할 것은 우리 자신이 여호와로부터 그곳으로 오라는 초청장을 받고 계시느냐, 아니면 거부 되었느냐 하는 그것이 문제 입니다.

5. 피난처의 주인은 그리스도이심

앞에서 우리는 피난처의 주인은 누구인가에 대하여 상고한 후 본 항에서 그곳의 주인은 그리스도이심을(여호와) 밝히게 된 것을 영광스럽게 생각합니다. 이것은 기독교회나 기독교 신자를 위한 영광이 아니고 그리스도를 위한 영광인 것입니다.

앞에서 피난처는 있느냐와 없느냐의 문제가 그렇게 중요한 것이 아님을 상고했고, 그럼과 동시에 그곳이 어디이냐 하는 문제도 별것이 아님을 상고 했습니다. 피난처가 있고, 그곳이 어디이냐고 했을 때 그곳의 주인이 없거나 그곳의 주인이 악마이거나 귀신들이라고 가정할 때 솔직히 우리는 그런 피난처는 원치도, 바라지도 아니할 것이고, 가려고 시도하지도 아니할 것입니다.

피난처는 처음부터 조성자와 주인이 계시기에 주인의 초청장을 받지 못한 자는 그가 누구이든 간에 도중하차하고 말 것입니다. 왜냐하니 그의 손과 이마는(계시록 7:2~3, 9:4) 이미 주인께서 보내어주신 초청장 곧 인을 가지지 아니했기에 들어갈 자격이 상실되었기 때문입니다.

성서를 보십시오. 대 환란의 때가 오면 적그리스도는 모든 사람이 자기의 표를 이마와 오른손에 받게 해서(계시록 13:16~17) 자기 군사와(다니엘 11:31) 자기의 사람으로 만들게 됩니다(다니엘 9:26). 이와는 반대로 여호와도 자기의 사람들을 향하여 인을 치시게 됩니다(계시록 7:3). 이때에 이스라엘 12지파에도 인을 치게 될 것이고(계시록 7:9~14) 이방에 있는 그리스도인들에게도 골고루 치실 것입니다.

 여호와께서 치시는 인 곧 초청장을 가지지 아니하고서는 누구도 피난처행이 금지됩니다. 국가의 위정자들이나, 경제인 예능 예술인을 포함해서 기독교회의 지도자들도 평신도들도 마찬가지입니다. 왜냐 하니 피난처 그 집의 주인이 그리스도요, 지키시는 문지기가 여호와 하나님이시기 때문입니다. 어떤 이는 이 지상의 교회당적 직분과(임명장) 피난처 행 입장표를(초청장) 교환하려는 욕구와 욕망을 가질지 모르나 그것은 사악한 악입니다.

 페일언하고 성서의 가르침 그대로 피난처의 주인은 예수 그리스도 이십니다. 계시록 7:1절과 7:3절, 그리고 9:4절을 보면 그곳의 주인은 여호와이심이 고스란히 나타납니다.

 성서대로 여호와는 장차 다가올 대 환란 시 피난처시요 (시편 14:6, 46:1, 73:28) 그럼과 동시에 피난처의 조성자요, 주인이시요, 지키시는 문지기이십니다. 그러니 현금당대 우리도 기독교인으로서 오직 그에게 감사와 찬송과 영광을 돌리는 것입니다. 그 무엇보다 그리스도가 피난처의 주인이시라니 그보다 더 고맙고 감사하고, 감격스러운 일이 어디에 또 있습니까? 우리도 날마다 그것도 이른 새벽부터 밤늦게까지 "그리스도"란 이름을 얼마나 많이 부르고 찾았습니까? 하루에도 평균 수백 번씩은 그 이름을 부르고 찾았는데 그 분이 그곳의 주인이시니 이런 감격스러운 일이 어디에 있습니까?

 어디 그것뿐입니까? 성서를 보십시오. 우리가 언제나 부르고 찾으시는 그리스도가 그곳에 예비하고 있는 모든 물건들의 주인도 되신다고 하시니 더 이상 바랄 것이 없습니다. 성도가 세상에서 믿는 것 때문에 불이익을 당해도, 대 환란 시 신자들이 재산 뿐 아니라 기타 모든 것도 몰수당하고 심지어 공민권까지 빼앗긴다고 해도 조금도 염려나 두려워할 것이 없으니 얼마나 고마운 일입니까? 세상의 모든 것을 동원해서 우리의 앞을 가로막는다고 해도(로마서 8:35~39) 두려울 것이 없고 둘째 사망의 해도 두려울 것이 없으니(계시록 2:11, 21:8) 이보다 감격스러운 일이 어디에 또 있습니까?

제14장 피난처로는 누가 인도하는가?

"여호와를 가리켜 말하기를 저는 나의 피난처요, 나의 요새요, 나의 의뢰하는 하나님이라 하리니 이는 저가 나를 새 사냥꾼의 올무에서와 극한 염병에서 건지실 것임이로다"라고(시편 91:2~3).

피난처로는 누가 인도하십니까? 우리는 피난처로 우리를 누가 인도하시기를 갈구, 갈망하십니까? 교회당의 목회자나 스승이나 우리가 아는 자 누구입니까? 세상을 여호와가 물로 심판하실 때 노아의 방주 문은 누가 닫았는지 성서를 보십시오.
"하나님이 그에게 명하신대로 들어가매 여호와께서 그를 닫아 넣으시니라"고(창세기 7:16)
또한 하나님께서 불로 소돔과 고모라 성을 심판(징벌)하실 때 롯의 가정은 누가 인도했는지 성서를 보십시오.
"그 사람들이 롯의 손과 그 아내의 손과 두 딸의 손을 잡아 인도하여 성 밖에 두니 여호와께서 그에게 인자를 더하심이었더라"고(창세기 19:16).

또한 성서는
"그리로 속히 도망하라. 네가 거기 이르기까지는 내가 아무 일도 행할 수 없노라 하였더라"고(창세기 19:22).

이는 예나 지금에서 인간을 피난처로 누가 인도할 것인지 그것을 우리에게 단말마적으로 알리고 가르친 것입니다. 다시 말해서 대 환란을 전후하여 피난처로 보내어지는 데에도 오직 여호와가 신자의 길을 인도하신다는 것을 가르친 것입니다.

앞에서 이미 수차 논한바 그대로
① 피난처를 조성하신 분
② 피난처란 어디인가?
③ 피난처에서는 누가 인도하는가?
④ 피난처로는 누구의 인도를 받고 가는가?
⑤ 피난처에는 무엇이, 어떤 물건이 있는가?(준비되었는가?)
⑥ 왜 여호와께서는 피난처를 조성하셨는가?
⑦ 기타 등등

사실 위의 이런 문제는 어느 것 하나도 소홀히 다루거나 아무렇게 이야기하거나 생각해서도 결코 아니 될 사항들입니다.
우리는 본장에서(제13장) 피난처로는 누가 인도하는가를 상고하게 되었는데 우리는 누가 우리를 피난처에로 인도해 주시기를 솔직히 요구하고 바랍니까? 솔직히 신앙인의 입장과 처지, 그리고 현금 당대 어느 교회당에 다니고 있는 우리의 입장에서 말입니다. 하나님이십니까? 아니면 교회의 목회자이십니까? 아니면 여러분 자신 스스로이십니까?
행여나 인간이(자신이나 목회자) 피난처로 당신을 인도해 주실 것으로 믿거나 생각하거나 의식했다면 그것은 이미 큰 착각을 넘어서 위험하고, 위험 수위에까지 도착한 것이기에 철저히 회개하여 더러운 뗏물과 세상적 이끼와 종교적 진딧물을 벗겨 팽개치지 않으면 안 됩니다.

1. 영물들인가?

 지금의 상태에서 피난처는 완전히 감추어진 곳이고, 여호와의 창조의 능력으로 가리워져서 보이지 아니하고, 전혀 나타나지 아니하는 곳입니다. 아무도 피난처는 어디인지, 피난처에는 누가 들어갈 것인지 그것을 알 길이 없고, 확인할 수도 없는 것입니다. 처음부터 이는 확인이 불가능한 것입니다. 왜냐 하니 피난처는 그리스도 안에서 환란이 시작 될 그 때까지는 인봉된 상태로 감추어져 있기 때문입니다. 그러므로 사람들은 피난처란 있는(존재) 것이 아니고, 없는 것이(비존재) 아닌가고 반문을 하면서도 심히 우려하고 염려와 근심 걱정하는 것은 암암리에 그것이 있으면 어찌하느냐와 또한 노아의 방주를 생각하고(창세기 6장, 7장) 롯과 그의 두 딸을 위한 소알 성을(창세기 19:1~22) 바라보며 동시에 여호수아에게 명한 여호와의 도피성들을 생각하기 때문입니다.

 성서에 보면 때때로 피난처의 본질은 여호와 하나님이심을 알리고 있습니다(시편 73:28). 그래서 성서는 여호와를 자기의 피난처로 삼는 자는 복이 있다고 기술하고 있습니다. (시편 14:6, 45:1) 이런 교훈은 어느 면으로 보나 우리에게 상당한 도움을 주십니다. 솔직히 여호와가 우리의 피난처가 되시는 것이(시편 61:3, 62:8) 이 땅 위의 임금이나 권력이나 목회자나 그 무엇보다 더 낫습니다.
 여호와가 우리의 도우심과 반석이 되고, 피난처가 되신다면 우리를 그곳으로 안내와 인도해 주실 분은 영물이나 인간이 아니고, 단도직입적으로 말해서 여호와 그분이심을 알게 됩니다. 마귀나 귀신들이 아직까지 그곳을 모르고 천사들도 그곳을 모르며 인간은 그곳을 더욱 더 모르고 있는 것은 그곳의 키를 그분만이 쥐시고 계시기 때문입니다.
　영물의 보호와 인도를 전혀 받지 아니한다고 말을 할 수는 없으나, 그것은 그리스도 안에서 일어나는 한 현상인 만큼 그렇게 큰 것이 못되고 오직 그리스도의 인도와 보호에 보다 더 완전한 역점을 두어야 할 것입니다.

　2. 인간들인가?

　피난처의 문제가 대두되기만 하면 먼저 기존의 목회자들을 상당히 의식하거나 쳐다보게 됩니다. 이미 이것이 기독교적 큰 병폐요, 병증세화 되어져 버렸습니다. 행여나 자기가 출석을 하는 교회당의 목회자에게 잘 보이거나 그의 말을 고분고분 잘 들으면, 그를 의지하고 따르면 피난처로 우선순위로 가는 양 생각을 하거나 믿으니 문제에 심각성이 따르며 어떤 경우도 교회당의 목회자가 피난처로 갈 때에 자기들을 데리고 가는 것이나 아닐까 생각들을 하기에 이것 역시 심각한 우려를 남기고 있습니다.
　사실 인간은 피난처를 알지도 못하고 피난처가 어디인지에 대하여도 아는 것이 전혀 없습니다. 그러니 인간이 인간 누구를 그곳에로 인도할 것이다란 사고와 믿음을 가지는 것은 고약한 버릇이며, 신앙적 못된 착각이며 교회당에 다니는 것을 하나의 기화로 한 악마적 수작에 불과한 것입니다.
　여기저기에서 나타나는 괴기현상들을 보십시오. 사람들은 외칩니다. 자기들 교회당으로 오너라거나, 자기들의 기도원으로 오너라거나 또는 자기들의 목회자 누구에게로 오너라고 말입니다. 그러다보니 연일 기독교계의 신문들이 시끌벅적하고 떠들썩합니다. 교회의 주변이 각종 욕구와 욕망의 누룽지로 가득 차 있습니다. 어떤 곳에서는 "꿩잡는 것이 매가 아닌가" 하면서 와서 보라고 외칩니다.

심지어 어느 종교적, 교회당적 슈퍼스타와 관계된 사람들은 돌아다니며 자기들 교회당에로 오라고 부릅니다. 그곳에 오면 저들 교회의 목사 누구가 너희에게 은혜와 성령과 축복과 소원성취의 꾸러미를 한 아름 안겨다 줄 것이라며 떠들고, 거짓과 위선적 소란을 피우는 것도 봅니다. 어떤 이는 목청을 돋우면서 저들 교회당으로 오면 성령과 능력과 이적과 병고침과 귀신제어를 받을 수가 있다고 땀과 눈물이 범벅된 가운데 외치기도 합니다.

요즘의 교회당 안에는 간이 큰 자들도 있습니다. 이들은 자기가 대 환란 때에 자기들 교회당 신자들을 인도해서 피난처에로 가겠다는 속셈과 의지를 보이거나 확인시키기에 교회의 타락상이 말이 아닙니다. 어떤 이유에서든 간에 목사는 단순한 메신저일 뿐입니다. 메신저 이상도 아니고 이하도 아닌데 자기를 교회당적 슈퍼스타화 하는 것은 마귀새끼들의 고상한 가식적 행위이고, 자기를 그리스도 교회적 인물화, 성인화하려는 것도 그리스도교적 이단들의 고질병균에 감염된 증세 노출이기에 별것이 아닙니다.

솔직히 피난처에는 자기 개인도 문제려니와 자기 외에는 어느 누구도 타인을 데리고 가지도 갈 수도 없는 것이 성서적 법입니다. 목회자도 대 환란의 목전에서 자기 개인의 구원 문제도 두렵고 떨리는 마음으로 기다릴 그 장본인들이지 (빌립보서 2:12) 교회적 슈퍼스타가 되어서 교인들을 데리고 어디로 가려는 가식과 속임수와 사기술을 철저히 버리지 아니하면 안 됩니다.

자본주의에 젖은 목회자상과 교회상은 결코 바람직하지 못합니다. 인간은 누구나 여호와 앞에서 자기적 신앙이 문제이지 나로 인하여 누구를 피난처에로 보내려는 자세 행각은 결코 바람직하지 못한 것입니다.

3. 피난처로는 여호와가 인도하심

"악인이 의인 치기를 꾀하고 향하여 그 이를 가는도다"라고 (시편 37:12).

피난처의 주인은 여호와요, 조성하신 이도 여호와요, 그곳으로 우리를 인도하실 이도 여호와이십니다. 그곳을 조성하신 후 과거나 현재 장차에까지 그곳을 보호와 관리하실 이도 여호와이십니다. 피난처로는 여호와가 인도하시지 않고는 누구도 인도될 수가 없습니다. 왜냐 하니 피난처는 조성된 이후 철저히 감추어져 있었고, 대 환란의 종소리가 울릴 그 때까지 완전히 감추어져 있을 것이니 여호와가 아니고 누가 그곳의 문을 감히 여시고 역사와 인도하실 것입니까?
현금당대 교회당 안에는 수십 년씩 예수를 믿는다 하는 자들의 태반이 저들 교회당의 목회자 누가 자기들을 누구보다 평안히 피난처로 인도해 주시기를 은근히(솔직히) 바라지만 그것은 대오산과 착각입니다. 교인들만 이런 현실적 모순의 함정과 악한 유행병에서 벗어나고 떠나야 하는 것은 아닙니다. 기존의 목회자들 역시 이 종교적 유행성 병에서 벗어나고 떠나야 합니다. 목회자 자신이 교인들을 피난처나 안식처에로 인도하려는 사고와 신앙과 행동과 의식들을 가지지 말고, 철저히 벗어버리지 아니하면 그것이 기존 교회당들의 암적 우상들이 되고 자신과 신자 모두를 구원에도 피난처에도 가지 못하게 하는 원흉임을 잊어서는 아니 됩니다.

  피난처는 역사와 힘, 질서와 규칙, 법과 정의 모두가 여호와에 의해 조성된 곳이기에 오직 여호와가 보호하시고 계신다는 것을 잊으면 안 됩니다. 그곳이 여호와의 장중에 속한 곳이니, 그 문을 열거나 인도하시는 것이 그와 관계된 문제들이지 인간과 관계가 된 것은 하나도 없습니다. 이점을 유의해야 합니다.

  폐일언하고 피난처로 보내어질 자는 예수 그리스도를 믿는 신자이어야 합니다. 그리스도 밖에 있는 자와 그에게 돌아오지 아니한 자도 우선순위에서 제외됩니다. 그들은 그리스도의 법외인인 만큼 처음부터 피난처 행에는 해당이 없습니다. 전적 기독교인들만 피난처에 보내어 지기 때문에 그리스도는 누구보다 그곳에 관심이 많으십니다. 그 이유는 그리스도가 그곳의 주인이실 뿐 아니라 그곳의 주관자와 문지기가 되시기 때문입니다.

  그리스도는 피난처에 언제나 먼저 가서 기다리시고 계십니다. 그리고는 그곳에 지상의 그리스도인들이 대 환란을 피하여 오기를 기다리시고 오시면 맞아들이십니다. 사도요한을 기다리시면서 밧모 섬에로 먼저 가셔서(계시록 1:1~9) 계셨듯이 야곱의 아들 요셉을 기다리기 위해 먼저 애굽 땅에까지 가셔서 계셨듯이(창세기 45:4~5) 여호와는 성도들보다 먼저 가서 자기 백성들을 기다리실 뿐 아니라 그곳에 나오는 신자를 극진히 돌보실 것입니다. 누구도 그곳을 침입이나 침범하지 못하게 하고 넘겨다보거나 찾지 못하게 하실 것입니다. 성도들은 이것을 감안해야 합니다.

피난처에 보내어진 신자들 가운데 대 환란이 지날 때까지 도중에 한 사람도 죽거나 넘어지는 자가 없으며 구원을 얻지 못할 자도 없게 됩니다. 이것이 바로 그분의 사랑이고, 자기 백성과 성도를 향한 은총의 돌보심인 것입니다.

제15장 피난처에서는 언제까지 머물러 있을 것 인가?

　그러면 피난처에서 성도들이 언제까지 머물 수 있다고 보십니까? 일단 피난처에 들어간 자가 있으면 나오는 자도 있을 것이고, 들어갔으면 나올 때도 있음을 명심해야 할 것입니다.
　장차 지상에의 천년왕국을 외치거나 주장하는 자들은 천년왕국 시작의 나팔 소리와 동시에 그곳에서 나오게 된다라는 주장입니다. 그러나 지상의 천년왕국을 거부하고, 반대하는 자들은(계시록 20:4~6) 그렇게 보지 아니합니다.
　피난처로는 대 환란이 시작되기 바로 직전부터 들어가기 시작하여 두 증인의(계시록 11:3~6) 때가 지나가고(계시록 11:7) 적그리스도의 때가 시작될 그 때까지 계속 될 것입니다(계시록 11:7, 13:1~5). 적그리스도의 때가 시작이 되면 그때는 거의가 문이 닫히게 되는 것과 같이 일단 피난처에로 들어간 성도는 그곳에서 다시 나올 때도 있을 것인데, 그럼 그때가 언제인가 하는 것입니다. 우리가 알기로 그때는 적그리스도가 지상의 임금이 된 후(계시록 13:7, 13:16, 17:12, 다니엘 8:23, 9:26, 11:36) 그 여세를 몰아 마지막 불 전쟁을 일으키게 될 것인데(계시록 9:15~18) 그 불 전쟁이 완전 끝난 후에 나오게 되는 듯합니다(제9권 대 전쟁 참조). 왜냐 하니 불 전쟁이 시작될 때까지도 적그리스도의 시대요, 저의 권세와 힘이 온 세상에 미칠 때이니 말입니다.

1. 때가 찰 때까지 임

"가라사대 때가 찼고, 하나님 나라가 가까이 왔으니"라고 (마가복음 1:15상반절).

성도들은 아무래도 대 환란 시작의 나팔 소리가 나기 전후를 통해 상당수는 피난처로 보내어질 것입니다. 세상에서 보거나, 듣거나 해서는 아니 될 것들을 보지 않게 하시려고 자기가 사랑하는 성도들을 친히 피난처에로 들여보내실 여호와는 그들을 언제까지나 마냥 그곳에 머물게 하거나 그곳에 내어버리지도 아니하시고, 때가 되면 반드시 문을 다시 여시사 그곳에서 모두를 나오게 하실 것입니다.

피난처에로 들어갈 때에도 마음대로 누구나 들어갈 수가 없듯이 나오는 것도 역시 마찬가지입니다. 누구든지 자기가 그곳에서 나오고 싶다 해서 나오고, 들어가고 싶다 해서 들어가고, 그곳에서 마냥 머물고 싶다 해서 머물게 하시는 것을 결코 아닙니다. 이 피난처에서는 누구도 절대권이 주어져 있지 아니합니다. 도중에 나오고 싶다 해서 나와서는 아니 되고 도중에 세상 돌아가는 꼴을 보고 싶어 구경 나와도 아니 됩니다.

외출은커녕 외박도 아니 되고 누구를 만나는 것마저도 완전히 봉쇄됩니다. 어디를 오고가는 것마저 완전 금지가 되어 있기에 처음 보내어진 그 장소를 이탈하거나 벗어나서는 아니 되고, 그곳에 오직 조용히 머물러 있어야 합니다. 피난처를 가고 싶어 하는 신자는 먼저 이 룰과 규칙과 법과 정의를 지킬 각오와 자신이 있어야 됩니다.

피난처는 파괴된 장소가 아니며 기초가 흔들린 뜨내기의 장소도 아닙니다. 그래서 그곳에 들어가려는 자도 이 세상적

윤리와 도덕적 제반의 탈을 벗어던져야 하고, 모든 것을 떠날 철저한 각오가 합리적으로 되어 있어야 합니다.

그곳에서는 이 세상의 누구를 보고 싶다거나 누구와 만나고 싶더라는 사고와 신앙과 의식 따위는 완전히 버려야 합니다. 그곳에서 이런 허상과 허망에 집착하거나 머무는 것은 죄악입니다. 일단 피난처의 범주에서 벗어나면 파괴와 죽음을 면치 못합니다. 그곳에서는 자연 갑갑할 것이지만 기도와 찬송, 성경을 읽으며, 언제나 살아야 이 모든 것을 이길 수가 있게 됩니다.

만물의 마지막이(베드로 전서 4:7) 가까이 왔으니 성도는 정신을 차리고 어디를 가든지 성경말씀은 지니고 다녀야 합니다. 외출이나 외박 여행 시에도 더욱 더 그러합니다. 만약 그런 상태에서 부르심을 받으면 가야하는데 빈손 들고 피난처에 가서 3~7년간 무엇을 어떻게 할 것입니까? 먼저 들어간 성도는 7년여 가깝게 될 것인데 혼자서 무엇을 하고 견딜 것입니까?

그럼 우리는 여기서
① 피난처에서는 왜 다니지를 못하는가?
② 왜 외출이 금지 되는가?
③ 왜 가까운 곳을 오고 가는 것도 금지 되는가?
④ 기타 등등

이런 것을 솔직히 의문시 하고 있습니다. 그럼에도 그 이유를 알게 되면 당연한 것이로구나 하게 될 것입니다. 솔직히 대 환란 때 악한 자 마귀와 적그리스도는 피난처를 찾기 위해 그의 군대와 백성을 전역에 풀어서 이 잡듯이 할 것이고 우는 사자같이(베드로 전서 5:8) 날뛰게 할 것입니다.

그럼에도 하나님은 저들을 보호하사 금지된 구역으로 저들의 군사들이 접근치 못하게 끝까지 막아줄 것입니다. 고로 신자는 이때 현실적 그라운드를 벗어나서도 안 되고 보내어진 그곳의 룰을 일탈해서도 안 됩니다. 눈앞에 보이는 피난처 소알 성을 외면하고 하나님의 명령을 어기고(창세기 19:20~22) 뒤를 돌아본(창세기 19:17, 19:26) 롯의 아내와 같은 우와 누를 범해서도 아니 될 것입니다.

2. 명령이 내려질 때까지 기다려야 함

피난처에는 그 나름대로의 확고부동한 정의와 힘, 규칙과 법, 원리와 룰이 있습니다. 이 원칙과 룰대로 살지 아니하고서는 누구도 그곳이라 해서 안심할 수는 없습니다. 윤리와 도덕을 박차버려서는 아니 되지만 특히 하나님의 명령과 말씀에 귀를 기울이지 아니하면 안 됩니다. 고요히 침묵하며 끝까지 기다리는데 익숙해야 하고 말씀을 듣고 읽고 하는 데에도 숙달된 조교화 되어야 합니다. 그렇지 않고 술 취한 상태와(에베소서 5:18) 어리벙한 상태대로 지내는 것은 위험천만 입니다.

그곳에 보내어진 자들 모두가 자기 가족이나 친구 이웃 등과 공식적 인사도 한번 없이 헤어졌기에 그들의 생사를 확인할 길이 없습니다. 어떤 이는 대 환란의 전반 1260일을(계시록 11:3) 다 겪고 나온 이도 있으나, 대개는 시작과 동시에 들어온 이들이기에 문자 그대로 어느 날 갑자기 부름 받고 왔기에, 그만 가족이나 이웃과 헤어진 상태가 되었기에 생사를 확인할 길이 없는 것은 당연지사이지만 어찌합니까?

분명 피난처라 해도 보고 싶은 자와 만나고 싶은 자가 있을 것입니다. 육신이 살아 있는데 왜 보고 싶은 자가 없겠습니까? 그러나 그곳에 들어오면 절대 주권자이신 여호와의 보호를 받아야 되기에 마음대로 행동을 하거나 이곳저곳을 왕래할 수가 없으며 또한 자의적으로 이것저것을 해서는 아니 됩니다. 그곳에서는 기존의 현실적 형편과 처지를 우선 생각해야 되고 그곳에서의 상황윤리도 철저히 지키지 아니하면 상호 공동책임을 면치 못하게 됩니다. 함께 거하는 이웃을 자기보다 먼저 생각해야 되고 자기 목숨과 이웃의 목숨도 자기의 처지와 이웃의 처지도 함께 생각해야 합니다. 자기만 가족이 있는 양 생각하는 월권행위와 몰상식과 몰이해는 철저히 버려야 합니다. 여기서는 상호의 윤리를 지켜야 하고 자기보다 남을 낮게 여겨야 하고, 함께 살면서 공동의 구원을 생각해야 합니다.

곁에 있는 이웃과 함께 성경을 읽고 기도하며 찬송과 영광을 돌리는 일에만 몰두해야 삽니다. 그 외 이 지상적 사고나 자기 가정문제의 생각은 모두를 죽음으로 이끄는 독소가 됩니다.

그래서 성서는
"너의 염려를 다 주께 맡겨 버리라 이는 저가 너희를 권고하심이니라"고(베드로 전서 5:7).

3. 그곳에 머물러야 할 그때까지 있어야 됨

구약 성서를 보면 모든 것은 때가 있다고 합니다(전도서 3:1~8). 보내어질 때가 있으면 나가야 할 때도 있고 머물러야 할 때도 있습니다. 하늘의 섭리는 기다리는 것과 머무는 것 그리고 나가는 것 등에 있습니다.

예수는 세상에 계시면서 무엇보다 때를 중히 여겼기에(요한복음 7:6) 성서는 항상 때를 중히 여깁니다. 예수도 자기의 때가 오기 전에는 도피하기도 했으나(요한복음 8:59, 12:36하반절) 때가 되니 스스로 죽음을 선택하여 갔습니다. 그것이 바로 십자가의 죽으심입니다. 이것이 자기의 때를 기다리는 생활방식입니다.

만사에는 주어진 각각의 때가 있고 맡겨진 시간의 윤리성이 있습니다. 우리는 유한과 시간이 일치의 조화를 이루는 그 가운데 살기에 불가불 때를 중히 여길 수밖에 없습니다. 그러니 유한 안에서 피난처로 보내어진 자들은 자연 그 때가 찰 때까지 그곳에서 참고 기다려야 합니다.

좁은 공간이나 동굴 속에서 암혈이나 토굴 속에서 광야나 모래사막 가운데서 여러 해 지내려면 거칠어지고 여위며 이만저만 어려운 일이 아니며, 참고 믿음으로 기다린다는 것이 보통의 고통이 아닌 이중의 고통이지만 어찌합니까? 머물러 있어야 할 때까지 머무는 것이 자기와 여호와를 위해 무엇보다 잘하는 일이지 말입니다.

4. 지상에서 대 환란의 때가 지나간 그때까지 기다려야 함

이미 지상에 환란이 임했으니 일단 그것이 지상으로부터 지나가야 합니다. 환란의 고통과 고난이 여전한데 어떻게 일어나고 그곳에서 나와 자유로이 왕래할 것입니까? 대낮도 아닌데 선의 생활도 아닌데, 밝은 것도 아닌데 어찌 생소한 길을 달리고 활보할 것입니까?

지상에 임하는 환란을 보시고 성도들을 부르시사 피난처로 보낸 것이라면 일단 지상에 임한 대 환란이 완전히 사라져 버릴 때까지는 불가불 그곳에 머물러 있어야 할 것입니다. 누가 머물고 싶어서 이기보다 때가 될 때까지는 머무는 것이 원칙과 법 준수가 될 것입니다.

누가 보아도 환란의 때에 환란이 지상에서 사라질 그 때까지 성도는 그곳에 머물러야 한다고 봅니다. 다만 대 환란 시작 때에도 나팔을 불고 시작했듯이(요엘 2:1~2) 환란의 마지막 때에도 나팔을 불 것입니다.

다만 유의할 것은 환란의 징벌이 지상에서 사라지지도 아니했는데 겁 없이 성도가 미리 피난처에서 나오게 되면 넘어지는 것은 기정사실이 아닙니까? 이 경우 누가 이 책임을 질 것입니까? 결국 그 자신이 져야하는 것 아닙니까? 이런 경우는 그 당사자도 문제려니와 사전에 이런 사실을 가르치지 아니한 교회의 목회자도 심판대에서 그 여죄추궁을 면치 못할 것입니다(계시록 20:11~13).

때도 지나지 아니해서 길거리로 나와 오고 가다가 잡히는 자의 실상은 때가 되지 아니해서 떨어지는 과일과 같아서 돼지의 밥 밖에 될 것이 없습니다. 왜냐 하니 이때는 마귀도 적그리스도(계시록 13:8~10) 죽이려고 기다리는데 그 속으로 들어가는 꼴 밖에 아무것도 아니니 말입니다.

그러므로 신자로서 피난처에 보내어지는 자는 주어진 룰 안에서 철저히 지킬 것은 지키며 살지 않으면 안 됩니다. 이것이 하늘에 계시는 우리 아버지의 뜻과 요구사항입니다.

5. 지상에 임할 각종 재앙이 끝날 그 때까지 머물러야함

우리는 이미 대 환란의 서막에서(제1권 제3편) 이 땅 위에 임하는 징벌과 재앙 등에 대하여 상고했지만 여기는 약간의 차이가 남을 명심해야 합니다.
 성서에 보면 장차 이 땅과 하늘 그리고 인간에게 임할 재앙들이 너무나 많습니다. 어리석은 인간으로서 모두를 헤아리기도 어려운 처지입니다.

 세상에 임할 각종 재앙들을 보면,
 ① 대 환란 시작 이전에 임할 재앙들도 있고.
 ② 대 환란 시작과 동시에 임할 각종 재앙들도 있고,
 ③ 대 환란의 전반전 중반에 가서 임할 각종 재앙들도 있고,
 ④ 두 증인의 마지막 때쯤에 가서 임할 재앙들도 있고,
 ⑤ 적그리스도가(마귀) 두 중인과 싸워서 그들을 죽임으로서(계시록 11:7) 나타나는 재앙들도 있고.
 ⑥ 적그리스도가 그리스도교와의 일대전쟁에서 이김으로서 나타나는(다니엘 7:21, 계시록 13:6~7) 재앙들도 있고.
 ⑦ 적그리스도의 후반기에 가서 나타나는 재앙들도 있고,
 ⑧ 적그리스도 때의 마지막 부분에 가서 나타나는 재앙들도 있습니다.
 지상에 임할 각종 재앙들을 순서대로 생각하려면 먼저 여기에 입각해서 하나하나 생각하는 것이 가장 바람직하고 이상적인 것이 아닐까 합니다.
 분명한 것은 이때에 나타나는 재앙들에 의해 세상은 완전 공허와 혼돈과 황폐 속에 빠지게 되고 거의가 완전 마비와 끝장이 나있습니다. 어느 것 하나 완전하거나 온전한 것이 없게 됩니다. 시간과 공간 안에 있는 것은 기초와 터전이 이미 흔들린 이후인 만큼 볼 것도 기대할 것도 없습니다. 모든 만사가 유야무야 입니다. 대 환란 자체가 전무후무한 것이고, 자고이래로 더 큰 환란이 없기에 성서는 성도의 각성을 요구하고

있습니다. 지상에 임할 재앙이 끝날 때까지(계시록 16:1~21) 성도는 밖으로 나와서는 아니 되기에 성서는 사전에 배우고 익히고 단련함이 있어야 합니다.
　좌우지간 그곳에 보내어진 성도는 그곳에서 한 발짝도 외진 곳이나 섭리와 역사에 없는 곳으로 나와서는 아니 됩니다. 자기의 욕구나 욕망보다 하늘의 뜻과 순리에 응하는 것이 항상 급선무입니다.

6. 적그리스도의 때가 찰 때까지는 머물러 있어야 함

　대 환란의 전반기가 1260일 이고, 후반이 42개월 이지만, 그리스도가 감한다 했으니 얼마가 될지 모르나(마태복음 24:21~22) 그 기간이 결코 짧지도 않습니다. 그러니 피난처의 울타리를 벗어나면 죽음뿐이기에 성도는 그 울타리 안에 있어야 삽니다.
　대 환란 시에는 먼저 두 증인이 나타나고(계시록 11:3~6) 뒤를 이어서 적그리스도와(계시록 13:1~6) 거짓 선지자가 나타납니다(계시록 13:11~13). 그러니 이들의 때가 하나씩 지나갈 때까지는 그곳에 죽은 듯이 머물러 있어야 합니다.
　적그리스도는 두 증인의 죽음을 신호로 해서 이 세상 왕들과 국가를 삽시간에 수중에 넣게 되고, 거짓 선지자를 보내어서(계시록 13:11~13) 각 나라와 백성과 방언을 접수하고 미혹케 합니다. 이때의 세계는 힘을 한 번도 활용해 보지 못하고 적그리스도의 능력과 힘에 눌려서 억압당한 나머지 속수무책으로 당하고 굴복케 됩니다. 적그리스도가 엄청난 권세와 힘을 가지고 와서(계시록 13:2~5) 이 세상 모든 나라를 완전 정복하는 기간이 몇 달도 안 될 듯합니다(계시록 13:7, 13:16). 그래서 성서는 상당한 여운을 남깁니다.

적그리스도는 이 세상 임금들과(계시록 16:14, 16:16, 17:12) 군대와 장정을 정복한(계시록 19:18~19) 그 여세를 몰아서 그리스도 교회와 일대 접전을 벌려 승리케 되고(다니엘 7:21) 그리스도교는 대패를 당함으로써(계시록 13:7) 지상에서 무너지고(다니엘 8:11~12, 8:24, 9:16~17) 맙니다. 이때 비로소 적그리스도와 그 일당의 세력들은 명실 공히 지상 나라와 종교를 통일시키고 손에 넣게 됩니다. 이 과정에서 누구도 저들에게 대항하고서는 살지 못합니다. 그 이유는 이때는 이미 하나님이 세상을 저들에게 주신 때이기 때문입니다(다니엘 8:24).

저들은 그리스도교와 세상을 이김으로써(계시록 13:7, 13:16) 세계의 나라들과 군대를 연합시키고 저들의 수중에 넣고(제9권 대 전쟁 참조) 세계를 다스리게 됩니다.

그리스도께서 마귀와 적그리스도와의 전쟁에서(계시록 17:14) 반드시 승리를 거두실 때까지는(계시록 17:14, 19:20, 20:9~10) 피난처로 보내어진 자는 그곳에 일단 머물러 있어야 합니다. 그래야 그리스도께서 이곡과 마곡에서 승리하시사 마귀와(계시록 20:3하반절, 20:7~8) 적그리스도를 잡아서(계시록 19:20, 20:10) 불속에 넣게 될 것입니다. 그러면 성도는 그곳에서 나오게 될 것입니다.

7. 그리스도께서 다시 오시어서 승리할 그 때까지 머물러 있어야 함

앞에서 이미 나타날 적그리스도와 그 일당의 힘을 상고했습니다. 적그리스도는 나타날 마귀의 힘과 권세를 이용해서(계시록 13:2~5).

① 두 증인을 잡아 죽였고(계시록 11:7)
② 그리스도교와의 전쟁에서 승리를 했고(계시록 13:6~7)
③ 세계의 임금들을 정복하고 자신이 세계의 임금이 되었고(계시록 17:12~13, 13:7, 13:16, 다니엘 9:26상반절)
④ 그 여세를 몰아 그리스도의 한판 승부를 계획한 후 아마겟돈(계시록 16:16) 전쟁을 일으키게 되고(계시록 17:14 상반절, 16:16. 19:19~20)
⑤ 이 마지막 전쟁은 곡과 마곡에서 일어나는데(에스겔 38:1~6, 계시록 20:8) 이 전쟁에서 그리스도는 대승리를 거두게 됩니다(계시록 17:14, 19:14~15, 19:20~21, 20:9~10). 이렇게 하여 적그리스도와 거짓 선지자는 함께 잡히게 되고 이들을 따르고 지지한 세상 임금들과(계시록 16:14, 16:16, 19:18, 19:19~21) 모든 군대는(계시록 19:21, 20:9, 9:15, 9:18) 떼죽음을 당하므로 일단락됩니다.

그리스도는 이 전쟁에서 승리한 후 세계를 평정하고, 대환란을 끝내게 됩니다. 대 전쟁과 환란이 그리스도의 승리로 바로 잡게 되었으니 성서의 가르침 그대로(계시록 19:11~15) 성도들은 그때에 피난처 생활을 끝내게 될 것입니다.

그리스도가 일어나 전쟁을 하시는데(계시록 17:14) 피난처로 보내어졌던 성도들이 나와서 그리스도를 도와 드리지 아니해도 "하늘에 있는 백마 탄 군대를"(계시록 19:14) 동원하시기에(마태복음 26:53, 계시록 19:14~15) 조금도 염려할 것이 없습니다. 그리스도께서 만국을 다스릴 그때까지 성도들이 피난처에서 머무는 것은 영광입니다. 왜냐 하니 그리스도가 백마 타시고(계시록 19:11~12) 세상과 마귀를 이기셨으니, 그곳에서 나와 변화를 입기만 하면 되는 것 아닙니까?

　하나님이 "내 백성아, 거기서 나와… 그의 받을 재앙들을 받지 말라"고 했으니(계시록 18:4) 지상의 재앙은 성도가 받지 아니해도 됩니다. 보내어 주신 그분이 그곳에서 나오라 부르실 때 우리는 찬송하면서 나오기만 하면 될 것입니다.

　우리가 믿는 예수 그리스도는 마지막 전쟁에서 하늘의 불을 동원 하시사 이미 작정된 년 월 일시에(계시록 9:15) 타작하실 것입니다. 타작하시되 판결 골짜기에서 하실 것인데(요엘 3:14) 일단 그곳에서 다 죽이신 후(요엘 3:2, 3:12) 모든 것을 끝내고 환란을 통과한 성도들에게(계시록 15:2~3) 이 승리의 소식을 전달하며, 함께 이 기쁨과 즐거움을 나누자며 불러주시고 피난처의 성도들도 함께 불러주실(초청)것입니다.

제16장 피난처에서는 언제 나올 것인가?

"또 짐승과(적그리스도) 그의 우상에게 경배하지도 아니하고, 이마와 손에 그의 표를 받지도 아니한 자들이 살아서 그리스도와 더불어 천년동안 왕 노릇 하니"라고(계시록 20:4하반절)

피난처는 달이나 별, 에덴동산이 아닌 만큼 영구히 살려는 의식과 신앙은 버려야 합니다. 시간과 공간 안에 인간이 머물러 살기에 영원속의 피난처 생각도 버려야하고 양자를 접목시켜보려는 욕망도 버려야 합니다. 인간은 시간과 공간 안에 있기에 지구 권에서 벗어나지 못합니다. 그러므로 피난처에 들어간 이는 그곳에서 영구화하지도 못합니다. 그러니 때가 되면 그곳에서 나와야 합니다.

피난처는 누구도 그곳에 언제까지나 붙잡아 두지는 못합니다. 만사는 때가 있듯이(전도서 3:1~8, 요한복음 7:6) 때가 차면 피난처에서도 나와야 합니다. 신자는 피난처에서 나올 때 승리에 찬 가운데 나오게 됩니다. 왜냐 하니 그리스도가 마귀와 적그리스도를 이기시고 우리를 맞되 양손을 펴서 맞을 것이기 때문입니다. 이때 원수와 불신자들은 부끄러움과 창피 두려움과 떨림 공포에 저린 눈으로 우리를 바라보게 될 것입니다. 그것이 피난처에로 보내어진 그들에 대한 아버지의 확실한 보장적 대접인 것입니다.

1. 피난처에서 왜 나오게 되는가?

"천사가 내게 말하기를 기록하라. 어린양의 혼인 잔치에 청함을 입은 자들이 복이 있도다 하고 또 내게 말하되 이것은 하나님의 참되신 말씀이라"라고(계시록 19:9).

 피난처로 보내어질 때는 언제이고 왜 그곳에서 영구히 살게 하시지 아니하시고 나오게 하시는 것입니까? 보내어졌으면 그곳에서 마냥 머물게 하지 못하는 가고 반문하는 이도 있으나 그럴 필요나 이유가 전혀 없습니다. 그럼 왜 피난처에 보내어진 자들이 그곳에서 나와야 하는 것입니까?

 ① 대 환란의 시기가(때) 이미 끝이 났기 때문입니다. 대 환란은 1260일과(계시록 11:3) 42개월로(계시록 11:2, 13:5) 나누어집니다. 전반은 두 증인의 때이고 후반은 적그리스도의 때인데 후반기가 끝나면(계시록 19:19~20, 20:9~10) 더 이상 그곳에 머물 이유가 없으니 나오게 되는 것입니다.
 ② 마지막 불 전쟁에서 그리스도가 승리했으니(계시록 9:15, 17:14, 19:20~21, 20:9~10) 이제는 나와도 되는 것입니다. 대 환란의 중반에 적그리스도는 권세와 능력을 가지고(계시록 13:2~5) 두 증인을 죽이고(계시록 11:7) 기독교와 싸워서 이기고(다니엘 7:21, 8:24, 계시록 13:6~7) 피를 흘리는 과정에서 성도가 피난처로 갔으나 백마 타신 그리스도가(계시록 19:11~16) 승리하셨으니(계시록 19:19~20) 더 이상 그곳에 머물 이유가 없으니 나오게 되는 것입니다.
 ③ 그리스도가 마귀와 적그리스도와 이 세상 모두를 이기셨으니 그리고 다스리시니(계시록 19:15~16) 대 환란 가운데 끝까지 믿음을 지키고 승리한 성도와(계시록 15:2~3) 피난처로 보내어진 성도들을 함께 모으시사 혼인 잔치를 열

기회가 왔으니(계시록 19:7, 19:9) 그곳에서 나와서 그리스도를 맞게 될 것입니다. 이때 성도들은 만나는 기쁨과 나누는 즐거움에서 시간 가는 줄 모를 것입니다.

④ 대 환란 시 순교자의 수효가 너무도 많을 것입니다. 성서가 이때 순교자의 수효를 채워야 한다지만(계시록 6:11) 아무라도 능히 셀 수 없는 수효라면(계시록 7:9) 지나친 것이 아닐지 의문입니다. 반대로 대 환란을 끝까지 통과하고 살아남은 자도 상당수이고, 피난처에서 살아남은 자들도 상당수일 것이니 죽은 후에 그리스도를 맞은 자들도 많고 살아남아서 만왕의 왕이신(계시록 17:14, 19:16) 그리스도를 맞게 되었으니, 지체하지 아니하고 나오게 될 것입니다.

성서에 보면 대 환란과 전쟁이 끝나면 그리스도의 재림이 있고, 그 뒤를 이어서 하늘과 땅과 모든 체질이 불에 타서 없어지는데(베드로 후서 3:7, 3:10, 3:12) 이런 경우에 이 세상이 불에 타서 없어지기 전에 부지런히 피난처로 부터 나와야 되는 것 아닙니까?

2. 대 환란이 끝나면 나오게 됨

"내가 속히 오리니 내가 줄 상이 내게 있어 각 사람에게 그의 일한대로 갚아 주리라"고(계시록 22:12).

성도들을 피난처에 보내신 것은 대 환란을 피해서 입니다. 대 환란 가운데
① 기근이 심하니 그 가운데 범죄 할까 해서.
② 윤리와 도덕을 파기하고 믿음에서 떠나는 생활을 할까 해서.

③ 적그리스도를 따를까 해서.
④ 우상을 섬기고 경배할까 해서.
⑤ 마지막 전쟁에 동원이 되어 떼죽음을 당할까 해서.
⑥ 기타 등등

이 엄청난 사건들이 대 환란 가운데 일어나는데 이런 일이 이제 없어졌으니 더 이상 그곳에 머물 이유가 없으니 각기 나오게 되는 것입니다.

대 환란이 끝나야 피난처로 간 성도가 나오게 된다는 것은 상식선입니다. 우리도 이를 고스란히 받아들이고 있습니다. 누구도 여기에 대하여는 이의를 제기치 못합니다.

대 환란의 마지막 하이라이트는 누가 무엇이라 해도 역시 대전쟁입니다. 아마겟돈이라 이름 하는(계시록 16:14~16) 이 전쟁이 곡과 마곡에서 일어나 세계사의 종지부를 찍게 하는 요인이 됩니다(에스겔 38:1~6, 계시록 20:8).

대 환란도 대 전쟁도 끝이 났으니 피난처로부터 성도들이 나오게 되는 것은 상식선이니, 피난처도 이때 다시 문을 열어서 그곳에 들어와 피하고 있는 모든 성도를 그곳에서 내어놓을 것입니다.

3. 이 세상 종국직전에 나오게 됨

이 세상의 종국이 되면 피난처로 보내어진 사랑하는 성도들을 보내어진 피난처로부터 나오게 하시는 것이 하나님 아버지의 뜻과 섭리일 것입니다.

이 세상의 마지막이 되면

① 제일 먼저 피난처로 보내어진 성도들이 그곳에서 나오게 되고,
② 뒤 이어서 그리스도의 재림이 있게 되고,
③ 이 세상이 불에 타기 전에 성도들의 부활이 이루어지고,
④ 이 세상은 불에 타서 없어지고(하늘, 땅, 체질),
⑤ 성도들은 그리스도와 더불어 영원한 천국으로 들어가고,
⑥ 불신자들은 영원한 지옥으로 들어가게 됩니다. 이때 백보좌의 심판을 받고서 말입니다(계시록 20:11~13).

이 세상의 종국이 오면 그리스도의 재림과 세상이 불에 타서 없어짐과(베드로 후서 3:7, 3:10) 새 하늘과 새 땅의 출현이(베드로 후서 3:13, 계시록 21:1) 연속적으로 이루어지기 때문에 심히 바쁘게 전개됩니다. 그러니 성도가 피난처에서 이때 나오게 됨은 도리 없는 일입니다.

종국이 와서 그리스도의 재림과 이 세상의 불탐이 연속되는데 피난처에 그냥 머물러 있으면 무능한 자가 되고 들을 것을 듣지 못하는 자가 되고, 귀머거리 신자가 되어(시편 58:4~5) 버려지는 것 아닙니까? 끝날 것이 끝이 나서 사라졌으면 성도된 자가 옷깃을 여미고 나와야 할 곳으로 나오는 것이 도리요 이치일 것입니다. 이때에 성도가 피난처에서 나오면 완벽한 축복의 도가니 속으로 들어가게 될 것입니다.

4. 그리스도의 재림 이전에 나오게 됨

사람들은 피난처에 보내어진 성도가 그리스도의 재림 시에 나오게 되는 것이 아닌가고 반문하는데 의미심장한 질문입니다. 그리스도께서 다시 오시는데 피난처에서 성도가 어찌 머

물러 있거나 맞으러 나오지 아니할 것입니까?

　어떤 이들은 그리스도의 재림이
　① 곡과 마곡에서(계시록 20:7~9) 전쟁이 있는데 그 전쟁 이전에 오시는 것이 아닐까 하기도 하고(그래야 싸울 것이니).
　② 대 환란이 일어나기 이전이어야 공중 휴거가(데살로니가 전서 4:17) 이루어지는 것이 아닐까 하기도 하고.

　제2항은 허구성이 가득한 함정이므로 눈독들일 것이 못됩니다. 잘못하면 그리스도의 삼림을 유발케 됩니다.
　그리스도의 재림은 최종적 마지막에 이루어집니다(마태복음 24:29~31, 계시록 1:7). 대 환란이 지상에서 사라진 후 대전쟁에서 승리하신 영광의 왕으로 임하시게 됩니다. 전쟁에서 마귀와 적그리스도를 결박하고(계시록 19:19~21, 20:8~9) 영원한 불속에 던졌으니(계시록 20:9~10) 영광의 왕으로써 천군천사의 호위를 받으며 오십니다(데살로니가 전서 4:14~18). 초림의 그리스도와 재림의 그리스도는 그래서 엄청난 차이가 납니다.
　그리스도는 백마를 타신 후(계시록 19:11~12) 하늘의 군대를 동원하시므로(계시록 19:14~16) 어찌 전쟁이 더 계속될 것입니까? 이때에 피난처로 보내어진 성도들에게 어서 속히 그곳에서 나오라고 부르실 것입니다. 이때 온 세계의 피난처는 문들이 열리고 모였던 성도들을 내어 놓음으로 각기 찬송을 부르며, 손에 손을 잡고 그리스도를 맞을 준비에 박차를 가하게 될 것입니다.

5. 악한 자를 결박할 때 나오게 됨

"짐승이 잡히고 그 앞에서 이적을 행하던 거짓 선지자도 함께 잡혔으니 이는 짐승의 표를 받고 그의 우상에게 경배하던 자들을 이적으로 미혹하던 자라"고(계시록 19:20).

악한 자는 어디서나 악을 조성합니다. 태초에 천지를 창조하시니(창세기 1:1) 악한 자는 뒤이어서 혼돈과 공허케 만듭니다(창세기 1:2). 형제사이에도 형이 아우를 죽이도록 조작합니다(창세기 4:5~8). 한집의 식구들 가운데에도 몇은 피난처인 소알 성으로 보내고(창세기 19:20~22) 한 사람은 탈락하게 마음을 돌려놓습니다(창세기 19:26). 12사도 가운데에도 예수를 팔거나(마태복음 26:14~16) 선하고 아름다운 행위에 반기를 들게 하는(요한복음 12:1~8) 자가 나오게 조작하고 못된 일만 골라서 하니 처음부터 악하다고 아니할 수가 없습니다(요한복음 8:44, 요한 1서 3:8). 마귀는 결박을 당해 무저갱에 들어갔다가(계시록 20:1~3) 잠시 나온 후(계시록 20:3하반절) 두 증인을 죽이고(계시록 11:7) 적그리스도와(계시록 13:1~6) 거짓 선지자를(계시록 13:11~13) 동원하여 기독교회를 무너뜨린 후(계시록 13:7, 다니엘 7:21, 8:24) 아마겟돈 전쟁을 일으키기 위하여(계시록 16:16) 세상 임금들을 모으게 됩니다(계시록 16:14, 16:16). 전쟁의 장소가 지정된 곡과 마곡이니(계시록 20:7~8, 에스겔 38:1~6) 그곳에서 전무후무한 전쟁을 일으키지만 그리스도와 하늘의 군대에 의해(계시록 19:11~15) 대패를 하고 잡혀서(계시록 19:19~21) 유황불 못에 던져지므로(계시록 20:9~10) 일단 전쟁도 혼돈도 종지부를 찍게 됩니다. 이때에 피난처로 보내어졌던 성도는 그곳에서 나오게 되는 것이 성서의 가르침입니다.

어떤 이는 이 마지막 전생 시 대 환란을 통과하고 있는 성도들과(계시록 15:2~3) 피난처에 도피해 있는 성도들이 나와서 그리스도를 도와 적그리스도와 그 군사들과의 전쟁에 동참해야 하는 것 아닌가고 반문하나 그럴 필요가 없습니다. 그리스도가 마귀와 적그리스도와 거짓 선지자를 먼저 소탕하시고 이어서 세상 왕들과 장군들과 군대와 장정과 용사와 자유인과 종들을(계시록 19:18~21) 소탕해야 하기에 성도를 이때 그곳에 동원시켜서도 안 된다는 결론이 나옵니다. 그 이유는 저들의 힘이 가해질지도 모르고 여호와가 그곳에서 저들 모두를 국문하시는데(요엘 3:2, 3:12상반절) 또한 심판하시는데(요엘 3:12하반절, 미가 4:3상반절) 어찌 성도를 그곳에 보내어 저들과 함께 판결 골자기에 세울 것인가입니다(요엘 3:14).

이때에 그곳에 임하는 징벌은
"그 날에 큰 지진이 이스라엘 땅에 일어나서 바다의 고기들과 공중의 새들과 들의 짐승들과 땅에 기는 모든 벌레와 지면에 있는 모든 사람 내 앞에서 떨 것이며, 모든 산이 무너지며 절벽이 떨어지며 모든 성벽이 무너지리라"고(에스겔 38:19~20).

또한 성서는
"나 주 여호와가 말하노라. 내가 내 모든 산중에서 그를 국문하며 쏟아지는 폭우와 큰 우박덩이와 불과 유황으로 그와 그 모든 떼와 그 함께한 많은 백성에게 비를 내리듯 하리라"고(에스겔 38:21~22).

6. 어린양의 혼인잔치가 시작되면 나오게 됨

"우리가 즐거워하고 크게 기뻐하여 그에게 영광을 돌리세. 어린양의혼인 기약이 이르렀고 그 아내가 예비 되었으니"라고(계시록 19:7).

성서에 보면 어린양의 혼인 잔치가 역사의 마지막에 가면 열리게 된다고 합니다. 이 시점에서 그때의 혼인 잔치가 어떤 유형의 잔치라는 것에 대하여는 전혀 관심이 없고 신부된 성도를 위해 신랑께서(계시록 19:9) 혼인 잔치를 배설한다는 그것이 중요 관심사일 뿐입니다.

그래서 성서에 보면
"밤중에 소리가 나되 보라 신랑이로다 맞으러 나오라 하매"라고(마태복음 25:6).

또한 성서는
"천사가 내게 말하기를 기록하라 어린양의 혼인 잔치에 청함을 입은 자들이 복이 있도다 하고 또 내게 말하되 이것은 하나님의 참되신 말씀이라"고(계시록 19:9).

적그리스도의 시대와 거짓 선지자의 시대가 다 지나가면 천하의 왕 되신 그리스도의 시대가 옵니다. 그 이전까지 성도들은 환란과 피난처에 머물러 있었지만 그 후에도 나팔소리와 함께(고린도 전서 15:51~52) 밖으로 나와서 잔치에 참여케 될 것입니다.

이때 피난처에서 나오면 얼마 안 되어 부활을 입게 될 것을 말입니다. 이것은 이미 만세전에 예정된 코스들입니다. 여기에 대해 누구의 반기나 반대가 그렇게 중요치 않습니다. 분명한 것은 대 환란이 지나가고 나면 뒤이어서 일어날 현상들이 계속되어 진다는 것입니다. 그것이 전 인류의 부활역사와 관계가 있고 되는 것입니다. 인간은 이때에 반드시 부활의 몸을 입기 위해서 피난처에서 단호히 나와야 할 것입니다.

대 환란이 끝나 피난처로 나갔던 성도가 나팔 소리와 함께 돌아와서 그리스도의 재림을 맞는다면 그 사이가 좀 날 것이지만 여기에 대하여는 제9권에서 상고해 보는 것이 바람직할 듯합니다. 이때 여호와께서 인간에게 주시고자 하는 상이 (빌립보서 3:14, 계시록 11:18) 각기 다를 것입니다.

7. 피난처에서의 규칙과 룰

하나님께서 조성하신 만사에는 반드시 규칙과 룰이 있습니다. 이에 준해 피난처도 역시 그러합니다. 피난처라고 해서 규칙과 룰, 법과 정의가 없는 무질서한 곳이라고 생각해서는 절대로 아니 됩니다. 피난처에는 법과 정의 규칙과 룰이 있고 엄격하기에 성도는 그곳에서 반드시 다음의 사항들을 지키고 준수하려 해야 합니다.

① 피난처에서도 절대로 이리 또는 저리로 다녀서는 아니 됩니다. 피난처는 한정된 범위 안에 있기 때문에 그곳에 일단 들어간 자들은 어느 누구도 마구 돌아다니려는 속성의 모순을 철저히 버리고 포기해야 합니다. 이 세상에서는 출세와 성공이란 헛된 간판을 위해 다들 베틀의 북 마냥 부지런히 오고갔지만 그곳에 들어가면 일체 출입이 허용 되지 않습니다. 성도는 피난처에서 돌아다닐 자격이 없기에 이것에 대한 충분한 사전 예행연습과 훈련이 되어져 있어야 합니다.

② 피난처는 광야와 모래사막 바다의 어느 지점 토굴 속

진토 암혈… 등지이기에 이런 곳에 보내어지는 자들은 여러 해 동안 어느 곳을 구경하고 싶다거나 구경 하려가는 행위와 사고는 철저히 버리고 포기해야합니다. 왜 좁은 곳에 3~7년 가까이 꼼짝 않고 있으려면 어렵지 않겠습니까? 의복도 외벌이고 신 기타도 그렇고, 목욕이나 세수는 개념조차 잊었으니 어찌 갑갑치 않을 것입니까? 그럼에도 만약 구경을 위해 바깥세상으로 나갔다가 잡히면 자기만이 아니고 함께 있는 이웃까지 상하는 모순을 범해서는 아니 될 것입니다.

③ 피난처로는 놀러가거나 시골 마을에 다니려 가는 것이 아닌 만큼 바른 이해가 요구됩니다. 일단 피난처에 보내어지는 자는 그곳에서 대 환란이 지나갈 때까지 머물되 누구를 만나려 다녀서도 안 되고, 누구를 보고 싶다거나 만나려는 마음을 가져서는 아니 됩니다. 인간 누구를 만나려는 사고는 버려야할 육적 욕심인 만큼 그냥 두고서는 누구도 살아나지 못합니다. 그가 만나려는 자 그 뒤에는 박해자들의 칼이 따르기 마련입니다. 피난처로 보내어지기 이전에 이런 것은 실습과 연습이 익히 되어져야 할 것입니다.

④ 자기가 피난처로 들어오기 이전에 아는 자 누구를 생각하거나 연상해서는 아니 됩니다. 교회당의 목회자나 성도 누구를 의식하거나 어느 누구는 어떻게 되었을까 하는 그런 사고는 금지된 속물근성입니다. 여기서는 피난처로 부르심 받기 이전의 누구를 벗어던져야 진정된 기도와 찬송 성경읽기와 말씀 연구가 나오게 되는 것입니다.

⑤ 피난처에 들어온 자들은 자기 가족에 대하여도 미련이나 애착 집착 같은 것이 허락되지 않습니다. 자기 식구들 가운데 아내나 남편은, 아들이나 딸은, 어머니와 아버지는, 형제와 자매는 어디서 무엇을 하고 어떻게 되었을까 해서 이러

저런 생각을 가져서는 안 되고 자기의 가족에 마음이나 신앙을 빼앗기다 보면 나쁜 영향을 미치게 됩니다. 자기 가족이 보고 싶다 해서 하산을 한다거나 아니면 그곳에서 게으름을 피운다거나 자기 가족들에 대한 지나친 애착 등으로 인하여 상사병 환자가 된다거나 아니면 자기 고향이나 집 등에 대한 애향심을 가져도 아니 되고 과거에 대한 집착과 향수를 가져서도 역시 아니 됩니다. 이렇게 되면 마귀를 끌어들이는 원동력이 되고, 그로 인하여 사는 길보다 죽는 길이 생깁니다. 여기서 음부에 떨어진 부자마냥(누가복음 16:19~23) 자기 가족에 대한 애착을 가져서는 안 됩니다(누가복음 16:27~30). 다만 기도할 뿐입니다.

⑥ 인간적인 정욕이나 욕구와 욕망을 철저히 벗어던지지 아니하면 안 됩니다. 인간적인 남녀의 성도 버려야 합니다. 피난처에 젊은 청년 남녀가 들어왔다고 해서 그곳에서 부부의 행세를 하려 해서는 안 되고, 과거 자기가 세상 어디에 머물러 있을 때 가졌던 남성적 미나 매력 건강 등을 그곳에서 과시하려 해서도 아니 되며 여성적 미와 매력 기타 등을 그곳에서 과시하고 노출하려 해서도 역시 아니 됩니다. 피난처에서는 남녀와 노소가 구별되어서는 아니 됩니다.

그곳에는 엄격한 규칙과 룰이 있으므로 누구에게도 그것이 적응되고, 그곳이 천국이나 낙원은 아니지만 지켜야 할 법과 규칙과 룰과 질서가 정연하고 있다는 것을 명심해야 합니다. 그곳에서는 누구를 이기려거나 지배하려는, 또한 누구와 무엇을 침범하려는 사고와 욕망을 가져서도 아니 됩니다. 주어져 있는 규칙과 한정된 범위 안에서 살되 오직 위를 보면서(골로새서 3:1, 2) 믿음으로만 살려 해야 됩니다.

"나 여호와는 내 백성의 피난처, 이스라엘 자손의 산성이 되리로다"고(요엘 3:16하반절).

제17장   피난처가 철저히 될 수 없는 곳
(배격된 곳)(피난처에 대한 낙서들)

　본장은 제2장 "잘못된 피난처 관"과 제10장 "피난처는 어디이어야 하는가"에 대한 보충 설명과 낙서들임을 유의하시기 바랍니다.
　우주가 아닌 이 세상이라 해서 그 어디든 피난처가 될 수 있다는 신앙과 사고방식을 철저히 벗겨버리지(배격) 아니하면 안 됩니다. 피난처가 될 수 있는 곳이 있으면 될 수 없는 곳도 있기 마련입니다.
　현재의 상태에서 우리의 눈으로 보이는 곳이 과연 피난처가 될 수 있을 것인가? 우리는 우리의 눈이 가고 우리의 손이 미치고 닿는 곳, 우리의 발이 오고 간 그런 곳을 피난처로 생각을 하거나 아니면 은근히 그런 곳이 피난처 화 되었으면 바라는데 폐일언하고 이런 생각은 하나의 잘못된 허상과 부질없는 망상에 불과한 것입니다.
　지금 우리가 처하여 있는 장소나 위치에서 보는 곳과 갔다가 올수 있는 곳, 누구와 더불어 우리가 현세에서 만나는 곳, 만날 수 있는 곳이 피난처가 될 수 있다고 보십니까? 신구약 성서를 보면 어느 성서에서도 이미 이런 곳은 피난처가 될 수 없다는 것을 밝히고 있습니다. 그러므로 우리는 여기서 피난처가 될 수 없는 곳에 대하여 상고해(낙서) 보지 않으면 아니 됩니다.
　그렇다면 피난처는 어디이고 그 반대로 아닌 곳은 어디입니까? 피난처가 못되는 곳은 어디이어야 합니까? 이것을 하나하나 다음의 낙서에서 상고해 보기로 하십시다.

1. 기존의 지상 교회당들은 피난처가 될수 없는 곳들임

"마음이 사특한 자는 복을 얻지 못하고 혀가 패역한 자는 재앙에 빠지느니라"고(잠언 17:20).

　교회당 안 사람들은 하나같이 이 시점에서 은근히 그리고 솔직히 기존의 교회당들이 피난처가 되어 주기를 원하고 바랍니다. 어떤 교회당 안 사람들은 은근히 자기들 교회가 피난처라도 되는 양 각종 선전(PR)을 하고 피난처 행세와 흉내를 내는 어처구니없는 몰골을 드러내고 있는 것을 보기도 합니다.
　어떤 종파(교파)에서는 자기들이 이미 하나님 아버지 파고 하나님 아버지께 예속된 자이기에 심판이니 피난처이니 하는 번거로움 따위는 이미 사라져 버리고 없다며 속이고 어떤 교파에서는 자기들은 여호와가 세계 기독교를 통일하라고 보내셨기에 저들은 피난처니 심판이니 하는 것과 이미 무관하다고 외치고, 어떤 교파에서는 장차 나타날 대 환란 때 피난처가 오직 자기들과만 상관관계가 있고 된 곳으로서 자기들 교파에 소속된 교회에로 나오는 자들만 가게 된다고 외칩니다.
　이런 와중에서 교회당적으로 자본주의의 물이 많이 묻은 교회당일수록 모이는 교인들이나 목회자나간에 그곳이 은근히 피난처라도 되는 양 흉내와 폼을 잡고 취하며 원숭이나 다람쥐들 마냥 자주 무엇인가를 종교적으로 구경 시키려 들기 때문에 암암리에 속고 그것에 이끌리어 가는 자가 초만원 사례 직전까지 몰려가고 있습니다.

폐일언하고 신구약성서 66권을 아무리 뒤져보아도 기존의 지상 교회당들은 그것이 어디에 있는 어느 것이든 간에 피난처는 도무지 될 수가 없는 것으로 못을 박습니다. 솔직담백한 우리의 신앙적 요구나 바램, 소망에서는 폐일언하고 무엇보다 지상의 모든 교회당들이 여호와의 도우심과 전적으로 지켜주심에 의해 일단 성역화 되어 장차 피난처로 사용을 했으면, 또한 사용이 되었으면 얼마나 좋을까고 바라지만 이 지상의 교회당들은 교회당(예배당) 그 이상도 아니고 그 이하도 아닙니다. 이 지상에 있는 모든 교회당이나 성당, 성전, 회당 등은 하나같이 폭탄 한방이면 망가지고 무너지고, 쓰러지거나 넘어져 버리는 불안전한 것들입니다. 솔로몬 성전이나 대 헤롯 성전도 과거 세계적임을 자랑했으나 무너져 버렸습니다. 이것은 이미 성서의 요구 사항이지만 역사의 현장이기도 하니 도리 없는 일입니다.

　성서에 "여호와께서는 그 백성을 버리지 아니하시며 그 기업을 떠나지 아니 하시리로다"고(시편 94:14) 기술하지만 다가오고 있는 여호와의 대 환란 시에는(스바냐 1:14~15, 18, 2:2~3) 지상의 모든 교회당이나 예루살렘성전 등이 그 문들을 닫게 됩니다(스가랴 13:7, 계시록 11:2, 15:8, 시편 74:3~7, 8~9). 이렇게 되면 이 세상 원리와 성서의 원리에 의해 지상의 교회당들은 자연 사라져 버림으로 우리가 여기서 이 지상의 교회당들이 피난처화 되기를 아무리 요구하고 바라지만 피난처는 이미 될 수가 없고 모두가 사라져 버리고 없어질 것뿐임을 알게 됩니다(다니엘 7:21, 8:12, 13, 24, 9:17~18, 26, 27, 데살로니가 후서 2:4, 계시록 13:7).

　그럼에도 현금당대에서 솔직히 우리는 이 지상에의 피난처로 기존의 교회당을 원하고 바라고 요구하는데 그렇다면 피난처로 지상의 교회당을 원하고 바라는, 요구하는 그 이유는 무엇이고 어디에 있는 것입니까? 그것은 저들이 어디까지나 하나님의 교회당을 사랑하기 때문입니까? 아니면 저들의 교회당과 목회자 우상놀음에 놀아나고 있기 때문입니까?(호세아 10:1~2) 아니면 각기 자기 집을 지나치게 사랑하듯 교회당과 이웃과 목회자를 지나치리만큼 사랑을 한 탓입니까? 위에 나타난 몇 가지의 질문 가운데 두 번째가 가장 성서적이고 현세적 해석이라 할 것입니다.

기존의 교회당에 대한 크고와 적고의 부사와 형용사적 개념은 그렇게 중요하지 아니합니다. 왜냐 하니 크고와 적고의 문제는 교회당의 우상화 놀음 속에 처넣는 행각이 되기에 결코 바람직하지 못합니다. 이 땅에서 불교적 점성술도 유교적 푸닥거리도 문제였지만 이제 와서는 그리스도교적 각종 광대놀음이나 푸닥거리도 역겨우므로 철저히 버리고 떠날 때가 되었습니다.

2. 지상의 기도원들이나 수도원들은 피난처가 못됨

"악한 계집에게 이방 계집의 혀로 호리는 말에 빠지지 않게 하리라"고(잠언 6:24).

지존의 인간 상태들을 보면 너도 나도 모두가 현 위치에서 그 어느 것보다 각종 기도원이나 수양관, 수도원들이 피난처가 되어주기를 요구합니다. 그래서 전국적으로 기도원들이 우후죽순 화 되고 수도원과 수양관도 앞 다투어 생기고 심지어는 금식 기도원이란 곳들도 대 호황을 누립니다. 언제나 초만원 사례입니다.

과연 그리스도교에 이런 것들이 필요한 것인지는 차치하고라도 이런 것들은 반드시 연구와 분석의 대상이 되어야 하고 이런 곳들의 "하루살이는 걸러내고 약대는 삼키는"(마태복음 23:24) 모순의 병폐에서 벗어나지 아니 하면 안 됩니다. 이 문제에서 우리는 에스겔 34:5절의 "모든 들짐승의 밥이 된다"는 말과 에스겔 34:8절의 "내 양의 무리가 노략거리가 되고 모든 들짐승의 밥이 된 것"은 무엇을 의미하는지 이를 음미해야 하며 에스겔 34:6절의 양들이 "모든 산과 높은 멧부리에 마다 유리 된다"는 말은 무엇을 의미하는지?

이런 성서를 보고 눈이 있는 자는 하나같이 이는 현 기도원들의 실태와 수도원 제도등과 관계가 있고 된다는 것임을 알 것입니다. 과연 여호와께서 왜 이 문제를 기술하는지 그 저의를 알아야 합니다.

일본 같은 나라에서는 살 빼기 운동으로 금식원이 대 유행과 성황인데 반하여 한국에서는 기독교의 금식기도원들이 유행한 것은 기실에 있어서는 같은 맥락들입니다. 대개의 인간들은 지상에 있는 금식기도원이나 일반기도원이, 수도원들이 이 지상에 있는 그 날까지 만이라도 피난처의 역할을 담당하고 대 환란이 시작되면 피난처로서의 제 구실을 하고 자기의 몫을 해 주기를 상당히 바라고 기대합니다. 그러다 보니 현 금당대의 기도원들은 그 행태들이 빗나가 있음에도 언제나 초만원 사례입니다. 기도원들은 그 어디를 가나 여름철일수록 심히 시끄럽고 요란합니다. 유명인사라고 자처하는 자들이 경영하는 기도원이나 금식기도원 등을 보십시오. 대 성업 중입니다. 언제나 초만원 사례를 즐거운 비명으로 외칩니다. 왜 이런 종교적 괴리 현상이 이 땅에 나타나서 모두를 어지럽히고 있는지 궁금합니다.

이런 기도원들일수록 하나라도 더 오합지졸들을 끌어 모으기 위해 안간힘을 동원하고 교인들의 구전을 통해서, 그리고 각종 매스컴을 이용해서 수단과 방법을 가리지 아니한 PR등은 목불인견입니다. 심지어는 거짓말도 일삼고 거짓 이적과 기사, 기독교적 푸닥거리, 최면술, 기압술, 찰력술까지 동원하고 경우에 따라서는 약물 흡취술과 전기 감전술까지 동원하는 어지러운 판국이 되었습니다. 어디 그것뿐입니까? 기도원등지의 골방 구석구석이나 바위틈 등지에서는 그리스도교적 점쟁이들(복술가)이 자리를 틀고 앉아서 점을 치고 복채를 거두어들이며 예언, 방언, 입신, 진동, 통역이란 것을 앞내 세우거나 귀신 제어와 병 고침이란 것을 기화로 해서 고등사기 행각까지 벌리고 있습니다.

어떤 곳에서는 병자를 눕혀놓고 기도 값의 흥정을 벌리는데 기도 한번 해주면 얼마를, 병자를 고쳐주면 얼마라고 말입니다. 뿐만 아니라 기도원등지에 와서 집회를 인도한다는 유명인사들 중에는 그 집회 기간에 나오는 감사헌금을 얼마 또는 몇 퍼센트 나누어 가지기로 사전 흥정된 집회도 있습니다. 이런 그리스도교적 퇴폐와 악습행위는 개교회당의 부흥회 시에도 종종 있는 일이지만 말입니다.

이와 같은 곳들이 마지막 때에 더럽고 추하고 악해서라도 피난처가 될 수는 없습니다. 언제나 알려져 있고 사람이 모이는 곳이면 그곳이 어디이든 간에 피난처로서는 적합하지 못함을 명심해야 됩니다. 이 점에서 각종기도원이나 수도원 수양관 따위를 건축이나 증축을 하고 고상하게 꾸미고 단장하는 별짓을 다 하여도 이런 것들은 이미 후미지고 종교적 후진성을 벗어버리지 못한 나라와 민족에서 일어나는 말기적 현상이므로 후진성에서 벗어나는 날 가만히 두어도 사라져가는 안개와 같은 것들에 불과합니다.

　그래서 종교적 선진국화 된 미국이나 독일 같은 나라에서는 이미 금식기도원이니 기도원이니 수양관이니 하는 것들이 역사의 뒤안길로 사라져 버린지 오래입니다. 지금에서 우리는 장차 피난처의 구실도 못할 이런 것들에 신경이나 지나친 관심을 집중시키지 맙시다.

3, 이미 알려진 유명산들은 피난처가 될 수 없음

"악한 일에 징벌이 속히 실행되지 않으므로 인생들이 악을 행하기에 마음이 담대하도다"라고(전도서 8:11).

　금요일 저녁이나 토요일 밤에 서울의 삼각산에를 올라가 보면 기도하려고 오는 무리로 초만원의 장관을 이룬 것을 봅니다. 어디서 왔는지? 누가 데리고 왔는지? 어느 교회 등에서 차량을 동원했는지? 어떻게 이곳까지 알고 찾아왔는지? 궁금할 정도로 많은 무리가 모여와 기도하고 있는 것을 봅니다. 이들의 기도의 제목은 무엇인지? 자기를 위한 것인지? 자기들 교회당을 위한 것인지? 가정과 사업, 성공과 출세와 부를 위한 것인지? 과연 여호와 하나님의 유익을 위해 철야하고 산에까지 와서 기도를 하는 것인지, 궁금하고 의심스러운 것이 하나 둘이 아닙니다.

　기도의 동산, 기도의 본류요, 기도의 집인 교회당들은(마태복음 21:3, 이사야 56:7) 하나같이 뒤로 했기에 텅텅 비워두어야 하고, 완전 도외시한 후 모두가 산으로 기도원으로 올라가고 있습니다. 왜 교회당을 텅 비게 하고, 왜 교회당들을 뒤로 내동댕이쳐서 버렸는지 그것도 심히 궁금하고 의심스러우며 동시에 기도의 집이란 교회당들 보다는 이 땅의 산들이 더 기도의 동산인지 그곳도 궁금합니다. 예수께서도 산으로 기도하려 가시고(마가복음 1:35) 12사도 선택을 위해 철야 기도를 산에 가서 했는데(누가복음 6:12~13) 이런 것을 가지고 산 기도를 외치는 것인지는 모르나 그것은 잘못된 악의 씨앗들입니다. 그리스도에게는 당시 기도할만한 교회당이 없었고 마음 놓고 기도할 장소가 없었으니 산이나 들, 광야, 촌락, 바닷가… 등지를 돌아다니며 기도한 것임에도 이를 역이용하려는 것은 찬란한 잘못입니다.

어떤 이들은 왜 저녁에 산으로 가느냐고 물으면 교회에서는 소리 내어 기도를 할 수가 없으니 그런다고 대답들 합니다. 그럼 기도는 꼭 소리나 지르고 고함이나 쳐야하는 것입니까? 라고 질문을 하면 그렇지도 않지만… 하면의 말꼬리를 흐리고 맙니다. 바로 여기에 문제의 심각성이 내포되어 있습니다. 스가랴 선지자 때에는 기도란 골방에 들어가서 조용히 하는 것이라(열왕기 상 22:25) 했고 엘리야의 간절한 기도를 보아도(열왕기 상 19:36~38, 19:42~45) 기도는 시끄럽고 요란한 것이 아니며 다니엘의 하루 세 번씩의 기도를 보아도(다니엘 6:10~11) 또한 예수 그리스도께서 가르쳐 주신 기도를 보아도 기도는 조용히 하나님 아버지와의 만남과 대화를 알리는 것임을 알게 됩니다(마태복음 6:6). 그럼에도 경우에 따라서는 울고 소리칠 수도 있는 것이 기도인데 요즘 산으로 기도하려 가는 자들을 보면 기도하려 간다기보다 개인의 스트레스를 해소하려 가는 감이 더 농후하니 곤란합니다.

서울의 삼각산은 "하늘 산삼"사건으로 이미 큰 물의를 일으켰던 산입니다. 거짓 자들이 떼돈을 벌려고 속이는 속임수에 한국교회의 최고 지도자들의 상당수가 속아 가담했던 곳이고 1960년대에는 그곳이 한국교계의 이단 본 산지였던 곳이 그곳인데, 그런 더럽고 추한물이 이미 들어있는 그곳으로 기도할 사람들이 마구 모여드는 것은 제고해 볼 과제인 것입니다.

오늘의 기도원들이나 사람이 많이 모이는 산들은 피난처로는 적합지 못한 것은 고사하고 그 가까이 갈 수도 없고 그 흉내도 낼 수 없는 곳이란 결론을 내리게 됩니다.

이 땅의 어느 이름난 산들에는 종교적 유명 인사들이 이미 자리를 틀고 앉아서 어느 교회 기도원이니 어느 교회당 수양관과 수도원이니 하면서 고상한 간판의 막대기를 꽂아두고 있으나 이런 곳은 자본주의 근성에서 벗어나지 못한 곳은 될지 모르나 피난처로는 전혀 적합지 못합니다. 기도할 곳으로서 자본주의의 물이 더 묻은 곳은 교회당들 보다 기도원들이 앞서기에 요즘 기독교의 유행어가 돈을 벌고 싶으면 일반 기도원이나 금식 기도원을 차려라 그리하면 돈은 충분히 벌고 승산도 있다고 합니다. 이 얼마나 충격적 뉴스입니까? 왜 이런 유행어가 수십 년 전부터 한국 그리스도교회의 안과 밖을 강타하고 있는지… 문제가 심각합니다.

현금당대 그리스도교의 현실이 이 지경이고 이런 꼴이니 어찌합니까? 요즘 삼각산이니 계룡산이니 관악산이니… 하는 산들을 보십시오. 곳곳마다 이미 재림 예수 투성이 되고 그런 산과 기도원일수록 불의 종, 능력의 종, 신유 은사의 종, 말씀의 종, 어린 종 등등으로 이미 초만원 사례입니다.

이런 기도원과 수도원, 수양관등은 기도꾼들로 초만원을 이루고 어떤 산에는 재림 예수 또는 창조주께서 왕림했다면서 어리석은 인간을 속이고 있는 그리스도교적 고등 도적배들의 소굴화 하는 것들도 봅니다. 그러므로 이름난 산이나 기도꾼들이 모인다는 그런 산을 성서적 입장에서 보면 그리스도교를 오히려 망케 하고 신화화 시키는 장소로 화하고 있음을 잊어선 안 됩니다.

마지막 때가 되면 귀신의 처소와 더러운 영들의 모이는 장소가(계시록 18:2) 있다고 기술했는데 이런 고상한 산 전체가 그런 곳이 아닌지 의문이며 또한 개구리 같은 더럽고 시끄러운 영이 나타난다고 하더니(계시록 16:13~14) 이런 곳이 바로 개구리 영을 받은 시끄러운 것들이 모이는 장소가 아닌지 이 또한 의문입니다.

4. 피난처는 대, 중소 도시는 거의가 될 수가 없음

대 도시나 중소 도시나 간에 사람들이 수 없이 오고간 장소는 마지막 때에 피난처로는 적합하지 못합니다. 사람이 집단적으로 모이는 장소에는 각종 파리 떼가 들끓고 냄새가 나기 때문에 자연 박해자들의 칼이 먼저 도착하기 마련입니다. 사람들이 집단적으로 모여서 살고 있는 촌락들도 피난처는 역시 아니고 못됩니다. 집단화 되면 이런저런 고약한 소리가 나오고 시끄럽기 때문에 자연 그리스도교를 박해하는 자들의 무리가 섞여서 오고가고 그리고 그들에게 언제나 밀고하는 밀고자들이 있어서 사람들의 입에서 나오는 각종소리를 전달(밀고)하게 되고 그것이 문제화되어 잡히고 감옥을 가고, 갖은 고문을 다 당하고 결국엔 죽임을 당하는 경우도 허다하게 있을 것입니다.

사람들이 많이 모이는 대 도시나 중소 도시 그리고 각종 마을, 산촌, 어촌들에서는 어느 누구라 하면 그가 교회를 다닌다거나 다니지 아니한다거나, 누구는 교회를 다니다가 언제 그만 두고 이제는 다니지 아니한다는 것 정도는 쉽게 압니다. 그 때에 자기의 옛 고향이라고 해서 찾아가도 반기는 것은 고사하고 감시와 밀고가 심하여(마태복음 24:9~10, 마가복음 13:9~, 누가복음 21:12~14) 도무지 숨을 장소가 이 지상에는 없게 됩니다. 이런 것이 어쩌면 적그리스도와 거짓선지자가 가진 힘과 능력과 권세인 듯합니다. 저들이 받은(계시록 13:3~4) 힘과 능력의 대단함이 이때에 고스란히 나타날 것입니다. 저들은 주 믿는 자를 잡아 죽이고(마태복음 24:9, 계시록 13:8-10) 믿는 성도를 잡아다가 우상을 섬기게 하고 적그리스도를 따르게 할 것입니다(계시록 13:14~15). 그렇지 아니한 자들은 가차 없이 죽일 것입니다(계시록 13:15, 다니엘 8:13, 24). 이때는 이미 그리스도의 교회당과 그리스도인들이 적그리스도와의 전쟁에서 완전 참패를 당한 연후인 만큼(다니엘 7:21, 25, 계시록 13:7상반절) 각 족속과 백성과 방언과 나라가 적그리스도의 수중에 완전 들어 가므로서(계시록 13:7하반절) (제7편 적그리스도의 출현 참조) 저가 작은 자나 큰 자나 부자나 빈궁한 자나 자유한 자나 종들로 그 오른손에나 이마에 표를 받게 하는 것과(계시록 13:16) 자기의 사람으로 만드는 것은 (다니엘 11:30, 32, 34) 그렇게 어렵지 아니할 것입니다. 피난처는 이때의 성도를 위해 기필코 요구되는 것입니다.

  마지막 때에는 이유 불문코 대 도시나 중소 도시 그리고 촌락이나 어촌이나 간에 사람들이 이미 오고간 곳은 폐일언하고 피해야 합니다. 그 곳이 산간벽지(오지)일지라도 피해야 합니다. 그 이유는 이미 그 곳에는 사람이 오고 간 냄새가 묻어있기 때문입니다. 우리는 여기서 우리가 유의할 것이 무엇인지 그것을 상고해보지 아니하면 안 됩니다. 대 환란이 일어나면 일단은 대 도시나 중소 도시 보다는 산간벽지나 오지가 그래도 성도로서 살거나 피난하는데 다소 나을지도 모릅니다.

그럼에도 요즘 대 도시 안에 소위 기도처니 기도원이니 하면서 지하나 어느 건물을 빌려서 자기들이 정한 날에 모여 은사집회니 신유집회니 하는 집회를 매주 몇 차례씩 여는 경우를 봅니다. 어떤 이는 이런 곳이 마지막 때 피난처라도 되는 양 착각과 오해를 하는 것도 봅니다. 여기서 어처구니없는 것은 이런 곳에서 집회를 인도하는 이도 거의가 여성들이고 그런 장소에 모여오는 자들도 여성들이란 데에 함정이 있을 수밖에 없습니다. 모두는 아니지만 상당수는 조심과 주의하지 아니하면 아니 됩니다.

우리는 여기서 마지막 대 환란 시에 피난처가 될 수 없는 곳은 사람이 많이 오고 간 그런 곳임을 알게 되었습니다. 지금의 상태에서 특히 대도시는 신앙의 함정과 눈요기는 될지 모르나 어느 것도 신앙적 플러스는 못되고 있으니 큰일입니다.

5. 피난처는 이미 알려진 곳은 될 수가 없음

"주의 말씀을 열므로 우둔한 자에게 비취어 깨닫게 하나이다"고(시편 119:130).

앞에서도 이미 논한바 있거니와 피난처로는 이미 알려진 장소들이 적합하지 못함을 알게 되었습니다. 이미 잘 알려지고 나타나고 돋보이는 장소에는 언제나 반대와 박해자들이 먼저 침입하게 되고 위로부터와 아래로 부터의 불과 유황 그리고 기타의 징벌들이 먼저 임하기 마련입니다.

　6.25 동란 시나 일제 시대를 보면 언제나 적군은 대 도시와 중소 도시를 먼저 점령하려고 혈안이었습니다. 이런 곳을 먼저 점령하면 그 여세를 몰아 동리나 그 주변 벽지에까지 그 세를 과시하게 됩니다. 이런 것은 어떤 단체나… 그 무엇에서도 동일한 정의와 법임을 알게 됩니다. 그럼에도 사람들의 심리상태는 언제나 이미 잘 알려지고 이름난 곳을 요구하고 찾으며 잘 알려진 물건이나 사람도 요구하고 바라기에 어느 면으로 보나 다소는 의미 있는 일들입니다.

　시장이나 백화점, 호텔이나 유원지 강이나 공원들, 해수욕장, 식당들… 기타 모든 것에서도 이름이 없는 것 보다는 이름이 있는 곳과 것을 사람들은 요구하기에 그런 곳을 쉬지 않고 찾고들 합니다. 사실상 그런 곳에 찾아가보면 이미 그 곳에는 여기저기로부터 사람들이 찾아와서 모이기 마련입니다. 고로 이런 곳에는 각종 유행이 난무하고 죄가 최고의 발악증세를 보이고 구석마다 사람들의 고기 덩어리 냄새가 나는 곳에는 반드시 이리와(요한복음 10:12) 각종 새들이 덤벼들기 마련 아닙니까? 어느 누구도 이 원리와 질서와 법과 힘은 벗어나거나 멀리할 수가 없을 것입니다. 폐일언하고 이미 잘 알려진 곳은 과거나 현재나 미래적 입장에서 사람이 많이 모이거나 적게 모이거나 간에 피난처가 될 자격이 상실된 곳입니다. 왜 그러합니까?

　그 때는 마귀와 적그리스도와 거짓 선지자 그리고 그들의 군대와(다니엘 11:31) 백성들이(다니엘 9:26상반절) 총동원되어 대 도시를 중심해서 중소 도시나 산간벽지의 구석구석을 이 잡듯이 마구 잡으려고 돌아다닐 것이기 때문에 도리가 없는 일입니다. 이미 잘 알려진 장소에로 언제나 사람들은 몰려가고 그곳에는 죽음의 칼도 뒤를 따를 것이므로 대 환란 때에 목숨을 건지려는 자들은 사람이 모이는 곳과 잘 다니는 곳은 이유 불문코 피해야 합니다.

그런 곳이 대 환란 시작 이전에 시장이나 백화점, 호텔이 아닌 성전이나 교회당, 성당이거나 기도원, 수도원, 수양관 등등이거나 아니면 교회당에서 경영하는 각급 학교이거나 기숙사, 복지시설이거나 농장, 기타 산지라 해도 신자 된 우리는 이점을 먼저 유의해서 죽는(떼죽음) 길이 아닌 사는 길을 선택하지 않으면 안 될 것입니다.

적그리스도와 거짓 선지자는 저들의 배후 조종자인(계시록 13:1~13) 마귀와(계시록 13:2, 12)함께 대 환란의 시작 직전에 그리스도 교인들이 어디에 많이 모였다 또는 어느 산이나 누구네 가정에서 모였다거나 하는 것을 이웃과 동리의 각 단체나 기관을 이용해서 하나하나 추적과 점검을 하고 실사(파악)를 해서 물샐 틈 없는 조직 강화를 먼저 할 것이고 그 뒤를 이어서는 믿는 자들이 모였다는 곳에는 언제, 어디서나, 어느 나라 어느 민족이든 간에 여지없이 철퇴를 가할 것입니다. AD 70년에 유대인으로서 이름난 예루살렘 도성 안으로 도망을 쳐서 들어가지 아니하고 이방 땅이나 외진 곳, 깊은 산골짜기로 도주한 자는 생명을 보존하셨듯이 마지막 때에도 역시 그러할 것입니다(마태복음 24:16). 언제든 일단 대 환란이 시작되었을 때 살기를 원하는 자는 사람이 없는 곳, 사람들에게 보이지 아니하고 사람이 다니지 아니하는 곳, 사람의 발자국 흔적이 없는 곳으로 도주를 해야 생명을 보전할 것입니다.

이 과정에서 우리를 가장 슬프게 하고 답답하고 고통스럽게 만드는 것은 솔직히 기존의 교회당들과 기도원, 수도원,

수양관 등등이 피난처라도 되어 주었으면 하는 것인데 사실상 피난처는 이런 장소와는 별개이고 거리가 멀다는 것을 알게 되었을 때 착잡한 마음 금할 길이 없는 그것입니다. 이런 것은 우리에게 신앙적 신화성과 교회당적 야만성으로 잘 꾸며지고 가꾸어진 우상들임으로 이 시점에서 철저히 벗겨 버리지 아니하면 안 됩니다. 이런 보잘것없는 것 따위로 인하여 그리스도에게 실망을 주거나 어처구니없는 낙심을 던져주어서는 안됩니다.

그리스도께서 피난처의 주인이시니 그 때에 가서 자기가 그 곳에서 필요하다고 생각하는 자 모두를 하늘 이 끝에서 저 끝까지 불러 모을 것입니다. 여기에는 어느 기성 교회당이나 기도원이나 어느 목회자와는 전혀 상관없이 오직 자기가 필요한 자들만 모을 것입니다.

동방의 박사들을 보니(마태복음 2:1∼11) 그들은 선민이 아니어도, 또한 오시는 메시야를 기다린 것도 아닌데 그리스도는 그들을 부르셨듯이 언제나 그가 필요한 자들만 불러 모을 것입니다.

여호와께서 예비하신 피난처가 광야나, 깊은 산골짜기, 깊은 계곡, 동굴 또는 아무도 모르는 벽지나 오지 바다의 어느 곳… 등지라 할지라도 그것이 그렇게 문제될 것이 전혀 없고 오직 필요해서 부르신 자 그들은 부르심을 받은 그곳에서 오직 감사할 것뿐입니다.

제 6 편

말세 기독교회에 나타날 현상들
(말기 기독교회에 대한 경고들)

제6편 말세 기독교회에 나타날 현상들
(말기 기독교회에 대한 경고들)

"내가 은혜 베풀 때에 너를 듣고 구원의 날에 너를 도왔다 하였으니 보라 지금은 은혜 받을 만한 때요 보라 지금은 구원의 날이로다"라고(고린도 후서 6:2).

예수의 가르침 그대로 먼저 천국 복음이 온 세상에 전파되면 (마태복음 24:14) 그 뒤를 이어서 유대 나라가 2600여 년 만에 독립(회복)이 되게 됩니다(마태복음 24:32~33). 사실 복음이 온 세상에 전파되었고 유대 나라는 이미 반 세기 전에 독립도(AD 1948년) 되었으므로 다가올 세대는 제2의 역사를 향해 달려가게 되었습니다.

우리는 이미 앞에서 이스라엘 회복의 제1기와(제1권 제2편) 제2기를(제2권 제4편) 상고했는데 여기(제2기)서 지금의 이스라엘이 무엇을 계획하고 있으며 다가오는 세대에서 무엇을 해야 할 것인지에 대하여 성서적으로 상고한 적이 있습니다. 그러나 아직 이스라엘 회복의 제3기와 제4기가 남아 있기에 세계는 이를 냉철히 주시하지 아니하면 안 됩니다.

지금의 세계 역사는 이스라엘 회복 제2기의 초중반 사이에 속한 때입니다. 제2기의 초중반에 속한 때이니 제2기에서 일어나야할 하나하나의 사건과 역사가 기필코 일어나야 됩니다.

제2기에서 나타나야 할 현상이 회복된 이스라엘 내에서는 쉬지 아니하고 시작되고(나타나고) 있음에 반하여 이방에서는 이방대로 도저히 용납해서는 아니 될 사건들이 계속해서 나타나는 것을 보고 있습니다.

　본 제6편은 제1권 제1편에서부터 제2권 제5편까지와는 내용면에서 약간의 차이점이 있는 대목입니다. 이제 우리는 제6편에 들어와서 만물의 마지막이 무엇보다 가까워 오면 (베드로 전서 4:7) 그리스도의 교회당들 자체 내에 무엇보다 어처구니없는 징후들이 나타나 기존 교회당들의 문을 닫는 데에도 선봉장 역할을 하고 또 기독교회를 박해하고 없애려는 데에도 그리스도교회 자체가 앞장선다는 것을 우선 감안해야 할 듯합니다.

　우리는 여기서 대 환란이 일어나기 바로 직전에 그리스도 교회들에 어떤 현상이 나타날 것인지 그것을 상고해 보지 않으면 안 됩니다. 먼저 우리가 이것을 하나하나 상고하지 아니하고 그냥 대 환란에 들어가서 상고하게 되면 그리스도교 자체 내에 보이지 아니하는(예측불허) 혼돈과 혼란이 오고 좋지 못한 현상이 모름지기 나타나 뒤죽박죽의 현상이 표출될 것임을 알아야 합니다. 대 환란을 논하기 이전에 먼저 우리는 두 증인과(계시록 11:3~7, 스가랴 4:3, 4:11~14) 적그리스도의 출현부터(다니엘 7:21, 25, 8:23~24, 9:26, 계시록 13:4~7) 먼저 논의가 되어져야 하고 그럼과 동시에 지금 그리스도 교회 안에서 심히 만연 되어져 있는 불의한 (불법한) 현상들이(데살로니가 후서 2:7, 9~10) 먼저 나타남과(데살로니가 후서 2:1~2, 마태복음 24:23~26) 동시에 공중휴거의 문제와 이에 관계된 제반의 문제등도 반드시 시정과 검토, 분석이 되어져야 할 과제들 입니다.

대 환란 시작을 전후하여 나타날 현상 하나 하나를 검토 분석, 연구하는 것도 중요한 과제물이지만 현재의 기독교적 입장에서는 그 못지않게 대 환란 상황연구도 중요함을 인식과 인정해야 합니다. 우리는 여기서 적그리스도의 문제 연구가 무엇보다 본격화되기 이전에 마지막 때 교회당들의 현장을 사실 그대로 고발하여 경종을 울리게 하는 것도 중요한 과제가 되겠기에 여기서 이를 상고하려는 것임을 잊지 말아야 합니다.

제1장   말세(말기) 교회당적 현상

"때가 이르리니 사람이 바른 교훈을 받지 아니하며 귀가 가려워서 자기의 사욕을 좇을 스승을 많이 두고 또 그 귀를 진리에서 돌이켜 허탄한 이야기를 좇으리라"고(디모데 후서 4:3~4).

말세 기독 교회당에는 당연히 말기적 현상이 나타나야 합니다. 그것이 이상하거나 새로운 것이 전혀 아니고 당연히 나타나야할 것이 당연한 때에 나타나는 것이므로 나타나지 아니하는 것보다 나타나는 것이 보다 더 바람직한 것입니다.
현 위치와 시점에서 나타나고 있는 종교적 제반의 말기 현상들을 보십시오. 현 주소지에서 교회당 안에 일어나는 각종 마지막 현상을 보고 "말세로구나" 또는 "세계의 마지막이 가까웠구나"(베드로 전서 4:7) 또는 "그리스도의 재림을 재촉하는 것이로구나"하는 현실을 직시할 것입니다. 여러 면에서 나타나는 종교적 말기 현상은 결코 성스럽거나 아름답지 못한 것들임에도 그것이 외부로 나타나는 것은 결코 바람직하지 못합니다. 말세 교회당적 현상들은 "말세 기독교회에 대한 경고"에서 반드시 따로 다루어져야 할 듯합니다. 그러기 위해서는 우리 모두의 자각과 각성이 요구될 뿐입니다.
거두절미하고 이 땅위의 교회들이나 세계 기독교회 당들을 보십시오. 어디를 가나 꼭 필요한 교회, 절대로 없어서는 아니 될 교회, 여호와가 찾으시는 교회들은 도시나 지방 심지어는 농어촌을 가서 보아도 눈에 잘 보이지 아니하는 현상입니다. 어디를 가도 눈에 잘 모이는 교회당들은 "있으나 마나한 교회당"이고 대개는 "있어도 그만이고 없어져도 그만인 교회당"들 뿐이므로 "이미 사라져 가는 교회당"들과 "빨리 사리지고 없어지는 것이 그리스도를 위해 더 나은 교회당들로서 초만원 사례 상을 이루고 있으니 이만저만의 문제가 아닙니다.

 국내외적으로 그리스도가 꼭 필요로 하는 산 교회보다는 인간들(교인들)이 요구하는, 필요로 하는 교회당들로 초만원의 숲을 이루고 있는 현실은 종교적 가슴 아픈 일이 아닐 수 없는 것입니다. 있는 것이 없는 것보다 못한 교회당들, 있어도 그만이고 없어도 그만인 교회당들, 있으나 마나한 교회당들이 길거리를 즐비하게 매우기에 교회당에서 출세족이 나오고 성공한 목회자족이 나오게 됩니다. 사실 기독교의 출세와 성공은 십자가를 지고 죽는(순교)것 아닙니까?(마태복음 16:24~25)

 요즘 보면 그리스도교 안에 타락한 도덕군자가 너무 많은 것이 흠과 탈입니다. 솔직히 이 유한성 안에서 예배당 건물 하나 크게 지으면 출세하고 성공한 목회자가 되는, 타락되고 꼴사나운 세태와 현실이 되었고 교인 좀 많이 모으면 그는 종교적 바람을 탄 슈퍼스타 화 합니다. 그러니 기존 교회당들이 자연 자본주의화 하고 목회자들이 자본주의 체제의 개념 아래 사장이나 회장의 위치에 올려져있는 상태에서 나타나는 교회당의 자본화 현실이 과연 성서적 정상일지는 매우 의문입니다. 솔직히 말해서 성서적 기독교와 자본주의 기독교와는 하늘과 땅보다 더 큰 차이가 납니다.

 성서를 보십시오.
 "누가 지혜가 있어 이런 일을 깨달으며 누가 총명이 있어 이런 일을 알겠느냐? 여호와의 도는 정직하니 의인이라야 그 도에 행하리라 그러나 죄인은 그 도에 거쳐 넘어지리라"고 (호세아 14:9).

지금의 상태에서 당신은 하나님께서 꼭 필요로 하다고 인정하는 교회당에 다니고 계십니까? 아니면 자본주의식으로 대 성공한 교회당에 다니십니까? 또한 당신은 있으나 마나한 교회당에 다니십니까? 아니면 꼭 있어야 하는 교회당에 다니십니까? 당신이 만약 꼭 있어야 할 교회당에, 하나님이 필요로 하는 교회당에 다니고 있다면 당신의 교회가 현 위치에서 하시는 일들이 과연 무엇입니까? 당신도 이미 1950년대 초반에 38선 이북의 2000여 이상의 교회당들이 문을 닫고 역사 위에서 사라져 간 것을 목격 했거나 역사 현실을 통하여 알 것입니다. 그렇다면 그들 2000여 이상의 교회당들은 그 교회당에 다니는 자들이 각기 자기들 교회당은 누가 무슨 말을 해도 꼭 여호와에게 필요한 교회당이고 살아 있는 교회이며 하나님이 요구하는 교회라고 생각지 아니했을 것이라고 보십니까?

그럼에도 그들 교회당들이 왜 문을 닫고 모두가 지상에서 사라져 버리고 말았다고 보십니까? 그 연유는 도대체 무엇입니까? 공산주의(집단) 때문이라고 보십니까? 그것은 절대로 아닐 것입니다. 참새 한 마리도(마태복음 10:29) 머리털 하나도(마태복음 10:30) 세시고 계시는 여호와가 승낙치 아니하고 어찌 자기의 교회당 수천 개가 일시에 사라져 버린다고 보십니까? 교회당 수천 개가 없어지는 것을 어찌 공산집단 탓만으로 취급하고 여길 것입니까?

지금의 처지에서 당신이 출석하고 있는 교회들은 자본주의화한 교회당입니까? 성서적 교회당입니까? 자본이 판을 치는 교회당입니까? 아니면 진리와 선과 의가 판치는 교회입니까?

현재적 위치와 입장에서 당신이 지금 출석하고 있는 그 교회당 하나가 문을 닫고 사라진다고 해서 세계사적 입장에서 그리스도 교회에 큰 충격을 준다고 보십니까? 아니면 그렇고 그렇다고 보십니까? 그렇다면 당신은 어떤 입장에 서야 한다고 보십니까?

우리는 압니다. 이스라엘 회복의 제2기에서도 이미 논한바 있거니와 불원간에 이방 땅에 있는(기독교회) 성령이 유대에로 돌아갈 것을 말입니다. 그렇게 되면 지금 당신이 출석하는 그 교회당은 무엇이 되고 과연 어떤 장소로 변한다고 보고 계십니까? 대 환란의 와중에서 행여 당신들 교회당은 하나님을 믿는 신자를 잡아 가두는 감옥화 되거나 성도를 잡아다 고문을 하고 매질을 하고 굶기고 재판을 하며 갖은 못된 짓을 하는 수사기관장화 되거나 아니면 믿는 성도를 잡아다 죽이는 도살장화와 공동묘지화 되지 아니한다는 보장을 여호와께로부터 받아 가지고 있는 교회당인지 다시 한 번 생각해 보아야 할 듯합니다(마태복음 21:9, 마가복음 13:9, 누가복음 21:12~16, 시편 78:64, 79:2~3, 10, 에스겔 9:5~7, 예레미야 애가 2:20).

이미 유대는 독립이 되었기에 다가올 사태는 어느 누구도 예측을 못합니다. 그리스도께서 언제 다시 오실지 모르지만, 또한 대 환란의 시작 나팔이(요엘 2:1) 언제 불릴지 모르지만, 우리는 그 순간까지 최선을 다해야 하고 무엇보다 대 환란을 위한 준비부터 시작하지 아니하면 안 됩니다. 지금은 모두가 자다가 깰 때인 만큼(로마서 13:11, 마태복음 24:42~43) 정치나 경제계의 부정부패나 들추고 지적하는 것보다 더 시급한 것이 그리스도 교회들의 타락과 사치풍조를 지적하고 규탄할 때임을 결코 잊어서는 아니 됩니다.

그럼 여기저기서 말기적 현상이 나타나고 있는데 그리스도 교회적 말기 현상은 무엇이고 어떤 것들인지 이하에서 이를 상고해 보기로 하십시다.

1. 거짓 그리스도가 성행하고 날뛰게 됨

"저는 대적하는 자라 범사에 일컫는 하나님이나 숭배함을 받는 자 위에 뛰어나 자존하여 하나님 성전에 앉아 자기를 보여 하나님이라 하느니라"고(데살로니가 후서 2:4).

그리스도께서는 세상에 계실 때 마지막이 가까워오고 대환란의 시작 직전이 되면 그리스도의 교회당 안에 거짓 그리스도의 홍수사태가 나타난다고(마태복음 24:4~5, 데살로니가 후서 2:9~10, 다니엘 8:23상반절) 경고했습니다. 그리스도의 교회가 2000여 년 동안 내려오면서 20세기만큼 거짓 그리스도의 홍수 사태가 난 적은 없습니다. 지금은 그리스도의 교회가 들어가 있는 나라와 민족치고 거짓 그리스도들 때문에 시달림을 받지 아니하는 곳이 거의 없습니다.

한국에도 그리스도 교회가 들어온 지 이제 겨우 1세기가 좀 지났는데 "내가 재림 그리스도입니다" 하고 나선 자와 그와 유사성을 지닌 자의 출현이 줄잡아도 100여명 이상입니다. 이 얼마나 어처구니없는 괴기 현상입니까? 자기를 재림 그리스도화 하거나 자기를 창조주 하나님화(성부)하는 이도 있고(데살로니가 후서 2:4) 어떤 여자는 자기가 그리스도의 (어린양) 아내(천상아내)로서 먼저 보내어왔다 라는 이도 있고 어떤 이는 자기가 예수의 동생이다거나, 하늘에서 자기는 예수의 수제자이다, 자기는 두 감람나무 중에 하나이다, 자기는 어린종이다… 등등으로 내세우며 나타나는 자 그 수효만도 너무나 많아서 셈하기조차 거북하고 창피스러운 지경입니다.

성서적 말기 현상으로서 자칭 그리스도란 자가 세계 도처에 나타나서(마태복음 24:23~24, 26~27) 날뛰거든 마지막 때임을 알라고 경고했습니다. 이 얼마나 어처구니없는 현상입니까? 사실 적그리스도나 두 증인은(두 감람나무) 유대인 가운데서 나타납니다. 그리고 그리스도 역시 그러했습니다. 이방에서는 오직 주 예수를 믿어 구원을 얻으면 그만이고 구원의 반열에 들어가면 감사해야 할 것임에도 도체에서 거짓 그리스도와 거짓 선지자의 출현이 나타나는 것은 모름지기 이방인의 말기적 발악과 발광이지 기실은 아무것도 아닙니다.

이 땅 안에 나타난 각종 거짓 그리스도들 곧 재림 예수들을 보십시오. 경북의 기계를 고향으로 두었던 박X기와, 이북 지역과 만주지역을 휩쓸었던 황X규를 시발로 해서, 천년성 박모씨의 천부성 주장과 문모씨의 재림 예수 주장도 문제이지만 관악산에 나타난 어린종이나 계룡산에 나타난 한울님이란 양X천목사 등등은 아무리 생각해 보아도 심각한 이면을 보이고 있습니다. 또한 박X선장로와 나모씨의 두 감람나무 조작 출현사건도 심히 우려할 사건들입니다.

기독교회가 한국에 선교된 지 불과 130여년 정도인데 이 땅에 나타난 재림 예수 또는 그 유사한 자로 발병하고 날뛰는 고급 사기꾼들의 난동은 날이 갈수록 강폭해지고 사악해지는 것을 봅니다. 주 예수께서도 마지막 때가 되면 도처에 재림 예수가 나타난다는 것을 강조하시며(마태복음 24:23~24, 24:26~27) 무엇보다 그리스도인의 각성과 지식을 촉구한 적이 있습니다.

대 환란의 마지막 부분인 그리스도의 재림장에서 다루어져야할 것들은 일단 여기서는 넘어간다고 하지만 그리스도의 재림 현상은 그 어디보다도 가장 먼저 자기 땅(요한복음 1:11) 자기 백성이 사는 유대에 나타납니다. 이점을 이방에 사는 오늘의 우리는 바로 명심해야 됩니다. 그럼에도 이방 땅에 재림 예수가 쉬지 아니하고 나타나는 기현상은 모름지기 종교성의 희박과 속물근성의 샤머니즘에 기인된 때문입니다. 아무리해도 이방인적 속물근성과 샤머니즘에서 벗어나지를 못하는데 어찌 이런 일이 일어나지 아니할 것입니까?
　우리가 믿는 예수 그리스도는 그 어디도 아닌 오직 시온 곧 예루살렘 옆 시온 산에(감람산)오십니다(스가랴 14:4, 에스겔 11:23, 사도행전 1:10~12). 한국의 계룡산도 삼각산도 관악산도 기타 그 어디에 있는 어느 산 그 어느 곳도 아닙니다. 그러므로 이방인은 예수 재림의 김칫국부터 마시지는 맙시다.
　예수께서는(성서) 그리스도가 여기에 있다거나 저기에 있다고 해도(누가복음 17:23) 그곳을 찾아가거나 그런 이방적 망나니들을 따르지 말 것을 강조하고 있습니다. 마지막 때에는 다른 예수를 전파하는 것도 문제이지만(고린도 후서 11:4) 다른 복음을 전파하는 것도(고린도 후서 11:4하반절, 갈라디아서 1:6, 1:8~9) 문제이고 고상하고 지나치게 거룩한 나머지 천사를 숭배하는 것도(골로새서 2:18~19) 상당한 문제입니다.
　요즘 각종 기도원들이나 신령한 은사집회를 한다고 떠들고 소리치고 외치는 곳들, 이 사람 저 사람들을 오라고 마구 부르는 곳들, 그 곳에 신령하고 거룩한 자들이 있다고 외치는 곳들, 천국과 지옥을 가서 보고 왔다는 자가 자리를 틀고 앉은 곳들은 거의가 속이는 날파리들의 난장판대기들 입니다. 마지막 때의 신자는 이런 곳일수록 조심하고 주의하지 아니

하면 안 됩니다.
　성서를 보십시오.
　"불법의 비밀이 이미 활동하였으나 지금 막는 자가 있어 그 중에서 옮길 때까지 하리라"고(데살로니가 후서 2:7).

　성서를 보면 이런 무리들의 특징은
　① 남의 집에 가만히 들어가 어리석은 여자를 유린하고 속이며(디모데 후서 3:6~7).
　② 바른 교훈을 주지 아니하고(디모데 후서 4:3).
　③ 능력 표적 기적 등으로 속이며(데살로니가 후서 2:9~10).
　④ 영으로 속이고(데살로니가 후서 2:2, 고린도 후서 11:13~15).
　⑤ 각종 팜플렛으로 속이고(데살로니가 후서 2:2)
　⑥ 예수 재림설과 종말론을 가지고 속이고(데살로니가 후서 2:2).
　⑦ 자기를 재림 예수 또는 하나님이라 하여 속이고(데살로니가 후서 2:3~4).
　⑧ 신비 따위로(천사숭배) 속이고(골로새서 2:18~19).
　⑨ 자의적 숭배로 속이고(데살로니가 후서 2:31).
　⑩ 다른 복음으로 속이고(갈라디아서 1:6~7, 1:8~9).
　⑪ 공교히 만든 이야기를 좇게 하여 속이고(베드로 후서 1:16) 지은 말로 속이고(베드로 후서 2:3).
　⑫ 기타로 속입니다.

　　2. 그리스도의 교회당들이 거짓자들의 미혹과 **불법에**
　　　떨어짐.

　"그 때에 사람이 너희에게 말하되 보라 그리스도가 여기 있다 혹 저기 있다 하여도 믿지 말라 거짓 그리스도들과 거짓 선지자들이 일어나 큰 표적과 기사를 보이어 할 수만 있으면 택하신 자들도 미혹하게 하리라"고(마태복음 24:23~24).

성서에서 예수는
"불법이 성하므로 많은 사람의 사랑이 식어지리라"고(마태복음 24:12) 했습니다.

불법이 성하여 많은 사람의 사랑만 식어지는 것이 아닙니다. 하나같이 선이나 의보다 악을 좋아하고 날뛴다고도 합니다. 그래서 성서는

"거짓 선지자가 많이 일어나 많은 사람을 미혹하겠으며" (마태복음 24:11).

이 얼마나 가증스럽고 어처구니없는 현장 사건이겠습니까? 예수께서는 마지막 때가 되면 기독교회가 미혹과 불법에 떨어진다고 합니다. 특히 대 환란의 후반에 들어가면 "적그리스도"가 나타나는데(데살로니가 후서 2:9~10) 그는 이적으로 미혹하는 자이기에(계시록 13:13~14, 19:20) 그에 의해 넘어지는 것은 그 때로서는 도리가 없는 일이지만(계시록 13:14) 그것도 아니고 단순히 말기적 현상이 교회당 안에 나타날 때 넘어진다는 그것이 문제입니다.

그것뿐이 아니고 기독교회가 권위주의와 자본주의(물량주의)에 접목되거나 빠지기에 기독교의 지도자 된 자들이 일반인과 동일해져서 오고 가니(호세아 4:9, 이사야 24:2) 교회당의 안과 밖을 사치와 허영 따위로 꾸며지게(치장)하니 자연 그 여세를 몰아서 교역자도 내외를 꾸미고 가꾸어야 된다거나 교역자도 고급화, 사치화 되어야 한다며 야단법석을 떠는 경우를 봅니다.

그러다 보니 기존의 교회당들마다 사치로 단장을 하고 허영으로 안과 밖을 도배질해 놓으니 성서는
"저희가 양떼와 소떼를 끌고 여호와를 찾으려 갈지라도 만나지 못할 것은 이미 저희에게서 떠나셨음이라"고(호세아 5:6) 하는 예언이 적중하고 있는 듯합니다. 왠지 기독교회당 안이 사치와 허영으로, 고급화로 단장과 위장이 되고나니 기도의 장소가 되기보다 사치의 장소로 화하고, 회개하고 눈물을 흘리고 가슴 치는 장소가 아니라 기쁨과 웃음으로 하모니를 이루는 장소화 하니 자연 교회당마다 거짓자들의 미혹과 불법의 장소가 된다고 단언하지 아니할 수 없습니다. 기독교회에 대한 제반 문제는 반드시 기독교회에 대한 경고에서 새로이 다루어져야 할 것입니다.

3. 말세 교회당에는 멸망의 가증한 것들이 등장함

"이스라엘은 열매 맺는 무성한 포도나무라 그 열매가 많을수록 제단을 많게 하며 그 땅이 아름다울수록 주상을 아름답게 하도다. 저희가 두 마음을 품었으니 이제 죄를 받을 것이라 하나님이 그 제단을 쳐서 깨치시며 그 주상을 헐으시리라"고(호세아 10:1~2).

성서를 보십시오. 마지막 때의 교회당 안에
"멸망케 하는 미운 물건을 세울 것이며"라고 합니다(다니엘 11:31).
또한 성서는
"멸망의 가증한 것이 거룩한 곳에 선 것을 보거든, 읽는 자는 깨달을진저"라고(마태복음 24:15).

여기에 나타난 바 이 말의 참 뜻은 장차 예루살렘에 세워지는 제4성전에서 적그리스도가 자기의 신상을 세우게 될 것임을 의미하는 것입니다(다니엘 9:27, 계시록 13:14~15). 그럼에도 이것이 현세에서는 현실적으로 의미하는 바가 큽니다. 응당 대 환란의 후반에 지상의 교회들이 사라질 즈음에 (다니엘 8:11, 계시록 11:2, 15:8, 시편 74:3~8) 예루살렘 성전 안에 미운 물건이 세워지는 것은 당연하지만(다니엘 9:27중반절) 그것이 어느 날 갑자기 그렇게 되는 것은 아니란 것입니다.

우리가 유의할 것은 여기에 나타난 "거룩한 곳"이 바로 성전 또는 교회당의 강단 위를 말하는 것이냐 아니면 그리스도 교회의 핵심적 원리를 의미하는 것이냐 하는 것이 문제입니다. 폐일언하고 멸망의 가중한 것은 지금이나 장차에 반드시 나타나야 합니다. 그래야 여호와께서 예루살렘으로부터 시작해서 전 세계의 기독교를 시험하고(테스트) 저울로 달아 볼 것 아닙니까?(사무엘 상 2:3, 다니엘 5:27) 알곡과 가라지, 쭉정이를 구별하려면 우선 등장할 만한 모든 것은 일단 다 등장시켜야 하는 것 아닙니까?

그러나 이미 정한 때와(다니엘 8:17하반절) 정한 종말의 (다니엘 9:27하반절) 때가 오기 이전에도 말세 교회당에는 이미 대 환란의 후반기 곧 적그리스도 시대에 나타날 가증한 것의 새끼 족들이 쉴 사이 없이 나타나(데살로니가 후서 2:7 상반절) 작정된 기한까지는 이를 것임을(다니엘 11:35 하반절) 가르칩니다. 그것이 성서적입니다(다니엘 8:23상반절).

교회당적 현실을 보십시오. 이 말의 참된 의미를 스스로 나타내고 있지 아니하는 지를 말입니다. 다시 말해서 하나님의 종들도 아닌 자들이 시도 때도 없이 제단 위에 간증이니 뭐니 하면서 자주 올려 세워진다는 것은 결코 용서나 용납할 수 없는 사악한 일입니다(에스겔 44:7~8). 이런 경우는
"여호와께 수종드는 제사장은 슬퍼하도다"이고(요엘 1:9 하반절).
또한
"제사장들아 너희는 굵은 베로 동이고 슬피울찌어다…
이는 소제와 전제를 너희 하나님의 전에 드리지 못 함이로다"입니다(요엘 1:13).
이런 저주스럽고 고통스러운 환란의 날이 도래케 되고 맙니다. 왜냐 하니 기독교회가 "자기 아래 함정을 베푼" 꼴이 되었는데(오바댜 11:7하반절) 어찌 지각이 있다할(오바댜 1:7하반절) 것입니까? 여호와가 만국을 벌하실 날 행한 대로 받을 것인데(오바댜 1:15) 어찌 승산이 있을 것입니까?
요즘 도처에 이단자들 곧 거짓 선지자, 자칭 재림 예수, 또는 자기를 하나님 화(신격화)하는 자들이 마구잡이로 제단 위에 세워지는 것을 보지 않습니까? 심히 두려운 세태입니다.
제사장 외에는 제단에 세워져서는 아니 됨에도 너도 나도 앞 다투어 세워집니다. 그러다 보니 어처구니없게도 처녀 부활 사건이나 죽은 여인 부활 사건 따위 등은 입에 담기도 쑥스러운 일임에도 그런 자들이 마구잡이로 이 땅의 대표적 교회당이라고 자처하는 곳에 세워져서 간증까지 한 경우는 경천동지치 않을 수 없습니다. 웃시야 임금의 실례를 누구보다 잘 알면서도(성전을 더럽힌) 그것을 부러 잊고 있습니다(역대 하 26:16~19). 다윗은 여호와의 성전 건축을 위해 수없이 기도를 드려도 허락을 받지 못한 것을 알면서도(역대 상 28:2~3) 요즘 보면 경망스러워서 그런 것인지 "여호와는 그 성전에 계시는" 것을(하박국 2:20) 잊고서 질투의 불

에 삼키우려고(스바냐 1:18) 호들갑들 떠는 것을 보면 기가 차고 가관입니다. 세월이 그렇게 된 것인지 세파와 세대의 흐름이 그런지는 모르나 목회자들이 교회당의 안과 밖에서 경망스러워졌고 말을 함부로 하며 가장 지혜와 지식이 있는 척하나 실상은 성서의 지적마냥
"그 선지자들은 위인이 경솔하고 간사한 자요 그 제사장들은 성소를 더럽히고 율법을 범하였도다"고(스바냐 3:4).

그러니 뒤이어서 성서가
"제사장은 삯을 위하여 교훈하며 그 선지자는 돈을 위하여 점친다"고(미가 3:11).
하는 그 지적이 어쩌면 그렇게도 합리 합법적인지도 모를 일입니다. 현재의 세태를 보십시오. 교회당의 부흥은 인간에게 있는 것이 아님에도 불구하고 교회당의 목사라는 그에게, 그의 능력, 실력, 지식, 인격, 지혜, 구변, 능변, 수완, 은사, 은혜 따위에 교회당의 부흥이 달려 있는 것 마냥 날뛰니 큰일 아닙니까? 교회당의 부흥은 전적 성령에게 그 키가 있습니다. 그럼에도 개교회당을 부흥 시킨다는 미명 아래 현금당대에는 가수, 탤런트, 배우, 기타 등을 닥치는 대로 제단 위에 올려 세웁니다. 심지어는 우부우녀도 마구 세우고 작부와 탕부도 닥치는 대로 세웁니다. 어떤 경우는 깡패와 사기꾼들도 간증이니 뭐니 해서 세웁니다. 그러므로 목사(제사장)의 권위가 땅바닥 아래에 현실적으로 떨어져서 마구 뒹굴고 있습니다. 종종 교회당들의 근방을 지나다 보면 XXX집사, XXX목사, XXX권사를 초청하여 간증 집회를 한다며 호들갑과, 선전하는 포스터들을 봅니다. 이는 심히 어처구니없는 마귀 작동들입니다. 차라리 그럴 바에야 그 곳 교회당의 목회

자는 제사장(목사) 직분을 땅에다 내팽개치고 그만 두는 것이 현명한 적정선이 될 것입니다.

성서를 보십시오.

"대저 너희가 마음과 몸에 할례 받지 아니한 이방인을 데려오고 내 떡과 기름과 피를 드릴 때에 그들로 내 성소 안에 있게 하여 내 전을 더럽히므로 너희의 모든 가증한 일 외에 그들이 내 언약을 위반케 하는 것이 되었으며"라고(에스겔 44:7).

또한 성서는

"너희가 내 성물의 직분을 지키지 아니하고 내 성소에 사람을 두어 너희 직분을 대신 지키게 하였느니라"고(에스겔 44:8).

이 얼마나 이미 예언된 고상한 저주이며 찬란히 앙갚음 하시겠다는 여호와의 단호한 의지인가 입니다.

4. 기독교회(말기교회)가 신비주의화 함

"악한 자의 임함은 사단의 역사를 따라 모든 능력과 표적과 거짓 기적과 불의의 모든 속임으로 멸망하는 자들에게 임하리니 이는 저희가 진리의 사랑을 받지 아니하여 구원함을 얻지 못함이라"고(데살로니가 후서 2:9~10).

이 산과 저 산, 이 기도원과 저 기도원에서 신자를 오라고 바쁘게들 부릅니다. 그러다 보니 요즘 한국교회의 기도원들은 향락산업과 유사해져 버렸습니다. 그래서 요즘은 기도원도 하나의 사업 또는 산업이라 하여 사업식으로 기도원을 경영하는 자들을 종종 보고 그들을 기도하는 하나님의 사람이라 하는 것이 아니라 기도원 사업가라 칭합니다.

기도원을 수도 서울 근교에 하나 오픈해 보십시오. 수지

(타산)가 맞을 것입니다. 교회나 기도원 버스로 사람들을 싣고 오고 가니 버스비 받아서 좋고, 기도원에 들어가면 입소비를 모두에게 받으니 좋고, 식사를 하면 식대를 받으니 좋고 그곳 교회당에 나가서 기도를 드리니 감사금 받아 가로채니 좋고 병든 자는 그곳에서 병을 위한 안수 기도를 받으니 안수 받은 값을 똑똑히 지불하니 좋고 은혜와 성령을 받는다고 했으니 이래저래 감사금을 바치니 좋고…. 기도원에 오는 개인들뿐만 아니라 방만 몇 개 어느 단체에게 빌려주기만 해도 거의가 시내의 여관과 맞먹을 정도의 숙박료를 지불 받으니 좋고, 어떤 단체나 교회에서 각종 집회를 하기 위해 어느 것을 빌리면 빌리는 값을 지불 받으니 좋고…. 그러다 보니 어떤 곳은 기도원이 아니라 XX들의 소굴화 되는 것도 봅니다.

요즘 교계에는 하나님의 사람보다 거짓자들이 더 날뜁니다. 표적과 기사를 나타내고 보인다며 야단법석을 떠는 것들도 봅니다. 주로 은사집회를 한다며 오라고 손짓하는 곳을 보면 은사 집회가 아니라 속임수의 소굴화 하는 곳 등도 봅니다. 시시껄렁한 이야기와 어느 누가 돈을 얼마 교회당에 바쳤더니 물질의 축복을 받더라거나 누구는 집을 팔아서 어느 종에게 바쳤더니 잘 되더라 등등의 술수로 사람을 속이는 것을 보기도 합니다.

그러다 보니 현금당대 교회당의 신자는 대개가 말자 신자여서 그런지는 모르나 말씀, 진리, 정의, 의, 선보다 축복, 병 고침, 예언, 방언, 입신, 진동, 이적과 기사 귀신 제어 등에 보다 더 치우치고 비중을 더 두게 되었기에 아무리 보아도 도무지 말씀이 들어갈 구멍이 없습니다. 오늘의 교회당 안들을 보십시오. 안과 밖에 말씀이 들어갈 구멍이 어디 있는지를 말입니다.

신자들이 교회당에서 축복 사업 확장, 병 고침, 예언, 방언, 입신, 진동… 등을 요구하고 있으니 다른 영을 받게 되는 것은 당연지사이고(고린도 전서 11:4중반절, 데살로니가 후서 2:9~10) 그보다 더한 것도 능히 받을 수 있다는 것을 알립니다. 그래서 성서는 마지막 때에는 기독교회 안에서 점복(점)을 끊어버린다고 경고하고 있습니다(미가 3:6, 5:12).

　어디 그것뿐이 아니고 이런 신비파들은 대개가 기도원이나 어느 기도실을 정해두고 화요일이나 금요일, 토요일 오전이나 오후에 특별 은사집회를 한답시고 사람들을 오라고 부릅니다. 그런 경우에 살짝 가서 녹음을 하여 분석해 보십시오. 이것은 도무지 성서와 너무 동떨어진 것은 고사하고 기성의 점쟁이들의 점복을 뺨치고 있으며 굿인지 푸닥거리인지 전혀 분간이 안 됩니다.
　어떤 이는 자기가 환상을 보았다, 꿈을 꾸었다거나 여호와께서 자기에게 말씀했다며 떠벌리는 말들은 이미 계획된 완전 술수 책들인 만큼 이런 기독교적 점쟁이들은 하인을 막론하고 도저히 묵과해서도 안 되고 용납해서도 아니 될 자들입니다. 어떤 이는 자기가 입신해서 어디에(천국 : 지옥)갔다 왔다는 것을 하나의 주된 특기나 주 무기로 삼고 속이는가 하면 어떤 이는 자기의 손에, 입에, 몸에 성령께서 은사와 능력을 주었다며 안수나 안찰을 받으라고 떠들기도 합니다. 어떤 이는 제단에서 자기의 눈빛이 가는 자들에게 축복이 있고 온다며 소리(공갈)칩니다.
　어찌되었건 간에 한국의 기독교회가 정상이 되려면 도처에 산재한 각종 금식기도원이니 기도원이니 하는 것들이 일대 개혁이 오거나 어떤 것들은 사라져 버려야 하고 도처에 산재한 예언이니 신유니 은사집회니 뭐니 하는 그런 몰상식꾼들의 아지트들도 기필코 사라져야 합니다. 이런 것은 대개가 말세 교회당의 탈 현상으로서 신자들에게 하나의 유익을 주면 9가지의 무익과 타락과 부정과 탈선과 어리석음을 가져다주는 몰 집단들 입니다. 예수와 바울 베드로는 어느 기존의 기도원에 가서 기도를 하거나 그곳에서 성령을 받은 적이 없습니다. 갈릴리의 어느 골방이나 베다니와 예루살렘의 어느 구석진 곳을 은사나 신유처로 정하고 사람들에게 오라고 부르신 적이 없습니다. 이점을 예의 분석 연구해 보아야 합니다.

5. 광야 예수, 골방 예수

"그러면 사람들이 너희에게 말하되 보라 그리스도가 광야에 있다 하여도 나가지 말고 보라 골방에 있다 하여도 믿지 말라"고(마태복음 24:26).

산이나 들, 특히 금식 기도원이니 수양관과 수도원이니 하는 곳에 가 보면 전국의 종교적 X파리들이 다 모여와서 시끄럽고 요란합니다. 어떤 곳에는 그곳에서 자기의 유익을 채우기 위해 전도사니 권사니 장로니 목사니 하는 명함을 가지고 수 없이 몰려오는 자들이 있는가 하면… 이런 자들은 아무것도 모르고 오는 우부우녀에게 접근해서 인기작전이나 최면술을 걸어, 어디에 있는 누구누구를 찾아가 보면 소원이 성취된다거나 아니면 병을 잘 고친다. 어디에 있는 누구는 입신을, 방언을, 예언을 누구보다 더 잘하게 한다. 또는 시킨다고 속이는가 하면 어떤 경우에는 자기가 바로 어디에 있는 누구인데 자기에게 오면 소원이 성취되고 삼박자 축복을(요한 3

서 2절)받는다 라며 감언이설로 속삭이고 미사여구로 상대방의 마음을 산양해 가는 마귀 새끼들이 도처에 독버섯처럼 도사리고 있음을 결코 잊어선 아니 됩니다.

도처의 기도원에는 자기가 어디에 있는 교회의 목사 또는 전도사라는 명함을 가지고 올라와서는 어느 으슥한 방을 차지하고 안수나 안찰을 받으라거나 자기는 투시의 영을 받았고(고린도 전서 2:10~15) 통달의 영을 받았기에(고린도 전서 2:10~11) 통달한다며 속이는 무리가 있어 신자의 마음도 몸도 심지어 물질까지 빼앗아 가는 종교적 모리배와 사기배가 있음을 잊지 말아야 됩니다.

지금의 상태에서 한국의 기독교인은 기도원이니 금식 기도원등지에 도사리고 있는 현대판 사기 예수를 조심해야 합니다. 이들은 성경구절 몇 조각 외우고는 그것을 가지고 다니며 신령한 사기를 칩니다. 이런 자들은 산이나 들, 수도원, 수양관 등지에 기도하러 오는 신자들에게도 접근합니다. 이것이 말기적 조짐입니다. 고로 신자는 현대판 가룟 유다를 조심해야 합니다. 이들은 당신의 몸도 마음도 재산도 송두리째 앗아가려 합니다. 요즘의 기도원들의 몰상식을 보십시오. 기도하러 온 무리 중에 누가 병을 고치면 그것을 과대 망상 증적으로 확대 소개하고 광고(PR)를 합니다만 그와는 반대로 그곳에 와서 정신이상이 되거나 병들거나 하면 아무도 모르게 하산을 시키고 입을 다물어 버립니다. 그리고 기도하려 온 자가 행여나 죽기라도 하면 그것을 누가 알까싶어서 쉬쉬하는 비겁성도 종종 봅니다. 그러면서 그것에 대한 책임을 도무지 지려하지 아니합니다. 이 얼마나 야박 야비하고 비정하며, 더럽고 치사스러운 작태입니까?

또한 기도원의 어느 구석진 곳에 움이나 기도실을 차려놓고(될 수 있으면 외진 곳에) 그 곳에다 방석을 깔고 앉아 있는 목회자나 평신도를 대단히 조심해야 합니다. 이런 자들은 십중팔구 속이는 사기자들 입니다. 그리고 금욕주의와 고행주의를 심히 조심해야 하고 자기는 40일 또는 30일 금식을 몇 번 했다고 떠드는 소인배를 철저히 조심해야 하고 말이나 행동으로 자기는 입신 또는 비몽사몽간에 천국과 지옥을 가서 보고 왔다거나 자기는 예수를 만나고 왔다라는 인간쓰레기들을 완벽하게 조심해야 합니다. 이런 자들은 종교적 쓰레기로서 쓰레기통 속에나 들어가야 할 자들임에도 때가 때인 만큼 나타나서 시끄러움과 소란을 피우는 꼴사나운 것임을 명심해야 합니다.

또한 금식 기도원이나 일반 기도원이나 간에 기도원에서 안수나 안찰한다는 자들을 주의하십시오. 될 수만 있다면 안수나 안찰을 삼가 하십시오.

성서는

"아무에게나 경솔히 안수하지 말고"(디모데 전서 5:22상반절).

합니다. 안수는 아무에게나 해선 안 되지만 이 말을 바꾸어 놓고 보면

"안수는 아무에게나 경솔히 받지 말라"는 말이 됩니다. 솔직히 말해서 기도원에서 일하는 자이거나 기도원의 원목이나 원장이거나 간에 또 외진 곳, 구석진 곳에 자리를 틀고 앉아 있거나 하는 자 모두를 조심해야 합니다. 이들 중에 절대 다수는 당신을 속이고 사로잡을 만한 사이비적 능력이 있습니다. 기압술로, 최면술로, 찰력술로 속일 수도 있습니다. 그것이 안 되면 감언이설로(구설)(베드로 후서 1:16, 디모데 후서 4:4) 간증 따위로 속입니다. 그래도 아니 되면 정령술을

이용할지도 모르고 그것도 안 되면 치사한 공갈 협박을 하고 두려움과 흉한 것으로 위협할지도 모릅니다(데살로니가 후서 2:2). 그래도 아니 되면 약물 흡취술을 사용하거나 아니면 전기에 의한 감전술 따위로 당신을 넘어지게 만들고 깜짝하는 사이 정신을 잃게 할 수도 있습니다. 저들의 손과 몸에는 약물 장치가 달려있거나 전기감전 장치가 되어있는 무리도 상당수입니다.

그러므로 광야나 골방, 기도원 등의 예수꾼들을 철저히 조심해야 되는데 이것이 바로 말기적 현상이니 어찌합니까? 문제해결의 키는 기도원이나 금식기도원 그리고 안수나 안찰하는 곳에 가지(참석)를 아니하면 그만 아닙니까? 엄연히 그리스도의 몸 된 교회가 바로 옆에 있는데 말입니다. 이는 분명 교회와 목회자와 신자들의 각성을 요구하는 것입니다.

6. 그리스도교의 권위와 목회자의 권위가 말기에는 떨어짐

"여호와께서 말씀하시되 선지자와 제사장이 다 사특한지라 내가 내 집에서도 그들의 악을 발견하였노라"고(예레미야 23:11).

성서를 보십시오. 그러므로
"저희가 제사장들을 높이지 아니하였으며 장로들을 대접치 아니 하였음이로다"고(예레미야 애가 4:16하반절).
그리스도의 교회가 생긴 이래 오늘날만큼 그 권위가 떨어지고 땅에 짓밟힌 적은 그 유래조차 찾을 수 없고 그 전례가 전혀 없는 일입니다. 목회자 역시 예외는 아닙니다. 요즘은 지도자의 권위가 추락되고 땅에 떨어져 발밑에 깔리다 보니 말의 권위는 고사하고 모든 권위가 하나의 형식이 되어 버렸습니다(마태복음 24:29, 호세아 4:9).

하늘의 해와 달, 별들이 떨어지고 어두워지듯이 그리고 빛이 상실 당하듯(마태복음 24:29) 그리스도교의 권위가 땅에 떨어지고 품위마저 이미 찾아 볼 수가 없게 되어 버렸습니다. 여기에 준하여 목회자의 권위도 마찬가지 입니다. 교회당들이나 목회자가 기존의 유행을 따라 오고 갑니다. 교회당 건축 구조나 안과 밖의 사치는 이미 극에 달하고 최첨단 화 하려는데 품위와 권위 따위를 따져서 무엇을 할 것입니까? 목회자가 교회당을 팔아먹고 도주를 하고 권총으로 사람을 죽이고, 한밤중에 목회자가 술에 만취된 채 차를 몰고 가다가 사람을 치고 뺑소니를 치다가 잡혀서 철창신세를 지는 판국이니 말입니다.

어떤 장소에서든 간에 목사와 장로, 전도사나 권사를 만나도 도무지 목회자 멋과 맛도 잘 나지 아니하고 신자 된 멋과 맛은 고사하고 냄새마저도 나지 아니하는데 어디에 가서 누구를 전도할 것입니까? 신자는 육신은 나이에 의해 후패해지나(고린도 후서 4:16) 그리스도의 냄새는 나야 합니다.

성서를 보십시오.

"우리는 구원 얻는 자들에게나 망하는 자들에게나 하나님 앞에서 그리스도의 향기니"라고(고린도 후서 2:15).

또한 그리스도인은 그리스도를 아는 냄새가 나야 하고(고린도 후서 2:14) 생명에 이르는 냄새가 나야(고린도 후서 2:16) 이 땅 위에서의 제반 공력이 불타지 않게 됩니다(고린도 전서 3:13~14).

현실적으로 선지자가 어리석으니(호세아 9:7중반절) 목회가 직업화 되었고 교회당이 직장화 된 판국인데 목회자의 권위가 실축된 것은 고사하고 도무지 살아나거나 보이지 아니하는 것은 정한 이치 아닙니까? 매년 연말과 연초가 되면 교회당마다 목회자의 보수 문제로 시끄럽고 요란한 것을 봅니다. 고로 점차 현대인들 가운데 교회당 안에서 밖으로 고개를 돌리려는 경향이 늘어나는 현상의 추세도 봅니다. 이런 판국에서는 성서의 예언이 적중될 것입니다. 성서에 보면 목회가 직업화 되고 교회당이 직업화 되면 자연
"선지자는 그 모든 행위에 새잡는 자의 그물 같고"(호세아 9:8중반절).
이런 현상이 나타나게 된다고 경고합니다. 의미 있는 선언입니다.

현금당대는 대 환란의 때가 심히 가까운 때임으로 종교적 질서가 뒤죽박죽이고 윤리와 도덕이 완전 난장판입니다. 목회자의 시선도 그러다 보니 돈 많은 자와 잘난 자, 매력이 있는 자에게 은근히 쏠리고 있는 세태입니다. 교회당 안에서마저 가진 자들이 큰 소리를 칩니다. 가진 자의 목소리가 점점 높아집니다. 잘 먹는 자와 잘 입는 자의 태도가 점차 화려화와 요사스러워지고 심히 뻔뻔스러워 집니다. 그러므로 없는 자와 못가진 자는 더욱 더 빼앗기고 기가 죽고 사족이 흐느적거리고 천국보다는 차라리 지옥을 선택해야 할까에서 혼돈 하는 세태입니다.

일반 교인들의 눈과 입에서 교회당이나 성당, 절간, 성균관, 천리교당이 동일하지 아니하냐 라는 소리가 점차 들려나오기 시작했고, 목사와 중과 신부가 동일한 것 아니냐 하는 소리가 톤을 높입니다. 그럼에도 어느 누구로부터도 여기에 대한 일언반구가 없습니다. 상호가 다르면 다르다는 원리를

제시치 못합니다. 다르다면 왜 다른지 그 소리(정의와 목적)가 나와야 하는 것이 원리와 이치 아닙니까?
　기존의 교회당들이 물질만능주의에로 넘어가고 배금주의에 빠지고 기독교회가 자본주의적 교회화 하니 보기로는 교회당이 커지고(외적) 허영과 사치화 되니 좋을지 모르나… 이와는 반대로 타락과 사악이 그 곳을 마구 넘나드니 그것이 심히 나쁩니다. 그러다 보니 지성인들이 기독교회당으로부터 심신이 떠나가는 어처구니없는 말로 현상이 기존 교회당의 안과 밖을 밭갈이 하듯 하려하고 있지 않습니까?

7. 말기 기독교회에 이질화 현상이 나타남

　"너희가 하나님의 성전인 것과 하나님의 성령이 너희 안에 거하시는 것을 알지 못하느뇨. 누구든지 하나님의 성전을 더럽히면 하나님이 그 사람을 멸하시리라"고(고린도 전서 3:16~17 상반절).

　성서에 보면 마지막 때가 되면 반드시 마지막 말기 현상이 기독교회 전체에서 나타난다고 경고하고 있습니다.
　특별히 예수께서는 그리스도의 재림과 대 환란 바로 직전에는 반드시 이질화 현상이 교회의 구석구석에 나타나지만, 그보다도 전 세계인의 눈에 아하— 지금은 그리스도의 재림이 정말로 가까이 다가왔구나 하는 현상을 모든 이의 눈에 보이게 한다고 강조했습니다.

　그럼 그것은 과연 무엇에 의해서 입니까?
　① 첫째로 무화과나무 곧 유대나라의 독립(회복) 현상입니

다(마태복음 24:32~33).
　② 다른 하나는 그리스도교의 복음이 온 세계에 전파되는 바로 그것입니다(마태복음 24:14).

　분명 위의 이 두 가지 현상이 나타나거든 성서는 우리에게 옷깃을 여미고 세례 요한마냥 오시는 메시야를 맞기 위해 광야로는 나가지 못할망정(누가복음 1:80, 마태복음 3:1~5) 정신을 차리라고(베드로 전서 4:7) 경고했습니다.
　이미 유대는 반여 세기 가까이 전에 독립이 되었고 그리스도교의 복음도 온 세상에 전파된 것은 수십 년이 지났습니다. 그럼에도 불구하고 그리스도의 재림도 대 환란도 시작이 안 된 시점에 우리 모두는 고스란히 끼여 있습니다. 흔히들 말하기를 유대가 독립이 되면 그리스도가 오신다고 했는데 왜 반여 세기 가까이 지나는데도 오시지 아니하느냐고 반문을 합니다. 솔직히 뼈대 있는 질문입니다.
　그럼에도 이보다 더 안타까운 것은 이제까지는 그리스도교에서 사실 유대가 독립만 되면 그리스도의 재림이 있다고 외쳤는데 막상 유대의 독립이 반여 세기 전에 이루어지고 보니 그리스도교의 사정과 현실과 사상의 패턴이 완전 달라지고 바뀌고 있다는 그것이 문제를 보다 더 복잡하게 만들고 있습니다.
　현금당대 그리스도교에서는 그리스도가 유대의 독립이 되면 다시 오신다는 말을 거의가 사용치 아니합니다. 유대가 독립이 되면 그리스도가 오신다는 말은 바로 현실적인 의미에서 지금의 때를 두고 하는 말인 만큼 자연 이 말을 끄집어 내지 아니하는 것은 도리가 없을 듯합니다. 그러다 보니 작금의 그리스도교에서는 자연 인자가 가까이 오고 있다는 것에 대하여는 지나치리만큼 무관심이고 전연 그런 의미 마저 느끼지 못하고 있습니다(마태복음 24:33). 이미 기존 그리스도의 교회들이 성서의 가르침과 강조를 잊어버리고 망각한 (마태복음 24:35) 상태에 놓여 있기에 지금의 기독교회당에서 그리스도의 재림이 있다고 떠드는 것은 그렇게 큰 의미를 모두에게 제공하지 못하는 꼴이 되고 있으며 현금당대 그리스도교의 최대 이벤트도 전혀 되지 못하는 것 마냥 되어 버렸으니 기독교적(성서적) 의미에서 심각한 우려를 솔직히 낳고 있습니다.

현금당대 교회들이나 목회자, 교인 모두가 삼박자 하모니가 되어 도무지 그리스도의 재림과 인류의 대 징벌과 심판 따위에는 관심이 전혀 없고 완전 잊어버린 상태에서 휘황찬란한 자본주의 구조의 현기증에서 벗어나지 못하고 있음을 봅니다. 지금의 상태에서 그리스도가 불원간 오십니다라고 전달하면 그 소리는 바울 때에도 한 소리라면서 외적 상태는 함구하고 눈을 감지만 속으로는 "그리스도가 왜 또 오셔야 하느냐"며 못마땅한 태도를 취합니다. 한번 오셔서 십자가를 지시고 우리의 죄를 위해 피를 흘렸으면 그만이지 왜 또 오셔야 하느냐 하는 투입니다. 다시 말해서 이는 그리스도가 다시 오시는 것이 못마땅하다는 산 증거입니다. 이런 태도는 개인만이 아니고 교회들(단체)도, 목회자들도 공통적으로 취하는 바입니다.

신자나 불신자를 막론하고 오늘의 최대 관심사는 누가 무엇이라 해도 어떻게 하면 교회들이나 개인이 동산과 부동산을 좀 더 많이 가지느냐 하는 것과 어떻게 하면 예배당 하나 크게 짓고 고급 아파트와 고급 승용차를 구입해서 타고 다니면서 자기를 과시하고 살아보느냐 하는 그것입니다. 그러니 어디를 가서 누구를 만나도 이 소리뿐이지 그리스도가 언제 어디에 어떻게 다시 오느냐 하는 소리는 교인들 입에서 거의가 나오지 아니하는 것을 봅니다.

솔직히 말해 서울 여의도의 모씨는 보니깐 자기가 교회의 목사란 것을 망각했는지 어디를 갈 때 외제 고급승용차를 타고 다니는데 더욱 가관인 것은 그의 앞과 뒤를 호위하는 고급 승용차와 그 안에 탄 일급 호위병과 경호원의 수효 등인데 아무리 보아도 기가 찰 지경입니다. 큰 교회당의 목사란 것을 기화로 해서 자기가 탄 고급 승용차는 고사하고 앞차와 뒤차에 비서와 호위병 또는 경호원들까지 대동하고(거느리고) 다님에도 양심의 가책이 없는데 살아서의 오리겐과 죽은 후의 오리겐이 한국 기독교에도 불원 나오지 아니한다는 보장이 없는 것 아닙니까? 목회자가 이 판국인데 일반 신자가 사치하는 것 정도야 별것입니까? 그것이 무슨 죄악이라도 된다는 말입니까? 일반 신자들의 입에서

"예수가 왜 또 오십니까?"

하는 소리가 나오는 것 정도야 보통으로 보아야 되는 것이 적정선이고 정상적 수준이 될 것 아닙니까?

예수 그리스도의 오실 날이 임박했다고 외치는 목사가 한국의 현 실정에서 외제 고급 승용차를 타고 앞과 뒤에 국산 고급 승용차 호위시키고 비서와 경호원을 10여명 가까이씩 대동하고 다녀야 한다는 말입니까? 불원 이런 소갈머리 없는 목회자를 교회의 살아있는 사가들은 "도덕적으로 타락하고 한국 교회를 더럽힌 이단자"로 규정치 않을 것입니까? 이런 목회자를 위해서도 하루 빨리 대 환란과 그리스도의 재림이 있어야 합니다. 그래야 이런 자들이 그리스도 앞에서 가짜였는지 진짜였는지 만천하에 공개되어야 하니 말입니다. 지금의 한국교회 입장에서 더 어처구니없는 것은 기독교 사학자들과 한국교회가 이런 목사의 공작새 작태를 보고도 함구하

는 그것입니다. 입이 없어 함구하는지, 손이 없어 글을 못 쓰는지, 눈이 없어 못 보는지, 귀가 없어 듣지를 못하는지 궁금할 뿐입니다.

그리스도의 교회들이 폐일언하고 이렇게 타락이 되고 불법이 그 안에 성하고 윤리와 도덕적인 타락이 난무하는데 지금의 상태에서 예수 그리스도가 다시 오신다 라는 말이 고상한 현대판 미사여구로 들리거나 기독교적 기만과 술책이라고 세인은 평가를 잘 하지) 아니할지 의문입니다. 모두에게 참으로 부끄러운 몰골을 보이는 것 같아서 쥐구멍이라도 있으면 들어갈 참입니다. 누가 누구를 위해 예수를 믿고 누구를 위해 헌금과 감사를 드리며 누구를 위해 교회당에 나가서 자리를 채워주고 머리 수효를 셈 당하는데 일익을 제공한단 말입니까? 부끄러운 몰골 노출일 뿐입니다.

8. 말기 기독교회는 그리스도의 재림 때를 잊어버림

"모이기를 폐하는 어떤 사람들의 습관과 같이 하지 말고 오직 권하여 그 날이 가까움을 볼수록 더욱 그리하자"라고 (히브리서 11:25).

말세론 강론에서 예수는
"그러나 그 날과 그 때는 아무도 모르나니 하늘의 천사들도 아들도 모르고 오직 아버지만 아시느니라."고 하셨습니다 (마태복음 24:36).

그래서 그런지 현금당대 그리스도 교회는 그리스도 재림의 날을 잊어 버렸습니다. 그리스도의 재림 그 날만 잊어버린 것이 아니고 재림 그 자체를 송두리째 잊어버리고 망각한 상태에서 마구 떠내려가고(히브리서 2:1) 있을 뿐입니다.

그리스도는 분명히 강조했습니다. "인자가 가까이 곧 문 앞에 이른 줄 알라"고 말입니다(마태복음 24:33하반절). 그럼에도 현금당대의 교회들과 목회자들과 교인들이 그리스도의 재림도, 재림의 날도 잊어버렸고 그리스도의 재림이 있기 전에 지상에 나타날 각종 징조와 징벌들도 고스란히 잊어 버렸습니다. 그리스도의 재림 시기를 잊어버렸으니 누구도 그리스도의 재림을 이야기 하려하지 아니하고 꺼리는 가운데 축복, 성령 충만, 각종 은사, 병 고침, 예언, 방언, 입신, 진동, 건강, 출세, 성공… 따위만을 이야기하려 합니다. 어찌 보면 마음 편하고 가장 인간적이며 가장 아름답고 귀한 유토피아적 행동이라 해야 할지도 모릅니다.

그래서 성서도 마지막 때 지상 교회당의 현상이 교회당에 다니는 자는 많아지나 믿음이 없는 세대가 되고(누가복음 18:8하반절) 노아의 때와 같아져서(누가복음 17:39) 그리스도의 재림 따위는 관심이 없는 세태가 된다고 경고하고 있습니다. 그리스도의 재림에 대한 관심이 모두의 신앙과 인격과 뇌리에서 떠나가는데 어찌합니까? 무엇으로 이를 막습니까?

그러면 마지막 때에 왜 그리스도의 재림을 모두가 잊거나 그 시기를 잊어버린 태평한 세대가 나타나야 합니까? 이것은 분명 파괴요 죽음이요 전 인류의 멸망이며 믿는 자들에 대한 하나님의 단호한 대 징벌임에도 여기에 개의치 아니하고 막무가내며 전진하는 이유는 무엇이고 어디에 있는 것입니까?

그것은
① 마지막 때에는 각기 자기들의 교회당 하나 건축하는데 심혈을 기울이느라고 골몰무가가 되어 그리스도의 재림 시기

를 잊고 있습니다. 한국만이 아니고 세계의 기독교회들을 보십시오. 모두가 교회당 적은 것은 헐어버리고 크게 짖느라고 골몰무가이고 야단법석들입니다. 적은 것은 크게, 비좁은 것은 넓게 하느라 혈안이고 이를 위한 자금마련에 골몰무가인데 언제, 어떻게, 누가 한가한 시간을 내서 그리스도의 재림을 준비하면서 오실 그 날만을 기다릴 것입니까?

② 목사나 장로, 권사나 집사 모두가 돈을 벌고 큰 집을 가지고 고급 아파트에서 고급 승용차를 타고 다니기 위해 혈안이 되어져 있는데 그것이 그 사람의 인격과 지식 그리고 그리스도교적 현금당대 신앙과 능력 평가인데 이를 현실에서 거부와 외면을 하고 어찌 그리스도의 재림 시기를 생각이나 할 수 있느냐는 반문입니다.

③ 큰 교회당의 목사와 장로, 교인들이 오시는 그리스도를 맞을 준비를 아니 하는데 적은 교회들이 앞장서서 나간다 해도 누구하나 인정해 주지 아니할 판국인데 가만히 있는 것이 보다 더 편하다는 식과 투입니다. 사실 일리가 없는 것은 아닙니다. 큰 교회의 목사와 장로는 은혜와 능력이 있고 하나님이 도와주어서 크고 부하게 되었는데 그럼에도 그들이 재림을 준비치 아니하는 판에 적고 힘없는 자들의 외침에 어느 누가 귀를 기우릴 것인가? 이것입니다.

④ 돌아가는 세상 기류와 세파가 돈과 권세와 힘이 제일이고 황금만능주의인데 특히 한국과 같은 나라는 풍조가 야박하게도 과소비인데 어찌 뒤져서 가만히 있거나 아니면 시대에 뒤지고 세대 격차가 나게 예수 그리스도가 곧 재림한다라는 그것만을 고집하고 외치면서 가만히 뒷전에 밀려나 있을 수가 있느냐 입니다. 시대감각과 세대적 현실 사조(서류)에 어울려 오고 가면서 놀기도 바쁜데, 어떻게 그리스도 한

분 재림의 그 날을 생각할 수가 있느냐는 주장입니다. 경우에 따라 한 집 안에서 사는 아내와 남편 부모와 자녀의 생일날도 때로는 잊고 사는데… 하면서 반문하는 경우를 봅니다.

⑤ 교회당에서 제직회, 당회, 교사회, 구역장회, 찬양대… 하면서 교회당 주변의 고급식당이나 뷔페식당에서 만나 대화를 나누기도 심히 어려운데, 또한 일 년에 수차례씩 이렇게 저렇게 모여 수련회를 가고 수양회를 다녀오고… 기도원을 가고 오기도 심히 바쁜데 어떻게 그리스도의 재림에 대한 날짜까지 생각을 하느냐며 복잡한 것은 생각지 아니하고 현실만 생각하려 합니다. 그러다보니 현실주의자로 전락하는 경향을 보고 있습니다.

우리들 주위를 아무리 둘러보아도 현금당대는 그리스도를 잊어버리고 사는 세대입니다. 어디를 가도 그리스도가 도무지 보이지 않습니다. 모두가 그리스도마저도 잊고들 사는데 그리스도의 재림 시기를 잊어버리는 것은 대수롭지 아니할 정도입니다. 성서는 이미 그리스도의 재림의 때임을 지적하나 대개가 마이동풍이고 예수 그리스도께서 다시 오거나 말거나 그것이 나와 무슨 상관이 있느냐는 배타적 때입니다. 그러면서 고상한 말로 대답하기를 "그리스도의 재림은 교회당적 재림주의자들이나 실컷 기다리십시오. 우리는 현실대로 살다가 죽으렵니다."면서 주변에 고상한 바리게이트를 치고 그 안에 상주하려 합니다.

거두절미하고 지금의 상태에서 당신은 기독교 신자입니까? 그렇다면 당신이 어느 교회당의 교인이든지간 당신의 교회당으로 지금 달려가 보십시오. 당신의 교회당 안에는 그리스도의 재림을 현실적으로 기다리거나 맞을 준비에 박차를 가하고 있는지 그리스도의 재림을 맞이할 멋과 맛 그리고 신명들이 나고 있는지를. 그리고 당신네 교회당의 목사나 장로, 집사, 교인들은 재림의 그리스도를 맞을 채비에 이미 돌입해 있는지 아니면 전혀 하지 아니하는지? 여기서 지금의 당신은 사느냐 죽느냐의 기로에 서있음을 명심하시기 바랍니다.

성서를 보십시오.

"제사장은 삯을 위하여 교훈하며 그 선지자는 돈을 위하여 점치면서 오히려 여호와를 의뢰하여 이르기를 여호와께서 우리 중에 계시지 아니하냐 재앙이 우리에게 임하지 아니하리라 하는 도다"고(미가 3:11).

또한 성서는

"그들이 내 백성을 유혹하여 평강이 없으나 평강이 있다 함이라 혹이 담을 쌓을 때에 그들이 회칠을 하는도다"고(에스겔 13:10).

9. 현세는 홍수전 노아의 때와 같음

"여호와께서 사람의 죄악이 세상에 관영함과 그 마음의 생각의 모든 계획이 항상 악할 뿐임을 보시고"(창세기 6:5).

성서를 보십시오. 홍수전 노아의 때에는 4가지 발악 현상이 온 세계를 덮었습니다(마태복음 24:37~39).
① 먹고(마태복음 24:38).
② 마시고(마태복음 24:38).
③ 장가들고(마태복음 24:38).
④ 시집가고(마태복음 24:38).

이 얼마나 어처구니없는 발악 증세와 발광 현상입니까? 솔직하게 말해서 바로 이것이 노아의 방주가 구성되기 이전의 세상사 그대로 입니다. 문자 그대로 난장판이요 개판입니다. 아무리 보아도 심판을 받아야 마땅할 독사새끼들의 망조이며 죽음과 파괴와 심판 밖에는 더 이상 기다리거나 바랄 것이 전혀 없는 세대였습니다. 볼 것도 없고 기대할 것도 없고 만지거나 찾거나 소망할 것이 전혀 없습니다. 누구를 의지하거나 용서할 것도 없습니다. 그러므로 물의 심판은 선과 정의적이고 정당한 것이었습니다.

노아의 홍수 때(창세기 6장~7장) 여호와 하나님은 인류 가운데 8명을 제외하고는 모두를 죽이셨는데 그것은 가장 정당한 대가를 이 땅 위에다 지불해준 것이었습니다. 이성 없는 돼지새끼들 마냥 먹자주의 판이나 벌이고 붕어새끼들 마냥 마시자주의가 판을 치고 장가와 시집에 게걸병든 자들 마냥 날뛰니 세상이 온통 뒤죽박죽인 만큼 그런 세상과 세대와 인간을 죽이고 없애는 것이 창조의 원리요 원래적인 이치(정의)가 아니고 무엇입니까? 이런 인간을 이 세상에 더 살려본들 과연 여호와 하나님에게 유익이 무엇이며 그들 역시 이 세상에서 어떤 유익을 찾을 것입니까?

현실을 주시(직시)해 보십시오. 세상이 온통 노아의 때는 저리가라이고 완전 뒷전입니다. 오늘의 서울 장안 특히 명동이나 충무로, 강남의 영동지역을 옛날 노아 할아버지께서 오셔서 보시면 아마도 잘은 모르지만 아연실색과 기절해 버릴 것입니다. 그러면서 물이나 불의 심판을 받지 않고 여태껏 지속된 것을 보고 의아해 할 것입니다. 왜냐 하니 여호와께서 이들을 아직까지 그냥 두었느냐 해서 또 이런 인간쓰레기들은 고라와 다단마냥(민수기 16:27~35) 땅이 갈라지게 해서 모조리 죽여서 처넣어 버리거나 아니면 소돔과 고모라 성 사람들 마냥 사해 속에 처넣어 죽이지 아니하시고(창세기

19:23~28) 그냥 두었느냐며 말입니다.

　분명한 것은 잠시 잠깐 후면 오실 이가 오실 것인데(히브리서 10:37) 자기 생명을 사랑하고 좋은 날 보기를 원하는 신자는(베드로 전서 3:10, 시편 34:12) 무엇보다 쉬지 않고 기도하는(데살로니가 전서 5:17) 생활과 선한 양심을 가져야 삽니다(베드로 전서 3:16상반절). 여호와께서는 소돔과 고모라 성을 멸망시킬 때 보시던 그 눈으로 악행 하는 자들을 보시고 계신다는 것을 잊어선 아니 되기에(베드로 전서 3:12하반절), 어처구니없이 뒤로 물러가 침륜에 빠지는(히브리서 10:39상반절) 어리석음을 노출 시키거나 보이는 구경거리 인간이 되어서는 아니 됩니다(히브리서 10:33). 자기 생명과 온 가족의 생명을 구하고 살아난 노아와 그 가정 식구들을 보십시오. 8식구가 일편단심으로 살아나야(살아남아야)한다는 일념 아래 오직 방주 그 하나를 짓는데 자그마치 40~60여년을 바쳤으니 이 얼마나 놀라운 일입니까? 특히 우리를 놀라게 하는 대목은 이 기나긴 기간 안에 노아의 세 며느리는 임신을 했다거나 유산 또는 자녀를 낳았다는 기술이 전혀 없다는 것입니다. 그래서 8식구만 방주에 들어갔습니다. 이는 무엇을 의미합니까? 이들은 살아남기 위해 인간적인 모든 정욕을 완전히 초월했고 남녀의 성마저도 완전 포기했음을 보이고 나타냄입니다. 이들의 신앙은 여호와의 심판 와중에서 살아남는 것이 우선이지 남녀의 성욕이 우선이거나 먼저가 아니란 것을 알았기에 사는 그 길을 먼저 선택한 모델케이스들 입니다.

　노아와 그 가정의 8식구는 현금당대 기독교인들에게 하나의 보이는 귀감이고 모범입니다. 노인들은 노아와 그 아내의 신앙과 같아야 대 환란이 와도 살아난다는 것이고 노아의 세

아들과 세 며느리 곧 젊은이들은 이들과 같아야 대 환란 때에 살아남을 수 있다는 주문입니다. 그래야

① 자기의 어린 자녀를 잡아먹는 폐단을 저지르지 아니하고 벗어날 수가 있게 되고,

② 자기의 어린 자녀를 다른 이에게 주어 음식으로 삼지 아니하게 할 수가 있고,

③ 그래야 노부모를 죽이거나 잡아먹지 아니해도 될 것이고,

④ 피난처로 보내어 지거나 순교를 당하거나 아니면 대 환란을 통과할지라도(계시록 15:2) 이 세상적 인연이나 관심을(윤리 도덕) 끊어버릴 수가 있을 것이고,

⑤ 여인은 아이를 밴 그것 때문에 배가 갈리게 되는(호세아 13:16하반절) 불상사가 일어나서는 안 되겠기에 이를 미연에 방지하고 있는 것이고,

⑥ 인간의 각종 정욕을 피하고 오직 힘과 정력과 청춘을 다시 오시는 그리스도에게 드리고 바치는 것이 보다 더 급선무임을 밝힘입니다.

그럼에도 먹고 마시고 장가가고 시집가는(누가복음 17:27) 그리고 여기에 편승된 각종 향락 산업에만 모두가 빠져 있는 것은 스스로 죽음과 징벌을 자초하는 어리석은 쓰레기 꼴이기에 이를 성서는 규탄하고 있는 것입니다.

10. 현세는 롯의 때와 같음

"그들에 대하여 부르짖음이 여호와 앞에 크므로 여호와께서 우리로 이곳을 멸하려 보내셨나니 우리가 멸하리라"고(창세기 19:13).

성서를 보십시오.

"네 형제와 아비의 집이라도 너를 속이며 네 뒤에서 크게 외치나니 그들이 네게 좋은 말을 할찌라도 너는 믿지 말찌니라"고(예레미야 12:6).

또는 성서는

"너희는 이웃을 믿지 말며 친구를 의지하지 말며 네 품에 누운 여인에게라도 네 입의 문을 지킬찌어다"고(미가 7:5).

성서의 이 예언 경고가 너무나 어처구니없다기보다 그것이 현실로 나타났다는 것이 보다 더 어처구니없는 일입니다. 롯의 가정을 보십시오. 4식구가 천사의 지시와 인도를 함께 받고 떠났는데, 그렇게도 천사는 뒤를 돌아보지 말라고(창세기 19:17) 경고를 했음에도 롯의 아내가 이를 거역하고 뒤를 돌아봄으로서 소금 기둥이 된 것은(창세기 19:26) 한을 남긴 일이 아닐 수 없습니다. 성서가 "네 품에 누운 여인"도 믿지 말라고 했는데 바로 이런 것을 두고 하는 말입니다. 평상시에는 사랑하고 아끼고 귀히 여긴 부부사이라 해도 대 환란이 오면 서로 믿지 못하는 것은 고사하고 각기 생각과 행동이 다르니 꿍꿍이속도 다르고 가는 길도 다를 수밖에 없습니다.

여기 성서가 지적하는 롯의 때를 보십시오(누가복음 17:28~29). 문자 그대로(속말로) 개판입니다.

① 먹고(누가복음 17:28).
② 마시고(누가복음 17:28).
③ 사고(누가복음 17:28).
④ 팔고(누가복음 17:28).
⑤ 심고(누가복음 17:28).
⑥ 집을 짓고(누가복음 17:28).
⑦ 무법한 자와 음란한 행실이 판을 치고(베드로 후서 2:7).

⑧ 각종 불법한 행실이 뒤덮음(베드로 후서 2:8).

그러니 동성연애의 천국이었습니다. 여자를 돈으로 사기도 하고 팔기도 했고 각기 자기의 남자나 여자를 타인과 바꿀 수가 있었고 남자와(소돔마이트) 여자의(레즈비언) 성적 범죄가 판을 치니 문자 그대로 뒤죽박죽이었습니다. 고로 어디를 가나 사람이 아니라 짐승 떼가 우글거렸고 낯선 사람이 나타나면 소돔마이트나 레즈비언을 즐기기 위해 마구 몰려들었으니(창세기 19:5~9) 당연히 심판을 받아야 했듯이 오늘의 현실이 그 때와 유사한 것은 고사하고 더 조직적 난장판화 되고 있는 것을 봅니다.

예수께서는 다가올 대 환란 직전의 세상이 이렇게 된다고 탄식(경고)하시며 그러므로 징벌을 받아 마땅하다는 것을 강조했습니다.

요즘 돌아가는 세상사 하나하나를 보십시오. 호텔 안을 보고 백화점이나 시장을 보고 댄스 홀, 안마 시술소, 터키탕, 각종 호화욕탕, 그리고 술집들(고급 카페) 룸싸롱, 스탠드 바, 토플리스 바, 호스트 바 등을 보십시오. 창녀촌이나 고급 요정이나 카바레를 보십시오. 어디를 보아도 이런 곳은 인육시장이고 고기 덩어리들의 점포(시장바닥)이지 선인이 거할 장소가 못됩니다.

또한 롯의 때 마냥 현대는 남자나 여자, 노소간에 잡고 붙으면 한탕 벌리는 때로 화하고 있으니 어디서 무엇을 보고 이것이 현금당대의 문화 수준이고 이것이 발전된 현대모습이고 현대인의 능력이라 말할 수 있느냐 하는 것입니다. 이런 폐습이 점차 교회당 안으로 마구 넘어오고 있습니다. 교회당 안의 윤리와 도덕이 점차 무너져 내립니다. 교회당 안에도 동성연애자들이 넘어오고 더럽고 추한 인간들이 점차 자리를 차지하게 되며 성직자의 너울을 쓰고 낮과 밤이 다른 족속들이 베틀의 북 마냥 자기의 인기와 권위를 자랑하며 날뛰고 있습니다. 그러니 이를 어찌합니까?

11. 교회당 안이 시끄러워짐

"나 주 여호와가 말하노라 이스라엘 족속 중에 있는 이방인 중에 마음과 몸이 할례를 받지 아니한 이방인은 내 성소에 들어오지 못하리라"고(에스겔 44:9).

예수께서도 이 문제를 강론하신 적이 있습니다. 마지막 때가 되면 교회당 안 사람들의 신앙이나 생활방식에서 도무지 이해가 안 되는 일들이 마구 나타나게 될 것임을 말입니다. 그래서 예수는
① 두 사람이 함께 매를 갈지만 하나가 되지 못하고(마태복음 24:41).
② 두 사람이 함께 밭에 있지만(마태복음 24:40) 하나가 되지 못함을 밝혔습니다. 어쩌면 예수의 이 선언은 다름 아닌 오늘의 종교계를 두고 말씀하신 것이 아닌가 합니다.
　교회안 사람들 가운데에도 둘이 하나 되지 못하는 상황이고 실정이라 한다면 "살진 희생의 화목제"가(아모스 5:22) 무엇에 필요하며 교회당 안의 아름다운 "노래 소리"와(아모스 5:23, 6:5) 부르짖음이(기도)(미가 3:4) 왜 필요한 것입니까? 이것은 어느 면으로 보나 심각한 우려를 현실 위에 나타내고 있습니다.
　거두절미하고 말세 교회는 배가 부르고(미가 3:2~3) 자본화 되고(아모스 5:22, 6:3~6) 있는데 어떻게 둘이 하나

가 됩니까? 점차 교회들도 개교회화와 개체화하는데 어찌 연합이 됩니까? 이웃의 교회들을 잊고 개교회당의 치부를 외치고 개교회당 확장과 사업에 혈안이 되어 있는데 어찌 둘이 하나 되고 기독교회가 하나 됩니까?

아모스 선지자의 지적과 같이

"대접으로 포도주를 마시며 귀한 기름을 몸에 바르면"라고 (아모스 6:6).

또한 미가 선지자의 예언과 같이

"이에 물면 평강을 외치나 그 입에 무엇을 채워주지 아니하는 자에게는 전쟁을 준비하면"라고(미가 3:5).

어떻게 둘이 하나가 되겠습니까? 교인은 고사하고 목회자들끼리도 하나가 안 되는데 장로들끼리나마 하나가 되십시오. 하는 그것이 더 우스꽝스럽지 않습니까? 교회당 안들을 보십시오. 목사 편과 장로 편이 갈라져서 싸웁니다. 교회당 건물 하나를 두고 서로가 자기들 것이라면서 세상 법정으로 가져가서 가부를 지어달라고 요구하는 세태입니다. 고등법원이나 대법원에는 교회당 건물 하나를 가지고 서로 자기들 것이라며 싸운 자들의 흔적이 수두룩합니다.

심지어 교회당 건물 하나 가지고 노회와 총회는 자기들 것이라 주장을 하고 개교회당의 목사는 그것이 아니라며 자기들 것이라 해서 양편이 나뉘어져서 법정으로까지 비화되는 현실은 참으로 안타까운 일입니다. 교회당 건물 하나를 가지고 개교회는 개교회대로 상회는 상회대로 서로가 자기들 것이라며 세상법정으로 이를 가져가서 재판을 해달라니 어디 될 말입니까? 솔로몬 같은 지혜도 없는데 누가 이를 재판하며 교회는 이 세상에 속한 것이 아니고 하늘에 속했다면서 세상 법정에서 해결하려니 어디 될 말입니까?

교회당 안이 시끄러우니 서로가 불신을 합니다. 서로 불신을 하니 불신 풍조가 난무하고 신뢰가 사라져갑니다. 그러니 목사는 교인을, 교인은 목사를, 장로는 목사를, 교인은 장로를 불신하고 도무지 믿을 수도, 따를 수도, 신뢰할 수도 없다며 비판을 가하고 뒤에서 수근 거립니다. 왜 이렇게 되어야 합니까? 이도 성서의 예언을 이루기 위해서 입니까?
"장차는 백성이나 제사장이나 일반이라 내가 그 소행대로 벌하며 그 소위대로 갚으리라"고(호세아 4:9).
또한
"저희가 여호와께 정조를 지키지 아니하고 사생자를 낳았으니 그러므로 새달이 저희와 그 기업을 함께 삼키리로다"고 (호세아 5:7).
이러니 어찌 교회당 안들이 시끄럽지 아니할 것입니까? 오늘의 교회들이 시끄러운 것은 그래서 예언을 성취키 위함인 듯합니다. 거두절미하고 대 환란의 때가 오면 지상의 교회당은 하나도 남지 아니할 것인데 어찌할 런지 의문입니다.

12. 신자의 방탕과 술취함

"낮에와 같이 단정히 행하고 방탕과 술 취하지 말며 음란과 호색하지 말며"라고(로마서 13:13).

마지막 때가 되면 사람들은 먹고 마시고 놀고 하는데 열중하게 됩니다. 여기에 편승해서 신자들도 사교를 위해, 사업의 확장과 발전을 위해 먹고 마시는데서 도피하는 것 보다 오히려 참예하고 동조를 해야 된다고들 외치고 떠듭니다(누가복음 17:26~30).
그래서 교회당 안들을 들여다보십시오. 모여온 무리의 상당수는 이혼의 냄새가 이미 머리끝까지 스며들어 있고 경우에 따라서는 현실적 세속과 벗 삼아 보려는 지옥의 향락업 종사원도 수두룩한 것을 봅니다. 그러다 보니 교회당 안이 더럽고 추하고 냄새나는 것으로 항상 가득 채워져 있습니다.

"사교춤이 죄악입니까?"라며 정색한 후 질문하는 자가 점차 늘어나는 추세이며 사교를 위해 또한 현세에서의 만족과 행복을 위해서는 사교춤 정도는 상관이 없다라는 지옥정신병원의 환자들도 있음을 봅니다. 그러면서도 이들의 눈에는 이 사교춤이 구약의 최고 선지자인(마태복음 11:11) 세례요한의 목을(마태복음 14:6~11) 베게 했다는 것이 보이지 아니하니 잊으려하고 있습니다. 춤 한 번이 구약의 마지막 선지자인 "하나님의 사람" 세례요한의 목을 베게 했듯이 마지막 때에 가서 하나님의 사람인 선지자와 목회자의 목을 베게하고 그 자신의 타락과 죽음을 가져온다는 것을 잊어선 아니 될 것입니다. 솔직히 말해 사교춤을 추기 위하여 사전에 고맙다는 감사의 기도를 여호와 하나님께 드릴 수가 있을 것인지 그것이 의문입니다.

어떤 이들은 기독 신자가 교회당 안이 아닌 타 지역에서 담배를 좀 피운다고 해서 그리고 대마초 유형과 백색 가루 유형을 먹거나 주사로 맞았다고 해서 그것이 중죄인이 되고 돌로 치거나 때려서 죽여야 할 죄인이라도 되느냐 거나 담배나 대마초 유형을 피우면 지옥이라도 간다라는 성서가 어디에 있느냐고 반문하면서 시의적절한 사교와, 대접 상 어찌할 수가 없을 때가 있다고 외칩니다. 그러나 그것들이 자기에게 유익은 없고 무익과 고약한 냄새와 각종질병의 원인이 된다고 한다면 또한 담배 유형을 입에 물고 여호와 하나님께 주신 것을 고맙고 감사하다고 기도를 드릴 수가 없다면 그것은 죄악이 됨을 명심해야 됩니다.

어떤 이들은 술 한 잔 정도가 죄이냐며 반문을 합니다. 사교상, 친구의 권유에 못 이겨 한잔 정도 하는 것이 중죄라도 되느냐며… 이런 것들이 아무것도 아닌 것 마냥 넘어가려고 합니다. 이는 결코 반가운 처사들이 못됩니다. 솔직히 술을 한잔 놓고 하나님께 감사의 기도를 드리느냐? 드릴 수가 있느냐 하는 것이 핵심적 과제입니다. 술잔을 놓고 술집이나 기생들의 무릎 옆에서 감사의 기도를 드릴 수가 없다면 그것은 어떤 것이든 죄악입니다. 목사나 장로, 권사나 집사들 가운데에도 이런 것을 멀리하지 못하여 세속화가 되는 무리가 있는데 어찌합니까?

교회당에 다니는 자들 가운데에도 "한잔 정도는 약으로 상관이 없다"는 말을 자주합니다. 그러나 이는 비상도 때때로 괜찮다는 말과 같기에 자기를 죽이는 독소가 그 속에 잠재되어 있기에 조심해야 합니다. 이런 사소한 것에서 악마의 속삭임이 말기에는 나타납니다.

예수께서도

"술친구들로 더불어 먹고 마시게 되면 생각지 않은 날 알지 못하는 시간에 그 종의 주인이 이르러 엄히 때리고 외식하는 자의 받는 율에 처하리니 거기서 울며 이를 갊이 있으리라"고 했습니다(마태복음 24:49~51).

또한 예수는

"너희는 스스로 조심하라 그렇지 않으면 방탕함과 술 취함과 생활의 염려로 마음이 둔하여지고……"라고(누가복음 21:34).

또한 성서는

"이웃에게 술을 마시되 자기의 분노를 더하여 그로 취케 하고 그 하체를 드러내려 하는 자에게 화 있을진저.라고"

또한 성서는

"술 취하지 말라 이는 방탕한 것이니"라고(에베소서 5:18).
또한 성서는
"술을 즐겨하는 자와 고기를 탐하는 자로 더불어 사귀지 말라"고(잠언 23:20).
또한 성서는
"술 취하고 탐식하는 자는 가난하여질 것이요"라고(잠언 23:21).
그러므로 성서는 술은 보지도 말라며(잠언 23:31) 술을 마시는 자의 눈은 붉게 되는데(잠언 23:29~30) 눈이 붉게 되는 자는 재앙을 받는다고(잠언 23:29) 경고하고 있습니다. 거두절미하고 술을 마시게 되면
"포도주는 거만케 하는 것이요 독주는 떠들게 하는 것이라 무릇 이에 미혹되는 자에게는 지혜가 없느니라"고(잠언 20:1) 합니다. 이는 무엇을 의미합니까? 독주는 유익보다 무익과 해를 준다는 것을 가르침입니다. 그럼과 동시에 사람이 자주 술을 마시게 되면
"이것이 마침내 뱀 같이 물것이요 독사 같이 쏠 것이며"입니다(잠언 23:32).
성서는 방탕과 술 취함 등이 패망의 원인이라고 규정하면서 마지막 때에는 교회당 안에 있는 무리도 이런 것에 의해 패망할 것임을 알리고 있습니다. 교회당에 다니는 자는 자기에게나 남에게 백해무익인 것은 취해서는 아니 되고 보아서도 아니 됩니다. 신자에게는 술과 담배, 춤, 대마초, 각종마약이 죄악입니다. 기독교 신자가 이런 것을 피우거나 마시는 것은 스스로 지옥 족속임을 자처하는 신분증 제시인 만큼 징벌과 심판을 면치 못합니다. 이런 것을 버리지 못한 신자는 여호와께서 장차 심판 하시사 지옥의 술독과 담배창고 속에

담그거나 처넣어서 영원히 살게 할지도 모를 일입니다. 왜냐하니 그들이 세상에서 그런 것을 좋아하며 마귀의 졸자(졸병) 노릇을 했으니 말입니다.

　왜 이와 같은 현상이 마지막 때에 나타납니까? 그럼 그 이유는 무엇입니까? 아모스의 예언을 보십시오.

　① 흉한 날이 멀다하기 때문입니다(아모스 6:3상반절).
　② 지나친 자본주의화 하기 때문입니다(아모스 6:3하반절).
　③ 교회당 안에서 비파에 맞춘 헛된 노래가 재잘거려지기 때문입니다(아모스 5:27상반절, 6:5).
　④ 요셉의 환란을 준비하지 않기 때문입니다(아모스 6:6하반절).
　⑤ 교회당 안이 기생오라비 천국화 되기 때문입니다(아모스 6:6상반절).
　⑥ 말씀이 고갈화 되어 버렸기 때문입니다(아모스 8:11~12).

13. 말세(말기)에는 교회당이나 신자가 공히 잠들게 됨

　"근신하라 깨어라 너희 대적 마귀가 우는 사자 같이 두루 다니며 삼킬 자를 찾나니 너희는 믿음을 굳게 하여 저를 대적하라"고(베드로 전서 5:8-9상반절).

　성서를 보십시오.
　"그러므로 우리는 다른 이들과 같이 자지 말고 오직 깨어 근신할찌라"고(데살로니가 전서 5:6).
　또한 성서는
　"너희가 이 시기를 알거니와 자다가 깰 때가 벌써 되었으니"라고(로마서 13:11상반절).

또한 성서는
"자는 자들은 밤에 자고 취하는 자들은 밤에 취하되 우리는 낮에 속하였으니 근신하여"라고(데살로니가 전서 5:7~8 상반절).

또한 성서는
"밤이 깊고 낮이 가까웠으니 그러므로 우리가 어두움의 일을 벗고 빛의 갑옷을 입자"고(로마서 13:12).

성서는 위에서 말세 교회당에 대하여 이렇게 경고를 하고 있지만 말세 교회당들과 성도는 성서의 이 외침에 귀를 기울이지 않고 있으니 이질적 현상이 도처에서 나기 마련입니다.

세상만사가 빙빙 꼬이고 틀어지는 세상, 뒤죽박죽과 혼돈이 정의인양 나서는 세상이 바로 마지막 세상(때)입니다(베드로 전서 4:7상반절).

지금의 우리들 주위를 둘러보니 우후죽순처럼 교회당들의 종탑들이 솟아나 있고 교회당의 간판들도 즐비하게 있습니다. 신 개발지역 특히 아파트 지역에는 한 건물 안에 교회가 3~4개까지 들어가 있는 곳도 있습니다. 잘하는 일인지 못하는 일인지. 그것이 과연 그리스도를 아는 냄새를 나타내는 것인지(고린도 후서 2:14) 그것이 그리스도의 향기인지(고린도 후서 2:15) 그것이 생명에 이르는 냄새인지(고린도 후서 2:16하반절) 분간조차 어려운 실정입니다.

그런데 여기서 묘하고 이상한 것은 크고 작은, 기존의 교회들과 개척교회당들 모두가 공히 마지막 때의 잠을 자고 있다는 것입니다. 예수 그리스도께서도 마지막 때를 강론 하시면서(마태복음 24:42~51) 가장 우려한 것이 말기 기독교회의 잠자는 상태임을 강조했고 10처녀의 비유에서도 그리스도의 재림직전에 온 세상이 잠자는 상태에(마태복음 25:1~10)

처하거나 떨어질 것임을 밝혔습니다. 그럼에도 오늘의 교회들은 마지막 때(말기적)를 대비해서 예행연습을 하는 것인지 아니면 마지막 징조를 예비(사건) 연습이나 실습을 하는 것인지 모두가 대문을 꼭꼭 잠그고서 잠들고 있습니다. 성서는 일어나라고 외치지만(로마서 13:11~13).

기독교회가 잠을 자기 위해서 일단 교회당의 대문과 안문을, 창문과 기타 문들을 잠그고 있는 실정입니다. 기독교회의 안과 밖이 잠들게 되니 대문이나 안문이 닫히는 것은 당연지사인 것입니다(에스겔 44:1~2, 46:1, 계시록 15:8).

기독교회당만 문이 닫히고 잠자는 것이 아니라 교인들의 매 주일 교회당 출석율도 떨어지고 모이는 횟수가 줄어들게 됩니다. 아무리 성서가 모이기를 폐하지 말라고 외치지만(히브리서 10:25) 마이동풍이고 무관심화 됩니다. 신자의 머리 숫자에 비례해서 점점 모이는 신자는 격감 추세화 되고 있습니다. 외적현장이 그런데 내면의 신앙 상태는 누구도 보장할 수 없는 실정입니다.

작금의 기독교회적 실상들을 보십시오. 신자가 모여도 서로의 얼굴은 고사하고 이름마저도 모릅니다. 교회당 안이 냉랭해지고 삭막해지며 점차 사막이 현상이 나타납니다. 교회당 안에서 성도의 철야와 찬송과 기도 소리, 금식 소리가 줄어들고 끊어져 갑니다. 왜 그런지? 언제부터 이런 현상이 나타났는지 그것도 모르게 도처에, 구석구석에서 마지막 말기 현상이 나타납니다.

어쩌면 이런 현상은 기존의 교회당들의 문이 수위와 자물쇠로 잠기고 닫히는데 여기에 편승해서 신자 된 자들도 마음의 문이 닫히고 신앙과 인격이 닫혀서 그런 현상이 나타나는 것이 아닌가 합니다. 지금의 상태에서 어느 교회당을 가서 보아도 절대다수의 교회들에서는 기도의 소리가 들리지 아니합니다. 이는 우리 교회당만의 문제가 아니고 당신의 교회당도 역시 그러합니다. 그럼에도 왜 교회들과 신자들이 함께 잠을 자는지 여기에 대하여 연구하는 학자와 양심가도 없고 꼭 이렇게 잠을 자야 되느냐고 반문하거나 호령하는 이도 없는 세태입니다.

그러니 언제까지 잠을 잘 것인지 그것도 문제이려니와 그보다 더 큰 문제는 교회들과 신자들이 이미 단잠을 자고 있음에도 불구하고 자기는 어디까지나 깨어 있고 일어나 있고 잠자지 아니하고 있는 양 오해하고 있다는 그것이 문제입니다. 지방이나 농어촌이나 도시를 막론하고 교회당이 있는 곳을 찾아가 직접적으로 실습을 하고 확인해 보십시오. 교회당들의 문이 열려있는지 아니면 닫혀 있는지 그리고 교회당에서 누가 주무시고 누가 깨어 일어나 있는지를 말입니다. 이 문제가 확인되지 아니하고 대 환란에 접하게 되면 엄청난 피해를 기독교회가 안아야 되기에 그것이 문제입니다.

14. 마지막 때의 기독교회들은 오시는 그리스도를 맞을 준비가 없음(하지 아니함)

"가로되 주의 강림하신다는 약속이 어디 있느뇨. 조상들이 잔 후로부터 만물이 처음 창조할 때와 같이 그냥 있다 하니"라고(베드로 후서 3:4).

성서에서 그리스도는
"너희도 예비하고 있으라. 생각지 않은 때에 인자가 오리라"고(마태복음 24:44).
또한 성서에서 그리스도는

"그러므로 깨어있으라 어느 날에 너희 주가 임할는지 너희가 알지 못 함이니라"고(마태복음 24:42상반절).

분명 그리스도는 깨어 있으라, 예비하고 있으라, 준비하고 있으라고 강조하지만 우리는 죄악의 담을 그리스도와 우리 사이에 치고 오시는 그리스도를 맞을 마음이 없다며 전달되는 말씀을 고스란히 외시하고 있습니다.

거두절미하고 기존의 교회당 안과 밖을 보십시오. 어느 곳에서 누가 오시는 그리스도를 맞이할 준비를 하고 있습니까? 오시는 그리스도를 맞을 준비가 없는데 그리스도께서는 꼭 오시어야 되는 것입니까? 예수 그리스도께서는 과연 어느 누구를 위해서 또한 무엇을 위해 오시어야 합니까? 마지막 현장에서 교회당들과 그리스도인이란 자들이 예수 그리스도를 맞을 준비도 없고 마음의 자세나 여유도 없는데 꼭 그리스도가 오셔야만 되는 것입니까?

오늘의 기독교적 현상을 현장에 나가 직접 확인해 보십시오. 주일날 예배를 드리는 교회들로 나가서 보십시오. 어떤 곳에서는 기름에 감자튀김인지 아니면 고구마나 새우튀김 질인지는 모르나 튀김식 예배가 주종을 이루려 하면서 대 히트를 치고 있는 판국이고 어떤 곳에서는 이미 교회당에서 예배를 드린 TV의 필름을 가져다가 VTR에 넣어 화면을 보면서 화면 예배를 드리는 새끼 교회당의 진풍경이 속출하는가 하면 어떤 곳에서는 자기네 교회당 목사의 녹음한 설교 테이프를 건네주면서 주일이나 수요일 저녁시간에 길이 멀어 그 곳까지 만약 나오지 못할 경우(때)에는 이웃에 있는 교회당에 절대로 나가지 말고 가족끼리 또는 혼자서 이 테이프를 틀어놓고 예배를 드리라고 명하는 기상천외의 아이디어 예배방식에 기가 차고 감탄할 지경이며 어떤 곳에서는 당회장 목사가 강도사와 전도사들을 앉혀 놓고 심방 교육을 시키기를 목사 자기가 교회당에서 설교한 것을 잘 요약했다가 성도들의 가정을 심방할 때에 그것만 이야기(설교)해 주라고 교육을 시키는가 하면 어떤 교회당에서는 자기들 교회당 이외에는 구원도 축복도 은사도 은혜도 성령도 없는 그렇고 그런 교회당인양 주입시키기에 교회당이 꼭두각시인지 신자가 꼭두각시인지 분간키 어려운 실정이니 아무리 보아도 과거에 오신 그리스도는 모시고 계시는지는 모르니 다시 오시는 그리스도는 맞이할 준비가 전혀 없고 안 된 가운데 있습니다.

솔직히 말해서 오늘의 기독 교회당들이 교회당 크게 짓기 시합과 경주장이고 신자 많이 끌어 모으기 경합 - 쟁탈장이며 헌금 많이 나오게 하기 위한 투기장이고, 성령, 은사, 신유를 유치하기 위한 격투장인데 어디서 누가 어떻게, 오시는 그리스도를 맞을 준비를 한단 말입니까? 그것도 어린 아이로 오실 그리스도가 아닌, 심판장으로(요한복음 5:22, 27, 30) 오실 그리스도를 말입니다.

어디 그것뿐입니까? 교회당들마다 작은 건물은 헐어버리고 자꾸 큰 교회당을 짓기 위한 혈안이 되고 노심초사가 되다보니 두 번째 오실 그리스도를(히브리서 9:28하반절) 맞이할 준비를 못하고 있는 실정입니다. 그러다보니 한다는 말이 우리가 주님의 교회당을 크게 짓고 난 다음에 "주여 오시옵소서. 지금은 우리들 교회당을 크고 웅장하게, 화려하고 미려하게 이 지상에다 짓는 것이 재림의 그리스도 당신을 모시는 것보다 더 급선무인 만큼 죄송하지만 헌당식 예배를 드릴 때에나 가서 보십시다" 입니다.

요즘의 기독교는 개교회당 건축이 시급하지 재림의 그리스도를 맞을 준비는 급하지 아니하다고 데몬 스트레이트를 펼

치고 있습니다. 그러므로 기독교회가 심히 바쁘기도 합니다. 어떤 곳에서는 교회당 건축하는 그 요란한 소리에 귀가 둔하고 막혔는지 오시는 그리스도의 소리는 도무지 들리지 아니하고 오직 자갈, 모래, 철근… 그리고 각종 건축자재를 싣고 오고 가는 트럭 소리만 들리고 있을 뿐입니다. 그러면서 한다는 말이 이런 소리가 심히 요란한데 어디서 그리스도의 다시 오시는 소리를 들을 수 있느냐며 반문을 합니다.

현금당대 기독교회들의 수준이 이정도인데 구약 이사야 58:9~12절의 현상이 무엇을 의미하는 것이고 어떤 것인지 알 법합니다.

15. 하나님의 소유를 맡을 자가 없어짐

"충성되고 지혜 있는 종이 되어 주인에게 그 집 사람들을 맡아 때를 따라 양식을 나눠 줄 자가 누구뇨 주인이 올 때에 그 종의 이렇게 하는 것을 보면 그 종이 복이 있으리로다"라고(마태복음 24:45~46).

여호와 하나님이 요구하는 것은 어느 시대에서나 그 시대에서 언제든지 꼭 필요로 하는 참된 청지기입니다(마태복음 24:46~47). 참된 청지기는 스스로 자기 일을 하는 것이 아니라 주인의 일을 맡아서 하는 자입니다. 자기의 먹고 마심, 자고 쉬고 놀고 오고 가는 것에 보다 더 관심이 집중되어 있는 것이 아니라 시각과 청각 기타도 오시는 주인에게 모두가 집중되어 있는 자입니다.

그럼에도 현금당대의 일군은 주인이 맡기신 일에 바쁘거나 바쁘게 돌아가는 것이 아니고 다른 일에 바쁩니다. 농부는 농사에서 알곡이 많을 때 기쁘지 쭉정이나 가라지가 많거나(마태복음 3:12, 13:25~30, 38~40) 잎만 무성한 것은(마태복음 21:13, 마가복음 11:13~14) 결코 기쁘거나 즐겁지 아니합니다. 잎도 가라지도, 쭉정이도 타작마당을 정하게 하신 후에는(마태복음 3:12) 태우기 마련입니다.

 마지막 때의 문턱에 서 있는 오늘의 교회들을 보십시오. 주인이 맡기신 알곡 신자는 찾아보기 어려운데 왠지 교회당의 안과 밖에 잎들만 가득(무성)합니다. 하나님의 사역을 맡은 청지기들이 죄인 하나 회개시켜서 천국의 시민으로(빌립보서 3:20) 만드는 것에는 혈안(관심)이 안 되고(없고) 헌금과 감사 예물 등에 박차를 가하다 보니 우부우녀도 좋고, 요부, 작부, 탕녀, 음부, 탕부, 깡패, 사기꾼도 좋다는 식입니다.

 그러다 보니 마지막(밤중) 때에 그리스도가 오시면(마태복음 25:6) 알곡 신자를 내어놓을(상납) 준비 대신에 교회당 크게 짓기 운동을 전개했다며 기존의 교회당 건물을 그리스도에게 드리고 바치려는 헛된 수작은 버리고 삼가야 합니다. 이미 제1권 제3편 제5장 각 교회들에 대한 징벌에 서와 제6장 목회자들에 대한 징벌에서 밝힌바 그대로 그리스도께서 재림하시기 이전에 이 지상에는 이미 교회당들이 흔적조차 없이 사라져 버리는데, 그럼에도 기존의 교회 지도자들이 예배당 지어서 오시는 그리스도에게 바치려는 생각이나 신앙은 이미 내어버려야 할 착각 신앙으로 밝혀진 이상 헛된 야망과 예배당(건물) 우상에서 벗어나야 합니다.

 마지막 때에 그리스도의 재림과 대 환란을 눈앞에 두고 있는 성도들은 누가 참 하나님의 종인지 분별부터 먼저 해야 하고 참 하나님의 사람을 만났다고 생각되면 생사고락을 그와 함께해야 합니다. 오시는 그리스도의 소유를 맡을 수 있는 자와(마태복음 24:45~47) 함께 하는 것은 영광입니다.
　성서를 보십시오.
　"불의로 성을 건축하는 자에게 화 있을찐저"라고(하박국 2:12).
입니다. 하물며 여호와의 성전을 불의로 건축할 때 어찌 화가 없을 것이며 예배당 건축이 성도의 구원과 죄인 구원보다 급선무이거나 앞에 나올 때 어찌 그 교회당이 무사하며 성할 리가 있을 것입니까? 거두절미하고 죄인 하나를 구원할 수만 있다면 기존의 예배당 하나를 버리거나 포기하는 것도 기꺼이 받아들여야 마땅합니다. 그것이 하늘의 뜻입니다. 예배당 하나를 버리거나 팔거나 포기하고서 죄인 하나 구원할 수가 있다면 당연히 그렇게 하는 것이 교회가 지닌 힘입니다. 한국의 교회당들과 세계의 기존 교회들은 무엇보다 마지막 때에 이 사명을 지나고 출발한 것들입니다. 그럼에도 이 정신과 사상과 원리를 망각하거나 버리거나 떠나면 존재론적 입장에서 교회당의 무용론과 불필요론이 나타나고 그럼과 동시에 교회당의 버림과 파괴가 앞에 나오게 됩니다.
　이에 물어야 평강을 외친다는(미가 3:5) 소리를 듣지 않기 위해서도, 또는 "제사장은(목사) 삯을 위하여 교훈 한다"는 소리를(미가 3:11) 듣지 않기 위해서도 "그 제사장들은(목사) 성소를 더럽히고 율법을 범 하였도다"라는(스바냐 3:4) 소리를 듣지 않게 하기 위해서도, 하나님께로부터 받은 사명을 철저히 완수해야 합니다.
　요즘 보니 한국의 기독교회에서는 예배당 하나 좀 크게 짓고 교인 좀 모으면 출세니 성공이니 해서 사람과 교회당 이름이 베틀의 북 마냥 오고 가는 것을 보는데 그런 경우 종교는 "족제비 낯짝"보다 작고 못한 평가를 받아버린 꼴이 되기에 재고가 되고 바른 위치 선상에 세워져서 평가되지 아니하면 안 됩니다.

예배당 건물 하나 크게 짓고 신자를 좀 끌어 모은 것을 가지고 평가의 확대와 과대망상증을 보이려면 바울 사도의 평가와 그리스도의 평가를, 그리고 엘리야와 엘리사의 평가를, 이사야와 예레미야의 평가를 그 어디에 두고 무엇으로 기준을 삼아 평가할 것이냐 하는 것입니다.

예배당의 건물 크고와 작고에, 신자가 많고와 작고는 시류에 따라서와 대 환란이 오면 판가름 나는 것이고 예배당은 지상에서 모두 사라질 것인데(시편 74:5~9) 그 때는 무엇으로 교회당과 목회자를 재평가할 것입니까? 자본주의의 부적 자를 가지고 기존의 그리스도 교회와 신자와 목회자를 재는 것은 마귀새끼들의 찬란한 독가스에 불과합니다. 이런 것 모두가 말기 교회당에 대해 나타난 경고들입니다.

16. 극심한 말씀의 기갈과 주림의 때가 도래함

"이스라엘 자손들아 여호와의 말씀을 들으라. 여호와께서 이 땅 거민과 쟁변하시나니 이 땅에는 진실도 없고 인애도 없고 하나님을 아는 지식도 없고"(호세아 4:1).

마지막 때에는 기독교의 최대 이변인 극심한 타락현상이 나타나는데 이 극심한 타락현상은 우리의 입으로 말하기조차 두렵고 겁나는 사건입니다.

그럼 성서가 마지막 때 기존 교회당의 실상을 파헤쳐 놓은 것을 여기서 함께 상고해 보기로 하십시다.

성서는
"너희가 선을 미워하고 악을 좋아하여 내 백성의 가죽을 벗기고 그 뼈에서 살을 뜯어 그들의 살을 먹으며 그 가죽을 벗기며 그 뼈를 꺾어 다지기를 냄비와 솥 가운데 담을 고기처럼 하는도다"고(미가 3:2~3).

또한 성서는
"내 백성을 유혹하는 선지자는 이에 물면 평강을 외치나 그 입에 무엇을 채워주지 아니하는 자에게는 전쟁을 준비하는도다"고(미가 3:5상반절).

또한 성서는
"시온을 피로, 예루살렘을 죄악으로 건축하는도다"고(미가 3:10).

위의 이 사실 하나하나는 과연 무엇을 의미하는 것입니까? 마지막 때의 성전과 교회당들이 피와 죄악으로 건축됨을 의미함 아닙니까? 그렇다면 누구의 피로 건축이 되는 것입니까? 부자들의 피로 건축되는 것입니까? 그것은 결코 아닐 것입니다. 그렇다면 가난하고 불쌍한 성도들의 피가 아닙니까? 또한 교회당 안에서 누구의 가죽을 벗기며 누구의 뼈를 꺾는 것입니까? 왜 이런 현상이 나타나야 합니까? 이런 현상은 교회당을 크게 짓는 현상 입니까? 아니면 목회자를 잘 만난 현상(탓)입니까?

이렇게 되니 자연 성서가 경고하기를
"사람이 만일 허망히 행하며 거짓말로 이르기를 내가 포도주와 독주에 대하여 네게 예언하리라 할 것 같으면 그 사람이 이 백성의 선지자가 되리로다"고(미가 2:11).

이 얼마나 어처구니없는 현실(현장) 악입니까? 어쩌면 이것이 오늘 한국교회들의 실상 파악이 아니겠습니까? 누가 나서서 이는 오늘 한국교회당들의 실상이 아니다고 규정할 수가 있느냐 이것입니다.

그럼에도 오늘날 교회당 안의 실상은 한결같이 큰 소리이고 또한 외치기를

"오히려 여호와를 의뢰하여 이르기를 여호와께서 우리 중에 계시지 아니하냐 재앙이 우리에게 임하지 아니하리라 하는도다"입니다(미가 3:11하반절).

고로 오늘의 교회들은

"그러므로 너희로 인하여 시온을 밭같이 갊을 당하고 예루살렘은 무더기가 되고 성전의 산은 수풀의 높은 곳과 같게 되리라"고(미가 3:12)한 그대로 될 것입니다.

또한

"여호와께서 가라사대 그러므로 너희가 밤을 만나리니 이상을 보지 못할 것이요 흑암을 만나리니 점치지 못 하리라 하였나니 이 선지자 위에는 해가져서 낮이 캄캄할 것이라 선견자가 부끄러워하며 술객이 수치를 당하여 다 입술을 가리울 것은 하나님이 응답지 아니하심이어니와"라고(미가 3:6~7).

마지막 때의 기독교회의 현상이 이렇게 되니 젊은 청년 남녀가 아무리 교회의 안과 밖으로 오고 가도 주리고 목마를 수밖에 도리가 없는 것 아닙니까? 상술한 바와 같은 현실과 현상에서는 아무리 수고하고 노력해도, 교회의 안과 밖에서 목사나 교인이나 간에 모두에게서 말씀이 없어지는 것은 도리가 없는 현상입니다.

성서를 보십시오.

"주 여호와께서 가라사대 보라 날이 이를지라. 내가 기근을 땅에 보내리니 양식이 없어 주림이 아니며 물이 없어 갈함이 아니요 여호와의 말씀을 듣지 못한 기갈이라"고(아모스 8:11).

또한 성서는

"내 백성이 지식이 없으므로 망하는 도다 네가 지식을 버렸으니 나도 너를 버려"라고(호세아 4:6상반절).

그러므로 어디를 가도 말씀과 성령이 없어서 기갈이 되고 갈해서 생명들이 죽어간다는 지적입니다. 이것이 바로 말세 너와 내가 속한 기독 교회당의 현상이고 현실이라 지적합니다. 그러므로 안타까운 것은 죽음의 이리가 와도(요한복음 10:12) 눈이 감겼으니(이사야 58:10) 이를 보지 못하는 것은 고사하고 대 환란의 나팔 소리가(요엘 2:1, 스바냐 1:16) 멀리서 은은하게 들려오려는 찰나임에도 준비하나 없이 먹자 마시자, 성령받자, 은혜받자, 축복받자는 석으로 교회들의 사조가 흘러가는 것을(히브리서 2:1하반절) 어찌할 것입니까?

그러므로

"사람이 이 바다에서 저 바다까지 북에서 동까지 비틀거리며 여호와의 말씀을 구하려고 달려 왕래하되 얻지 못하리니 그 날에 아름다운 처녀와 젊은 남자가 다 갈하여 피곤하리라"고(아모스 8:12~13).

이런 현실이 되어도 교회당의 안과 밖에서 누구 하나 바른 책임을 지지 아니하려 합니다. 그것을 각자의 인과응보로 돌리거나 자기의 분복(팔자소과)으로, 성령의 역사로 돌리거나 취급을 해버리니 어찌 통탄하지 아니할 것입니까? 그러니 대 환란이 임하여

"저희 청년은 불에 살라지고 저희 처녀에게는 혼인 노래가 없으며"(시편 78:63).

또한 성서는

"보라 내가 그들을 벌하리니 청년들은 칼에 죽으며 자녀들은 기근에 죽고"(예레미야 11:22).

이런 때가 와서 세상이 피비린내로 변하고 온통 뒤죽박죽 화 되어도 책임의식을 누구도 느끼지 아니할 것이니 누구를 의지하고 믿으며 살 것입니까? 고로 교회당 안의 지도자는 누구이며 도대체 무엇을 하는 자들입니까? 이런 경우 "다량의 눈물 양식을 마시게 하고 먹이신다"해도(시편 80:5) 어찌할 도리가 없는 것 아닙니까?

요즘 산들과 기도원들을 보십시오. 언제나 초만원 사례 입니다. 그럼 그 이유는 무엇입니까? 기존의 교회당 안에서 말씀이 없어 갈한 심령을 시원하게 적시지 못하니 자연 밖으로 나가 군것질이라도 하고 있으니 배탈이 난들 어찌하며 사고가 나도 어찌하며 이리가 와서 물어 찢고 죽인들 어찌할 것입니까? 그것이 현실적이고 현 상황전개인데 도리가 없는 것 아닙니까?

제2장 마지막 때의 교회당들에 일어날 일들

"성읍에서 나팔을 불게 되고야 백성이 어찌 두려워하지 아니하겠으며 여호와의 시키심이 아니고야 재앙이 어찌 성읍에 임하겠느뇨"고(아모스 3:6).

초대교회에는 초대교회대로 일어나야 할 성령의 역사가 있고 말세 교회에는 말세 교회당대로 일어나야 할 역사가 있기 마련입니다. 그래야 말세 교회들과 초대교회들의 차이가 생겨날 것이기 때문입니다.

그럼에도 말세(마지막) 교회에서는 평상시(은혜시대)에는 도저히 생각할 수가 없는 것(사건)들이 마구 터져 나오게 됩니다. 말기적 교회당들의 현상이 도처에서 계속 나타나는가 하면 그래서는 아니 되는 어처구니없는 일까지 나타나 사람을 괴롭게 하고 눈시울을 적시고 얼굴을 뜨겁게 합니다.

말세 교회들의 현상은 언제나 사람들에게 열과 화를 나게 하고 구토증과 욕과 저주가 터져 나오게 합니다. 권위주의가 난무하고 교회주의가 판을 치게 하고 현세주의와 세속주의까지 날뛰니 기가차고 어안이 벙벙해지며 만사에 소망이 끊어져 있습니다. 그런가 하면 세계의 기독교회가 기존 자본주의와 결탁(플러스)해서 자본주의 기독교화 하니 물질만능이 교회당의 축복 개념 안에 들어와 자리를 정하고 앉으니 사람을 울리고 실망케 만듭니다.

우리는 이 시점에서 어제의 기독교회와 오늘과 내일의 기독교회를 주시하면서 어떤 현상이 현실적 현상이고 어떤 현상이 마지막 말기적 현상으로서 우리를 화나게 하고 죽이려 하는 것인지 또한 성도의 생명(영혼)을 산양해 가려는 말기적 이리들의 현상인지 이를 하나하나 상고해보지 아니하면 안 될 듯합니다.

1. 마지막 때 교회당들은 대형화 함

"보라 여호와께서 명하시므로 큰 집이 침을 받아 갈라지며 작은 집이 침을 받아 터지리라"고(아모스 6:11).

첫 번째 그리스도께서 이 세상에 오실 때에도 지상에는 이상한 현상들이 나타났는데 그것이 바로 매사에 대형화와 최고화의 현상이었다는 것입니다. 그런 현실적 와중에서 예루살렘 성전 곧 헤롯 성전도 예외는 아니어서 대형화 했는데 이 성전은 솔로몬 성전이나 스룹바벨 성전 따위와는 비교가 안 될 만큼 대형화와 고급화, 첨단화 했습니다.

당시 예루살렘 성전만 대형화한 것이 아니고 모든 부속건물들도 그랬고 각 지방의 회당(교회당)들도 역시 대형화 추세에서 벗어나지 못하고 그대로 본을 받은 나머지 닮은 사다리꼴이었습니다. 그래서 그리스도는 이 대형화 된 성전과 회당(교회)들을 향하여

"내가 진실로 너희에게 이르노니 돌 하나도 돌 위에 남지 않고 다 무너뜨리리라"고 경고했습니다(마태복음 24:2).

아니나 다를까 예수께서 돌아가신 후 40년 곧 AD 70년에 로마 장군 디도에 의해 대형화한 예루살렘 성전은 무너졌고 지방의 회당(교회)들도 완전 무너져 버렸습니다. 그 이후 1900년이 지나 약2000여년이 다가오지만 한 번도 예루살

렘 도성 안에 여호와 하나님을 위한 성전을 건축해 보지 못하고 있습니다. 그 이유는 무엇이고 어디에 있습니까?

사실 예루살렘 성전은 큰 건물이었습니다(마가복음 13:2). 예수는 예루살렘 성전을 보시고 우신 적이 있습니다 (누가복음 19:41). 왜 크고 웅장하게, 미려와 화려하게, 섬세와 확고부동하게 세워진(지어진) 성전인데 그것을 보시고 하나님의 아들 그리스도가 우신 것입니까? 하나님의 성전이란 것이 하나님의 아들 그리스도의 눈에서 눈물을 흘리게 했고 저주를 입에서 나오게 왜 만들었습니까?(누가복음 19:41~44) 그 이유는 무엇이고 어디에 있습니까?

대형화 될 예루살렘 성전을 짓기 위해 얼마나 많은 인원이 동원되었고 얼마나 많은 사람들이 죽었습니까? 거기에 동원된 물자와 자금이 과연 얼마입니까? 성전을 지으면서 성도들의 피와 땀, 눈물, 헌금, 감사 예물, 인두세, 심지어는 갖은 명목으로 거두어들인 각종 세금들이 동원되지 않았습니까? 그럼에도 그 성전을 보신 그리스도가 우셨으며 그 성전이 고작 수십 년도 못가서 무너져 버렸는데 그 이유는 무엇이고 어디에 있는 것입니까?

바로 이것은 구약 성서의 예언 그대로 교회란(회당, 성당, 성전포함) 어떤 형태의 것이든 간 대형화가 되면 반드시 문을 닫게 되고 무너진다는 것을 알리는 신호탄입니다.

그래서 성서를 보십시오.

"이스라엘은 열매 맺는 무성한 포도나무라 그 열매가 많을수록 제단을 많게 하며 그 땅이 아름다울수록 주상을 아름답게 하도다. 저희가 두 마음을 품었으니 이제 죄를 받을 것이라 하나님이 그 제단을 쳐서 깨치시며 그 주상을 헐으시리라"고(호세아 10:1~2).

이는 무엇을 의미합니까? 교회당들이 대형화되면 여호와가 그 제단을 쳐서 깨치시고 없애 버린다는 단말마적 선언이 아니고 무엇입니까? 2000년 기독교 역사를 내어다 보십시오. 기독교회들이 대형화 되고나면 남는 것이 하나도 없습니다. 지금의 구라파나 미주 지역의 대형화된 교회들을 보십시오.

 혹 어떤 이들은 질문하기를 대형화 되었던 교회당 가운데 수백 년이 지난 지금도 남아 있는 교회당이 있지 않습니까? 비록 신자는 별반 없지만… 하면서 질문하는 것을 봅니다. 물론 세계의 도처를 보면 과거 그 교회당의 전성기에 굉장하고 웅장, 미려, 화려했던 흔적이 아직까지 남은 교회당들이 있으나 그런 교회들은 이미 ① 전시효과 ② 유물효과 ③ 역사적 효과 ④ 당시의 타락상 효과 ⑤ 진열효과 ⑥ 당시의 현실효과를 보이기 위해서 남겨진 것은 있으나 그런 것은 이미 타락의 심볼 마크이기에 유야무야한 잔존물에 불과 합니다.

 그리스도 당시나 마지막 때의 교회당들이나 간에 커야 좋다거나 커야 한다라는 소리가 자주 나옵니다. 서울 강남의 "C교회" 김XX목사는 대형 교회당을 수백억원 들여서 짓는데 반대급부에 부닥치니

 "교회당은 클수록 좋다"

라는 비성서적 마귀의 소리를 거침없이 늘어놓아 세인의 빈축을 산적이 있습니다. 그럼에도 전시효과나 역사적 유물효과를 노리는 것 이외에 대형화 된 교회는 언제 어느 때나 무너져 갑니다. 높은 산 정상에 오르면 내려와야 하듯 교회당도 대형화가 되고나면 헐어져서 없어져야 하고 교만해서 깨어져야 하는 것이 기독교 역사의 정상 운행 코스입니다. 그렇지 않고 큰 것들을 계속 방치해 두면 다른 이가 나타나서 그 보다 더 큰 교회당을 다시 짓게 될 것이고… 또 그렇게

해서 경쟁이 아주 심해 버리기에 먼저 대형화된 것은 계속 헐어버리고 없애 버려야 경쟁이 안 되는 것이기에 여호와는 어느 나라 어느 지역에 있는 교회당이든 간에 헐어버리는 것입니다.

폐일언하고 성서를 보십시오.

"저희가 여호와께 정조를 지키지 아니하고 사생자를 낳았으니 그러므로 새달이 저희와 그 기업을 함께 삼키리로다"고 (호세아 4:7).

또한 성서는

"선지자는 그 모든 행위에 새 잡는 자의 그물 같고 또 그 하나님의 전에서 원한을 품었도다"고(호세아 9:8).

이런 것이 마지막 때 교회당들의 현상인데 어찌 대형교회화 추세가 이루어지지 아니하며 그 뒤를 이어서 여호와의 각종 철퇴를 맞지 아니할 수가 있느냐 함입니다. 불문곡직하고 구약의 다니엘서를 보십시오. 대 환란의 후반에 가서 나타날 적그리스도에게 기독교회와 신자를 여호와가 한 때와 두 때와 반 때를 붙이신다고 합니다(다니엘 7:25). 또한 적그리스도에게 기독교회가 전쟁에서 참패를 당하여(다니엘 7:21, 계시록 13:7) 무너진다고도 합니다. 이 적그리스도에 의해 성서는 기독교회가 멸절을 당한다는 예고도 합니다.

그래서 성서는

"강한 자들과 거룩한 백성을 멸하리라"고(다니엘 8:24).

적그리스도는 거룩한 백성만 멸하고 짓밟아 버리는 것이 아니고 여호와에게 드리는 제사와 예물도 금지시키게 됩니다(다니엘 9:27). 이렇게 되면 어찌됩니까? 기독교회는 그리스도가 재림하시기 이전 곧 대 환란의 후반인 적그리스도의 때에 자연 무너져 없어진다는 것(외형상)아닙니까?

그럼에도 마지막 때의 기독교회는 대 환란이 오기 이 전까지 너도 나도 앞 다투어 가면서 교회당 대형화 추세에 박차를 가하게 된다고 성서는 지적하며 그런 때를 보거든 대 환란의 때가 임박한 것을 알라고 강조합니다.
솔직히
"당신이 출석하는 교회당도 지금 대형화 추세의 바람을 타고 있습니까? 그렇다면 당신들의 교회당도 곧 무너지고 헐어져서 없어질 것입니다."
이것이 성서와 역사의 가르침이고 찬란하고 고상한 역사(역사 고찰)의 현장인 것입니다.

2. 마지막 때의 교회들은 교인들 수효에 치우침

"그 열매가 많을수록 제단을 많게 하며 그 땅이 아름다울수록 주상을 아름답게 하도다"고(호세아 10:1하반절).

성서를 보십시오.
"속지 말라 악한 동무들은 선한 행실을 더럽히나니 깨어 의를 행하고 죄를 짓지 말라"고(고린도 전서 13:33~34상반절).
또한 성서는
"내 사랑하는 형제들아 견고하며 흔들리지 말며 항상 주의 일에 더욱 힘쓰는 자들이 되라 이는 너희 수고가 주 안에서 헛되지 않은 줄을 앎이니라"고(고린도 전서 15:58).
성서는 여기서 주의 일에 더욱 힘쓰는 자가 되라 하시며 예배당 건물일이나 목회자 자신의 일에 더욱 힘쓰는 자가 되라고는 아니했습니다. 예배당 일이나 목회자의 일은 그리스도의 일과 약간의 차이가 있습니다. 사와 공을 구별해야 됩니다.

　말세 교회당들은 지나치리만큼 교인 수효에 치우치게 됩니다. 보통 교회당들이 모여 오는 사람(군중) 머리 수효에 신경과민 증세를 보입니다. 어느 교회들을 보아도 예외는 아니어서 교인 하나 잃거나 빼앗기지 아니하려고 갖은 수단과 방법을 다 동원합니다. 기독교가 자본주의화 되어서 그런지는 몰라도 왜들 그렇게 교인 머릿수에 신경을 과민 되게 쓰는지 모를 일입니다. 어떤 교회당에서는 교인 하나 잃을까 싶어서 각종 교구를 만들고 각 교구 안에 여러 개의 구역들을 만들고 구역에는 구역장, 부구역장, 구역사찰, 구역 인도자, 구역 시찰장… 해서 각종 감투가 수두룩한 것을 봅니다. 교인들 대부분에게 종교적 무거운 감투 박스를 씌워서 그 교회당을 빠져 나가지 못하게 말입니다. 그런다고 나갈 자가 안 나갑니까? 성령이 지켜 주어야지 말입니다.

　심지어 어떤 교회당에서는 주일 낮에는 몰라도 저녁에는 자기들 교회당이 멀기에 교인들이 집에서 이웃에 있는 교회당에 나가는 것을 사전 막기 위해 자기들 교회당에서 제작한 설교 녹음테이프를 신자들에게 나누어 주면서 절대로 다른 예배당에 나가서는 아니 되고 만약 나가면 저주를 받게 된다고 공갈, 협박, 사기까지 치면서 집에서 설교 테이프를 가지고 예배를 드리라고 합니다. 대명천지에 이런 사기가 어디에 있습니까? 사기를 치고 공갈협박을 해도 고급스럽게 쳐야지 교회라는 간판을 내걸어 놓고 이런 저질적이고 더러운 사기를 쳐도 되는 것입니까? 이런 기독교적 사기집단들은 이유여하를 막론하고 반드시 이 역사위에서 완전히 사라지고 파괴되어 없어져야 합니다.

　최 근래에 들어 와서는 기존 자기들 예배당 가지고는 밀려오는 신자를 다 수용을 할 수가 없다면서 새끼 예배당을 여기저기에 마련해 놓고 어미 예배당에서 나누어(공급) 주는 VTR테이프를 가지고 대형 스크린에 비치게 하며 TV예배를 드리게 하는 못난 곳도 있습니다. 이는 분명 성서적이기는 커녕 미친자들의 짓거리이며 기상천외의 기발한 아이디어이나 기실에 있어서는 마지막 때에 나타날 마귀 새끼들의 불장난과 독가스를 품는 꼴입니다. 왜냐 하니 그래야 어리석은 신자를 질식시킨 후 자기 군사로 만드는 허상예배와 인간 우상 예배에 동참을 시키는 것인 만큼 내동댕이쳐야 마땅한 것들입니다.

어떤 교회당에서는 그곳 본당이 비좁다면서 교육관이나 제 2예배실 그리고 각종 교실 등지에 TV를 장치하고 본당으로부터 VTR 또는 실황중계로 예배를 드리는 곳도 있습니다. 기발한 아이디어 같으나 이는 마지막 때에 나타날 마귀의 장난술과 꽃다발 증정입니다. 이런 것들이 종교적 자본화의 결창으로서 귀신들의 꽃장난들이고 마귀 새끼들의 자기 돋보임입니다.

마지막 때가 되니 마귀는 기존 교회당 안에서 수단과 방법을 총동원해서 인간의 지식과 인격과 신앙을 고스란히 산양해 가기에 그리스도교의 사학자나 변증가, 신학자 그리고 평론가가 있어도 유구무언이 되고 맙니다. 그 이유는 무엇이고 어디에 있는 것입니까?

오늘의 기독교회들은 독거미들이 줄을 치듯 교구니 구역이니 무엇이니 하면서 지나치리만큼 자본주의적 독거미 줄치기 작업과 작전을 타파해야 하고 파괴시켜야 합니다. 종교적 독거미 줄치기 작업을 한다고 말세가 오지 아니하는 것은 아니며 대 환란이 임하지 아니하는 것은 아닙니다. 종교적 잔꾀와 잔재주를 부려서 아무리 사람을 모아다 놓아도 아니 됩니다. 역사의 현실과 세계기독 교회사를 보십시오. 그리고 지금은 마지막 때 인고로 불원 성령이 유대에로 돌아가고 나면 모든 이방의 교회당들은 얼마 못가서 텅 빈 무덤화가 되어버릴 것입니다. 이는 이미 세계기독교가 공인하고 있는 바가 아닙니까? 여기에 누가 아니요라 할 것입니까?

　말세 교회당들은 교인 만능주의에 젖고 빠져 있기에 여기서부터 우려할 문제가 생깁니다. 자본주의 공법에서 회사의 직원 수, 공장의 직공 수에 따라 부를 측정하듯이 교회당에서 신자들의 머리 수효에 따라 그 교회당의 부와 위력과 권위와 힘을 측정한다거나 하려는 행위는 신자의 머리수를 볼모로 잡은 처사이며 그것에 자본이 붙은 신앙 상태인 만큼 솔직히 그런 교회당 안에서 머리수가 셈 당하고 있는 신자들 바로 그들이 이 지상에서 얼마나 불쌍하고 처량하고 가련한지 생각이나 해보셨습니까?

　여러분은 여러분 자신이 출석을 하는 그 교회당 안에서 머리 숫자 셈하는 그것에 이용을 당하고 그 교회당과 목회자에게 움직이는 재산과 움직이는 돈으로(부동산과 동산) 둔갑당해 있지나 아니하는지 엄격히 분석해 보셨습니까? 아직까지 여기에 대하여 연구도, 분석도 없거나 이런 것에 대하여 검토나 생각조차해본 적이 없다면 그것만큼 불쌍하고 가련한 것은 없습니다. 이런 것도 연구, 분석, 검토해 보지 아니한 당신이라면 당신은 한국 교회에서 누구이며 무엇입니까? 또한 당신은 지금 출석을 하는 교회당에서 무엇이며 누구입니까? 움직여 주는 돈입니까? 교인의 숫자를 채워주고 있는 벌레입니까? 혹시 당신은 매 주일 예배당에 나가서 머리 숫자 셈이나 당하고 돌아가는 머릿수 신자는 아닙니까? 아니라면 당신은 교회당의 누구이며 무엇을 하는 자입니까?

성서에 보면 잎만 무성하고 열매는 없는 무화과나무를 보신 예수는 책망했음이 나타납니다(마태복음 21:19, 마가복음 11:13~14). 알맹이 신자는 없고 가을나무의 잎 마냥 떨어지기만을 기다리는 신자는 수효가 얼마이든 별 것도 아니고 그렇고 그런 것들입니다. 그들은 어디를 가나 그 교회당 안의 힘과 돈이 되는 인두 수에 불과한 자들입니다. 그러니 그들에게 어찌 구원과 천국의 삶을 요구할 수 있을 것입니까?

성서를 보십시오.

"저희는 번성할수록 내게 범죄 하니 내가 저희의 영화를 변하여 욕이 되게 하리라"고(호세아 4:7).

또한 성서는

"그러나 저희의 다수를 하나님이 기뻐하지 아니하신 고로 저희가 광야에서 멸망을 받았느니라"고(고린도 전서 10:5).

하나님은 예나 지금에서 교회당 안 인간의 수효를(교인 수) 보시지 아니하십니다. 죽은 시체 일천구 보다 생명 하나를 요구합니다. 죽어서 늘어진 사자보다 살아서 뛰고 있는 고양이 한 마리가 더 요구됩니다. 하나님은 언제나 교회당 안에서 교인의 많고 적음을 보시지 아니하시고 있기에 교회당에 교인이 얼마가 모이는 그런 것으로 세나 힘을 과시하려 해서는 안 됩니다. 그것은 우리 모두를 슬프게 하고 여호와를 욕되게 하는 것입니다.

하나님은 우리가 어느 교회당에 나가서 그 교회당의 힘과 세를 과시하는데 이용을 당하는 교인이 되거나 그 교회당의 목회자가 자기 과시욕에 동원하는 부대원 교인이 되거나 힘이 있다는 종교적 슈퍼스타의 힘과 응원부대원 노릇을 하려는 것을 원치 않습니다.
 작금의 한국 교회당들을 보십시오. 서구화되어서 자본주의화 합니다. 교인이 좀 많이 모이는 교회당의 목회자는 세도가 대단하고 목에다 힘을 주며 교만과 거만의 가죽 옷을 입고 다닙니다. 이런 것들이 어디 말이나 될법한 것입니까? 이런 행동이야말로 종이 되어야 마땅할 자들이 주인이 된 꼴과 행사이고 신하가 임금이 된 꼴들입니다. 분명 교회당과 목회자가 유의해야할 것은 하나님의 양들을 볼모로 잡아두지 말라는 것입니다. 이런 행위는 심판을 면치 못합니다.
 어쩌면 말세 교회당의 괴력과 마력이 이런 것들인지도 모를 일입니다. 마지막 때의 교회당들은 크고 교인이 많아지면 결국 고목나무 마냥 넘어지고 쓰러진다는 것을 잊고 있습니다. 주상을 아름답게 하고 제단을 많게 한다고(호세아 10:1~2) 성공하는 것은 아닙니다. 목자는 자신의 범위가 너무나 한정되어 있어서 양의 이름을 익힐 수 있는 그 상태가(범위) 제일입니다. 다시 말해서 어느 교회당의 어느 목사이든 자기 교회당의 신자들과 그 가족의 이름을 모를 정도면 그것은 파괴요 사탈입니다. 이때부터는 절대다수의 목회자는 사기와 공갈의 횡포를 일삼게 되고 속이게도 됩니다.
 그래서 성서는
 "저희가 내 백성의 속죄 제물을 먹고 그 마음을 저희의 죄악에 두는도다"고(호세아 4:8).
 또한 성서는
 "내가 너희 절기를 미워하여 멸시하며 너희 성회들을 기뻐하지 아니하나니 너희가 내게 번제와 소제를 드릴 찌라도 내가 받지 아니할 것이요 너희 살진 희생의 화목제도 내가 돌아보지 아니하리라"고(아모스 5:21~22).

거두절미하고 기존의 교회당에서 사람이 많이 모이고 교회당 건물이 크고 아름다운 그것 보다 그 교회당의 목회자가 과연 자기 양떼(성도)의 생명을 과연 책임지고 있느냐 하는 것이 보다 더 급선무입니다. 솔직히 말해서 목회자가 자기 교회의 신자들 이름도 얼굴도 제대로 모르는데 그의 생명을 책임진다거나 책임을 지고 있다는 것은 어불성설이며 마귀의 고상한 속임 술책이지 정상은 결단코 아닙니다. 지금 당신은 어느 예배당의 교인입니까? 그렇다면 당신은 교회당에서 목회자가 당신의 영혼을 정말 책임을 지고 있다고 보십니까? 아니라면?

대 환란의 때가 점점 가까워지면 기독교회에 극심한 타락 현상이 나타나서 백성이나 목회자나 매 일반이 되는데(호세아 4:9, 이사야 24:2) 과연 여러분의 생명을 여러분이 출석하는 그 교회당의 목회자에게 맡길 수가 있습니까? 현금당대 교회당의 목회자는 정말로 성도들의 영혼을 책임지고 있다고 보십니까? 아니면 그 반대라고 보십니까? 선택의 여하에 따라 살고와 죽고의 길이 달라질 것입니다.

3. 마지막 때의 교회당은 헌금의 부피에 신경과민현상을 보임

"나는 이레에 두 번씩 금식하고 또 소득의 십일조를 드리나이다"고(누가복음 18:12).

성서는 경고합니다.
"내 백성이 지식이 없으므로 망하는 도다 네가 지식을 버렸으니 나도 너를 버려 내 제사장이 되지 못하게 할 것이요 네가 네 하나님의 율법을 잊었으니 나도 네 자녀들을 잊어버리리라"고(호세아 4:6).

이는 곧 목회자의 무지와 무식에 경고함이며 무지한 목회자는 마지막 때에 여호와께서 버리신다는 경고입니다. 목회자만 버리는 것이 아니고 여기 6절 하반부를 보니 "네 자녀들을 잊어버린다"고 하는데 이는 각 교회당의 교인들을 의미하는 것인 만큼 목회자 한 사람의 실수와 범죄행위는 그 교회당 교인들 모두를 버림받게 하는 중차대한 사건이 됨을 강조한 것입니다.

현금당대 교인들은 "음란한 묵은 포도주와 새 포도주에 마음을 빼앗겼는지"는 알 수가 없으나(호세아 4:11) 어쩐지 사는 쪽에는 관심이 없고 멸망하는 짐승 쪽과(시편 49:12, 20) 패망하는 쪽으로 나아가고(호세아 4:14하반절) 기울어져 있는 것이 희한할 정도입니다.

오늘의 교회들을 보십시오. 헌금의 부피와 무게에 온 교회가 신경과민 현상만 보이는 것이 아니라 어른이고 아이고 간에 마지막 말기적 현상마저 보이고 있으니 야단입니다. 교회의 헌금이 얼마가 나오거나 그것은 그렇게 중요치 아니합니다. 어느 누가 헌금의 일부분을 떼어서 먹거나 훔쳐가는 것도 사실 별것이 아닙니다. 여호와께 드려진 헌금을 도적질하면 여호와가 백배 천배 그에게 징벌 내리실 것입니다. 그럼에도 신경과민 증상을 보입니다. 어떤 이는 이 많은 헌금을 어디에 사용하고 누가 먹고 누가 가져가느냐에 신경을 곤두세우기도 합니다.

요즘 보면 한 주에 헌금이 얼마 나오고, 한 달에 헌금이 얼마 나오고, 일 년에 헌금이 얼마 나오고… 를 책정한 후에 이를 위해 야단법석을 떠는 곳도 있습니다. 왜 한 주, 한 달,

일 년의 헌금을 책정해야 하고 세입과 세출을 정한 후 이에 상호 맞아야 하고… 하는 것인가? 이런 것들 모두가 여호와 하나님이 요구한 것인지?

매 주일마다 헌금이 많이 나와야 자기 과시욕에(목회자와 교회당) 만족이 있고 자기 충족의 기반 보충이 되는 것인지는 모르지만 또 한 주 한 달의 헌금이 많이 나와야 그 교회당 간판을 이 세상에 종교계에 과시를 하고 나타내는 것인지는 알 수가 없지만 목사와 장로들이 헌금의 부피와 무게를 위해 혈안이 되고 어떤 이는 밤의 잠 까지 설치며 오고가는 경우도 봅니다. 과연 그것이 하나님의 뜻인가? 과거의 교회당들도 그렇게 해서 대형 교회당이 되고 운영을 했지만 유럽이나 미주지역 심지어 중동과 아프리카 지역의 교회당들이 하나씩 계속 사라져가고 흔적조차 없어진 그 이유는 무엇이고 어디에 있는지? 도무지 역사의식과 현실의식이 희박하니 이만저만 큰일이 아닙니다.

사실 목사와 장로와 성도는 예배당의 헌금의 부피와 무게가 별것이 아니고 그렇게 중요치 아니함을 명심해야 합니다. 기독교회는 기도와 묵상, 성서읽기, 성서연구, 찬미, 경건의 생활이 먼저입니다. 목회자는 순교 준비와 설교 준비에 전념해야 합니다. 했던 설교를 다시 하려해서는 안 되고 남의 설교집이나 테이프나 노트를 보고 설교(지적 소유권) 도적질을 해서 양떼를 먹이려는 헛된 야망과 거짓된 언어 따위는 더러운 속임수임으로 철두철미 버려야 합니다. 주일날 낮 예배 설교(메시지) 한편의 준비를 위해 최소한 40~60시간 정도를 여호와께 바치는 저력이 있어야 함에도 불구하고 급조해서 모조품 설교를 하거나 도적질 설교를 만들어 팔거나 흥분, 감응, 감정, 체면에 호소를 하거나 거짓된 이야기와 헛된 신화, 꿈 이야기 따위로 쇼나 부리고 웃기기나 하며 팔불용 자기 간증이나 하는 가증스럽고 더러운 행위와 행동은 제단 위에서 절대로 삼가야 합니다.

또한 어디의 누구는 감사헌금 얼마를 하고 축복을 받았다느니… 하면서 신자의 감정에 호소하는 더러운 이를 위한 설교도 반드시 삼가야 합니다. 어떤 이는 생각하기를 교회당에 헌금이 많이 나와야 목회자로서 보수도 많이 받고 고급 승용차도 사서(구입) 타고 다니고 고급 아파트에서 살 수도 있고… 또한 그것이 그 목회자의 목회 성공 가이드라인이 아닐까? 또는 그것이 그 목회자의 목회성공 표본이 아닐까고 반문을 하나 사실 그런 것은 악마의 뒷구멍에서 나온 독가스 소리입니다. 기독교의 최대 성공과 출세는 그리스도와 사도들, 선지자들 마냥 목사나 장로가 순교를 당하는 바로 그것입니다. 그리스도를 위해 헐벗고 굶주리는 그것입니다. 목회자의 얼굴에 개기름이 돌고(시편 17:10) 목회자의 배가 비만해져서 바람 든 개구리 배와 같이 되면 그것은 무엇이든 여호와의 것을 도적질을 해서 먹었다는 산 증거입니다. 여호와의 영광과 시간, 여호와에게 드려져야 할 제반의 물질과 찬송을 도적질하고 기도와 금식과 철야를 도적질해서 먹었다는 증거입니다. 얼굴에 개기름이 끼고 배가 나온 목회자와 장로는 금식과 철야, 기도를 통해서 자신을 비판하고 자책하고 반성하면서 철두철미 회개해야 합니다.

헌금의 부피와 무게 따위에 현금당대 교회들이 치우치다 보니 자연 교회당 안과 밖의 사치와 목회자 사례비 등에 혈안이 되고 있는 것은 모순일 뿐입니다. 그리고 이런 것 때문에 존재와 생명체가 왈가왈부 당하는 것은 덕스럽지 못합니다. 사실 목회자에게 드려지는 목회비는 장관이나 대통령의 보수보다 더 드려도 모자랄 것입니다. 왜냐하면 목회자는 자기 배만 채우는 돼지새끼가 아니며 사모는 양공주가 아니기에 언제나 이웃의 가난함과 헐벗는 것을 보고 있는 다정한 메신저이기 때문입니다. 고로 기생오라비식은 금물이고 자기 배를 채우는 지나친 것도 금물입니다. 그럼에도 왜 말기 교회당들은 헌금의 부피와 무게, 목회자의 보수 그리고 타고 다니는 승용차, 살고 있는 사택의 여하에 따라 상응하는 대접을 받으려 합니까? 자본주의 사회가 가져다 준 자본 덕분입니까? 아니면 자본주의 사회가 가져다 준 신앙 파괴 덕분입니까?

호세아서 5:1절을 보니
"제사장들아 이를 들으라. 이스라엘 족속들아 깨달으라… 너희에게 심판이 있나니"라고 합니다.

이 시점에서 우리는
"바람이 그 날개로 저를 쌌나니 저희가 그 제물로 인하여 수치를 당하리라"고(호세아 4:19).

또한 성서는
"많은 목자나 내 포도원을 훼파하며 내 분깃을 유린하여 나의 낙토로 황무지를 만들었도다"고(예레미야 12:10).

또한 성서는
"주께서 그들을 심으시므로 그들이 뿌리가 박히고 장성하여 열매를 맺었거늘 그들의 입은 주께 가까우나 그 마음은 머니이다"고(예레미야 12:2).

이는 무엇을 의미하고 있습니까? 기존의 교회들과 목회자에 대한 경고가 아닙니까? 목회자에게 은닉 재산이 있으면 또한 하나님의 것을 하나님께 드리지 아니하고 숨긴 것이 있으면 그것이 목회자 자신의 살과 피를 마시고 먹어 치우기에,

경고한 진리는 고맙게 받아들여야 합니다. 교회의 헌금은 모두 여호와의 것입니다. 간판 단 그 개교회당의 헌금은 지상 그 어디에도 없습니다. 상당수의 교회당들은 그 개교회당의 당회의 승인 하에 사용하나 실상 교회당의 헌금은 여호와의 승인 하에 사용되어져야 하기에 그 개교회당 목회자나 어느 누구의 유익과 배를 채우기 위해 사용되는 것은 이 지상적 금물입니다. 누구도 여기에 대하여 바른 진리와 정의를 구사하지 못하면 여호와의 결정적(백보좌) 심판을 면치 못할 것입니다.

4. 마지막 때의 교회당들은 권위주의, 교회주의에 젖음(빠짐).

"서기관들과 바리새인들이 모세의 자리에 앉았으니 그러므로 무엇이든지 저희의 말하는 바는 행하고 지키되 저희의 하는 행위는 본받지 말라 저희는 말만 많이 하고 행치 아니하며"라고(마태복음 23:2~3).

마지막 때의 말기 조짐은 다른 곳에서 보다 교회당 그 자체 내에서 먼저 나타나고 일기 시작합니다. 말세의 조짐을 먼저 교회당들이 잊거나 모르거나 깨닫지 못할 때 그 교회당은 오래 지속이 못됩니다. 왜냐 하니 오래 지속될 원리와 가치를 이미 상실 당했기 때문입니다.

성서를 보십시오.

"형벌의 날이 이르렀고 보응의 날이 임한 것을 이스라엘이 알지라"고(호세아 9:7상반절).

그럼에도 기독교회가 이를 모른다거나 외시하는 것은 스스로 묘혈을 파는 파행이기에 징벌을 면치 못하게 됩니다.

그리스도의 재림 징조와 대 환란의 시작과 징조와 시작 그 자체가 먼저 교회당 안에서 나타납니다(호세아 8:1). 그럼 교회당 안에서 그 징조와 조짐이 어떻게 그리고 무엇을 통해서, 누구에게서 나타나느냐 하는 것이 문제의 핵심입니다. 우선 이런 사건들은 두 가지 현상에서 먼저 나타납니다.

① 권위주의에 기존의 교회당들이 젖고 빠져든다.
② 기존의 교회당들이 교회주의에 완전히 빠지고 젖는다.

위의 이 두 가지 현상이 기독교회에 나타나는 것을 보면 대 환란이 이미 시작되기 위해 나팔을 불려하는(요엘 2:1, 호세아 8:1상반절, 스바냐 1:16, 아모스 3:6) 순간임을 잊어서는 아니 됩니다.

그럼 교회들이 권위주의에 젖는다는 것은 무엇을 의미하는 것입니까? 그것은 교회당과 목회자가 권위주의에 떨어지고 젖는다는 것을 의미함입니다. 그럼 권위주의의 상징이 무엇입니까? 그것은 단말마적으로 이야기해서

① 교회당 강대상의 마루턱이 너무 높다는 것입니다.
② 교회당 안 당회의 벽이 너무 높고 웅장하다는 것입니다.
③ 교회당 안 당회장의 권위가 천정화(天頂化)하고 있다는 것입니다.
④ 교회당 안들이 민주화가 아닌 독재화와 왕권화의 상징이 되고 있다는 것입니다.
⑤ 교회당이 흡사 그리스도의 재림 시에 휴거라도 되는 양 오도되고 교회당들이 성도 위에 군림된다는 것입니다.

다시 말해서 오늘의 교회들은 강대상의 권위가 너무 높은 것이 흠입니다. 강대상 주변이 지나친 사치로 전시되고 눈 가리는 허영 따위로 진열되어 있기에 전시 효과와 나열 효과, 진열 효과 이외에는 아무것도 아닙니다. 가난한 성도가 그

교회당에 나오는데 그리고 그들의 수효가 부자들의 수보다 절대 다수를 차지하는데 그 교회의 현실적 수준에 맞추어서 강대상을 꾸미고 만든 것이 아니라 배부른 부자, 숨이 차서 꿀꿀(혁혁)하는 힘 있는 자들을 위해 꾸며졌으니 그 벽과 마루턱이 너무 높을 수밖에 없습니다. 요즘의 강대상은 수천만 원을 호가하는 것도 생깁니다. 어느 면으로 보나 이것은 절대로 아니 됩니다. 교회당의 강대상 주변은 나사렛 예수를 위해서 서민화가 되어야 하고 다시 오시는 심판장(그리스도)을 위해서는 대중화 되어야지 사치, 호사, 요사, 고급(낭비) 스러우면 버림과 파괴, 심판밖에 올 것이 없습니다.

교회당은 예수를 믿는 형제들의(마태복음 23:8~10) 만남의 장소이지 부자들의 낭만의 장소와 놀이터는 아니며 계급투쟁의 장 역시 아닙니다. 교회들의 당회가 하는 일이 무엇입니까? 예루살렘 교회(성전) 당회가 그리스도 당시 한일은 하나님의 아들 예수 그리스도를 이단으로 규정하고(마태복음 26:57~68, 마가복음 14:53~65) 잡아 죽이기로 가결한 일 그것이었는데(마태복음 26:66~67, 마가복음 14:64) 오늘의 교회당에서 당회가 해야 할 일이 과연 무엇이라고 생각하십니까? 나사렛 예수의 십자가를 지는 일입니다. 낮아지고 섬기고 겸손하고 성도들의 발을, 손을, 얼굴을 씻기고 어린 아이들의 코와 눈물을 닦아주는 일을 맡아서 해야 할 기관이 바로 당회이어야 합니다. 그럼에도 기존 교회당의 당회가 천국의 계급이라도 되는 양 알면 큰 오해입니다. 천국은 당회도 없고 당회원도 없으며, 목사와 장로란 계급도 없는 오직 섬기는 자들만이 모이는 곳입니다. 그런데 왜 기존의 교회당들마다 당회의 벽이 두껍고 높습니까? 누구를 위한 당회인데 말입니다. 당회는 인간을 위한 것들입니까? 아니면 나사렛 예수 그리스도를 위한 당회입니까? 아니면 여호와를 위한 것입니까?

  그럼 교회당 안의 당회장은 무엇(누구)입니까? 당회장의 주인은 철두철미 그리스도이십니다. 목사는 당회장이기보다 교회의 주인 되신 예수 그리스도를(마태복음 24:42~43) 대신한 하나의 청지기이거나 일군입니다(마태복음 24:44~47). 그럼에도 그가 교회당의 주인이란 의식을 가지는 것은 도적 행위이며 이질적 행각입니다. 그럼에도 오늘의 교회당들을 보면 왠지 당회장실이 으리으리합니다. 당회장실 문턱이 높아서 당회원이나 돈 많은 자들의 출입은 잦는데 가난하고 헐벗고 굶주리는 교인들의 출입은 거의 찾아볼 길이 없는 곳이 거의가 될 정도입니다.

  교회의 당회장은 누구를 위한 당회장입니까? 교회당에 모이는 인간들을 위한 것입니까? 심판하려고 오실 그리스도를 위한 것입니까? 분명 둘 중에 하나이어야 합니다. 교회의 당회장실은 어떤 이유에서든 간에 지하나 2층 또는 3층에 위치하고 있어서는 아니 됩니다. 교회의 당회 장실은 의자나 책상 기타가 가장 인간적이고 서민적이어야 합니다. 분수를 모르면 어느 누구도 자기 명대로 살지를 못합니다. 언제든 누구이든 요절할 것입니다. 왜냐 하니 스스로 죽음을 초청하니 어찌합니까? 그리고 당회장실에는 절대로 문이 잠기거나 닫히는 법이 없어야 하고 반드시 1층에 두되 열쇠란 그 자체가 없어야 합니다. 교회당에 나오는 어린 아이들, 학생들, 노인들, 청년과 대학생들 집사나 장로들 그 누구도 당회장실은 무사통과요 누구의 벗과 이웃도 "나사렛 예수를 닮은 당회장"은 되어야 합니다. 그럼에도 당회장실이 2층 3층에 있거나 고급화 하거나 자물쇠가 있어서 문이 잠기거나 문턱이 높은 것에는 반드시 흑막(남녀문제, 물질문제, 권위문제)이 도사리고 있음을 잊어서는 아니 됩니다.

또한 말세 교회들이 교회주의에 젖거나 빠지는 것도 대 환란과 그리스도의 재림 현상을 보이는 일종의 징표이니 유의해야 합니다.

말세 교회들은 지나치리만큼 교파주의에 젖게 됩니다. 또한 지나칠 정도로 유대주의에 젖습니다. 그래서 우리 교회는 보수요 정통이요 역사와 전통이 있는 장로교회요 감리교회요 무슨 교회요 하면서 역사와 전통을 따지게 됩니다. 사실 예수 그리스도가 세상에 계실 때 가장 싫어하고 멀리한 것이 무엇입니까? 이런 것들 아닙니까? 우리는 보수요 정통이요 하면서 가장 예수를 욕보이고 애를 먹인 집단이 바로 바리새인들(보수)과 서기관들(전통)이 아닙니까?

없어졌던 망령들이 마지막 때에 되살아나 오늘도 교회들이 교회주의에 젖어서 시름시름 병을 앓고 있습니다. 그리스도가 그렇게도 싫어한 것을(마태복음 24:15, 마가복음 3:6, 8:15) 왜 오늘의 교회당들이 다시 끌어내어 답습들을 하고 그리고 새삼스럽게 시작들을 하는지 모를 일입니다.

기존의 교회당들을 보면서 마지막 때의 교회당이면 그만이지 무엇이 또 필요하냐는 세대입니다. 어떤 이는 교회당 간판과 십자가, 목회자가 있으면 하나님이 계시는 것 아닌가 하면서 인간이 하나님을 붙잡다가 예배당 안에 앉혀두거나 붙들어 매어놓은 듯한 인상을 가지게 하나 오산입니다.

어떤 이는 지상의 교회당 안이면 그것은 노아의 방주 안이고 구원선이라도 되는 양 착각을 합니다. 또 교회당 안에 들어와 있으면 그것은 구원을 얻은 징표라도 되는 양 오해를 하는가 하면 대 환란이 와도 교회당들은 환란을 당하지 아니하고 휴거라도 하는 양(계시록 11:12, 12:6) 단단히 오해를 하니 이만저만의 문제가 아닙니다.

또한 교회주의에 흐르고 빠지니 대형교회당 건축에 어른과 아이들이 사족을 못 쓰고 모두가 법석을 떱니다. 어떤 이는 자기가 출석하고 있는 그 예배당 대문 바깥에는 구원이 없는 양, 다른 예배당은 구원이 없는 마귀의 처소라도 되는 양 오해를 하고 다른 예배당 출석자는 마귀의 새끼라도 되는 양 외시합니다. 어떤 이는 자기들 교회당만 제일이고 구원의 방주이고 그곳에로만 와야 은혜와 성령이 있고 다른 교회당에로 가보니 은혜도 성령도 없더라… 는 식입니다. 고상하고, 요사스럽고, 찬란한 고급 거짓말과 고등 사기술만 잘들 배워서 말의 허세를 떨고 행동의 사기를 치는 행위는 삼가고 버려야 합니다.

신자가 예배당을 사랑하고 아끼는 것은 좋으나 그만 지나쳐서 백성과 제사장이 일반이 되어(호세아 4:9상반절) "창기와 함께 나가며 음부와 함께 희생을 드림"에(호세아 4:14하반절) 참예하여 날라리판을 벌이는 것은 결코 반가운 일이 못됩니다.

그래서 성서는
"에브라임이 죄를 위하여 제단을 많이 만들더니 그 제단이 저로 범죄케 하는 것이 되었도다"고(호세아 8:11) 경고하고 있습니다.

5. 마지막 때의 교회당들은 장사터 화 함

"저희에게 이르시되 기록된바 내 집은 기도하는 집이라 일컬음을 받으리라 하였거늘 너희는 강도의 굴혈을 만드는 도다 하시니라"고(마태복음 21:13).

예수님 당시 예루살렘 성전은 장사터 화 했고 그 장사 터를 이용해서 종교 지도자들은 떼돈을 벌었고 호의호식을 했으며 그 돈으로 사람을 사서(마태복음 26:14~16) 그리스도를 붙잡게 했고 부활 현장사건을(마태복음 28:1~7) 시체 도난사건으로 둔갑시키기 위해(마태복음 28:11~15) 그 돈들을 사용했으니(마태복음 28:12, 28:15) 그들의 돈 사용법을 알만합니다.

그래서 성서는
"너와 함께 있는 선지자는 밤에 거치리라"고 합니다(호세아 4:5하반절).

인간은 낮보다 밤에 더 의로워져야 하고 진실해야 합니다. 그럼에도 밤을 만나면 사자에 독수리의 날개를 단 꼴이 되면 아니 됩니다.

마지막 때의 교회당들이 장사 터 화(백화점화) 되는 것은
① 이에 물것을 찾는 행위이고(미가 3:5상반절),
② 탐하여 빼 앗는 행위이고(미가 2:2),
③ 삯을 위한 행위이고(미가 3:11상반절),
④ 백성의 가죽을, 뼈에서 살을 뜯기 위한 행위입니다(미가 3:2-3).

그러니 놀라운 것 아닙니까? 분명 말세 교회당에는 출세족과 성공족이 날개 달린 판때기를 펴고 날뛰게 된다고 경고합니다. 사실 교회당들의 현실을 보십시오. 이미 물러가서 조용히 쉬거나 죽음을 준비하기에도 여념이 없어야 할 인사들(고목들)이 아직까지 이리저리 날뛰고 수십 개씩 종교적 감투를 쓰고 몸도 마음도 자유로이 가누지 못하면서 돌아다니려는 것을 보면 불쌍하고 처량하기까지 합니다.

어떤 목회자는 물러난 후 뒤에서 조용히 조언이나 하거나 아니면 성서연구에 여념이 없어야 할 자들이 한국교회의 크

고 작은 감투를 거의 손에 거머쥐고 있는 어처구니없는 현실을 봅니다. 이런 것들이 바로 감투욕에 찬 인간들의 사치스러움이 아니고 무엇입니까? 그리스도 당시에는 대 제사장이 둘이었습니다. 그 중에 하나는 물러가야 할 자임에도 물러가지 아니하고 여전히 남아서 실력을 과시하고 행사한 전철이 있듯이 오늘의 교계도 그러합니다.

그리스도 당시의 성전은(여호와의 전)
① 장사하는 집이 되었고(요한복음 2:14~16)
② 강도의 굴혈이 되었습니다(마태복음 21:12~13).

어느 면으로 보나 이것들은 본보기로 심각한 문제를 야기시켰습니다. 그리스도의 초림 때 마냥 재림 때에도 여전히 이상한 현상이 교회당 안에서 자주 나타나게 됩니다. 상부상조한다는 조건이기는 하나 괴상망측한 현상이 나타나게 됩니다. 생각해 볼 과제들입니다.

오늘의 교회당들이 교회의 헌금 등으로 부동산에 문어발식으로 투자를 하고 재산을 증식해 나갑니다. 도처에 기도원이나 수양관, 수련장 등을 조성한다는 명목아래 또한 목회자의 별장을 짓는다는 명목으로 또한 공원묘지(교인 묘지)를 조성한다는 명목으로 각종부동산을 매입하다 보니 부동산 투기 붐에 일익을 담당하고 있습니다.

또한 각종 증권에 투자를 하고 은행이나 사채 시장에서 음성적 이자놀이를 하고 이익을 거두어 드립니다. 각종 부동산(대지)에 일가견을 가지고 손을 댑니다. 어떤 교회당에서는 빌딩 사업을 하고 학교, 고아원, 양로원, 사회사업 그리고 주간지, 월간지, 출판사, 서점, 일간 신문사까지 확보하는 것을 봅니다. 각기 일하는 것을 보니 어디서 자금이 그렇게 나왔는지 천문학적 숫자가 쏟아져 나옵니다. 그리스도 당시나 지금이나 교회들이 장사를 한다는 것은 별반 차별이 없습니다. 그럼에도 그리스도께서는 왜 그 당시 성전에서 장사하는 것을 금지시키고 대노하셨는지가 의문입니다.

  분명 교회는 만민이 기도하는 집이어야 합니다(마태복음 21:13, 이사야 56:7). 그럼에도 헌금당대는 빗나가고 있습니다. 과녁에 화살이(진리)바로 꽂히는 것이 아니라 모두가 하나같이 벗어나고 빗나갔습니다. 기도하는 집으로서 보다는 장사 잘하는 집이 빨리 커지고 부흥이 잘됩니다. 권위주의에 빠지는 교회당일수록 빨리 부흥이 되고 일어나 큰 교회당을 건축하게 됩니다.

  그러다 보니 이 과정에서 각종 프리미엄이 교회당 안에서 펼쳐지고 생겨나 호주머니가 넓어져 갑니다. 오늘의 교회들은 자본주의 시장 경제를 잘 익히고 배워야 한다며 목회자적 상업구조 원리와 경영원리가 위세를 떨치고 있습니다. 그럼과 동시에 교회당들이 자본주의 구조 안에서 배운 것인지는 모르나 독과점식 신자 끌어 모으기에 혈안입니다. 나누어 준다는 것은 옛 말입니다. 어떤 곳은 교회당은 서울에 있고 신자는 부산, 대구, 광주 심지어 제주에까지 두고 있는 괴리현상은 역겨움과 모리배적 야바위 같아서 구토증마저 나오게 합니다. 그러므로 교회당과 목회자가 현대판 싹쓸이 병에 걸려서 허우적거리는 것을 보게 됩니다. 그럼에도 교회들은 자본주의 시장체제를 도입해서는 결코 아니 됩니다. 이런 현상과 사고와 신앙들이 불원간에 기독교회들을 물 말아 먹어치울 것입니다.

  그것뿐이 아니고 말기적 현상인지는 모르나 큰 교회당근방의 쌀가게, 연탄 가게, 각종 옷 가게, 그릇 가게, 식료품 가게 기타 등등도 경쟁을 하며 교회당으로 몰려나옵니다. 모두는 아니지만 각기 장사를 위해 약삭빠르게 말입니다. 고로 교회당 안은 일요일이나 금요일이 되면 하나의 세속 시장화 합니다. 서로가 금전을 거래하고 각종 매매를 알선하며 계산기놀이 등을 자행하다보니 언제나 시끄럽고 요란합니다. 그러니 성서의 경고가 귀와 눈에 와서 닿지를 아니합니다.

성서의 경고를 보십시오.

"너희는 흉한 날이 멀다하여 강포한 자리로 가까워지게 하고 상아 상에 누우며 침상에서 기지개 켜며 양떼에서 어린 양과 우리에서 송아지를 취하여 먹고 비파에 맞추어 헛된 노래를 지절거리며 다윗처럼 자기를 위하여 악기를 제조하며 대접으로 포도주를 마시며 귀한 기름을 몸에 바르면서 요셉의 환란을 인하여는 근심치 아니하는 자로다"고(아모스 6:3~6).

그러므로 이런 몰지각한 종교 지도자들에게는 반드시 여호와의 징계가 임하게 됩니다. 성서를 보십시오. "그러므로 저희가 이제는 사로잡히는 자 중에 앞서 사로잡히리니 기지개 켜는 자의 떠드는 소리가 그치리라"고(아모스 6:7).

6. 마지막 때의 교회당들은 홀로서기 운동을 전개함

"내가 주릴 때에 너희가 먹을 것을 주지 아니하였고 목마를 때에 마시게 하지 아니하였고 나그네 되었을 때에 영접하지 아니하였고 벗었을 때에 옷 입히지 아니하였고 병들었을 때와 옥에 갇혔을 때에 돌아보지 아니 하였느니라"고(마태복음 25:42~43).

그리스도 당시 예루살렘 성전을 보십시오. 당시 홀로서기 운동의 기수가 그곳입니다. 하나님의 아들 그리스도 곧 예루살렘 성전의 주인 되신 이가 오시니(마태복음 21:37) 유대 땅 베들레헴에서 예루살렘으로(마태복음 2:1~6, 미가 5:2) 오시게 하시는 것이 아니라 나사렛과(누가복음 2:39) 애굽 땅으로 내어 보냅니다(마태복음 2:13~15). 애굽으로 보내면서 그렇게 하지 아니하면 잡아다 죽인다며 마구 칼을 휘두르기도 합니다(마태복음 2:13~18). 그러므로 홀로서기 운동에서 그곳이 일차는 성공을 거두었습니다.

동시에 그들은 제2차도 홀로서기 운동입니다. 찾아오신 그리스도에게 성전을 내어드리는 것이 아니고 오신 그리스도(메시야)없이도 우리는 살거나 생활하거나 성전을 운영할 수가 있다며 도무지 성전을 비어드리지 아니합니다. 그러므로 예루살렘 성전은 그리스도도, 하나님도 안 계시는, 떠나고 없는, 아예 받아들이지 아니한 곳이 되었습니다.

거두절미하고 그리스도 당시 유대인과 종교의 최고지도자들이 거둔 최대 업적은 예루살렘 성전을

① 그리스도(메시야)가 안 계시는 곳으로 만들었다는 것.
② 그리스도를 필요로 하지 아니하는 곳으로 만들었다는 것.
③ 그리스도가 없이도 지탱할 수가 있는 곳으로 만들었다는 것.
④ 그리스도가 떠나고 없는 곳으로 만들었다는 것.
⑤ 오신 그리스도와 아무런 상관관계도 없는 모델케이스로 만들었다는 것.
⑥ 하나님의 아들 그리스도가 성전 밖에, 외지에 계시도록 만들었다는 것.
⑦ 성전을 인간의 구미와 규격에 맞는 전으로 둔갑시켰다는 것 등.

이렇게 하고도 수십 년간 지탱을 했고 동시에 하나님의 아들 독생 성자를 잡아다가 성전의 부속건물 안에서 재판을 하고 욕을 하고(마태복음 26:57~64) 매질을 하며 사형에 해당한 판결은(마태복음 26:66~67) 내리기도 했습니다. 그러면서 당시 교회당의 지도자들은 그리스도 없이, 하나님 없이도, 교회당(성전)은 이렇게 지탱하지 아니 하느냐거나 성령의 도우심과 역사하심이 없이도 성도는 교회당으로 나오고 감사도 드리고 헌금도 하고 십일조도 바치며 열심히 잘들 하고 있지 아니하냐고 반문을 합니다. 하나님 없이도 그리스도 밖에서도 성전이 지탱되고 지탱할 수 있다는 그 모델케이스가 바로 예루살렘 성전이라며 보라고 큰 소리를 쳤습니다. 흡사 용트림을 하듯이 말입니다.

오늘의 기독교회당들이, 그리스도 당시의 종교적 현실을 잘도 답습해서 홀로서기 운동을 펴느라고 신문사도 가지고, 출판사, 서점, 대학교, 신학교들을 가지는가 하면 공동묘지, 기도원, 금식 기도원, 수양관, 고아원, 양로원, 유치원, 유아원… 등을 가집니다. 각기의 필요에 따라서 말입니다.

그러면서 현금당대의 교회들이 홀로서기 운동을 위해 그리스도에게 요구하는 것은

① 교회와 개인의 사생활들을 제발 침범하지 말라는 요구입니다.

② 그리스도나 성령께서 교회당이나 개인에게 너무 가까이 접근하지 말아달라는 요구입니다.

③ 그리스도가 교회당이나 개인의 안에 들어와 주인이 되지 말고 밖에서 조용히 객이 되어 있어 달라는 요구입니다.

④ 그리스도가 다시 오시던, 오시지 아니하던 조용히 계셔 주시고 간섭 따위는 제발 말아달라는 요구입니다. 무엇을 하

던지 간에.

　그러다 보니 그리스도가 안 계시는 교회당들이 속출하고 그리스도가 없는, 그리스도가 밖에 있는 교회당들이 도처에 나타나고 그리스도와 상관없는, 필요로 하지 아니한 교회당들이 도처에 나열되고 있습니다. 요즘의 교회들은 그리스도가 없이도 혼자 설 수가 있다고 큰 소리를 칩니다. 그러면서 우리에게는 목사도 있고 강도사, 전도사, 신학생이 있고 장로, 권사, 집사, 구역장, 권찰이 있고 교사들이 있고 찬양대가 있고 교회당에는 당회, 제직회, 학생회, 청년회 기타 회 등이 있고 감사헌금, 주일헌금, 주정헌금, 십일조 기타의 헌금이 있으며, 성미가 있고 그리고 성서와 찬송가가 있고 교회당과 십자가와 교회당 간판과 각종성구와 성물이 있으니, 그리고 매 일요일 날을 주일이라 하며 모이고 저녁에도 모이며 수요일 기도회도 있고 금요일에 구역 예배가 있으니 그리고 사람이 죽으면 장례식예배, 입관예배, 출관예배, 하관식예배가 있고 결혼식, 환갑, 생일, 돌잔치 등등의 예배가 있고 하니 하나님이나 그리스도가 안 계셔도, 그리고 간섭을 하지 아니해도 불교나 유교 마호멜교 마냥 우리도 얼마든지 지탱을 하고 홀로 서기할 수 있다며 암암리에 무언의 데몬스트레이트를 벌이는 것을 봅니다.

　사실 중공과 제정 러시아가 이렇게 하다가 기독교회가 무너졌고 소아시아(터키)의 교회들이 그랬고 38선 이북의 교회당들 역시 그러했음을 압니다. 그러므로 오늘의 기독교회들은 하나같이 홀로서기 운동에 박차를 가하고 있습니다. 성령이 불원 유대에로 돌아가고 우리는 기독교라는 간판 아래 공동의 전선(공동체)을 펴면서 능히 지탱할 수가 있다는 투와 식입니다. 어디 두고 볼 일입니다.

또한 마지막 때 교회당에서는 엘리의 아들 홉니와 비느하스와 같은 현상도(사무엘 상 2:12~17) 도처에서 나타나 세인의 비웃음거리가 되게 합니다. 돈 얼마를 위해 권총으로 목사가 사람을 죽이고 자기의 동서까지 권총을 쏘아 죽이려 하는 세대이니 어찌 세인들이 놀라지 아니할 것이며 비인격적 일이 도처에서 나타나는데 어찌 지탄의 대상이 안 될 것입니까?

단도직입적으로 오늘의 교회당들을 보십시오. 그곳에 그리스도가 과연 계시는지 아니 계시는지를. 양심과 신앙이 있는 자는 솔직히 목숨을 걸고 확인을 해 보십시오. 위의 이런 현상들이 성서는 대 환란 직전에 나타날 말기 현상이라고 규정하고 있습니다.

7. 마지막 때의 교회당들은 문이 닫히는 현상이 나타남

"나 주 여호와가 말하노라 안뜰 동향한 문을 일하는 6일 동안에는 닫되 안식일에는 열며 월삭에도 열며"고(에스겔 46:1).

성서를 보십시오.
"나팔을 네 입에 댈지어다. 대적이 독수리처럼 여호와의 집에 덮치리니 이는 무리가 내 언약을 어기며 내 율법을 범함이로다"고(호세아 8:1).

위의 성서는 의미하는 바가 크고 많습니다. 그리스도 당시 예루살렘에 성전은 있으나 그리스도께서 들어가 계실만한 곳이 없었습니다. 그리스도는 언제나 외지에, 한적한 곳에 계십니다(마가복음 2:35). 예루살렘 옆 베다니에서(마태복음 21:7, 마가복음 11:11~12) 쉬시고 주무시기는 했어도 예루살렘 성전이나 그 주변에서 쉬거나 주무신 적이 없습니다. 그 이유는 무엇이고 어디에 있습니까?

　그리스도는 산과 들에서 밤을 지새우고 철야 기도를 해도(누가복음 6:12) 예루살렘 성전에서 밤을 지새우거나 철야 기도를 드리신 적이 없습니다. 자리가 없거나 협소한 것도 아니고 눕거나 쉴만한 장소가 없는 것도 아닌데 그리스도는 예루살렘 성전과 성 안에 계시지를 아니 했습니다. 그 이유는 그리스도께서 보시니 예루살렘 도성 안이나 성전에는 자기가 계실 곳이 그 어디에도 없고 부자네 집이나 가난한 자들의 집 그리고 종교 지도자들의 집들도 하나같이 대문도 안 문도 닫혀있어서 쉴 곳도 거할 곳도 없을 뿐 아니라 그런 곳이 보이지 아니하니 구걸행각은 하지 않겠다는 것입니다. 주인이 왔는데 객이, 종들이 비어 드려야지 어찌 주인이 구걸을 하고 통사정을 해서 하고 많은 방 가운데 어느 한 방을 빌릴 수야 없는 것 아닌가 입니다.

　예수는 자신이 하나님의 아들이고 자기가 바로 오신 그리스도(메시야)이다며 성전의 문들을 부수고 안으로 들어가 상주할 수도 있으나 그렇게 할 수는 없었습니다. 그 뿐이 아닙니다. 전국에는 수백 수천 개의 회당들(교회당)이 있으나 어느 곳에서도 하루 밤을 지세거나 보내신 적이 없습니다. 그 이유는 무엇입니까? 하나같이 그곳에서 원주인을 몰아내고 종들과 객들이, 가짜들이 하나님 아들 그리스도의 노릇을 하면서 욕심 많은 주인이 되어 있으니 도리 없이 오신 그리스도는 포기하신 것입니다. 고로 성전과 회당들은 그 후 40년 만에 모두가 무너지고 폐허화 되고만 것 아닙니까?

이와 같이 말세 교회당의 현상도 그러합니다. 말세 교인들은 그리스도가 없는, 떠난 교회들을 요구하고 바라기에 점차 교회들의 문들이 닫히고 있습니다. 오늘날 한국 교회들을 보십시오. 여기저기에서 일요일 날만 문이 열리고(에스겔 46:1) 평일에는 거의가 문이 닫혀 있고 잠겨 있습니다. 그럼 그렇게 되는 이유는 무엇입니까? 그것은 말기 현상이 기존 교회당에 그렇게 투영되어 나타난다는 것을 알립니다.

 말세 교회들은 그리스도 당시 마냥 그리스도가 멀리 있고 떠나 있기에 자연 교회당의 문이 닫혀있습니다(에스겔 44:1~2). 교회당의 문이 닫히는 것은 들어가는 자들이 줄어들고 없어진다는 징표입니다. 교회들의 문이 닫히는 것은 대 환란의 때를 대비해서 사전 연습과 준비를 하는 것인지도 모릅니다. 성령이 이방에서 유대로 돌아가게 되면 자연 이방의 교회당들은 텅빈 것이고 그것을 대비해서 사전 훈련과 연습을 부지런히 하고 있는 현 상황인지도 모를 일입니다.

 어찌 되었거나 예루살렘 성전의 원주인을 골고다로 몰아내고 가짜들이 주인이 되고나니 성전의 문이 닫히고 그로 인하여 얼마 후 헐어지고 파괴되어 버렸듯이 오늘날 지상 교회당들의 주인으로 점차 그리스도가 아닌 인간들이 차지하고 있으니 교회당의 문이 닫히고 뒤이어 나타날 대 환란과 적그리스도에 의해서 완전히 파괴가 되고(다니엘 7:21, 8:24) 불살라지고(시편 74:7, 8) 없어질 것을 예견한 것은 어처구니 없는 일들입니다.

 현금당대에서 예배당의 주인이 과연 누구입니까? 국가입니까? 종교단체입니까? 그 개교회당입니까? 아니면 목사나 장로(당회)입니까? 아니면 누구입니까? 양심과 신앙이 있는 자는 자기가 직접보고 느끼고 깨달은 그대로를 확인해서 대

답해 보십시오.

　지금에서 어디에 있는 교회당을 찾아가도 당신은 교회당 안에 들어가서 자유로이 기도를 드리기는 심히 어려울 것입니다. 그 이유는 교회당은 6일 동안 거의 문이 닫혀 있으니 말입니다(에스겔 46:1). 이는 다가올 대 환란의 때를 위한 사전 예행연습과 훈련이기에 도리가 없다고 하면 할 수 없지만 말기 현상으로서는 지나칩니다. 오늘의 교회가 대 환란 때에 순교자와(제11편 참조) 통과자를 많이 내려면, 그리스도의 피난처로 가야할 성도를 많이 배출하려면 우선 교회당 문부터 항상 열어놓는 훈련부터 해야 합니다. 그럼에도 그것이 결국 쉽지는 아니할 것입니다. 그 이유는 교회당 안에 고가품과 사치품이 너무나 많이 차있고 성령의 능력으로도 지켜줄 수가 없는 도적 물건들이 들어와서 자리를 완전 차지하고 있기 때문에 불가불 문을 닫아두고 잠가둘 수밖에 없을 것입니다.

　지금의 교회당이 사찰, 수위 그리고 자물쇠로 문을 닫는 것은 말기적 현상이며 다가올 사태를 위한 예행연습이며 이미 이방 땅에 있는 교회당들로부터 성령이 벌써 떠날 채비를 끝내고 있다는 증거이며 이방에 있는 교회당들이 그리스도나 성령의 인도와 역사와 보살핌이 없이도 견디고 지탱되며 살아날 수 있다는 것을 보여 주려는 행위입니다. 고로 지금 당신이 출석하는 그 교회당에 나가 보십시오. 주일(일요일)이 아닌 평일에 문이 닫혀 있는지 완전히 열어두고 있는지를 말입니다. 닫혀 있다면 왜 문이 닫혀 있는 것입니까? 그 이유는 그 교회당 안에는 지금 성령께서도 지킬 수가 없는 찬란한 도적물건이, 거룩하지 못한 성구들이 가득하게 채워져 있다는 것과 목회자와 당회의 권위를 위해서 입니다. 다른 면으로는 다시 오신다는 그리스도가 못마땅해서 입니다.
성서를 보십시오.
"제사장들아 너희는 굵은 베로 동이고 슬피 울지어다. 단에 자들아 너희는 곡 할지어다 내 하나님께 수종드는 자들아 너희는 와서 굵은 베를 입고 밤이 맞도록 누울지어다. 이는 소제와 전제를 너희 하나님의 전에 드리지 못 함이로다"고(요엘 1:13).

8. 마지막 때에는 주의 종들에게 극심한 타락 현상이 나타남

"백성과 제사장이 일반일 것이며"라고(이사야 24:2상반절).
또한
"장차는 백성이나 제사장이나 일반이라 내가 그 소행대로 벌하며 그 소위대로 갚으리라"고(호세아 4:9).

현대 기독교회에 대한 경고에서 반드시 밝혀져야 할 사건이지만 마지막 때가 되면 각 교회당의 타락 현상은 가히 눈을 뜨고는 볼 수 없는 데까지 몰려갈 것은 고사하고 소위 주의 종들의 타락 현상도 극에 달한다는 것을 알립니다.

마지막 때에는 기독교를 이용해서 돈을 버는 모리배들도 도처에 나타날 것이고 예수를 등에 업고 성공과 출세를 하는 성공족과 출세족도 기독교회 안에서 다수 나타날 것입니다. 외국의 선교부와 결탁해서 유익을 얻는 단체도 생겨나고 선교부니 뭐니 하는 기관과 손을 잡고 국내외를 오고 가는 박쥐족도 나타날 것입니다. 세계 도처에 세계기독교 협의회니 또는 기독교 연합회니 하는 기구를 만든 후 상부상조한다는 것을 구실로 해서 개인의 명성과 유익을 얻고 구하는 무리도 교회당의 지도자들 가운데 나타날 것입니다.

　각 나라마다 기독교 총회(각 단체)를 만들어 놓고 그것을 앞내 세워 세계기독교 대표들을 국내로 끌어들이거나 아니면 각 나라로부터 초청을 받아 순회를 하면서 협의회나 총회에 참석을 하고 또한 세미나를 연다는 것을 기화로 해서 기독교세를 과시하거나 그 단체(총회)의 세를 만방에 과시하려는 말기적 현상을 보이기도 할 것입니다.

　성서가 지적하는 마지막 때 나타날 극심한 타락 현상들을 보십시오. 마지막 때에는 목회자와 일반인이 일반화 된다고 했는데(호세아 4:9) 그것을 현실적으로 이루어 드리기라도 하려는 듯 성직자의 성직(목회)이 하나의 직업화 되어져가고 있으니 심각한 우려를 자아냅니다. 그러다 보니 사업을 하다, 장사를 하다 잘 안되고 망하면 목사라도 되어야지 하거나 자식들 가운데 머리가 나쁜 놈이 있으면 저놈은 목사나 시켜야지… 하는 세태가 되었으니 어느 정도 타락현상인 것을 알만한 것 아닙니까? 목사직분이 사명이 아닌 직업화가 되었으니 어찌됩니까? 그 다음 현상으로써 교회가 직장화가 되어지므로 교회당에 나가 인도하는 것이 직장에 나가는 꼴이 되었으니 그 다음에 다가올 것은 자명한 것 아닙니까?

　성서가 아무리 "깨닫지 못하는 백성은 패망한다"고 외치지만(호세아 4:14하반절) 선지자란 지도자들은 위인이 경솔하고 간사한자들 뿐이고 제사장이란 목회자는 성소를 더럽히고 있다는데(스바냐 3:4) 대 환란의 재앙이 아무리 여름실과를 딴 후와 포도를 거둔 후 같다고 외치지만(미가 7:1) 어느 누가 그 소리를 듣거나 마음속에 담아 두기라도 한답니까? 오늘의 교회당 안에서 이 소리를 해보십시오. 솔직히 교인은 보다 더 떨어질 것이고, 축복을 외치고 "재앙이 우리에게 임하지 아니하리라"고(미가 3:11하반절) 외치면 하나같이 그곳으로 몰려갈 것입니다.

　마지막 때에는 교회가 직장이 되고 목회에 직업화 현상이 나타나므로 말씀이 없어 갈함이 와도(아모스 8:11) 누구 하나 책임을 지는 사람이 없어지고 나니 하나님의 파수꾼들은 "그 모든 행위에 새 잡는 자의 그물 같고"(호세아 9:8) 라는 현상이 나타나 심한 구토증을 자아내게 할 뿐만 아니라 "선을 미워하고 악을 좋아하는" 현상이(미가 3:2) 나타나서 세상을 깜짝 놀라게 할 것입니다.

　그런가 하면 목사라는 칭호는 가졌음에도 목회는 아니 하고 시내의 다방이나 기타의 장소에로 몰려다니며 사기를 칠 궁리를 획책하는 자가 있는가 하면, 나쁘고 악한 일을 도모하고 비신사적이고 비 진리적인 일만 일삼으니 그것도 문제이며, 지나친 자본주의 물에 젖기에 출세와 성공을 성직자가 의식하는 현상도 괴기현상으로 나타나는 것들입니다. 목회자의 성공과 출세는 교회당을 크게 짖거나 교인을 수만 명 끌어 모았다 해서 성립이 되는 것은 아닙니다. 목회자의 성공은 때가 될 때 순교를 당하는 것이 승리요, 성공이요, 출세입니다. 이사야와 예레미야, 베드로와 바울 그리고 그리스도가 순교를 당한 것을 먼저 염두에 두어야 됩니다(계시록 6:11).

　또 말기 교회당의 현상은 하루살이는 걸러내고 약대는 삼키는 일이 일어납니다(마태복음 23:24). 회칠한 무덤들이기에(마태복음 23:27) 과부의 가산을 삼키는 일도 생겨납니다(누가복음 20:47). 닥치는 대로 돈을 모아야 교회당도 크게 짖고 기도원과 수양과, 사택 등도 고급화하고 각 급 학교도 짓고 운영을 하며 기타 부동산 등에도 투자를 하고 각종신문

사도 운영할 것 아닙니까?

　목회자가 어디서 돈이 나와 이런 것들을 운영합니까? 하늘의 만나 창고에 밑구멍을 뚫어서 내려오는 만나를 여호와 모르게 훔쳐다 팔아먹은 그런 돈도 없는데 말입니다.

　그럼과 동시에 말세 교회당의 지도자들은 교회당에서 자기의 권위와 위치 확보를 위해 사생결단을 내고 내적 혈투를 벌리는 것을 봅니다. 목에다 힘을 주어야 하고 혀를 굽혀서 고상한 소리도 내야하고 거짓말, 공갈, 협박, 사기도 쳐야하고 꿈, 환상, 입신 그리고 비몽사몽간에 자기가 어디를 갔다가 왔다라는 소리도 거침없이 해야 하고 우부우녀 신자들에게 꿈 해몽도 해주러 다니고 자기를 잘 대접하면 축복을 받는다라는 소리와 자기를 배신하면 저주를 받아 죽고 망하고 파괴가 된다라는 소리를 거르지도 아니하고 마구 토해내는 어처구니없는 현실을 봅니다. 특히 기도원 등지에서의 신유, 은사 집회처로 가서 보면 여기는 한등 더 높이 사기, 공갈, 협박이 난무하고 속임술, 최면술, 기압술, 찰력술 등이 줄을 잊고 심지어는 정령술과 전기 감전술과 약물 섭취물(약물 입신술)까지 등장합니다. 그래서 상당수의 사람들은 대 부흥회나 산 기도원 집회에서 입신이나 안수를 받아 넘어지는 체험을 했다고 지껄이지만 실상은 마귀 새끼들의 각종 속임수에 대개가 깜박 속아 넘어간 것들임을 잊어선 아니 됩니다.

　성서를 보십시오.
　"너희 중 선지자들에게와 복술에게 혹하지 말며 너희가 꾼바 꿈도 신청하지 말라"고 합니다(예레미야 29:8).
　거짓자들 일수록 여화와가 자기를 보내었다란 소리를 잘하고 주로 여호와 가라사대를 외칩니다. 그러나 이들은 거짓을 예언함 입니다. 몽사도 가르치고 말입니다(예레미야 13:21~22,

23:25~28). 거짓 목자일수록 외관이 더 거룩하고 신령해 보입니다. 세상적으로 돈도 권력도 명예도 가지고 있고 종교적으로는 큰 교회당과 많은 신자와 돈을 가지고 있습니다. 그러므로 여기서 문제가 다분히 생깁니다.

9. 마지막 때 교회당들의 위치

"에브라임이 죄를 위하여 제단을 많이 만들더니 그 제단이 저로 범죄케 하는 것이 되었도다"고(호세아 8:11).

마지막 때 교회당들은 교회적위치(가치)가 상실됩니다. 말기적 현상을 위해서 그렇게 되는지는 모르나 일단 자기 위치에서 벗어나고 떠나며 자기의 본분을 다하지 못하고 망각하게 됩니다. 고로 말세교회들에 대한 성서의 지적을 보십시오. "너희가 내게 번제와 소제를 드릴지라도 내가 받지 아니할 것이요 너희 살찐 희생의 화목제도 내가 돌아보지 아니하리라"고(아모스 5:22).
또한 성서는
"그 때에 그들이 여호와께 부르짖을지라도 응답지 아니하시고 그들의 행위의 악하던 대로 그들 앞에 얼굴을 가리우리라"고(미가 3:4)
또한 성서는
"너희는 흉한 날이 멀다하여 강포한 자리로 가까워지게 하고 상아 상에 누우며 침상에서 기지개 켜며 양떼에서 어린 양과 우리에서 송아지를 취하여 먹고 비파에 맞추어 헛된 노래를 지절거리며 다윗처럼 자기를 위하여 악기를 제조하며 대접으로 포도주를 마시며 귀한 기름을 몸에 바르면서 요셉의 환란을 인하여는 근심치 아니하는 자로다"라고(아모스 6:3~6).
　또한 성서는
"저희가 양떼와 소떼를 끌고 여호와를 찾으려 갈지라도 만나지 못할 것은 이미 저희에게서 떠나셨음이라"고(호세아 5:6).
　또한 성서는
"네가 지식을 버렸으니 나도 너를 버려 내 제사장이 되지 못하게 할 것이요"라고(호세아 4:6상반절).
　위의 성서가 과연 무엇을 의미시키는 것들입니까? 말세 교회들과 목회자들의 타락 실상을 의미하는 것 아닙니까?
그럼 우리는 여기서 성서의 기술을 좀 더 들어보십시다.
　"그 가운데 선지자들의 배역함이 우는 사자가 식물을 움킴 같았도다. 그들이 사람의 영혼을 삼켰으며 전제와 보물을 탈취하며"라고(에스겔 22:25).
　또한 성서는
"그 가운데 그 방백들은 식물을 삼키는 이리 같아서 불의의 이를 취하려고 피를 흘려 영혼을 멸하거늘 그 선지자들이 그들을 위하여 회를 칠하고 스스로 허탄한 이상을 보며 거짓 복술을 행하며 여호와가 말하지 아니하였어도 주 여호와의 말씀이라 하였으며"고(에스겔 22:27~28).
　또한 성서는
"그 파수꾼들은 소경이요 다 무지하여 벙어리 개라 능히 짖지 못하며 다 꿈꾸는 자요 누운 자요 잠자기를 좋아하는 자니 이 개들은 탐욕이 심하여 족한 줄을 알지 못하는 자요 그들은 몰지각한 목자들이라 다 자기 길로 돌이키며 어디 있는 자이든지 자기 이만 도모하며 피차 이르기를 오라 내가 포도주를 가져오리라 우리가 독주를 잔뜩 먹자 내일도 오늘 같이 또 크게 넘치리라 하느니라"고(이사야 56:10~12).

상술한 성서가 바로 마지막 때 교회당의 현상이라 한다면 우리는 여기에 귀를 기울이고, 이런 목회자는 아닌지, 또 나도 여기에 해당이 되는 것 아닌지 심사숙고해 보아야 합니다. 목사는 교회당에 나오는 전체 교인의 중 정도로 살고 생활하는 것도 감사해야 합니다. 목회자의 식생활과 기타 모두가 교인의 앞 또는 위가 되면 그 때는 타락이 옵니다.

말세교회들의 위치와 실상이 이 정도이니 무엇을 요구하고 바랄 것입니까? 말세교회와 목회자가 벙어리 개가 된다고 성서는 규정합니다. 그럼 그 이유는 무엇입니까? 오늘의 한국교회는 벙어리 개입니까? 벙어리 개라 한다면 과연 무엇에서 벙어리 개이고 누구에게, 누구를 향한 벙어리 개입니까? 나라와 민족입니까? 위정자들입니까? 아니면 신자를 향한 벙어리 개입니까? 아니면 여호와를 향한 벙어리 개입니까?

교회당들마다 교인은 잘들 끓어 모읍니다. 각종헌금도 잘하게 해서 교회당도 잘 짓습니다. 그럼에도 아연실색하는 것은 모두가 자기 위치에서 벗어나 있고 밀려나 있다는 그것입니다. 그럼 우리는 여기서 교회당의 몇 부류에게 질문을 던질 수밖에 없습니다.

① 현금당대 교회당에서 목회자는 과연 바른 위치에 서있고 각각 목회자의 구실을 바로 하고 있느냐 하는 것입니다. 아무리 보아도 자기의 위치를 상실했거나 포기당하거나… 하는 처지에 놓여 있는 것이 아닌가 합니다.

② 교회당의 장로나 권사, 집사 그리고 신자들이 과연 자기들 위치에 바로 서있고 각기 신자 된 자기 구실을 하고 있느냐 하는 것입니다. 어디에 산다는 누구 할 것 없이 아무리 보아도 신자 된 사명을 완수하는 자가 눈에 잘 보이지 아니하고 있습니다.

③ 현금당대의 교회들은 각기 제구실을 하는가? 아무리 보아도 다하지 못하고 있는 듯합니다. 인권과 민주화를 위해 투쟁하는 교회와 목회자는 있으나 교회의 정상적 위치와 각기 제 구실을 위해서는 투쟁하는 목회자도, 교회도 거의 없다는 것이 안타까울 뿐입니다.

이 땅에는 교회들과 신자들의 수효가 기하급수적으로 많아지고 늘어나지만 또한 도처에 자칭 선지자와 예언가는 많지만 위정자들의 잘못된 죄를 지적하는 목회자는 거의 없고 아부만 가득합니다. 교회의 수효와 교인의 수효는 많으나 국가의 흥망성쇠를 예언하면서 오히려 길을 제시하고 리드하는 목회자가 보이지 아니하기에 심각해집니다.

그러니 다시 한 번 마지막 때 종교적 타락현상을 상고해보지 아니할 수 없습니다.

"그 선지자들의 죄와 제사장들의 죄악을 인함이니 저희가 성읍 중에서 의인의 피를 흘렸도다. 저희가 거리에서 소경같이 방황함이여 그 옷이 피에 더러웠으므로 사람이 만질 수 없도다"고(예레미야 애가 4:13~14).

또한 성서는
"그 제사장은 삯을 위하여 교훈하며 그 선지자는 돈을 위하여 점치면서"라고(미가 3:11상반절).

이런 현상이 마지막 때에 목회자들에게 나타나니 세상이 온통 이상해집니다. 고로 세상 일반인이 목회자를 향하여

"사람이 저희에게 외쳐 이르기를 부정하다 가라가라 가라 만지지 말라 하였음이여 저희가 도망하여 방황할 때에 이방인이 이르기를 저희가 다시는 여기 거하지 못하리라 하였도다"고(예레미야 애가 4:15).

이는 마지막 때에 여호와가 거짓된 목회자를 교회당에서

밖으로 추방하기 이전에 주변의 불신자들이 추방할 것임을 예고하시는 말씀입니다. 이것이 더 무서운 선언입니다. 말기에 교회들도 목회자도 신자도 자기의 사명은커녕 시계추마냥 왔다 갔다 하니 어지럽고 시끄럽고 요란한 때임을 부끄럽게 생각해야 합니다.

그래서 성서는

"저희는 기브아의 시대와 같이 심히 패괴한지라 여호와께서 그 악을 기억하시고 그 죄를 벌하시리라"고(호세아 9:9).

그러므로 어디를 가나 신자들 모두가 "불붙는 가운데서 빼낸 나무 조각 같으니"(아모스 4:11하반절) 이만저만 큰일이 아닙니다.

10. 말기 교회당적 파문들

"저희가 여호와께 정조를 지키지 아니하고 사생자를 낳았으니 그러므로 새달이 저희와 그 기업을 함께 삼키리로다"라고(호세아 5:7).

마지막 때에는 세계 도처에 거짓 교회당들이 우후죽순처럼 나타나게 됩니다. 거짓교회들이 워낙 많이 나타나 판을 치기에 어느 것이 하나님의 교회이고 어느 것이 거짓교회당인지 그것조차 구별하기가 심히 어려운 상태에 놓여 있습니다. 교회들만 그런 것이 아니고 목회자 역시 마찬가지입니다.

이런 것은 말기적 교회당의 형태요 파행이니 자연 외형에 치우치는 교회당들이 도처에 나타날 것이고, 형식적 교회들이 도처에 등장케 될 것입니다. 이런 교회들은 교회당 안과 밖을 사치와 허영으로 꾸미기에 여념과 혈안이 될 것입니다.

말세에는 사단의 교회당들도 많이 나타날 것입니다(계시록 2:9, 3:9). 자칭 하나님의 사람이라며 하나님이 보내어서 왔다고 외치는 자들의 교회들도 도처에 나타날 것입니다(고린도 후서 11:13~15, 예레미야 14:14, 23:21~22, 23:25~26, 27:15). 한국의 종교계를 보십시오. 어린 종도 많고 재림예수도 수십 명이고 두 감람나무로 나타난 자들도 있습니다. 세계기독교회를 자기의 이름과 간판 아래 통일을 시킨다고 큰 소리를 치는 자와 단체도 있고 제1,제2,제3 천년성까지 짓고는 천부로 등장한 자도 있습니다. 전국의 도처에는 하나님이 보내어서 왔다는 자들이 초만원 사례입니다. 어떤 교파에서는 자기들만이 여호와의 증인이라며 자기들에게로 와야 왕국에 들어간다고 외치는가 하면 어떤 교파는 안식일을 지나치게 강조한 나머지 안식일을 지키는 것이 구원과 직결된 것으로 선전하기에 날짜(안식일)의 노예화가 되어버린 집단(단체)도 있습니다.

지금이 바로 여호와를 찾을 때임에도 불구하고(호세아 10:12중반절) 함부로 교회당에 나갈 수도 없는, 출석을 할 교회당을 선정한다는 것도 심히 어려운 때입니다.

말기 현상으로서 직업화와 직장화 된 현상이 이곳저곳 교회당에 나타나 우리의 마음을 심란케 만들고 울적하게 합니다. 그런가하면 소위 교회당이란 곳에서 신자쟁탈 전쟁이 붙어서 죽기 아니면 살기식입니다. 남의 교회당에서 신자 하나 쟁탈하기 위해서 사생결단을 벌립니다. 도처에서 신자 끌어 모으기 운동이 전개되고 확산 확대 되다보니 전국을 하루(일일권)권이라며 그가 어디에 있던지 간에 자기들 교회당에로 끌어 모읍니다.

남의 교회당 신자를 빼앗고 빼앗기는 경쟁도 꼴불견이지만 남의 교회당 교인들을 소리 없이, 수고 없이 빼앗아다가 저들의 교회당과 목회자의 아가리 속에 마구 쳐 넣고서도 부끄러움도 수치심도 창피스러움도 죄악스러움도 느끼지 못하는 교회당과 목회자라면 당장 돌로 쳐서 목회자는 죽여야 하고 교회당은 기독교적 차원에서 헐어서 거름더미로 삼는 것이 마지막 때 하늘에 계시는 우리 아버지 하나님의 뜻일 것입니다. 어차피 대 환란은 다가오고 대 환란의 전반부 곧 1260일의(계시록 11:3) 때가 지나가고 난 뒤 교회당들은 폐일언하고 문이 닫히고(계시록 11:2, 15:8) 교회들은 불살라지고(시편 74:4~9) 간판도 성물도 흔적조차 없이 사라질(시편 74:7, 9) 것인데(제1권 제3편 제4장, 제5장, 제6장을 참조할 것) 그것들이 흔적조차 없이 사라지기 이전에 차라리 없애버리고 다시 시작하는 것이 여호와의 징벌을 덜 받을 것이니 더 나을 것입니다.

　다윗이 우리아의 아내 하나를(사무엘 하 11:2~5) 빼앗은 것이 화근이 되어 나단 선지자의 책망을 들은 것은 교회당 안에서 설명하면서(사무엘 하 12:1~12) 어떤 이는 그것을 설명할 때 입가에 침도 마르지 않으면서 자기는 남의 교회당 신자(제직) 하나 둘 빼앗아 가는 것은 찬란한 죄악과 고급스럽고 가증한 불법임을 모른다는 것이 말이 됩니까? 또한 이런 행위는 정당할 수 없는 종교적 대도들의 찬란한 도적질이 아닙니까? 또한 마지막 때에 성직자란 간판을 이마에다 고상히 붙인 고등 도적떼들의 야바위가 아닌지 의문입니다. 폐일언하고 목회자나 교회들이 남의 교회당 신자 한두 명(제직들) 빼앗아간 것이 있으면 여화와의 징벌과 백보좌의 심판과 지옥의 형벌을 면치 못합니다.

　어느 교회당의 장로나 권사, 집사가 여러 가지 여건상 다른 교회당에 한번만 나가면 떡 가게에 엎어진 것 마냥 자기들 교회당 신자로 입적을 시키고 다음날 당장 심방을 가고… 하는 것은 기독교적 말기 파문 행상들이므로 마귀가 배꼽을 쥐고 웃을 지경입니다. 대명천지에 기독교회 안에서 어떻게 이런 일이 생겨난다는 말입니까? 이런 일은 날강도나 도적들도 윤리와 질서가 있고 도덕이 있기에 범하지 않는 일입니다.

그럼에도 기독교회가 윤리와 도덕도 모르니 큰일이 아닙니까? 남의 교회당 집사이면 몇 년 동안 그 교회당에서 신앙생활을 잘하고 있는데, 한번 자기들 교회당에 왔다고 해서 도적질을 해가려는 사기적 교회당과 지도자와 신자는 이유불문코 천벌보다 더한 것도 마땅히 받아 박살과 요절이 나야하고 이 지상에서 영구히 사라져 버려야 합니다. 그런 교회당과 목회자와 신자는 생긴 것이 흡사 마귀새끼같이 생겼고 마귀의 교회당이기에 보는 것에도 구토와 염증을 느낍니다. 왜냐하니 도적놈들의 이 지상적 파탄당(교회당)이기 때문입니다. 그러면서 속이기는 "그 교회는 교인이 적고 은혜가 없으니"입니다.

어떤 곳에서는 보니 상술한 남의 교회당 교인 곧 제직을 좀 큰 교회당의 장로나 집사들이 독사새끼 마냥 접근해서 모셔 가는지 아니면 아가리를 꿰고 가는 것인지는 모르나… 한 주일 나가면 자기 교회당 신자인양 그 날 입적시키고 다음 날 심방을 하고 야단법석, 기절식 수선을 떠는 형태는 지옥의 거지들이 이 세상에서 종교적(교회당) 구걸행각을 벌리는 추태일 뿐입니다. 그런 속임수에 넘어가는 자야 지옥 정신병원 환자들이니 무슨 소리인들 못 듣고 받아들이지 않을 것입니까?

이런 교회당과 목회자와 신자들은 이미 지옥 거지근성을

소유한 자들이기에 지옥불 속으로 쳐 던져버리는 것이 가장 성서적입니다.

남의 교회당에서 교인 하나 날강도질(훔침)하는 것이 지옥으로 갈 급행죄가 아니라면 무엇이 죄악입니까? 이런 경우 기독교의 존재가 존재론적 가치에서 과연 있다 할 것입니까?

어떤 교회들은 보니 자기네 교회당 버스를 남의 교회당 정문 주위에다 주차 시켜두었다가 예배를 드리고 나오는 신자들을 태우고 자기들 교회당으로 가서 은혜를 받게 한다는 고약하고 야비하고 더럽고 추한 지옥 귀신들의 낯짝 간지러운 몰골의 수작을 부리면서 한다는 말이 자기네 교회당은 몇 부 예배를 드리고 교인이 수천, 수만, 수십만 명이라고들 허풍을 떠는데 사실 그런 지옥의 거지들이 득실거리는 교회당과 지옥의 정신병원 환자로 초만원을 채운 교회당에서 과연 무엇을 요구하고 바랄 것입니까? 불원 사라져가고 없어져 버릴 것인데 말입니다. 어떤 이유에서든 간에 그러므로 이런 교회당과 목회자는 이 지상에서 영구히 사라져서 없어져야 합니다.

기독교의 원리로서, 윤리와 도덕적으로 어느 교회당의 교인 곧 제직이 여러 가지 형편상 자기들 교회당에 나오면 최소한 3~6개월 정도는 입적을 시킨다거나 심방을 해서는 절대로 아니 됩니다. 회개를 선창해야 하는 교회와 목회자가 남의 교회당 교인을 도적질과 사냥하려 해서야 되겠습니까? 그냥 두었는데도 3~6개월 정도 계속 나오면 그 제직을 담임목사가 교회로 불러서 그가 원래 나가던 이전의 교회당으로 돌아갈 것을 수차 권고하고 그래도 그가 돌아가지 아니하면 이전 교회당의 목회자에게 전화 또는 직접 방문을 해서 그 사유를 설명한 후 그 교회당으로부터 양해를 얻게 되면 그 후에 심방을 하거나 해야 정상이거늘 또한 당회원(장로)

인 경우에는 6개월 정도가 지난 후 수차 권유하고 그래도 아니 되면 최소한 1년은 두었다가 심방이라도 해야 되는 것이 원리와 성서적인데 날강도인지 산적인지 아니면 마귀의 찬란한 꼭두각시인지 아니면 귀신들의 작당인지 도무지 알 수가 없이 한두 번 자기들 교회당으로 나온다고 자기들 양인 양 취급하는 말기 교회당적 도적질 행위는 지금도 장차도 영원히 파기하고 없어져야 합니다.

교회당 안에 남의 양을 도적질해 놓은 것이 있으면 이유 불문코 돌려보내야 합니다. 그렇지 못하면 심판을 면치 못합니다. 다른 목회자의 눈에 눈물을 뿌리게 하면 자기의 눈에다 여호와가 고춧가루 쳐 넣는다는 성서의 보상원칙을 잊으면 아니 됩니다.

남의 교회당 목회자의 눈에 눈물 흘리게 만들고, 섭섭하게 해놓고 도적질을 해온 성도들로 교인을 수천수만 명을 만들면 무엇 합니까? 그것이 온전할 것 같습니까? 그런 행위는 죽을 때 여호와의 저주를 자초하는 악마들의 꼭두각시놀음일 뿐입니다.

교회당의 전도사나 목사 그리고 신자는 누구든지 어느 교회당에 나간다고 하면 그가 이단 교회당에 나가는 것이 아니면 음이나 양으로 자기들 교회당으로 오라는 자세를 취해서는 아니 됩니다. 그런 경우는 출석하는 교회당에 더 열심히 나가게 해야 하고 행여 그가 그곳 교회당으로 나오려 하면 결코 아니 된다며 돌려보내고 두 번 다시 이런 교인을 만나서는 아니 됩니다. 그 이유는 그것 자체가 바로 여호와가 목사와 신자들 모두에게 "남의 양을 도적질하는 놈이 되는지 아니 되는지"를 테스트하는 순간이므로 우리 모두가 선하고 의로운 신자는 될지언정 도적놈이 되는 천추의 한을 남겨서는 아니 됩니다. 남의 교회당에서 신자를 도적질해 와서 자기들 교회당 안에 앉혀놓고 그들이 내던지는 헌금의 부스러기 얼마로 개인과 교회당의 배를 채운다고 심판을 받지 않겠습니까? 그런다고 형통할 것 같습니까? 내일이라도 대 환란의 나팔이 불리면 당신이 지금까지 훔치고 도적질 해다 앉혀놓은 그런 교인들이 나서서 당신의 목에 올가미를 씌우고 피를 빨며 당신의 살을 뜯으며 당신의 몸과 목을 비틀어 교회당 안에서 내동댕이칠 것인데 그리고 모든 사람들이 보는 가운데 외치기를 남의 교회당에서 교인을 도적질한 자는 반드시 이렇게 죽여야 한다면서 죽일 것입니다. 그러면서 하는 말이 이것이 여호와의 예정섭리요 뜻이라고도 할 것입니다.

살인은 죄악이고 간음도 죄악인데 호리만한 것은(마태복음 5:26) 죄가 아닙니까? 큰 것은 죄악의 무게가 나가고 작은 것은 무게가 안 나가는 것입니까? 힘이 없다는 적은 교회당의 신자를 끌어다가 자기들 교회당의 신자로 만드는 행위는

① 도적질 입니다.
② 살인죄악 입니다.
③ 탐심죄 입니다.
④ 침범죄 입니다.
⑤ 속임죄 입니다.
⑥ 윤리와 도덕을 파기한 죄악입니다.
⑦ 마귀새끼들의 작태입니다.

그러므로 그런 예배당은 반드시 부셔 버려져야 하고 그런 목회자는 돌로 쳐서 없애는 것이 하늘의 뜻과 성서의 요구사항입니다. 그럼에도 지상에서 이것이 이루어지지 아니하면 천상에서는 그 몇 배의 형을 받아야 할 것입니다.

아마도 세상에서 당하는 것이 그래도 천상에서 당하는 것

보다 훨씬 낮을 것입니다. 왜냐 하니 우리들 언어로 족제비도 낯이 있는데 그런 교회당과 목회자라해서 어찌 낯짝이 없을 것입니까? 요즘의 기독교회를 보면 이런 자들이 오히려 더 거드름을 피우며 오고 가는데 아무리 보아도 지옥에서 바로 나온 지옥 정신병원의 중환자들 같아 보이니 큰일 아닙니까?

거두절미하고 남의 교회당 신자들을 이끌어가는 도적배가 여호와의 제단 위에서 외친다는 것은 이율배반과 언어도단이며 어불성설이며 여호와 앞에서 이적행위들 입니다. 이런 몰상식한 자들이 기독교의 제단 위에서 설교를 하거나 또한 신자(양)을 빼앗긴 자(목회자)와 교회가 바보이거나 은혜가 없어서 그렇지를 운운하거나… 그들 스스로가 이곳으로 왔지 우리가 그들의 목을 비틀고 온 것은 아닌데 하는 자들은 이유 불문코 입과 혀를 여호와께서 마지막 때에 찢어서 앙갚음하시고 두 번 다시 지상에서 이런 소리를 못하게 할 것입니다.

고로 모두가 각기 자기 자리로 돌아가게 하고 정의와 진리 공의대로 일해야 합니다. 다음의 성서를 우리가 바로 깨닫기를 진심으로 여호와는 바라고 있습니다.

"화있을진저 자기 소유 아닌 것을 모으는 자여 언제까지 이르겠느냐? 볼모잡은 것으로 무겁게 짐진자여 너를 물자들이 홀연히 일어나지 않겠느냐? 너를 괴롭게 할 자들이 깨지 않겠느냐? 네가 그들에게 노략을 당하지 않겠느냐"고(하박국 2:6~7).

또한 성서는
"네가 먹으나 배부르지 못하고 속이 항상 빌 것이며 네가 감추나 보존되지 못하겠고 보존된 것은 내가 칼에 붙일 것이며 네가 씨를 뿌리나 추수하지 못할 것이며 감람을 밟으나 기름을 네 몸에 바르지 못할 것이며 포도를 밟으나 술을 마시지 못하리라"고(미가 6:14~15).

11. 환란 시 교회당들의 실상

"제사장들아 이를 들으라. 이스라엘 족속들아 깨달으라. 왕족들아 귀를 기울이라. 너희에게 심판이 있나니 너희가 미스바에서 올무가 되며 다볼 위에서 친 그물이 됨이라"고(호세아 5:1).

만물의 마지막이(베드로 전서 4:7) 가까워지면 말기 교회당적 현상이 도처에 나타나서 세인을 놀라게 할 것입니다.
말세에는 거짓 선지자와 거짓 영의 교회당들이(계시록 2:9, 3:9) 도처에 세워져서 선택된 신자를 꾀어서 데려갈 것입니다(고린도 후서 11:13~15, 데살로니가 후서 2:9~12, 디모데 후서 4:3~4, 계시록 19:20). 이들은 그리스도의 인성 또는 신성을 부인케 하며 디오드레베와 같은(요한 3서 1:9~10) 몰지각한 모리배로 나타나 교회들을 어지럽히고 시끄럽게 만들 것입니다.
말세에는 속이는 교회당과 외식하는 지도자들(목사)이 등장하고, 말씀이 떠난 텅 빈 교회당과 목회자도 등장할 것입니다. 그럼 어떻게 하면 목회자에게서 여호와의 말씀이 떠나지 아니하도록 만들 것입니까? 최소한 목회자가 하루에 8시간 정도는 기도와 성경을 읽는데 온전히 바쳐져야 하고 주일날 메시지 한편 작성을 위해 눈물과 기도와 성서연구를 40~60여 시간 정도는 투자를 해야 도적질하는 마귀새끼는 안될 것 아닙니까? 목사가 주일날 메시지 한편을 작성하는데 최소한 40~60여 시간도 투자할 힘과 능력이 없다면 이유 불문코 목회를 그만두어야 합니다. 설교를 잘한다거나 못한다고 교인들의 입방아에 장단 맞추고 춤추는 것은 마귀의 고상한 아이디어에 속은 격이니 조심해야 합니다. 주일날 대예배 메시지 한번을 위해 과연 100분의 1홉의 눈물을 뿌리고 있습니까?(시편 126:5~6) 목회자가 설교 준비에 다량의 눈물을 넣고 바르지(시편 80:5) 아니하면 아무리 고상하고 그럴듯한 천사와 설교를 한다 해도(고린도 전서 13:1) 이미 죽은 설교요 버려지고 흠집이 있는 메시지에 불과함을 잊어서는 아니 됩니다. 메시지 준비에는 눈물과 땀, 수고, 기도와 자기 자신의 회개와 고백이 먼저 필요하고 그 다음은 설교를 위해 선택된 성서 본문을 최소한 100여 번 정도 읽어서 일단 내용을 완전히 외워야 합니다. 그리고 목사는 설교 시 교인을 상대하기보다 제일 앞자리에 와서 앉아 계시는 그리스도를 보고(천사들 포함) 설교를 해야 됩니다.

목회자가 이런 각오 이런 믿음이 없으면 교인도 목회자 자신도 송두리째 속이는 불상사를 범하게 됩니다. 성서를 보십시오.

성도들에게 경고하기를
"우준하여 지각이 없으며 눈이 있어도 보지 못하며 귀가 있어도 듣지 못하는 백성이여"라고(예레미야 5:21).

목회자에게 경고하기를
"선지자들은 거짓을 예언하며 제사장들은 자기 권력으로 다스리며 내 백성은 그것을 좋게 여기니 그 결국에는 너희가 어찌 하려느냐"고(예레미야 5:31).

여호와의 이 경고에 우리는 귀를 기울려야 합니다. 그렇지 못하면 자신도 모르는 사이에 사람이나 영물에게 구경거리가 (고린도 전서 4:9, 히브리서 10:33) 되다가 결국에 가서는 진리의 교회가 아닌 마귀의 교회당에로 나아가서 죽임을 당하게 될 것입니다.

지금 우리는 교회당 안에서 천사와 마귀의 구경거리가 되고 있습니다. 고로 정신을 차려야 합니다(베드로 전서 4:7). 그 한 실례로서 당신이 교회당에 가서 밤 12시 ~ 4시 사이에 홀로 불을 끄고 조용히 기도를 해 보십시오. 바람을 일으키면서 누군가가 당신 주위를 오고 가는 자가 있을 것입니다. 그것은 지금 누군가가 당신을 주시하며 구경을 하고 있다는 실상을 들어내는 것입니다. 그럼에도 신자가 정신을 차리지 못하면 성서에 나와 있는 그대로 마지막 때에는 집행할 것입니다.

예수께서는 말기 교회당들은 예수 믿는 신자들을 잡아다 가두고 고문하고 매질을 하는 곳으로(마가복음 13:9, 누가복음 21:12) 탈바꿈할 것임을 강조하시면서 무엇인가를 성도들에게 알리려 합니다.

구약성서 다니엘서 7:25절에서는 마지막 때 교회당은 박해의 소굴화 될 것임을 강조하며 이미 성전(교회)과 백성(신자)이 내어준바 되며 짓밟힐 것이기에(다니엘 8:13하반절) 무너지는 것은 도리가 없는 일입니다(다니엘 7:21, 계시록 13:7). 적그리스도에 의해 신자가 멸함을 당하고(다니엘 8:24하반절) 순교자가 많이(계시록 13:8~10) 나타나고 성전이나 교회당의 제사와 예배가 금지되고(다니엘 9:27 중반절) 목사와 장로는 떼죽음을 당하여 없어지거나 사라져 버리고(다니엘 9:26상반절, 시편 79:2~3)성전이나 기독교회가 완패당하고 훼파당하여 흔적이 없어지며(다니엘 9:26 상반절) 하는 것 등은 도리 없는 일들 아닙니까? 이것이 말기 교회당의 현장 현상 아닙니까?

　말세 교회는 "소제와 전제가 여호와의 전에 끊어졌고 여호와께 수종드는 제사장은 슬퍼하도다"가(요엘 1:9) 현실화됩니다. 그러므로 대 환란이 오면 교회당 안은 가을 나뭇잎 마냥 우수수할 것이고 포도를 따낸 후의 포도원 같을 것입니다. 그러므로 바랄 것도 모르거나 가질 것도 없고 소망할 것도 없게 될 것입니다. 이것들이 마지막 때 기독교회의 실상이니 정신을 차려야 할 것입니다.

　"이제부터는 이방인이 그 마음의 허망한 것으로 행함 같이 너희는 행하지 말라"고(에베소서 4:17하반절).

제 7 편

"적그리스도의 출현"

제 7 편 "적그리스도의 출현"

"여호와께서 말씀하시되 내가 술법으로도 제어할 수 없는 뱀과 독사를 너희 중에 보내리니 그것들이 너희를 물리라 하시도다"고(예레미야 8:17).

성서를 보십시오.
"누가 지혜가 있어 이런 일을 깨달으며 누가 총명이 있어 이런 일을 알겠느냐? 여호와의 도는 정직하니 의인이라야 그 도에 행하리라"고(호세아 14:9).
또한 성서는
"이 묵시는 정한 때가 있나니 그 종말이 속히 이르겠고 결코 거짓되지 아니하리라 비록 더딜지라도 기다리라 지체되지 않고 정녕 응하리라"고(하박국 2:3).
또한 성서는
"너는 내게 부르짖으라 내가 네게 응답하겠고 네가 알지 못하는 크고 비밀한 일을 네게 보이리라"고(예레미야 33:3).
또한 성서는
"악한 사람은 악을 행하리니 악한 자는 아무도 깨닫지 못하되 오직 지혜 있는 자는 깨달으리라"고(다니엘 12:10하반절).
대 환란 제3권 자체가 "적그리스도의 출현"입니다. 솔직히 말해 적그리스도에 대한 연구는 2000년의 기독교 역사 속에서 수 없이 계속되고 또 반복되면서 내려왔음은 어느 누구도 부인 못할 사실입니다. 그럼에도 불구하고 여전히 속 한번 시원하게 이렇다거나 저렇다고 저들 나름대로 주장을 하거나 어떤 학설을 바로 내세우는 자도(단체도) 별반 없었고 성서를 근거로 해서 이럴 것이다거나 아니면 저럴 것이라는 설명을 아직도 바로 내리지 못하고 있는 것만은 사실이니 안타까운 실정입니다.

성서를 연구함에 있어서 지나치게 어느 한 곳(편)으로 치우치다 보면 편견과 편파성의 모순을 범하기 쉽기 때문에 언제나 성서는 똑바르게 놓고서 정직하게, 또한 청결한 마음과 선한 양심으로, 거짓이 없는 믿음으로(디모데 전서 1:5) 해석하려 하지 아니하면 안 됩니다. 이 과정에서 지나친 나머지 숫자나 문자 하나하나 따위에 지나칠 만큼의 비중을 두게 되면 잘못된(헛된) 딜레마에 스스로 빠진다는 것도 명심해 두어야 할듯합니다.

특별히 유의할 것은 성서를 성서가 아닌 다른 그 무엇으로(철학이나 신학, 기타 학문으로) 억지 해석을 하려 해서는 아니 됩니다.

성서를 보십시오.

"너희는 여호와의 책을 자세히 읽어 보라 이것들이 하나도 빠진 것이 없고 하나도 그 짝이 없는 것이 없으리니 이는 여호와의 입이 이를 명하셨고 그의 신이 이것들을 모으셨음이라"고(이사야 34:16).

그럼에도 우리는 여호와의 이 원리를 잊고 있습니다. 그래서 성서는

"솔개들도 그 짝과 함께 거기 모이리라"고 합니다(이사야 34:15하반절).

항차 여호와의 말씀이야 더하지 않겠습니까? 그럼에도 불구하고 어느 성서해석 서들을 보니 또한 어떤 이의 성서연구 논문들을 보니 이렇게 또는 저렇게 어떤 자료에 의해 기술과

구성이 되었다라고 하는 것으로 성서를 해석하려하나 이는 참으로 신빙성이 결여된 것으로서 결코 용납할 수 없는 것들입니다. 거두절미하고 66권성서는 두었다가 무엇과 어디에 사용(쓸)할 것입니까? 솔직히 말해서 성서를 연구하는데 사용하지 아니하고 말입니다.

솔직히 성서는 "순종하는 자식처럼"(베드로 전서 1:14) 믿고 따르는 마음으로 받아들이고 해석(이해)해야 합니다. 그러나 "공고히 만든"(베드로 후서 1:16) 이야기로나 "쾌락을 사랑하는"(디모데 후서 3:4)마음으로나 "허탄한 이야기"로나 (디모데 후서 4:4)세상적이고 정욕적이고(야고보서 3:15) 과학적 어떤 것(논리나 이치, 논법, 학술)으로 해석하려해서는 결코 아니 되는 것입니다. 이는 대단히 잘못된 사고와 속성들입니다. 베드로 사도는 성서를 해석하려는 자들 모두에게 경고하고 있음을 찾아봅니다.

성서를 보십시오.

"그중에 알기 어려운 것이 더러 있으니 무식한 자들과 굳세지 못한 자들이 다른 성경과 같이 그것도 억지로 풀다가 스스로 멸망에 이르느니라"고(베드로 후서 3:16).

이는 무엇보다 현금당대 기독교 위에 던져진 중차대한 경고요 경종입니다. 분명 성서는 성서로 풀고 해석을 해야 하기 때문에 성서해석의 최대 해석자는 누가 무엇이라 해도 역시 성서 그 자체 바로 그것입니다. 성서해석은 성경말씀 그것보다 더 잘된 해석이(해석방법) 상천하지 그 어디에도 없습니다. 그럼에도 어떤 해석은 왜곡을 하고 어떤 것은 샤머니즘에 치우치고, 어떤 것은 동과 남에, 어떤 것은 서와 북에 치우쳐서 도무지 바른 위치와 자세가 설정(정립)되어 있지 못한 것을 자주 접하게 됩니다. 그러다 보니 개인의 주의와 주장, 의사, 인격과 지식, 신앙이 대체로 성서해석의 핵심적 주종을 이루는 경우를 보는데 그것은 큰 오산입니다.

성서해석학 상 가장 잘된 해석(주석)은 성서 안에서 상호 그 짝을 바로 찾아 놓는(주는) 그것(작업)입니다. 각기 자기 짝을 바로 찾기만 하면 가장 정직하고 바른 성서해석과 이해가 정식으로 나오기 때문에 누구도 그것에 대하여 왈가왈부 할 수가 없게 되는 것입니다.

성서 안에 각각의 짝이 있으므로 그 짝 찾기 운동을 바로 하게 되면 그 내용 하나하나를 쉽게 이해할 수가 있게 됩니다. 이미 대 환란 제1권 서막이나 제2권 피난처에서도 필자 자신은 거기서 특별한 성서 해석을 하려하기 보다는 이미 성서 안에 주어져 있는 대 환란에 대한 말씀을 66권성서 안에서 하나하나 바로 찾아내고 그것을 적재적소에다 바로 놓고서 최선을 다해 오직 진실만을 밝히려 했기에 상당한 어려움도 많았으나 보람도 크고 많았습니다. 특별히 성서를 해석하려(주석) 하기 보다는 성서의 바른 이해와 판단과 정의를 위해 바르게 보급하고 배열(정립)시킴으로서 무엇이 정의의 질서이고 무엇이 오산과 착각임을 이제는 다소 알게 되어져야 할 것입니다.

이 시점에서 대 환란을 연구 분석 검토하면서 필자가 바라는 바는 어떤 지식이나 아니면 고상한 미사여구를 사용(남용)해서 어느 부분을 편들거나 그것에서 유익을 주려는 것을 피한 것이 가장 바람직한 일이었습니다. 될 수만 있다면 최대한으로 성서 그 자체의 본문을 그 본문과 짝이 되는 곳을 찾아(골라) 증거물로 채택(제시)해 줌으로서 모든 만사는 증거가 요구되고 필요하다는 것을 밝혀 주어야 할듯합니다. 분명 대 환란이나 천국과 지옥, 내세의 문제, 교회에 대한 문제, 영의 세계에 대한 문제에 이르기까지 성서 안에 있는바 그 각각의 짝을 바로(정밀히) 찾아서 증거물로 제시하는 그것보다 더 바람직한 것(처사)은 없다고 봅니다.

요즘 시내의 종교서점들을 방문해 보면 대 환란이나 최종국(종말)에 대한 여러 종류의 책들이 각각 다양한 가운데 기술(저작)이 되어 진열되고 있음을 찾아봅니다만 왠지 모두가 하나같이 위장되고 불안하며 문제가 심각하게 대두된 것들임을 찾아보는데 그럼 그 이유는 무엇이라고 보십니까? 그것은 바로 그것들 모두를 위해서 텍스트로서 오직 성서만을 전적 사용하지 아니했다는 그것입니다. 만약에의 경우 주어진 성서만을 텍스트로 사용을 한다면 한 마디 한 마디 그 뒤에는 반드시 성서의 어디를 참조했다는 확고부동한 증거가 채택되어져 나와야 합니다. 성서 연구에 어느 지식인이나 과학자, 역사학자, 신학자, 철학자, 심리학자나 어느 종교인의 글이나 말을 이용한 것은 그것이 신빙성이 있는 것이 전혀 못되기 때문에 언제나 성서의 바른 의미 제시와 증거확보를 위해서는 성서의 본문 하나하나에 대한 증거를 필요로 하고 있습니다.

이미 제1권과 제2권에서도 성서 66권 안에서 증거를 최대한 찾아서(뽑아서) 사용했지만 여기서는 더욱 더 성서 66권만을 사용하지 아니하면 아니 될 듯합니다. 필자가 본서에서도 성서만을 최대한 활용(채택)하려하고 있기에 무엇보다 독자들의 바른 이해가 요구됩니다.

요즘 우리들 주변에서 나타나는 종교적 현상과 현실들을 보면 어서 속히 이 세상의 종말인 대 환란의 때가 와야 된다는 소리가 무색합니다. 몰상식이라고 할지 모르나 솔직히 말해 대 환란이 와서 죽을 자는 죽고 잡힐 자는 잡히고 살아날 자는 살아나고 피난처로 보내어질 자는 피난처로 보내어지고 그리스도를 부인하고 넘어질 자는 넘어지고… 해야 하는 것이 보다 더 현실적일지 모릅니다. 의로운 자는 더욱 더 의로 워지고 거룩한 자는 더욱 더 거룩해지고 악한 자와 더러운 자는 더욱 악해지고 더러워지기(계시록 22:11) 위해서라도 대 환란은 하루라도 빨리 와야 할 듯합니다.

특히 현금당대 종교계의 동향들을 보십시오. 너무도 거룩하고 너무도 의롭고(전도서 7:16) 너무 신령한 자들이 상상 이외로 많기에 대 환란이 시작되지 아니 하고서는 어느 것도 결판나지 아니하기 때문에 더러운 자와 추한 자, 불의한자, 이들을 징치하고 공과 사가 나름대로 나타나고 공의로우신 가름이 나타나야할 것이니 이를 위해서도 대 환란은 빨리 다가와야 할 듯합니다. 특별히 거짓 자들과 이단자들, 사악한 종교군(무리)들을 위해서도 적그리스도의 출현 역시 필연적임을 보게 됩니다.

오늘의 기독교회들을 보십시오. 지도자나 평신도들 모두가 앞장서서 불원 대 환란이 이 땅위에 임한다거나 두 감람나무와(계시록 11:3~6, 스가랴 4:2~3, 11~14) 적그리스도의 출현이 있다는(계시록 13:1~7) 말은 잘들도 하지만 그럼에도 막상 그런 것들이 몇 천 년이나 몇 만 년 이후에 나타날 완전한 미래사적 한 사건으로 둔갑을 시키고 있기 때문에 솔직히 말은 그렇게들 하지만 기실에 있어서는 처다만 보는 신세이고, 주장은 하나 그것이 아주 오랜 후 인양 되었으므로 묘연한(막연한)것 화 되어버린 현실이니 성서적 대 환란이나 그리스도의 재림 그 자체가 이만저만의 문제가 아닌 듯합니다.

설혹 여기저기에서 대 환란과 적그리스도의 출현, 그리고 그리스도의 재림 역사를 주장하고 나타내는 무리가 있기는 하나 너무나 지엽 말단적이고 고층 숲속에 가져지고 자본주의에 덮여서 분간과 확인키가 심히 어렵고 어떻게 된 영문인지 적그리스도나 그리스도의 재림 사건이 구라파나 미주지역 중심의 한 역사 사건으로 비화시키고(되고) 있기 때문에 지나친 면과 비성서적인 면에서 농도가 너무 짙다는 것을 알게 됩니다.

솔직히 현금당대의 기독 교회당 안들을 보십시오. 어느 교회당을 가서 보아도 지상 천년왕국을 위한 준비에는 모두들 신들린 자들 마냥 만전을 기하고 있으나 빠른 속도로 임하고 있는 대 환란을 위한 준비에는 고개를 돌리고 있습니다. 그 이유야 어디에 있던지 간에 현실에서는 사실이 그러한데 속수무책이니 어찌합니까? 소수의 신자들이기는 하나 어떤 자들은 대 환란이 일어나기 이전에 그리스도의 공중 재림과 천년왕국이 이루어지는 양 오해를 하는가 하면 어떤 신자들은 대 환란이 기독교인들과는 전혀 상관이 없다고 외침으로서 (미가 3:11, 아모스 6:6) 자가당착과 모순의 악을 범하는 사악한 자들이 상상 이외로 많음으로서 이것이 무엇보다 오늘의 교회당 안에서 심각성을 띠고 있는 현실입니다.

그리스도께서 다시 오시기 이전에 먼저 두 증인과(계시록 11:3~6, 스가랴 4:3, 11~12) 적그리스도가 나타나고(계시록 13:1~5, 다니엘 7:8) 지상의 기독교회는 적그리스도에 의해 참패를 당한 후 흔적조차 없이 사라지는가 하면(다니엘 7:21, 25, 8:11, 24, 26) 강폭하고 궤휼에 능한(다니엘 8:23) 적그리스도에게(다니엘 8:23~24) 여호와가 대 환란 때에 기독교 신자를 붙이시고(다니엘 7:25, 8:11~12) 넘겨주어 그의 멋과 맛대로 맡기신다는 것을(다니엘 7:25, 8:12, 9:27, 11:30, 32) 전혀 이해하지 못하니 여기서부터 기독교적 괴리현상과 이질화 현상이 나타나 심각한 문제들을 야기 시킨다는 것입니다. 유비무환의 진리가 상책이거늘, 지상에서의 현실적 축복(풍요로움)만은 갈고리로 아가리를 꿰어(에스겔 38:44) 죽인다 해도 소유하려고 아귀다툼이면서 진짜 다가오고 있는 대 환란에는 속수무책이니 어찌할 것입니까? 현실적 지상 축복은 그렇게도 구미가 솔깃하고 당기지만 다가올 대 환란에 대하여는 준비하기가 싫은 것은 고사하고 생각이나 관심조차 없기 때문에 모두가 담대해져서 올 테면 오고 말 테면 말라는 식입니다. 그럼에도 대 환란의 후반 적그리스도 때에 세계 인구의 3분의 1이 죽고 전반기인 두 감람나무 때에 3분의 1이 죽어 결국 대 환란 때에 3분의 2가 죽임을 당한다는 것을(스가랴 13:8~9, 에스겔 5:12, 계시록 9:15, 18) 일부러 잊고 있으니 신자인지 아니면 그리스도의 대적인지 솔직히 구분이 잘 안 되고 있습니다.

솔직히 말해 지상 축복이나 천상의 축복을 오늘의 그리스도인이란 자들이 교회당 안에 앉아서 "털도 안 뽑고 마구 집어 삼키려하니" 말이 됩니까? 이 얼마나 어처구니없는 말자적 행위이며 종교적 모리배들의 도적행각입니까? 기독교회는 천국티켓이나 현실에서 팔아먹는 이 지상적 천국티켓 예매소는 결코 아닙니다. 될 수도 없고 되어서도 아니 됩니다. 기독교회는 소인배나 모리배들에게 얼마의 감사 헌금이나 주일헌금, 십일조 몇 푼을 받은 후 천국티켓을 넘겨주는(팔아먹는) 이 지상 천국(내세) 사기 단체는 아닙니다. 그럼에도 불구하고 이 교회당에서와 저 교회당에서 자기들 교회와 목회자에게로 오라고 부르는가 하면 그곳에 오면 소원이 성취되고 복을 받고 구원을 얻을 수 있다고 소리치는 것을 보니 천국티켓도 지하실이나 어느 구석진 곳에서 비밀리에 예매를 하고 있는듯 한 감을 금치 못하니 어처구니없는 일이 아닐 수 없습니다. 왜 현금당대의 기독교가 이 지경이 되고 이 꼴이 되었는지 기가 차고 하품이 나서 소리치고 실컷 울어버려야 할 처지입니다.

거두절미하고 현금당대 교회당의 목사는 천국티켓 지상 예매소의 소장이 아닙니다. 목사에게는 천국티켓이 단 한 장도 없습니다. 천국티켓 지상의 예배당에도 단 한 장 없습니다. 오직 예수 그리스도 그분에게만 있습니다. 교회당이 천국티켓 지상 예매소가 아닌 만큼 헌금의 부피나 무게 따위로 천국티켓을 소유하려는 사고는 악마의 찬란한 속삭임에 속은 현실일 뿐입니다. 그러므로 이 시점에서 지상 예배당의(어느 교회당이든) 목사에게서 천국티켓을 사서 가지려거나 얻어서 소유하려는 자본주의 속물근성은 철저히 껍질부터 벗겨서 던지고, 배격하지 아니하면 아니 되며 강도사, 전도사, 장로, 권사, 집사들도 천국티켓 지상 예매소의 직원화 하거나 직원인양 생각하거나 둔갑시키는 오산과 잠꼬대에서 철두철미 벗어나지 아니하면 아니 됩니다.

뿐만 아니라 지상의 교회당이나 목회자들이 교인들에게 헌금을 강조하다가 지나친 나머지 헌금을 많이 하면 천국의 티켓이라도 얻어 가지는 것과 같은 모순의 악을 군중의 심리들 속에 몰아넣거나 불어 넣으려는 자본주의적 악행을 범해서도 역시 아니 됩니다. 모든 진리는 순수하고 정의로워야 하므로 이점을 유의해야 됩니다.

예수 그리스도께서는 하나님의 아들로서 이 세상에 오셨지만 십자가상에서 죽으시는 고난(순교)을 받으셨는데 그를 믿는 신자들이 고난 없이, 아픔 없이 죽음 없이 그리스도의 왕국에 들어가려는 야박하고 야비한 수작을 부리고 피우거나 고통 없이, 피 흘림이 없이 순교자의 반열에 들어가려는(참예자) 고단수를 사용하거나(부리거나) 환란과 곤고 고통당함 없이 큰 상을 받으려거나 피난처에로 보내어 지려는 야비하고 야만적인 자본주의 속물근성을 철저히 배격하고 버려야 합니다.

　왜 오늘의 교회당 안에는 고난 없는 영광과 배고픔이 없는 환영과 아픔이 없는 십자가를 지려는 자들로 언제나 초만원 사례 상을 이루고 있습니까? 왜 오늘의 교회당 안에는 피 흘림 없는 구원을 갈망하는 자들로 가득 채워져 있습니까? 십자가를 지지 않고 자기 호주머니나 손 안에 넣고서 천국 가려는 종교적 모리배와 찬란한 사기배로 왜 가득 채워져 있습니까? 왜 천국을 저들의 멋과 맛대로 마구 가져 가려하거나 구원을 공공화 하려는 소인배로 초만원 화 하려합니까? 기독교 진리와 정의는 신자나 목회자가 공히 그리스도 안에서 자기 십자가를 지고(마태복음 16:24) 땀과 눈물과 피와 저주와 고통스러움을 당하는 가운데 천국을 가려는 것이어야 함에도 불구하고 그와는 정반대로 대접과 인사부터 받는 상태에서 천국을 가려는 유명인사로 언제나 만원의 숲을 이루고 있으니 한편에서 대 환란과 적그리스도가 다가오고 있다고 외치지만 속수무책임을 봅니다. 그러므로 오늘의 기독교회가 가을무에 바람이 든 꼴이고 형언키 어려운 심이 단단히 박힌 꼴 입니다.

　현금당대의 기독교인들이 세상에서 영광과 존귀 인사와 대접을 똑똑히 받으려면서, 한편으로는 구원도 얻어 가지려 하기 때문에 두 마리의 토끼를 한꺼번에 잡으려는 꼴이 되었습니다. 이 얼마나 어처구니없는 군상들입니까?

　대 환란을 눈앞에 두고 있는 이 마당에, 그리고 나타날 두 선지자와(계시록 11:10) 적그리스도와(계시록 13:1~5)

거짓 선지자를(계시록 13:11~13) 예의 주시해야 함에도 불구하고 이에는 전혀 관심이 없고 어처구니없는 각종 우상 속물들에는(제6편 기독교회에 대한 경고 참조) 단단히 젖어 있으니 심각성을 띠고 있습니다. 대 환란을 눈앞에 두고 있는 현시점에서 나타나는 기독교적 속물근성들을 보십시오. 어느 것도 모두가 자본주의에 그 뿌리를 두고 있는 것들입니다. 그러다 보니 자기들 교회당에 나오는 교인들에게 낮 예배는 아무리 멀어도 자기들 교회당으로 나오게 하고(그것도 본 교회란 미명 아래) 새벽과 저녁에는 거리가 멀어서 못 나오는 신자들에게 명령(훈시)하기를 절대로 집에서 가까운 이웃의 교회당에는 나가서 아니 되고 오직 자기들 교회당에서 나누어 주는 테이프를 가지고 식구들이 참석치 아니하면 자기 혼자서라도 저녁이나 새벽 예배를 드리라 명령(공갈) 하는가 하면 그리고 최신판 저질적 속물근성은 서울에 자기들이 말하는 대로 "본 교회당"을 두고(사실 지상에는 본 교회가 없고 천국에만 본 교회가 있음 : 히브리서 8:5, 9:24) 서울 주변의 위성 도시들에다 "서울의 XXX교회 X당 성전" 또는 "여의도 XXX교회 XX성전"이라 하는 것에서 고스란히 나타납니다. 여기서 보는바와 같이 그 지역 교회당 간판에 교회는 무엇이고 성전은 무엇인데 "서울 XXX교회 XX성전"이라는 괴리적 기독교회의 간판이 버젓이 나타나는 것인지 알다가도 모를 일입니다. 과거 박 XX장로가 그런 짓거리를 하다가 결국 자기가 감람나무가 되고 재림 예수가 되고 성부 하나님까지 되었다가 망한 것 아닙니까? 교회들이 이런 종교적 망나니짓들을 하는 것을 보고 마귀나 귀신들은 고개를 흔들며 저 "미친놈들 지랄발광 다 하는구나" 하면서 비웃고 구경하며 그것참 신기하고 재미있다며 손뼉을 칠 것입니다. 여기서 본 과제를 기술한 이유는 이 땅의 기독교회가 이처럼 타락되었다는 것을 현대와 후대에 그리고 하늘에까지 증거물로 삼기 위한 것임을 잊지 마십시오. 그리고 그렇게 만든 그 장본인들은 과연 누구였다는 것도 증거키 위함입니다.

　이 땅의 기독교회가 대 환란을 눈앞에 두고서도 이런 악하고 못된 짓거리를(종교적 망나니짓들) 일삼고 있는데 두 증인(두 감람나무)이 다가오고(계시록 11:3~6) 그 뒤를 이어서 적그리스도가(계시록 13:1~5) 다가오고 있은들 귀가 있어야 그 소리를 듣고, 눈이 있어야 가까이 오고 있는 것을 볼 터인데 눈도 없고 귀도 막혀 있으니 어찌(어떻게) 그 소리를 들을 것입니까? 그러니 성서가 대 환란이 오면 예루살렘 성전도 이방에 있는 기독 교회당들도(회당, 성당포함) 모두 문이 닫힌다고 경고하거나(에스겔 44:1~2, 계시록 11:2, 15:8) 부서지고 헐어질 뿐 아니라 불에 태워진다고 예고하거나(시편 74:5~9) 성전의(교회당의) 기물이 마구 타작되고 불에 타고 해서 하나도 남김없이 박살난다고 예언하거나(시편 74:4~6) 교회당의 십자가나 간판 기타가 근거나 흔적조차 없이 사라진다고 소리치거나(시편 74:7, 9) 그 때에 얼마 남지 아니한 지상의 교회당들은 감옥화 하거나(마가복음 13:9, 마태복음 10:17, 누가복음 21:12~13) 도살장화 되어(마태복음 24:9) 기름부음을 받은 자와(시편 78:64, 다니엘 9:26상반절) 주의 종들이 몰살당하고 피를 흘리며(시편 79:2, 10) 또 주의 성소에서 살육을 당한다는 (예레미야 애가 2:20하반절) 그 예언의 성취 순간과 찰나가 심히 가까이와도 모두가 그 소리를 도무지 듣지 못하니 지금의 상태에서 선지자나 제사장이란 종들(목회자들)이 있으면 과연 무엇을(스바냐 3:4, 미가 3:11) 할 수 있다고 생각(보십)하십니까?

유대는 이미 독립되었고(마태복음 24:32~33, 마가복음 13:28~29) 천국복음이 모든 민족에게 전파 된지(마태복음 24:14, 마가복음 13:9~10) 오래된 이 마당이니 불원 대 환란과 적그리스도가 나타난들 도리가 없는 것 아닙니까? 적그리스도가 나타나 주의 성소를(교회당) 헐고(다니엘 8:11) 불사르며(시편 74:7상반절, 8하반절) 신자를 마구 짓밟으며 (다니엘 8:13하반절) 맡아서 심히 괴롭히며(다니엘 7:25, 9:27) 기독교 신자를 지상에서 몰살(멸함) 시키고(다니엘 8:24) 지상에서의 예배와 각종 감사를 완전히 금지 시키고(다니엘 8:11, 12, 9:27) 각종 법을 변경시킨 후에(다니엘 7:25) 기독교를 지상에서 없애버린다고 한들(다니엘 7:21, 8:11~12, 9:17~18, 계시록 13:7) 누가 어디서 무슨 소리를 할 수 있고 여호와에게 왜 그렇게 하느냐고 반문할 수가 있는가 하는 것입니다.

성서가 아무리 그 때에는
"성도는 그의 손에 붙인바 되어 한 때와 두 때와 반 때를 지내리라"고(다니엘 7:25).

또한 성서는
"범죄 함을 인하여 백성과 매일 드리는 제사가 그것에게 붙인바 되었고"라고(다니엘 8:12)
하여 적그리스도에게 여호와가 지상의 신자 모두를 이미 붙이신다고(맡긴다) 경고하지만 눈도 귀도 감기고 이미 막혔는데 그 외침의 소리가 마이동풍일 것인즉 어찌할 것입니까? 그래도 광야였으면 좀 났을 것이지만.

현실적으로 지상의 기독교회는 적그리스도의 출현을 솔직히 원치 아니합니다. 그런다고 해서 적그리스도가 대 환란의 후반기에 가서 나타나지 아니하는 것은 결코 아닙니다. 이미 예고(예언)되어져서 올 것은 반드시 옵니다. 나타날 것은 반드시 나타나게 되어져 있습니다. 두증인도(계시록 11:3~7) 적그리스도와 거짓 선지자도 말입니다(계시록 13:11~13). 매도 먼저 맞는 것이 낫다는 것 마냥 우리는 여기서 나타날 적그리스도에 대하여 성서가 가르치는바 그대로를 상고해 보기로 하십시다. 한정된 범위 안에서 솔직히 최선을 다 하려하나 여러 가지 여건상 여의치 못함을 양지 하시기를 바랍니다. 이 시점에서 적그리스도의 출현에 대한 문제를 논할 수 있다는 것을 감사하게 생각합니다.

성서를 보십시오. 여호와는

"그 작정된 일이 반드시 이룰것임이니라"고(다니엘 11:36 하반절).

이는 그 어느 것도 빠뜨리지 않고 반드시 이룰 것임을 확인시키고 있습니다.

제1장 적그리스도의 출처

"보라 전에 예언한 일이 이미 이루었느니라. 이제 내가 새 일을 고하노라 그 일이 시작되기 전이라도 너희에게 이르노라"고(이사야 42:9).

성서를 보십시오.
"마지막 때에 패역자들이 가득한 즈음에 한 왕이 일어나리니"하고(다니엘 8:23).
또한 성서는
"그가 장차 말로 지극히 높으신 자를 대적하며 또 지극히 높으신 자의 성도를 괴롭게 할 것이며"라고(다니엘 7:25).
또한 성서는
"저 불법한 사람 곧 멸망의 아들이 나타나기 전에는" 라고(데살로니가 후서 2:3하반절).
또한 성서는
"그 때에 불법한 자가 나타나리니"라고(데살로니가 후서 2:8상반절).
위의 성서는 모두가 이미 적그리스도의 출현이 반드시 있을 것임을 알리고 있는 것들입니다.

기독교의 복음이 성서의 예고대로 온 세상(민족)에 먼저 전파가 되고(마태복음 24:14) 그와 병행해서 유대나라가 회복 곧 독립이 되고나면(마태복음 24:32~33) 그 뒤를 이어서 계속되는 유대인의 귀환과 예루살렘에 여호와를 위한 성전이(제4성전) 이방 신전을 파괴함과 동시에 건축되는 것은 (에스겔 37:26~28, 스가랴 2:13, 시편 78:68~69) 성서가 이미 예고하고 있는바 그대로 입니다.

예루살렘 도성 안에 여호와를 위한 제4성전이 세워질 때를 즈음하여 전 유대인들의 고국귀환이 이루어지게 되고(에스겔 39:28, 아모스 9:9) 연이어서 나사렛 예수를 저들의 조상들은 버렸지만 돌아온 선민들은 저들(민족)의 메시야로 받아들이게 되는 대 역사가 나타나게 되면 얼마가지 못해서 세계는 대환란의 징벌 속으로 들어가게 됩니다(여기에 대한 세부적 사건들은 이스라엘 회복 제3기에 나타남으로 참조 바람). 성서가 지적하는 이 대 환란은 여호와의 큰 날로서(스바냐 1:14) 여호와의 분노의 날입니다(스바냐 1:15, 18, 2:2, 3). 그럼과 동시에 여호와의 질투의 불이 가하는 날이요(스바냐 1:18) 여호와가 만국을 벌할 날들이기에(오바댜 1:15상반절) 이때에 그 가운데서 살아나기란 결코 쉬운 것이 아닙니다.

그래서 성서를 보십시오.

"악한 자는 아무도 깨닫지 못하되 오직 지혜 있는 자는 깨달으리라"고(다니엘 12:10하반절).

일단 대 환란이 지상에 임하면 전반기에는 두 증인(두 감람나무)이란(계시록 11:3) 두 선지자가 나타나(계시록 11:10~11) 하늘을 완전 닫아버리는 대 징벌(역사)을 내림으로서(계시록 11:6) 이 땅은 기근과 흉년, 고갈과 온역 등에 의해 모름지기 세계 인구는 현실적으로 3분의 1이 줄어들게 됩니다(스가랴 13:8, 에스겔 5:12). 이 징벌이 너무나 크고 무겁기 때문에 기독교 자체 내에서도 여기에 대하여 어느 누구도 감히 입을 열려고 아니합니다. 솔직하게 말해서 이 사건은 성서에 이미 기술이 되어져 있지만 함구하고 고스란히 숨깁니다. 그 이유는 무엇입니까? 그것은 하나같이 이를 말하고 드러내는 것이 솔직히 싫다는 것과 생각하기조차 두렵다는 그 때문입니다. 이때에 모름지기 세계 인구가 3분의 2로 우선, 줄어드는데 그 3분의 2의 인구는 어린 아이와 노인이 제외되어 있음이 보다 더 두렵고 놀라울 뿐입니다.

　대 환란의 후반기에 가서 적그리스도가 나타나게 되면 그는 거짓 선지자를 앞 내세워서(계시록 13:11~13) 자기 우상(신상)을 만들되(계시록 13:14) 그것을 다른 장소도 아닌 얼마 남겨둔 지상의 교회당 안에다 세우게 될 것이니 정말 아이러니한 일입니다(에스겔 8:16, 11:18, 21, 다니엘 9:27, 11:31, 마태복음 24:15). 그리고는 전 인류가 그 우상 앞에 나가서 경배를 하게 하는데 그것에게 경배하지 아니하는 자는 몇이든지 다 죽임을 당하게 될 것입니다(계시록 13:15). 이때 적그리스도의 신인 마귀를(용)(계시록 13:2, 4) 경배하고 섬기는 자들에게는 그 오른 손이나 이마에 표를 받게 할 것인데(계시록 13:16하반절) 이 표를 받는 무리를 보니 이들은 ① 작은 자 ② 큰 자 ③ 부자 ④ 빈궁한 자 ⑤ 자유한 자 ⑥ 종들로 나뉘어져 나옵니다(계시록 13:16). 이 6종류에는 그 때 이 지상에 살고 있는 자들 모두가 다 예속이 되고 있는데 그럼에도 불구하고 여기 이 6종류에서 제외되는 무리가 있으니 그것이 바로 심각한 문제점을 제기하고 있는 것입니다.

　이 6종류에서 제외가 된 무리들은
　① 어린 아이들입니다(약 14세 이하).
　② 노인들입니다(약 60여세 이상).
　여기에서부터 바로 심각한 난 문제가 야기됩니다. 왜 그런가에 대한 의문은 생각할 겨를이 없습니다. 솔직히 이 문제는 우리의 눈과 귀 그리고 신앙을 의아와 당황케 만듭니다. 그렇다면 적그리스도의 때에는 이미 어린 아이들과 노인들은 이 지상에서 흔적조차 보이지 아니한다는 결론이 아닙니까? 노약자는 적그리스도가 나타나기 이전에 이미 떼죽음을 당한 것임을 성서가 예고하고 있는 것은 어처구니없는 징벌과 보복이 아닙니까? 그 때는 대 환란의 전반기로서 두 감람나무 때(계시록 11:3~6)였는데 말입니다.

그러므로 이 시점에서 적그리스도에 대한 제반의 문제를 상고하려할 때 무엇보다 먼저 두려움을 금치 못하고 있습니다.

요즘 여기저기에서 적그리스도의 출현에 대한 문제를 이야기 하고 있으며 어떤 이들은 이미 적그리스도가 세계의 어딘가에 나타나서 활동을 개시하고 있는 것 아닌 가고 반문을 하는. 경우를 봅니다. 어떤 이는 장차 나타날 적그리스도의 수가 666이니(계시록 13:18) 지금의 컴퓨터를 숫자로 풀어보니 666이 나오는데, 또한 로마 카톨릭교의 교황이 머리에 쓴 금 면류관이 있는데 그 면류관에 새겨진 글이 숫자로 풀어보니 666이 되는데, 군대의 각급 지휘관실(상황실)의 부호(숫자)가 6수인데… 그리고 이 지상의 각급 카드들도 이와 관계가 있고 되는데 하면서, 이런 것은 이미 이 세상에 적그리스도의 역사가 시작된 것을(요한 2서 7절) 알리는 암시표들이 아닌가고 반문하기도 합니다.

그런가 하면 적그리스도의 출처 문제에 있어서

① 어떤 이는 유럽의 EC공동체(국가)에서 타나날 것이라고 주장을 하고,

② 어떤 이는 10분국에서 파생되어져서 나간 미국에서 나타날 것이라고 주장을 하고,

③ 어떤 이는 로마 카톨릭교에서 나타날 것이라고 주장을

하고,

④ 어떤 이는 공산주의 종주국인 소련에서 나타날 것이라고 주장을 하고,

⑤ 어떤 이는 이스라엘 주변의 회교국에서 나타날 것이라고 주장하고,

⑥ 기타 등등입니다.

사실 이런 문제는 뒤의 각 항에서 다시 한 번 재론이 되지 아니하면 안 될 듯합니다. 어찌되었거나 간에 위의 이와 같은 문제가 세계의 도처에서 이미 재기가 되고 나타난다는 것은 아무리 보아도 심상치 아니한 것만은 사실입니다. 그럼 우리가 이 시점에서 이 중차대한 문제인 적그리스도의 출처를 상고함에 있어 먼저 유의해 두어야할 것이 더러 있습니다. 이것은 이미 제1권과 제2권(피난처)에서 밝힌 바와 같이 지금의 현 상태에서 누구의 학설이나 주의 주장 따위 보다 또한 그와 유사한 것들에는 처음부터 원천적으로 관심이 없다는 것과 그리고 이 문제에서는 오직 신구약성서가 과연 무엇이라고 기술하고 있는가 하는 그것에 보다 더 비중과 초점을 맞추어 두어야 한다는 바로 그것입니다.

1. 적그리스도는 이방에서 나타날 것인가?

"보라 애굽인을 잔인한 군주의 손에 붙이리니 포학한 왕이 그들을 치리하리라 주 만군의 여호와의 말이니라"고(이사야 19:4).

성서를 보십시오. 적그리스도는 반드시 나타납니다. 누구의 반대급부에도 불구하고, 누구의 방해공작에도 굴하지 아니하고 반드시 나타나게 되어져 있는 것이 성서의 예언이고 예언

성취입니다. 지금에서 우리가 살고 있는 이 시기(때)를(로마서 13:11~12) 보십시오. 누가 무엇이라 해도 지금은 우리 모두가 여호와 하나님의 심판대 앞에 서야할(로마서 14:10 하반절) 바로 그 때인 만큼 불법의 비밀이 활동을 해야 할 그 즈음이며(데살로니가 후서 2:7상반절) 불법한 자가 나타나서(데살로니가 후서 2:8상반절) 세상을 심히 요란케 만들고 어지럽혀야할 바로 그 때입니다. 그러다 보니 누구의 요구나 요청이 있지 아니해도 그리스도교가 들어가 있는 나라들에는 "패역한 자들이 가득한" 것은(다니엘 8:23상반절) 도리가 없는, 하나의 말기적 현상과 세대적 현실임을 보고 있습니다. 고로 지금은 그의 출현이 시간문제로 등장하고 있습니다. 그렇다면 본 과제에 비상한 관심을 집중 시키지 아니하면 안 됩니다.

성서를 보면 적그리스도가 어디서 나타날 것인지를 예고하고 있습니다.

"내가 보니 바다에서 한 짐승이 나오는데 뿔이 열이요 머리가 일곱이라"고(계시록 13:1상반절).

또한 성서는

"그가 애굽인을 격동하사 애굽인을 치게 하시리니"라고(이사야 19:2상반절).

또한 성서는

"작은 뿔 하나가 나서 남편과 영화로운 땅을 향하여 심히 커지더니"라고(다니엘 8:9).

또한 성서는

"그가 권세로 애굽의 금은과 모든 보물을 잡을 것이요"라고(다니엘 11:43상반절).

위의 성서는 모두가 적그리스도와 애굽과는 상당한 관계가 형성(정립)되어져 있고 된다는 것을 의미시키고 있는 것이 아닐지 의문입니다.

솔직히 적그리스도는 유대 땅에서 오직 선민으로 나타날 것인가? 아니면 이와는 정반대로 이방 땅에서 오직 이방인으로 나타날 것인가 하는 것은 사전에 당연히 거론이 되고 밝혀져야 할 것들입니다. 이것은 여러 면에서 이 역사위에 상당한 난 문제점들을 충분히 야기 시킬 수가 있는 과제들이기에 함부로 발설해서는 결코 아니 되지만, 또한 해석하기 쉽다고 해서, 또는 현재의 세계 동향이 그렇게 돌아들 간다고 해서 초점을 현실적 동향에 맞추는 그런 몰상식은 결단코 삼가 해야 하는 것입니다. 이 과정에서 우리가 자칫 잘못(오해)하면 심각한 우려를 고스란히 낳게(자아내게) 됩니다.

우리는 본 과제에서 먼저 두 가지를 상고해 보아야 할 듯 합니다.

가. 이방에서

① 만약에의 경우 이방 땅에서 적그리스도가 나타나게 된다면 백인들 가운데서 나타나야할 것인가 하는 것입니다. 이것은 옛 헬라나 로마의 10분국과(다니엘 7:4~7, 19~20) 밀접한 관계가 있고 된 가운데에서 말입니다.

② 만약에의 경우 이방 땅에서 적그리스도가 나타날 것이라면 황인 곧 셈의 후손 중에서 나타날 것인가 하는 것입니다. 왜냐 하니 이스라엘이 아시아권(동양)에 속해 있기 때문에 동양인 아시아인들 가운데 적그리스도가 나타날 것인가? 함입니다.

③ 이방 땅에서 살고 있는 이방인으로서 예수 그리스도를

구주로 받아들여 믿고 있는 자들 가운데 적그리스도가 나타날 것인가 함입니다. 이방에서 나타나야 한다면 당연히 그래야 되는 것이 아닐지 의문입니다.

④ 이방 땅에 살고 있는 이방인으로서 예수 그리스도를 믿지 아니한 자들 가운데 적그리스도가 나타날지도 모른다는 우려를 가질 수도 있습니다. 로마의 네로 황제나 독일의 히틀러와 같은 자 마냥.

그러다 보니 최 근래에 와서는 사람들이 유럽의 EC공동체 안에서 적그리스도가 나타날 가능성이 매우 짙다고 주장하면서 그것에 지나친 신경과민 현상을 보이고 있으나 오산입니다. 성서에 보면 오해할 소지가 없는 것은 아닙니다. 성서대로 한다면 그곳은 이미 여호와에 의해 10분 국화 되도록 섭리된 곳이니(다니엘 2:33, 41~42, 7:20, 24) 그곳에서 나올 수도 있는 것 아닌가 라는 질문이 터져 나오고 이를 역선전하고 가르치는 종교적 모리배들이 판칠 수 있는 세상임을 봅니다. 그럼에도 이는 참으로 어처구니없는 것들 입니다. 성서의 10분국은 유럽의 EC와는 처음부터 아무런 상관이 없습니다. 그리고 적그리스도 역시 유럽의 EC나 로마 카톨릭의 교황등과도 사실 아무런 상관이 없음을 분명 밝혀둡니다. 이것이 성서의 핵심적 가르침입니다.

어떤 이들은 미국에서 적그리스도가 나타난다고 외칩니다. 그러면 왜 헬라나 로마와 전혀 상관이 없는 미국에서 적그리스도가 나타나야 하느냐고 질문을 하면 그들은 말하기를 첫째로 미국에서 컴퓨터를 발명했는데 그 컴퓨터를 숫자로 풀어보면 666수가 나오니 이는 적그리스도의 부호와(계시록 13:18) 동일하지 아니하냐는 것입니다. 그리고 두 번째로 미국이란 나라는 성서에서 이미 마지막 때에 나타나기로 예정된 10분국에서 떨어져 나가(분국) 세워진 나라인 만큼 미국 국적(시민권)을 가진 자 가운데 적그리스도가 나타날 것이라고 주장하여 오늘날 세계적으로 큰 물의를 일으키는 것을 보기도 합니다. 이런 주장을 하는 자들을 보면 대개 미국 쪽과 한국 쪽의 기독교 지도자들로서 말세론을 강론한다는 자들에게서 나타나고 있는 괴현상들 입니다. 그러나 이런 것은 비기독교적이며 전혀 성서와는 아무런 관계가 없는 악하고 추한 수작들입니다.

  어떤 이들은 적그리스도란 공산주의의 종주국인 소련에서 나타날 것이라고 주장하는 것을 보는데 그들의 이유인 즉은 공산주의 국가에서는 무엇보다 기독교회를 반대하고 없애니, 소련 역시 공산주의 종주국으로서 예외는 아니었으니 마지막 때가 되면 소련에서 적그리스도가 나타나 중동지역의 회교국가들과 손을 잡고 이스라엘을 침공할 것이기 때문에 그곳에서 적그리스도가 나타나는 것은 아주 정상적이고 자유스러움이며 합법적이라고 주장을 하나 아주 잘못된 신앙과 선입관들 입니다. 어떤 이들은 적그리스도의 암시적 숫자와 부호를 보니(계시록 13:18) 이는 로마 교황의 면류관에 새겨진 글자와 너무나 닮은 것인 만큼 적그리스도는 로마 카톨릭교 안에서 나타날 것이라 주장하는 경우도 봅니다. 어떤 이는 각기 자기들 나름대로의 이런 저런 주의와 주장을 앞내 세우기도 합니다. 그러나 이런 것은 얼마 못가서 어느 것도 비성서 적임을 알게 됩니다. 왜냐 하니 성서는 언제나 이런 주장들과는 거리가 멀기 때문입니다.

  그렇다면 적그리스도는 다른 곳이 아닌 이스라엘의 주변국가(회교국들) 가운데서 나타날 것인가 하는 것입니다.

  솔직히 말해서

"남편과 동편과 또 영화로운 땅을 향하여 심히 커지더니" 라고(다니엘 8:9하반절).

또한

"리비아 사람과 구스 사람이 그의 시종이 되리라"고(다니엘 11:43하반절)

한 것들을 보면 이스라엘의 주변 회교국들과 결코 무관하지 아니함을 알게 됩니다. 그럼 그곳에서 나타날 것입니까?

장차 나타날 두 감람나무와(스가랴 4:3, 계시록 11:3, 4) 적그리스도(계시록 13:15) 그리고 거짓 선지자는(계시록 13:11~13) 페일언하고 출생지가 이방 땅의 이방인과는 전연 거리도 멀고 관계도 없는 것입니다. 왜냐 하니 성서를 보십시오. 그리스도를 위시해서, 사도들이나 선지자들은 모두 선택된 선민들입니다. 솔직히 사도나 선지자는 단 한 번도 유대 밖에서 나타나신 적이 없습니다. 그리고 속사도나 성서를 기록한 저자들도(모세를 제외함) 유대 밖에서 난 자들이 없습니다. 그러므로 두 감람나무와 적그리스도는 유대와 관계가 있고 되는 분들입니다. 이방에서는 오직 이와는 달리 복음을 전달하는 자와 목사와 교사 그리고 성도들이(에베소서 4:11하반절, 4:12상반절) 그리스도에 의해 나타날 뿐입니다.

나. 유대에서

① 그럼 유대(유대 나라)에서 적그리스도가 나타날(출처) 것인가 유대에서 적그리스도가 나타나되 이방에서 태어나(출생) 유대로 들어온(귀환)자들 가운데서 적그리스도가 나타날 것인가?

② 유대인(선민)으로서 아직까지 고국 귀환이 이루어 지지 아니하여 이방 땅에 거주하고 있는 자들 가운데에서 적그리

스도가 나타날 것인가?

③ 유대인으로서 이방이 아닌 일단 고국 유대에로 돌아와서(귀환) 태어나 그곳에서 자란 자들 가운데서 적그리스도가 나타날 것인가?

④ 유대인으로서 일단 유대로 귀환을 했다가 그곳에서 여건상 살 수가 없어 이방 땅으로 다시 나가서(부모들이) 태어난 자들(임신은 유대에서 했는데) 가운데 적그리스도가 나타날 것인가?

⑤ 유대인으로서 예루살렘이나 유대에서 태어난 후 그 곳에서 어린 시절은 자랐으나 이방 땅으로 다시 나가서 산 자들 가운데 적그리스도가 나타날 것인가? 하는 것이 적그리스도에 대한 역사적 한 과제로 남아 있습니다.

여기서 우리가 기억해 두어야할 것은 위의 이 5가지 질문 가운데 반드시 적그리스도는 제5절에 예속되어져 있다는 것을 결코 잊어서는 아니 됩니다. 이 제5절에 대한 보충 설명이 뒤이어 나타날 제2항과 제5항이므로 이를 바르게 참고하시기를 부탁드립니다.

2. 적그리스도는 유대인 가운데 나타날 것인가?

"너는 내게 부르짖으라. 내가 네게 응답하겠고 네가 알지 못하는 크고 비밀한 일을 네게 보이리라"고(예레미야 33:3).

성서를 보면 그리스도를 위시해서 선구자 세례요한과 모든 선지자들이 유대인이었음을 알게 됩니다. 그리고 사도들이나 성서의 저자들, 제사장들과 선견자들도 선민들 이였음을 알게 됩니다.

그러므로 그리스도의 반대인 적그리스도와, 선지자의 반대편인 거짓 선지자는(계시록 13:11~13) 폐일언하고 유대인 가운데 나타나야할 의무를 가진 것이 아닌가가 문제로 등장합니다. 비록 적그리스도가 "패역자들이 가득할 즈음에"(다니엘 8:23) 나타난다고는 하지만 이미 네 나라가 지나간 후에(다니엘 7:4~7, 19~20, 8~22) 나타날 것인 만큼(다니엘 7~21) 우리는 세계역사 특히 바벨론, 메대와 바사, 헬라(다니엘 8:20~21) 그리고 로마 등에(다니엘 7:7, 19) 관심을 가져야 하지만 그보다 유대에 보다 더 큰 관심을 기울이지 아니하면 아니 됩니다. 이것이 성서의 가르침입니다.

위의 제1항에서 우리는 이미 적그리스도는 이방 땅의 이방인들 가운데에는 결코 나타나지 아니한다는 것을 단도직입적으로 말씀드렸습니다. 미국이나 소련, EC나 로마 교황청 그리고 기타의 이방 땅에는 적그리스도의 출현도 출처도 전혀 해당이 되지 아니한다는 것을 강조했습니다. 마지막 때가 (다니엘 8:23상반절, 데살로니가 후서 2:7, 베드로 전서 4:7상반절) 가까워오니 이방 땅의 기독교 회당 안에서 잘못된 무리들이 몸부림을 치고 발광 발악 하느라고 그리스도의 정 반대인 적그리스도가 유대 땅이 아닌 이방 땅에 그것도 저들과 유사한 가운데 저들의 유사지역에서 나타날 것이라는 어처구니없는 감언이설로 악과 타락을 일삼으나 그런 잘못된 언사나 행동은 절대로 용인되거나 있어서는 아니 될 찬란한 과오들 입니다. 대명 천지에 지금은 고성능 컴퓨터 시대인데 어떻게 이런 일과 작태들이 있을 수가 있다는 것입니까? 말도 아니 되는 말을 함부로 지껄이면서 백성을 우롱하고 민심을 소란케 만들며 이방 땅에 사는 기독교인들의 신앙을 흐트러지게 만드는 것은 결코 용납도 용서도 할 수 없는 짓들입니다.

예수 그리스도께서 유대 땅 베들레헴에서 나셨듯이 적그리스도도 유대 땅 안에서 반드시 나타나게 되어져 있습니다. 왜냐 하니 적그리스도는 그리스도의 반대자요, 대적자이기에 그리스도의 흉내와 모양을 내어야 하기 때문입니다. 선지자나 사도들이 유대 안에서 태어났는데 두 감람나무(계시록 11:3~6) 역시 예외는 아니므로 유대 안에서 나타나고 태어나야 하는데 적그리스도라고해서 예외를 둘 수는 없는 것 아닙니까? 그러므로 이를 명심해야 합니다.

성서를 보십시오.

선지자들과 그리스도가 유대에서 태어나고 자라고 순교를 당하셨듯이

"그 등대 곁에 두 감람나무가 있는데 하나는 그 주발 우편에 있고 하나는 그 좌편에 있나이다"고(스가랴 4:3).

또한 성서는

"내가 그에게 물어 가로되 등대 좌우의 두 감람나무는 무슨 뜻이니이까"라고(스가랴 4:11),

또한 성서는

"다시 그에게 물어 가로되 금 기름을 흘려내는 두 금관 옆에 있는 이 감람나무 두 가지는 무슨 뜻이니이까"라고(스가랴 4:12).

또한 성서는

"가로되 이는 기름 발리운 자들이니 온 세상의 주 앞에 모셔 섰는 자니라 하더라"고(스가랴 4:14).

성서가 이렇게 묻고 답하는 것을 보니 이는 두 감람나무가 전적 유대와 관계가 있고 된 것임을 알게 되듯이 적그리스도 역시 예외와 법외를 둘 수는 없을 듯합니다.

그렇다면 유대인으로서 어떤 부류의 유대인 가운데 적그리

스도가 나타난다고 보아야할 것입니까? 그것은 바로

① 순수 유대인으로서 이방 땅에서 마냥 살거나 머무는 자는 적그리스도가 될 자격이나 능력이 전혀 없습니다. 이것은 철칙과 원칙입니다.

② 순수 유대인으로서 그의 출생지가 이방 땅(전적 유대가 아닌 곳)인 자는 적그리스도가 될 자격에서 제외되고 있습니다. 왜냐 하니 이방 땅에서 출생한 자로서는 그리스도나 사도들, 선견자와 선지자들, 사사들, 등이 단 한분도 없기 때문입니다. 혹자는 모세는 선지자이어도 이방 땅에서 태어났지 아니하냐고 반문을 할지 모르나 그러므로 모세는 영도자로서는 가나안에 들어가지 못한 유일의 인물이 아니었느냐입니다.

③ 거두절미하고 적그리스도는 유대인으로서 그의 출생 지역이 반드시 유대 땅 안이어야 합니다. 왜냐 하니 유대 땅 안에서 태어나야 그가 왕이 될 자격이 있기 때문입니다. 성서를 보면 적그리스도는 왕으로(다니엘 8:23, 9:26, 이사야 19:4) 오신다고 예고하고 있습니다. 그가 왕으로 오시기에 유대 땅 안에서 출생한 자이여야만이 해당이 될 것이지만 다윗임금이나(마태복음1:1~6) 그리스도가(마태복음1:2~16) 유다 지파에서 나왔듯이 적그리스도 역시 유다 지파에서 나올지도 모릅니다. 확률 상으로는 유다 지파에서 적그리스도가 나올 확률이 매우 높다는 것을 명심해야 합니다. 그리고 그리스도가 다윗과 솔로몬의 계열에서 나셨듯이 적그리스도 역시 다윗과 솔로몬 왕의 계열에서 출생할지도 모릅니다.

④ 순수 유대인으로서 유대 땅 안에서 태어나기는 하지만 유대교에 속한 자가(신자) 아닌 기독교에 예속한 자 중에서 나타날 확률이 몇 배가 높다는 것이 아이러니한 일입니다.

그 이유는 적그리스도는 구약 성서만이 아닌 신구약 66권에 능한 자이어야 하기 때문에 유대교(구약성서 39권)에서 보다는 기독교에(66권) 더 접근하고 있을 듯합니다.

이렇게 본다면 유대인 가운데 기독교 신자들의 면면과 기독교인으로서 유대에서 사는 그리고 그곳에서 살다가 외지로 나간 자들의 앞으로의 동향 파악과 그리고 유대인으로서 주변 국가와 손을 잡고 나타날 자들의 동태 파악을 바르게 하지 아니하면 안 될 듯합니다.

적그리스도에 대해 성서가 기술하고 있는 바를 모름지기 예의 주시해 보십시다.

"이 네 나라 마지막 때에 패역자들이 가득할 즈음에 한 왕이 일어나리니 그 얼굴은 엄장하며 궤휼에 능하며"라고(다니엘 8:23). 또한 성서는 "이 왕이 자기 뜻대로 행하며 스스로 높여 모든 신보다 크다 하며 비상한 말로 신들의 신을 대적하며"라고(다니엘 11:36).
이는 무엇을 의미하는 것입니까? 이는 적그리스도가 장차 왕으로 나타난다는 것을 예고함인데 그가 왕으로 일단 나타나서는 기존의 성전(교회당)을 훼파하고 없앤다는 것입니다.

그래서 성서는
"장차 한 왕의 백성이 와서 그 성읍과 성소를 훼파하려니와"라고(다니엘 9:26상반절),

또한 성서는
"그가 그 이레의 절반에 제사와 예물을 금지할 것이며"라고(다니엘 9:27중반절).
합니다. 이것은 무엇을 의미합니까? 적그리스도는 일단 나타나게 되면 제1차적으로 온 유대와 예루살렘과 성전과 밀접한 관계가 있고 된다는 것을 암암리에 밝히고 있는 것들이 아니고 무엇입니까?

어떤 이는 여기서 꼭 적그리스도가 유대인 가운데에서 나타나야 한다는 지적이 성서에 없는 것(?) 아닌 가고 반문을 가할지 모르나 사실은 다음의 성서를 주시치 아니하면 안 됩니다.

성서를 보십시오.

"여호와께 악을 꾀하는 한 사람이 너희 중에서 나와서 사특한 것을 권하는도다"고(나훔 1:11).

또한 성서는

"저는 대적하는 자라 범사에 일컫는 하나님이나 숭배함을 받는 자 위에 뛰어나 자존하여 하나님 성전에 앉아 자기를 보여 하나님이라 하느니라"고(데살로니가 후서 2:4).

분명 이것은 적그리스도가 둘이 아닌 오직 하나이고, 그는 유대인 가운데 특히 유대 땅 안에서 출생한 자 가운데 나타날 것임을 이미 예고하고 있는 것 아닙니까? 솔직히 그가 유대인이지만 그는 왕으로서 자기 왕국과(다니엘 8:9~10) 자기의 궁전을(다니엘 11:44~45) 그 어디에다 세우든지 간에 그것이 그렇게 중요하지는 아니합니다. 여기서 우리가 가장 중요시 하는 것은 그의 출처가 어디이냐? 그의 뿌리는 어느 나라이냐 하는 것이 중요할 따름입니다. 그러므로 여기에 대하여는 결코 왈가왈부 할 것이 못됩니다.

3. 적그리스도는 단 지파에서 나올 것인가?

"여호와여 주께서 나를 아시고 나를 보시며 내 마음이 주를 향하여 어떠함을 감찰 하시오니 양을 잡으려고 끌어냄과 같이 그들을 끌어내시되 죽일 날을 위하여 그들을 예비 하옵소서"라고(예레미야 12:3).

우리는 이미 앞의 제2항 제3절에서 적그리스도가 나타날 지파로는 예수 그리스도가 속했던 유다 지파도 결코 무시할 수 없다는 것을 강조했는데 여기서는 단 지파 역시 그 확률이 상당히 높다는 것을 강조하려함을 잊어선 아니 됩니다.

신구약성서를 보면 이상하리만큼 단 지파가 이래저래 무시를 당하거나 도외시 되는 경우가 허다함을 봅니다. 그리고 성서 그 자체에서는 유독 단 지파에서 적그리스도가 나타날 것이 아닐까 하는 예감을 은연중에 가지게 합니다.

그래서 성서를 보십시오.

"단은 길의 뱀이요 첩경이 독사리로다 말굽을 물어서 그 탄자로 뒤로 떨어지게 하리로다"고(창세기 49:17),

이는 이삭의 아들 야곱이 그의 12아들에게 축복하시는 과정에서 나타난 것입니다. 그런데 여기에 보니 단이 길의 뱀이니 뱀은 마귀나(계시록 20:2) 적그리스도와 관계가 된 것을 의미하는 것이 아닐지?

성서를 보십시오.

"여호와께서 말씀하시되 내가 술법으로도 제어할 수 없는 뱀과 독사를 너희 중에 보내리니 그것들이 너희를 물리라 하시는도다"고(예레미야 8:17).

그러니 길의 뱀 곧 무는 뱀은 적그리스도와 관계가 있음을 암시하는 것 아닙니까? 솔직히 예레미야 8:17절은 적그리스도를 뱀으로, 거짓 선지자를 독사로 비유하고 있는데 그렇다면 단의 "길의 뱀"과 적그리스도의 "뱀"은 동일함을 의미하고 있는 것이 아닐지 의문입니다. 이는 솔직히 의미하는 바가 많고 큽니다.

또한 성서는 다른 의미로서

"단은 바산에서 뛰어 나오는 사자의 새끼로다"고(신명기

33:22)입니다.
　상기의 성서는 이스라엘의 영도자 모세가 죽기 직전 12지파에(신명기 33:1) 각기 축복한 것인데 하고 많은 축복 가운데 왜 단에게만은 "뛰어 나오는 사자 새끼"라고 규정했는가가 의문입니다. 성서를 보십시오. 성서에서는 분명 마귀를 일컬어서 마지막 때에 우는 사자와 같이 날 뛰게 되는 자라 규정하고 있습니다(베드로 전서 5:8). 한편에서는 단이 바로 사자 새끼로 비유되어 나타나고 있는데, 이것은 바로 다른 한편의 "우는 사자"로서 마귀 새끼와(적그리스도) 관계가 있고 되는 것 아닌가 하는 의문을 가지게 합니다. 이런 성서는 우리가 적그리스도를 연구하는데 하나의 큰 도움이 되고 있습니다.
　그러므로 성서를 보십시오.
　"그 말의 부르짖음이 단에서부터 들리고 그 준마들의 우는 소리에 온 땅이 진동하며 그들이 이르러 이 땅과 그 소유와 성읍과 그 중의 거민을 삼켰다"고(예레미야 8:16).
　또한 성서는
　"단에서 소리를 선포하며 에브라임 산에서 재앙을 공포하는 도다"고(예레미야 4:15).
　아무리 보아도 위의 성서는 단 지파와 적그리스도의 관계를 심사숙고할 것을 요청하고 있는 것이 아닐까 합니다. 여건과 형편과 문맥상으로 보아서 말입니다.
　분명한 것은 우리가 성서 안에서 이스라엘의 12지파를 연구함에 있어 그 중에서 유독 단 지파만을 무엇보다 예의주시 하는 것은 그 지파를 향한 성서의 기술이 상당히 모호하고 애매한 곳이 자주 나타나기 때문입니다. 특히 성서가 마지막 때 유대인의 인 맞은 수효를 밝힐 적에도 어찌된 영문인지는 알 수가 없으나 유독 단 지파만을 제외시키고 있다는 것은 아이러니컬한 일이 아닐 수가 없습니다. 왜 그런가 하는 것은 고사하고라도 이런 것은 의문의 대상이 되고도 남습니다.

성서에 보면 유대인의 인 맞은 수효가 분명 나오고 있습니다(계시록 7:4). 유대인의 인 맞은 수는 144,000인데 이 144,000은 각 지파에 12,000명 씩 배당이 됩니다(계시록 7:5~8). 그럼에도 여기서 어처구니없는 것은 12지파 가운데 하필이면 야곱의 다섯째 아들인 단이(창세기 20:5~6) 빠지고 없다는 것입니다. 그럼에도 불구하고 더 어처구니없는 것은 요한계시록 7:5~8에 보십시오. 요셉은 야곱의 11번째 아들로(지파) 엄연히 그곳에 들어가 있음에도 불구하고 그의 아들인 므낫세가(창세기 41:51)(그는 야곱의 손자인데도) 6번째 지파로 들어가서 분깃을 차지하고 있다는 것입니다(계시록 7:6). 솔직히 말해 야곱의 아들도 아닌, 야곱의 11번째인 요셉의(창세기 30:35) 장자임에도 불구하고 므낫세는(창세기 41:51) 지파들이 차지하는 144,000인 가운데 12,000을 얻었는데 반해 단은 분명 야곱의 다섯 번째 아들임에도 불구하고(창세기 29:4~6) 소유해야할 기업(기득권)에서 제외시켰다는 것은 아무리 보아도 의미심장한 사건이 아닐 수 없습니다.

왜 지파(12)도 아닌 므낫세에게는(아버지 요셉이 들어가 있는데) 인 맞은 자(기득권자) 12,000씩이나 할당해 주시면서(계시록 7:6) 12지파 가운데 하나인 단에게는 전혀 할당(기득권)이 주어지지 아니했는지 의문입니다. 그럼에도 다음의 성서를 보면 단의 후예에 이상이 있음을 발견케 됩니다.

"무릇 사마리아의 죄 된 우상을 가리켜 맹세하여 이르기를 단아 네 신의 생존을 가리켜 맹세하노라 하거나… 하는 사람은 엎드러지고 다시 일어나지 못하리라"고(아모스 8:14).

위의 성서는 누가 보아도 적그리스도와 단과의 관계를 암시해 주는 듯한 감을 떨쳐버릴 수가 없습니다. 솔직하게 이야기해서 위의 성서는 적그리스도가 단 지파에서 나타날 소지를 예고한 것이 아닐지 의문이란 것입니다.

위에 나타난 성서를 모두 종합해서 연구, 검토, 분석해 보건데 적그리스도는 단 지파에서 나오는 것이 가장 이상적이고 바람직한 것 아닐까 하는 감을 가지게 됩니다. 그래서 적그리스도의 출현 지파로는 단 지파와 유다 지파가 가장 유력하다고 보아야 할 듯합니다.

4. 적그리스도는 시오니즘에서 나올 것인가?

"내 백성은 나를 알지 못하는 우둔한 자요 지각이 없는 미련한 자식이라 악을 행하기에는 지각이 있으나 선을 행하기에는 무지하도다"라고(예레미야 4:22).

돌아가는 세상사 하나하나와 유대의 독립과정을 보면 시오니즘의 활약과 역사와 힘, 그리고 정보활동과 기타는 가히 가공할 정도이며 누구도 무시할 수 없을 정도입니다. 그러다 보니 최 근래에 와서는 도처로부터 적그리스도는 과연 시오니즘에서 나올(출처)것인가 하는 것이 점차 의문의 대상으로 상당히 클로즈업되고 있음을 봅니다. 시오니즘의 조직은 AD1897년에 조직되었지만 그럼에도 이 시오니즘은 19세기 말과 20세기 초엽에는 그렇게 큰(두드러지게) 활약을 하지 못했으나 1930년대와 1940년대에 와서는 빛나는 활약을 통해 수많은 공적과 수훈을 세계사 위에 세움으로서 역사의 수면 위로 나타나고 세워진 것은 부인할 수 없는 사실입니다.

특히 이 시오니즘은 제2차 세계대전 때와 그리고 AD 1945년으로부터 AD 1948년도까지의 유대 독립 과정에서는 누구도 감히 넘볼 수가 없는 혁혁한 대공을 세움으로서 세계인의 시선을 끌어 모으는데 성공을 했고 세계인의 이목을 한 몸에 받게 된 단체입니다. 이 시오니즘이 하고 있는 사업들은 아주 다양합니다. 지금도 이 시오니즘을 통하여 조국 이스라엘이 받는 혜택은 결코 적지 아니합니다. 이 시오니즘은 예루살렘이나 텔아비브를 위시하여 서구에는 도처에 조직망을 가지고 있으며 미국에서는 이 시오니즘의 활약상이 다방면에서 괄목할 만한 것으로 나타납니다.

그렇다 보니 흔히들 장차 나타날 적그리스도는 이 시오니즘(단체)에 예속된 자들 가운데 혹시 나타나는 것이 아닐까 의문을 제기하는 자가 점차 많아지고 있음을 인정해야 합니다. 어차피 유대인 가운데에서 적그리스도가 나타나야할 것이라 한다면 그 확률 면에서 어느 단체나 개인에게서 나타나기보다 유대인의 최대 조직인 시오니즘에서 나타나는 것이 가장 그 힘을 과시하는데 무엇보다 안성맞춤이 아닐까 반문하기도 합니다. 사실상 일리가 다분히 있는 질문(질의)입니다. 성서상 적그리스도는 왕으로 나타나야 하는데(다니엘 8:23, 11:36, 이사야 19:4) 그러하려면 무엇보다 우선 엄청난 재력과 조직망을 가지고 있는 자이어야 함엔 분명한데, 그렇기 위해서는 어느 개인이나 소수 집단에 예속된 자 보다는 유대인의 최대 조직인(세계적 최대조직) 시오니즘 안에서 나타나는 것이 가장 합리적이(이상적) 아니냐 하는 것이 현실적입니다.

그럼에도 단 지파와 유다 지파를 여기서는 결코 제외시킬 수가 없습니다. 왜냐 하니 비록 시오니즘에 예속이 된 자로서 단과 유다 지파 소속에서 나올 수도 있으니 말입니다. 이는 의미 있는 사건입니다.

그리고 적그리스도는 나타나자마자(바다에서 한 짐승이 나오는데 : 계시록 13:1) 얼마 안 되어 기독교회와 싸워서 이기게 되고(다니엘 7:21, 계시록 13:7) 예루살렘으로 부터 남편과 동편도 점령하고(다니엘 8:9) 애굽과 리비아와 구스까지를 점령한 후(다니엘 11:42~43) 자기의 장막 궁전을 세우게 되는데(다니엘 11:45) 어찌 강력한 힘과 단체의 뒷배경이 없이 가능하겠는가 하는 것입니다.

그리고 적그리스도는 누가 무엇이라 해도 왕으로(다니엘 8:23, 9:26, 11:36) 나타나기에 그의 일당이(군대와 백성들과 시종들이) 상당수인 만큼(다니엘 9:26, 11:43, 신명기 28:49~51) 그는 친히 성전과 교회당을 없이할 수도 있으나 그는 지혜가 있기에(계시록 13:1) 그에게 소속된 군대와 백성들을 보내어서 성읍과 성소를 훼파하게 할 것인데(다니엘 9:26상반절) 그렇다면 그는 유대인 가운데 상당한 단체를 거느렸던 자(거느릴 자) 가운데서 나타날지도 모를 일입니다. 유대인이면서도 상당한 단체와 군대와 수하인을 거느리고 나타날 자라면 그의 소속이 원래 시오니즘이었을 가능성도 배제할 수 없다는 예감을 솔직히 떨쳐버릴 수 없음은 사실입니다.

꼭 꼬집어서 적그리스도는 시오니즘에서 출현할 것이라고 규정하기는 곤란하지만 상당히 접근하고 있는 것임은 부인할 수 없는 사실이란 것입니다. 왜냐 하니 그 힘이나 규모면 그리고 상술, 능력, 정치와 정보관리, 수완이나 술수… 기타 등을 보아서 말입니다.

5. 적그리스도 출현에 대한 성서의 예언들

"너를 보는 자가 주목하여 너를 자세히 살펴보며 말하기를 이 사람이 땅을 진동시키며 열국을 격동시키며 세계를 황무케 하며 성읍을 파괴하며 사로잡힌 자를 그 집으로 놓아 보내지 않던 자가 아니뇨. 하리로다"고(이사야 14:16~17).

성서의 예언들을 보십시오. 모두가 하나같이 적그리스도가 불원간 나타날 것임을 예고하고 있습니다. 성서의 이 예고(예언)가 어느 한 시대의 어느 예언자(선지자)에 의해 예고된 바가 아니고 오랜 세월동안 여러 예언자들에 의해(이사야, 예레미야, 에스겔, 다니엘, 하박국, 나훔등) 적그리스도가 장차 나타날 것임을 누누이 예고되고 있었다는 것은 놀라움이 아닐 수 없습니다.

특히 구약 성서에서만 적그리스도의 출현을 예고하고 있는 것이 아니고 신약 성서에서도(4복음, 바울서신, 공동 서신, 계시록 등) 적그리스도의 출현을 모름지기 예고하고 있다는 것은 놀라움이며 우리 모두에게 경고하고 있는 바가 많고 큼이 분명한 듯합니다.

우리는 이 문제를 바른 선상에 올려 세워 놓고서 상고해 보아야 할듯합니다.

신구약성서를 보면 적그리스도에 대한 기술이 자주 나오는데 그것들 모두를 여기에다 나열할 수는 없지만 그럼에도 몇 군데만 골라서 이를 상고함으로 성서의 예언을 다소나마 바르게 인식(인정)하고 참된 의미에서 이 문제를 상고해 보려

합니다. 이점을 무엇보다 우선 유의 하시기를 바랍니다.

가. 구약적 예언

적그리스도의 출현에 대한 구약적 예언은 대 선지자들과 소선지자들의 때에, 또는 그들에 의해서만 논의되거나 예언된 것은 결코 아니라는 데에 심각한 문제점들이 등장케 됩니다. 성서를 보십시오.

1) 출애굽 당시의 예언

성서는 이 문제에 대하여
"곧 여호와께서 원방에서 땅 끝에서 한 민족을 독수리의 날음 같이 너를 치러 오게 하시리니 이는 네가 그 언어를 알지 못하는 민족이요 그 용모가 흉악한 민족이라 노인을 돌아보지 아니하며 유치를 긍휼히 여기지 아니하며"라고(신명기 28:49~50).
또한 성서는 연이어
"네 육축의 새끼와 네 토지의 소산을 먹어서 필경은 너를 멸망시키며 또 곡식이나 포도주나 기름이나 소의 새끼나 양의 새끼를 너를 위하여 남기지 아니하고 필경은 너를 멸절시키리라"고 합니다(신명기 28:51).
이는 이스라엘 백성들이 애굽에서 나와(출애굽) 아직 광야 생활을 하고 있을 때에 여호와께서 자기 백성들에게 모세를 통하여 친히 주신 예언입니다. 이미 그 때로부터 이 세상의 종국에는 적그리스도와(다니엘 7:7하반절, 7:21, 계시록 13:1~3) 그의 군대와(다니엘 11:31) 백성들과(다니엘

9:26상반절) 시종들이(다니엘 11:43) 나타나 이 세상을 심히 어지럽히고 혼돈과 공허와 파괴를 가져다줄 것임을 예고하고 있는 말씀입니다. 그러다 보니 신명기 28:49~50절의 예언은 그 때나 지금에서 심히 우려할 만한 사건들임에는 어느 누구도 부정치 못합니다. 여기서는 우리에게 제시하는 것이 많습니다.

2) 시편 저자의 예언

성서를 보십시오. 시편에서도 예외는 결코 아닙니다. 시편의 저자도 장차에는 적그리스도가 나타날 것임을 예고하고 있습니다. 신약시대의 사도요한 마냥 꼭 꼬집어서 그가 한 짐승으로나(계시록13:1~4)적그리스도라고(요한1서 2:22, 요한2서:7) 칭하지는 아니했지만 성서를 보면 그것은 누가 보아도 장차 나타날 적그리스도에 대한 말씀임을 알게 됩니다.
성서를 보십시오.
"원수가 성소에서 모든 악을 행하였나이다"고(시편 74:3 하반절).
또한 성서는
"주의 대적이 주의 회중에서 훤화하며 자기 기를 세워 표적을 삼았으니 저희는 마치 도끼를 들어 삼림을 베는 사람과 같으니이다"고(시편 74:4~5).
또한 성서는
"이는 저희가 도끼와 철퇴로 성소의 모든 조각품을 쳐서 부수고 주의 성소를 불사르며 주의 이름이 계신 곳을 더럽혀 땅에 엎었나이다"고(시편 74:6~7).
또한 성서는

"하나님이여 대적이 언제까지 훼방하겠으며 원수가 주의 이름을 영원히 능욕하리이까"고(시편 74:10).

또한 성서는

"이는 저가 너를 새 사냥꾼의 올무에서와 극한 염방에서 건지실 것임이로다"고(시편 91:3).

또한 성서는

"하나님이여 열방이 주의 기업에 들어와서 주의 성전을 더럽히고 예루살렘으로 돌무더기가 되게 하였나이다"고(시편 79:1).

여기 시편의 저자는 적그리스도를 "원수"와 "주의 대적" 또는 "새 사냥꾼"과 "극한 염병"이라 비유하여 좌우지간 그는 심히 사나운 자, 무서운 자와 주의 반대편에 있는 자임을 밝히고 있습니다. 그러므로 시편의 저자는 여호와가 저를 불원간 없이할 것임을 경고하고 있습니다. 저는 주의대적이요 원수이니 이를 어찌 가만히 놓아둘 수가 있으며 못 본체로 수수방관할 것입니까? 다른 성서도 역시 마찬가지 이지만 말입니다(다니엘 7:22, 26, 8:25하반절, 11:45하반절).

그래서 시편(성서)에서는

"네가 사자와 독사를 밟으며 젊은 사자와 뱀을 발로 누르리로다"고(시편 91:13).

또한

"물 가운데 용들의 머리를 깨뜨리셨으며"라고(시편 74:13 하반절),

또한

"악어의 머리를 파쇄하시고 그것을 사막에 거하는 자에게 식물로 주셨으며"라고(시편 74:14).

여기서는 시편의 저자도 적그리스도를 사자와 독사로 그리고 거짓 선지자를 "젊은 사자와 뱀"으로(시편 91:13하반절) 비유하고 있음이 놀라울 뿐입니다.

사실 예레미야 8:17절을 보면 적그리스도를 뱀으로 거짓 선지자를 독사로 비유(규정)하고 있듯 여기서도 이에 못지않게 적그리스도와 거짓 선지자를 비유(규정)하고 있음이 놀라울 뿐입니다. 그리고 마귀를 용과 악어로 규정하고 있음도 시편 저자의 돋보이는 투시와 예언승리인 것입니다.

솔직히 구약의 모든 예언들이나 다니엘서의 예언대로 보면 적그리스도는 사악하고 궤휼에 능한(다니엘 8:23하반절)주의 반대편 자이기에 반드시 악을 행하여 파행과 살상을 일삼을 것임을 가르치고 있습니다(다니엘 7:21, 25, 8:11~12, 23~24, 9:26~27).

3) 대 선지자들의 예언

대 선지자들의 예언에서도 시편의 저자와 이 문제에서만은 모든 맥락을 같이 하고 있습니다.

성서를 보십시오.

"그가 애굽인을 잔인한 군주의 손에 붙이시리니 포학한 왕이 그들을 치리하리라 주 만군의 여호와의 말이니라"고(이사야 19:4).

또한 성서는 "여호와께서 말씀하시되 내가 술법으로도 제어할 수 없는 뱀과 독사를 너희 중에 보내리니 그것들이 너희를 물리라 하시도다"고(예레미야 8:17).

여기서 어처구니없는 것은 적그리스도를 "제어할 수 없는 뱀"으로 거짓 선지자를(계시록 13:11~13) "독사"라고 기술(비유)하고 있는 그것입니다. 이는 분명 시편의 예언과 일맥상통하는 바입니다.

또한 성서는 마지막 대 전쟁의 와중에서 여호와는 저주와 불을

"그와 그 모든 떼와 그 함께한 많은 백성에게 비를 내리듯 하리라"고(에스겔 38:22하반절).

대 선지자들의 예언을 통하여 또한 이를 이루기 위하여 적그리스도가 마지막 때에(에스겔 38:22) 나타나 대 전쟁을 (아마겟돈) 일으키게(계시록 16:16) 될 것임을 여기서 예고하고 있습니다(에스겔 38:1~6, 계시록 20:7~9). 이는 참으로 의미하는 바가 많고 큽니다.

4) 다니엘 선지자의 예언

다니엘서에 나타나는 적그리스도의 문제는(예고는) 타 예언서와는 여러 면에서 다소 차이점이 납니다. 그럼에도 이를 여기서 모두 열거할 수 없는 것이 안타까울 뿐입니다.

성서를 보십시오.

"그 뿔에는 눈도 있고 큰 말하는 입도 있고 그 모양이 동류보다 강하여 보인 것이라"고(다니엘 7:20하반절).

또한 성서는

"내가 그 뿔을 유심히 보는 중 다른 작은 뿔이 그 사이에서 나더니"라고(다니엘 7:8상반절).

또한 성서는

"이 작은 뿔에는 사람의 눈 같은 눈이 있고 또 입이 있어 큰 말을 하였느니라"고(다니엘 7:8하반절).

또한 성서는

"내가 본즉 이 뿔이 성도들로 더불어 싸워 이기었더니" 라고(다니엘 7:21).

또한 성서는

"그 열 뿔은 이 나라에서 일어날 열 왕이요. 그 후에 또 하나가 일어나리니 그는 먼저 있던 자들과 다르고 또 세 왕을 복종시킬 것이며"라고(다니엘 7:24).

위의 성서를 모두 유의해 보면 여기서는

① 적그리스도는 10분국과 관계가 있고 된다는 것.

② 적그리스도는 10분국 다음에 나타난다는 것.

③ 적그리스도를 뿔로 규정(비유)했으니 심히 사납고 싸우기를 잘하고 힘이 세다는 것.

④ 적그리스도는 뿔이니(다니엘 7:8상반절, 7:20, 8:9) 왕이심을(다니엘 8:23, 11:36, 이사야 19:4, 하박국 1:10) 밝히고 있다는 것(들어낸다는 것)등입니다.

또한 성서는

"그가 장차 말로 지극히 높으신 자를 대적하며 또 지극히 높으신 자의 성도를 괴롭게 할 것이며 그가 또 때와 법을 변개코자 할 것이며 성도는 그의 손에 붙인바 되어 한 때와 두 때와 반 때를 지내리라"고(다니엘 7:25).

또한 성서는

"스스로 높아져서 군대의 주재를 대적하며 그에게 매일 드리는 제사를 제하여 버렸고 그의 성소를 헐었으며"라고(다니엘 8:11).

또한

"이 네 나라 마지막 때에 패역자들이 가득할 즈음에 한 왕이 일어나리니 그 얼굴은 엄장하며 궤휼에 능하며"라고(다니엘 8:24).

위의 성서를 상고해 보십시오. 여기서는 적그리스도의 출현은 이미 예정-사실화 하고 있지 않습니까? 우리가 알기로 이는 성서가 이미 다니엘 선지자의 예고(예언)를 통하여 대환란의 후반기에 가면 적그리스도의 출현이 있을 것임을 기정사실화 하고 있는 것 아닙니까?

5) 소 선지자들의 예언

성서를 보십시오. 여기 소 선지자들의 예언도 위의 대 선지자들의 예언과 동일하게 나타나고 있음을 보게 됩니다.
그래서 성서는
"여호와께 악을 꾀하는 한 사람이 너희 중에서 나와서 사특한 것을 권하는도다"고(나훔 1:11).
또한 성서는
"여호와께서 말씀하시기를 그들이 비록 강하고 많을지라도 반드시 멸절을 당하리니 그가 없어지리라"고(나훔 1:12상반절).
또한 성서는
"나 여호와가 네게 대하여 명하였나니 네 이름이 다시는 전파되지 않을 것이라 내가 네 신들의 집에서 새긴 우상과 부은 우상을 멸절하며 네 무덤을 예비하리니 이는 네가 비루함이니라"고(나훔 1:14).
또한 성서는
"그가 낚시로 모두 취하며 그물로 잡으며 초망으로 모으고 인하여 기뻐하고 즐거워하여 그물에 제사하며 초망 앞에 분향하오니 이는 그것을 힘입어 소득이 풍부하고 식물이 풍성케 됨이니이다. 그가 그물을 떨고는 연하여 늘 열국을 살육함이 옳으니이까"고(하박국 1:15~17).

또한 성서는
"그는 술을 즐기며 궤휼하며 교만하여 가만히 있지 아니하고 그 욕심을 음부처럼 넓히며 또 그는 사망 같아서 족한 줄을 모르고 자기에게로 만국을 모으며 만민을 모으나니"라고 (하박국 2:5).

위의 성서는 하나 같이 적그리스도의 출현은 이미 구약성서의 예언이며 그로 말미암아 알곡과 가라지를(다니엘 11:30~34) 구별 지으려는 여호와의 단호한 의지를 표명한 것인 만큼 우리에게 세계 종국의 참된 의미를 제공하고 밝혀 주시는 것입니다.

나. 신약적 예언

이미 우리는 위에서 구약 성서에 나타나는 적그리스도의 출현(나타남)에 대한 예언 기사를 상고해 보았습니다. 구약 성서의 예고는 어디까지나 신약 성서의 예고와는 문맥을 같이하기 때문에 의미하는 바가 많고 큽니다.

분명 적그리스도의 출현 예언은 구약 성서만의 전유물이 아니고 신약 성서에도 이미 예고되고 있음을 알게 됩니다. 신약 성서에서는 구약 성서와는 달리 적그리스도의 출현에 대하여 다각적 예언은 일단 피하고 있음을 찾아봅니다. 어쩌면 그것이 신약 성서가 지니고 있는 규칙과 힘이고 특색인지도 모를 일입니다.

1) 4복음서의 예언

4복음에서 예수 그리스도는 말세론을 강론하시면서 마지막 때 곧 대 환란의 후반기에는 반드시 적그리스도가 나타나서 가증스러운 짓들을 하게 될 것임을 예고시키고 있습니다.
　성서를 보십시오.
　"그러므로 너희가 선지자 다니엘의 말한바 멸망의 가증한 것이 거룩한 곳에 선 것을 보거든(읽는 자는 깨달을진저)"라고(마태복음 24:15).
　여기서 예수는 장차 이 지상에 나타날 적그리스도를 "멸망의 가증한 것"이라 규정하면서 성도들의 각성을 무엇보다 촉구하고 있는데 바울 사도는 이 적그리스도를 이와 비슷한 "멸망의 아들"이라고(데살로니가 후서 2:3) 규정하고 있음을 찾아봅니다.

2) 바울 서신에 나타난 예언들

　성서를 보십시오. 바울사도는 장차 나타날 적그리스도를 무엇(누구)이라 규정하고 있는지를 말입니다.
　"먼저 배도하는 일이 있고 저 불법의 사람 곧 멸망의 아들이 나타나기 전에는 이르지 아니하리니"라고(데살로니가 후서 2:3하반절).
　또한 성서는
　"저는 대적하는 자라 범사에 일컫는 하나님이나 숭배함을 받는 자 위에 뛰어나 자존하여 하나님 성전에 앉아 자기를 보여 하나님이라 하느니라"고(데살로니가 후서 2:4).
　또한 성서는
　"불법의 비밀이 이미 활동하였으나 지금 막는 자가 있어 그 중에서 옮길 때까지 하리라"고(데살로니가 후서 2:7).
　또한
　"그 때에 불법한 자가 나타나리니…"라고(데살로니가 후서 2:8).

또한 성서는
"주는 미쁘사 너희를 굳게 하시고 악한 자에게서 지키시리라"고(데살로니가 후서 3:3).
위의 성서를 상고해 볼 때에 여기서는 적그리스도를 칭(칭호)하기를.
① 불법한 사람.
② 멸망의 아들.
③ 대적하는 자(자칭 하나님).
④ 불법의 비밀.
⑤ 불법한 자.
⑥ 악한 자.
등으로 나타납니다.

그럼에도 위의 성서는 모두가 이미 마지막 때에는 적그리스도의 출현이 있을 것임을 강조(알림)함과 동시에
① 적그리스도가 나타나기 전에는 그리스도의 재림이 없다는 것을 먼저 알리고 있습니다(데살로니가 후서 2:3하반절). 여기서 공중휴거를 거부하기도 합니다.
② 적그리스도가 나타나면 상당수의 기독교 신자들이 먼저 배도하게 되고(데살로니가 후서 2:3중반절) 적그리스도를 따르거나(요한계시록 13:3하반절) 그에게 넘어질 것임을 예고하고 있습니다(데살로니가 후서 2:9~12). 이것이 성서의 가르침이니 어처구니없는 일 아닙니까? 구약 다니엘의 예언에서도 이문제가 거론이 되어 나타나고 있음을 찾아볼 수 있습니다(다니엘 11:30하반절, 11:32상반절, 11:34, 12:2하반절).
③ 적그리스도는 악한 자이기에(데살로니가 후서 3:3) 자연 궤휼에 능할 수밖에 없으니(다니엘 8:23하반절) 주께서 우리

를 지켜주시지(요한 1서 5:18하반절) 아니하시면 우리는 모두가 그의 미혹하심에(요한 2서 1:7상반절) 넘어지게 될 것임을 알리고 있습니다. 고로 성서는 "악한 자에게서 지키시리라"고(데살로니가 후서 3:3하반절) 하여 위안해 주고 있습니다. 우리가 아는 것은 이때에 분명 주께서 우리를 "악에 빠지지 않게 보전"하신다는 것입니다(요한복음 17:15하반절).

3) 요한 계시록의(사도 요한) 예언

사도 요한이 밧모 섬에서(계시록 1:9) 받은 계시에서는 적그리스도를 무엇으로 칭(규정)하고 있는지 이를 상고해 보는 것도 반가운 일입니다.

성서를 보십시오.

"내가 보니 바다에서 한 짐승이 나오는데 뿔이 10이요 머리가 7이라 그 뿔에는 10면류관이 있고 그 머리들에는 참람된 이름들이 있더라"고(계시록 13:1).

또한 성서는

"내가 본 짐승은 표범과 비슷하고 그 발은 곰의 발 같고 그 입은 사자의 입 같은데 용이 자기의 능력과 보좌와 큰 권세를 그에게 주었더라"고(계시록 13:2).

또한 성서는

"짐승이 입을 벌려 하나님을 향하여 훼방하되 그의 이름과 그의 장막 곧 하늘에 거하는 자들을 훼방하더라"고(계시록 13:6).

위의 성서는 모두가 적그리스도와 직접적으로 관계가 있고 되는 말씀들임이 분명합니다. 위의 성서 하나하나를 자세히 주시해 보십시오. 어느 것 하나 적그리스도와 직접적으로 관계가 없는 것이 있는지를 말입니다. 그리고 우리가 여기서 반드시 유의해 두어야할 것은 바로 위의 성서들이 적그리스도의 나타나는 과정 곧 적그리스도의 초기 과정들을 기술하고 있다는 데에 놀라움을 금치 못하고 있습니다.

다시 말해서 적그리스도가 나타나는 과정과 누구로부터 권세를 부여받게 됨과 그는 누구의 사람이며 누구와 함께 하는지 그것들 하나하나를 잘 묘사해 놓고 있음이 놀라울 뿐입니다.

그리고 다음으로는 그의 종말적 사건을 주시케 되는데
성서를 보십시오.
"또 내가 보매 그 짐승과 땅의 임금들과 그 군대들이 모여…"라고(계시록 19:19상반절).

또한 성서는
"짐승이 잡히고 그 앞에서 이적을 행하던 거짓 선지자도 함께 잡혔으니"라고(계시록 19:20상반절).

사도 요한의 계시 속에서는 적그리스도를 짐승이라 규정하고 있음을 찾아봅니다. 솔직히 이 적그리스도에 대한 문제는 그리스도께서 먼저 사용하신 말씀입니다.

성서를 보십시오.
"많은 사람이 내 이름으로 와서 이르되 나는 그리스도라 하여 많은 사람을 미혹케 하리라"고(마태복음 24:5).

또한 성서는
"거짓 그리스도들과 거짓 선지자들이 일어나 표적과 기사를 보이어 할 수만 있으면 택하신 자들도 미혹하게 하리라"고(마태복음 24:24).

이는 분명 의미하는 바가 많습니다. 뿐만 아니라 신약 시대에 와서는 적그리스도에 대한 문제를 누구보다 먼저 강조하고 성도들의 각성과 견인불발한 신앙을 촉구한 이는 사도 요한임을 알게 됩니다. 사도요한의 에베소에서의 이단자 디오드레베를(요한 3서 9절) 만난 것에서 우리는 그의 철두철미한 이단자 배척정신과 신앙을 우러러 보게 됩니다. 그가 이단자 디오드레베를 목욕탕에서 만난 사건은 언제나 우리의 몰골을 서늘케 하고 흉금을 울리게 하는 사건임엔 분명합니다.

그래서 사도 요한은 적그리스도에 대하여

"아이들아 이것이 마지막 때라 적그리스도가 이르겠다함을 너희가 들은 것과 같이"라고(요한1서 2:18상반절).

또한

"지금도 많은 적그리스도가 일어났으니 이러므로 우리가 마지막 때인 줄 아노라"고(요한1서 2:18하반절).

또한

"아버지와 아들을 부인하는 그가 적그리스도니"라고(요한1서 2:22하반절).

또한

"예수를 시인하지 아니하는 영마다 하나님께 속한 것이 아니니 이것이 곧 적그리스도의 영이니라"고(요한1서 4:3상반절).

위의 성서는 모두 하나같이 신약 성서도 적그리스도의 출현은 아주 성서적이고 여호와의 뜻과 섭리를 이루심임을 알려주고 있는 대목들입니다.

이미 적그리스도에 대한 성서의 예언과 예언 성취가 내려져 있는 만큼 과거나 이제에서는 이 예언이 고스란히 이루어지는 것만 남아있음을 기필코 명심해야 합니다. 성서는 우리에게 권고하기를 "하나님께로부터 난 자가 지키실것"이니(요한1서 5:18중반절) 무엇보다 "신자는 그 자신을 지키라"고 (요한1서 5:21중반절) 경고하고 있음에 유의해야 합니다.

6. 나타날 적그리스도의 형태들

"예수를 시인하지 아니하는 영마다 하나님께 속한 것이 아니니 이것이 곧 적그리스도의 영이니라"(요한1서 4:3상반절).

장차 지상에 나타날 적그리스도의 형태는 아무리 보아도 가지각색일 것임이 분명합니다. 왜냐 하니 나타나는 장소와 여건과 형편에 따라서 말입니다. 그렇다면 성서적 관점에서 적그리스도란 과연 무엇이고 무엇을 의미하는 것입니까? 단도직입적으로 적그리스도는 누구이며 어디에서와 누구에게로부터 시작이 되고 나타나게 되는 것인지 이를 현실적으로 바로 아는 것이 무엇보다 시급한 한 과제입니다.

성서를 보십시오. 적그리스도는 먼저 하나님에게서 나지 아니했다는 것을 명백히 알게 됩니다. 왜냐 하니 그는 자칭 하나님이니 말입니다(데살로니가 후서 2:4, 하박국 1:11). 그는 그래서 "입을 벌려 하나님을 향하여 훼방합니다."(요한계시록 13:6상반절) 또한 "지극히 높으신 자를 대적합니다."(다니엘 7:25상반절) 그리고 군대의 주재를 대적(다니엘 8:11상반절)하는가 하면 "만왕의 왕을 대적하게도" 됩니다(다니엘 8:25중반절). 이런 것들은 모두가 그는 하나님에게서 나지 아니한 산 증거물들입니다. 그런다고 해서 하나님의 예정섭리 안에서 벗어났다는 것은 아닙니다.

그럼 하나님에게서 나지 아니하면 어디서 나는 것입니까? 그것이 우리의 의문점이지만 성서는 여기에 대한 해답을 이미 내리고 있습니다.

성서를 보십시오.

"하나님께로서 난 자마다 죄를 짓지 아니하나니 이는 하나님의 씨가 그의 속에 거함이요 저도 범죄치 못하는 것은 하나님께로서 났음이라"고(요한1서 3:9).
 또한 성서는
"그러므로 너희가 그리스도와 함께 다시 살리심을 받았으면 위엣 것을 찾으라 거기는 그리스도께서 하나님 우편에 앉아 계시느니라"고(골로새서 3:1).
하여 성서는 하나님께로부터 난 자는 범죄 하지 아니한다는 것을 밝히고 있습니다. 그러나 이와는 반대로 하나님에게서 나지 아니한 자는 처음부터 범죄 한 자요(요한1서 3:8상반절) 마귀에게서 났고, 마귀에게 속한 자임을(계시록 13:1상반절, 13:2) 알게 되기에 성서는
 "이러므로 하나님의 자녀들과 마귀의 자녀들이 나타나나니"(요한1서 3:10상반절)라고 하여 양자의 차이점을 보이려 합니다.
 성서를 보십시오.
 "죄를 짓는 자는 마귀에게 속하나니 마귀는 처음부터 범죄함이니라"고(요한1서 3:8상반절).
 그러면서 성서는 죄는 불법이기에(요한1서 3:4) 죄를 짓는 자마다 하나님을 보지 못한다고(요한1서 3:6) 규정(정의)하여 적그리스도는 처음부터 하나님과는 아무런 관계가 없고 거리가 멀다는 것을 암시해 주고 있습니다.
 그럼에도 성서는 처음부터 장차 대 환란 때에 나타날 적그리스도는 스스로 온 것(자)은 아님을 또한 알리고 있습니다.
 그러므로 성서를 보십시오.
 "패역자들이 가득할 즈음에 한 왕이 일어나리니 그 얼굴은 엄장하며 궤휼에 능하며 그 권세가 강할 것이나 자기의 힘으로 말미암은 것이 아니며"라고(다니엘 8:23~24상반절).

또한 성서는
"내가 보니 바다에서 한 짐승이 나오는데"라고(계시록 13:1 상반절). 또한 성서는
"그 중 한 뿔에서 또 작은 뿔 하나가 나서"라고(다니엘 8:9상반절).

또한 성서는
"내가 술법으로도 제어할 수 없는 뱀과 독사를 너희 중에 보내리니"라고(예레미야 8:17).

또한 성서는
"내가 본 짐승은 표범과 비슷하고 그 발은 곰의 발 같고 그 입은 사자의 입 같은데 용이 자기의 능력과 보좌와 큰 권세를 그에게 주었더라"고(계시록 13:2).

또한 성서는
"용이 짐승에게 권세를 주므로 용에게 경배하며"라고(계시록 13:4상반절).

또한 성서는
"하나님이 자기 뜻대로 할 마음을 저희에게 주사 한 뜻을 이루게 하시고 저희 나라를 그 짐승에게 주게 하시되 하나님 말씀이 응하기까지 하심이니라"고(계시록 17:17)

위의 성서는 모두가 적그리스도는 스스로 온 것이(온 자가) 아님을 알리며 그럼과 동시에 적그리스도의 범죄 행각 역시 이미 주어지고 맡겨진 예정섭리가 아닌가와 마귀의 권세 아래 이미 주어지고 맡기신 것이(계시록 13:1~6) 아닌가 함을 지각케 됩니다.

여기서는 적그리스도에게
① 마귀가 권세를 주었다는 것,
② 여호와가 이미 허락한 것임을 알게 된다는 것입니다.

그래야 그의 때에 가서(다니엘 7:21, 계시록 13:7) 넘어질 자는 넘어지고(데살로니가 후서 2:3, 다니엘 11:30, 32, 34, 12:2) 멸망당할 자와(다니엘 8:24) 파괴할 것들은(다니엘 8:11하반절, 9:17~18, 예레미야 8:17) 가차 없이 파괴가 되고(시편 74:5~9) 당하여 세상의 종말이 와야 하기 때문인 듯합니다.

그렇다면 우리가 무엇보다 먼저 유의해 두어야할 것이 있습니다. 그것은 앞에서 이미 열거한바 그대로 적그리스도도 역시 여호와의 장중에 있다는 그것입니다. 그가 비록 권세와 능력, 힘, 역사 기타 모두를 마귀로(용)부터 받았다고는 하나(계시록 13:2, 4) 기실(사실)에 있어서는 여호와의 장중에, 그리고 여호와의 허락 하에 있고, 그에 의해 모든 것이 이루어지고 역사된다는 것만은 잊어선 아니 됩니다.

그럼에도 불구하고 적그리스도는 이 세상의 마지막 때에 가서(다니엘 8:23) 비로서 일어난다(나타난다)는 것입니다.

성서를 보십시오.

"아이들아 이것이 마지막 때라 적그리스도가 이르겠다함을 너희가 들은 것과 같이 지금도 많은 적그리스도가 일어났으니 이러므로 우리가 마지막 때인 줄 아노라"고(요한1서 2:18).

또한 성서는

"너희가 선지자 다니엘의 말한바 멸망의 가증한 것이 거룩한 곳에 선 것을 보거든"이라고(마태복음 24:15).

또한 성서는

"이 네 나라 마지막 때에 패역자들이 가득할 즈음에 한 왕이 일어나리니"라고(다니엘 8:23).

이는 하나같이 이 세상 역사의 마지막 때에 가서 적그리스도가 나타난다는 것을 우리에게 고상히 알리고 있는 대목들

입니다. 그렇다면 역사의 마지막 때는 언제인가 하는 그것입니다. 여기에 대하여 성서는 지적하기를

"저 불법의 사람 곧 멸망의 아들이 나타나기 전에는 이르지 아니하리니"라고(데살로니가 후서 2:3하반절).

위의 성서는 무엇을 의미하고 있는 것입니까? 이는 예수 그리스도의 재림이란 먼저 적그리스도가 나타난(계시록 13:1~5) 이후이어야 한다는 것을 단말마적으로 가르쳐 주고 있는 것 아닙니까? 적그리스도가 이 땅 위에 먼저 나타난 이후에라야 예수 그리스도의 재림 역사가 있을 것임을 성서는 밝히고 있습니다.

"그 때에 불법한 자가 나타나리니 주 예수께서 그 입의 기운으로 저를 죽이시고 강림하여 나타나심으로 폐하시리라"고(데살로니가 후서 2:8).

또한 성서는

"스스로 서서 만왕의 왕을 대적할 것이나 그가 사람의 손을 말미암지 않고 깨어지리라"고(다니엘 8:25하반절).

또한 성서는

"그러나 심판이 시작된즉 그는 권세를 빼앗기고 끝까지 멸망할 것이요"라고(다니엘 7:26).

또한 성서는

"옛적부터 항상 계신 자가 와서 지극히 높으신 자의 성도를 위하여 신원하셨고 때가 이르매 성도가 나라를 얻었더라"고(다니엘 7:22).

그럼과 동시에 계시록 14:9~12절과 19:11~16절을 종합해 보면 적그리스도의 출현이 언제나 먼저이고 그 후에라야 그리스도의 재림이 있다는 것을 알리고 있는 것인데 이는 바로 적그리스도의 출현이 그리스도의 재림 직전 곧 마지막

때에 가서야 나타날 것임을 알리는 것 아닙니까? 여기서는 성서가 공중휴거를 철저히 거부하면서 대 환란 이전에 공중휴거가 이루어진다는 허황된 속물근성을 배척하고 있는 것입니다. 그 뿐만 아니라 적그리스도는 지상에서 수많은 이적과 기사를 나타낼 것인데 그것으로 속일 것입니다(데살로니가 후서 2:9~11). 적그리스도만(뱀)(예레미야 8:17상반절) 속이는 것이 아니 고 그 뒤에 나타날 모사꾼 독사(예레미야 8:17) 곧 거짓 선지자(계시록 13:11~13) 그를 앞 내세워서(계시록 13:14~15, 19:20) 속이기도 할 것입니다.

그는 양의 옷을 입고 나오는 노략질 하는 이리(마태복음 7:15)보다 더 무섭고 야비하고 사나운(계시록 13:2 예레미야 8:17, 다니엘 8:23) 짐승이기에(계시록 13:1, 4, 14:9, 16:13) 결국에는 그 형태가 여러 면에서 다각적으로 나타나기 마련입니다(다니엘 8:23~25참조할 것). 솔직히 말해 그는 이리나 표범보다 더 무섭고 사나운 존재이기에(계시록 13:2) 이 지상의 기독교회와 신자들이 그를 미워하고 싫어할 것은 당연하며 그래서 그는 그것을 기화로 해서 기독교와 전쟁을 일으키고(다니엘 7:21상반절, 계시록 13:7) 결국 승리로 이끌 것입니다(다니엘 7:21하반절, 8:11, 13하반절, 8:24).

그럼에도 여기서 가장 우리에게 의심(의문)스럽고 수수께끼화 되는 것은 무엇보다 바로 적그리스도의 행태가 어떻게 또는 무엇으로 나타나느냐하는 그것입니다. 계시록 13:1-6절까지에 보면 적그리스도의 행태(행색)가 나타나지만 그것 가지고는 바로 안다는 것이 심히 어렵기 때문입니다. 얼핏 생각하면 적그리스도의 행태가 세상에 나타날 때에 기독교회를 없애고(다니엘 7:21, 8:11, 계시록 13:7) 기존의 목회자와 신자를 죽이거나(시편 78:64, 79:2~3, 예레미야애가 2:20하반절) 흩어버린 후(스가랴 13:7) 자기의 군사로 만들거나(다니엘 11:30, 32, 34) 아니면 이 지상에서 기독 교회당의 간판과 종탑과 십자가를 없애고 교회당(성전 성당) 안에 있는 각종 기물 등을 불살라 버리는 것에서(시편 74:4~9) 그의 행태가 고스란히 나타나는 것이 아닌가 반문을 할지 모르나 기실에 있어서는 그것이 적그리스도의 현실적 행태 모두는 아닐 것입니다. 이런 것들 하나하나에서 적그리스도의 외형적 행태가 먼저 나타나는 것이지만 그런다고 해서 저들의 뜻대로 모든 것이 잘 이루어지지는 아니하기에 이런 것들은 분명 나타나는 부사격과 형용사격인 것들에 불과하기에 오해는 없어야 합니다.

그럼 적그리스도의 근본적인 행태는 어떻게, 무엇으로 나타나는 것입니까? 이를 크게 분류하면 4가지임을 명심해 두어야 합니다.

가. 아버지와(성부 : 하나님) 아들을(예수 그리스도 성자 하나님) 부인함

적그리스도가 이 지상에 나타날 때 그의 최대 이슈와 최대의 관심사는 누가 무엇이라 해도 역시 본 과제임에는 분명합니다. 솔직히 적그리스도의 제1차적 행태가 여기서 나타나지 아니하고 어디에서 나타날 것입니까?

여기에 대한 성서를 보십시오.
"아버지와 아들을 부인하는 그가 적그리스도니"라고(요한1서 2:22하반절).
아버지(성부 하나님)와 아들(성자 하나님)을 부인해 버리니

(요한1서 2:23) 그런 불성실과 몰상식 자는 불사죄에 반드시 해당이 된다라는 것에도 그렇게 관심이 전혀 없으며, 성서가 지적하는 하나님과 그리스도(아들)는 동등하고(요한복음 5:18하반절) 하나님(성부)이 그리스도의 친 아버지 (요한복음 5:18중반절)이심도 부인해 버릴 것이니 난감합니다.

그럼에도 성서를 보십시오.

"나와 아버지는 하나이니라"고(요한복음 10:30). 예수는 이렇게 말씀하십니다. 그럼에도 적그리스도와 그의 일당들은 이에 대하여서 마저 부정할 것이니 더 이상 왈가왈부할 것이 없습니다. 여기서 더 이상 그 무엇이 요구되고 필요할 것이며 그런 자들에게 무엇을 기대하고 신앙 고백적 차원에서 무슨 고백을 받아 가져올 것입니까? 고로 저들은 성서대로

"짐승이 입을 벌려 하나님을 향하여 훼방하되 그의 이름과 그의 장막 곧 하늘에 거하는 자들을 훼방하더라"고(계시록 13:6).

또한 성서는

"자존하여 하나님 성전에 앉아 자기를 보여 하나님이라 하느니라"고(데살로니가 후서 2:4하반절).

나. 예수를 시인치 아니함

이는 그의 두 번째 행태가 외부로 나타나는 것입니다. 적그리스도와 거짓선지자 그리고 그의 군대와 백성과 시종들 모두가 예수를 믿지 아니하고 거부하게 됩니다. 저들은 나사렛 예수를 메시아나 하나님으로는 결코 인정(긍정)치 아니할 것입니다. 왜냐 하니 그것이 그 자신을 들어내고 나타내기 위한(다니엘 7:25, 8:12, 23, 24, 25상반절, 데살로니가 후서 2:4) 유일의 방법과 방편이 될 것이기 때문입니다.

성서를 보십시오.

"거짓말 하는 자가 누구뇨. 예수께서 그리스도이심을 부인하는 자가 아니뇨…저가 적그리스도니"라고(요한1서 2:22).

또한 성서는

"예수를 시인하지 아니하는 영마다 하나님께 속한 것이 아니니 이것이 곧 적그리스도의 영이니라"고(요한1서 4:3상반절).

여기서 성서는 적그리스도가 나타나면 그는 무조건적으로 예수가 그리스도(메시야 : 하나님의 아들)이심을 부인하게 된다고 지적하고 있습니다. 그래야 자기를 돋보이게 나타내며(하박국 1:10~11, 데살로니가 후서 2:4. 계시록 13:6) 정립할 것이기 때문입니다. 어떤 경우든 의미심장한 일입니다.

어디 그것뿐이겠습니까? 그는 먼저 그렇게 한 연후에

"지극히 높으신 자를 대적하며"(다니엘 7:25상반절).

또한 그는

"스스로 높여 모든 신보다 크다 하며 비상한 말로 신들의 신을 대적하며"라고(다니엘 11:36상반절).

또한 그는

"그 힘으로 자기 신을 삼는 자라"고(하박국 1:11).

또한 그는

"세력의신을 공경할 것이요"입니다(다니엘 11:38상반절).

또한

"알지 못하던 신에게 금, 은, 보석과 보물을 드려 공경할 것이며"이니(다니엘 11:38하반절) 어찌 됩니까? 그리스도가 아닌 신을 섬기니 이것이 적그리스도의 음흉한 (다니엘 8:23하반절) 행태가 무엇인지를 고스란히 들어내 보여주는 것이 아니고 무엇입니까?

다. 예수 그리스도의 육체로 오심을 부인함

적그리스도의 행태가 대내외적으로 세 번째 나타남이 바로 이 문제입니다. 이것은 언제, 어느 때에 있어서도, 또한 어느 민족이나 국가에 있어서도 거짓자들과 거짓선지자들이 빠짐없이 내세우고 주장하고 있는바 가증스러운 사건(역사)들입니다.

성서를 보십시오.

"미혹하는 자가 많이 세상에 나왔나니 이는 예수 그리스도께서 육체로 임하심을 부인하는 자라 이것이 미혹하는 자요 적그리스도"라고(요한2서 1:7).

또한 요한1서 4:2~3절을 보면 예수 그리스도께서 육체로 오신 것을 부인하는 자는 적그리스도임을 밝히고 있습니다. 특히 이 시점에서는 의미하는 바가 많고 큽니다. 솔직히 성서는 예수 그리스도께서 육체로 임하심을 부인하는 것은 죄악이니 이를 부인하는 자와는 사귀는 것마저도 금지시키고 있습니다.

성서를 보십시오.

"누구든지 이 교훈을 가지지 않고 너희에게 나아가거든 그를 집에 들이지도 말고 인사도 말라 그에게 인사하는 자는 그 악한 일에 참예하는 자임이니라"고(요한2서 1:10~11).

이렇게까지 성서는 엄히 경고하고 있음을 보는데 적그리스도는 처음부터 이를 부인과 무시하고 나타날 것입니다. 어쩌면 그것이 그의 어리석은 지혜일 것입니다.

라. 자기가 성전에 앉아서 하나님이라 함

그는 자칭 하나님입니다. 우리가 알기로 위에서 나타난 이

세 가지 조건들이 일단 충족이 되고 이루어지면 그는 인정과 사정을 보지 아니하고 다음의 사건으로 속전속결 옮겨갈 것입니다. 이미 그는 지상에서 노린 제1차적 목표물이(티켓) 기독교회를 지상에서 완전히 장악한 후에(다니엘 7:21, 계시록 13:7) 사라지게 하는 바로 그것입니다. 그러니 그는 제1차적 자기 소원이 이루어지고 나면 그 다음의 동작으로서 자기를 신격화시키고(데살로니가 후서 2:4, 하박국 1:11) 스스로 지상에 임한 하나님으로 나타나(다니엘 11:36) 자기 신을 섬기게 할 것입니다(계시록 13:15, 다니엘 11:38). 그는 이 과정에서 하인을 막론하고 자기를 하나님으로 받아들이지 아니하거나, 자기신상을 세운 데에서 절(경배)하지 아니한 때에는 가차 없이 죽일 것입니다(계시록 13:15). 그는 이때에 지상에 있는 기독교회를 하나로 통일시킬 것인데 그 과정에서 타 종교도 여기에 합치시킬 것입니다. 그런 후에 그는 연합(통일)시킨 종교를 기독교라 칭하지 아니하고 적그리스도교라 칭하거나 아니면 사단교(마귀교) 또는 자칭 "하나님"교라 칭할지 모릅니다.

그가 이와 같은 일(작업)을 하기 위해서는 사전에 이 지상의 모든 법들을 통폐합 시키되 각 종교에도 결코 예외는 두지 아니할 것입니다. 왜냐 하니 이것들이 그가 나타나서 처리해야할 하나하나의 일이기(과정) 때문입니다.

성서를 보십시오.

"그가 또 때와 법을 변개코자 할 것이며 성도는 그의 손에 붙인바 되어"라고(다니엘 7:25중반절).

일단 지상의 교회와 국가의 모든 법을 변개하고 완전히 정복을 한 후 자기를 높이게 되면(다니엘 8:10, 11) 그는 이유 불문코 자기를 신 곧 하나님으로 등장(둔갑)시킬 것은 명약관화 입니다.

그래서 성서를 보십시오.

"저는 대적하는 자라 범사에 일컫는 하나님이나 숭배함을 받는 자에 뛰어나 자존하여 하나님 성전에 앉아 자기를 보여 하나님이라 하느니라"고(데살로니가 후서 2:4).

이렇게 하여 그는 하나님이 되고 열왕을 멸시하는 자와 (하박국 1:10상반절) 그 힘으로 자기 신을 삼는 자가 되니 (하박국 1:11상반절) 자연적 여건에서 다음과 같은 외침이 나오게 될 것입니다.

성서는

"그가 모든 것보다 스스로 크다 하고 그 열조의 신들과 여자의 사모하는 것을 돌아보지 아니하며 아무 신이든지 돌아보지 아니할 것이나"라고(다니엘 11:37).

이 얼마나 어처구니없는 악한 행태와 세태입니까? 이렇게 되고 나니 그가 무엇을 하거나 무슨 일(짓)을 해도 누구도 상관하지 아니할 것입니다. 여기서부터 심각하고 엄청난 모순과 비리, 불법과 불의가 이 역사위에 나타나게 되고 모든 것은 역현상으로 나아갈 것입니다. 무엇보다 기독교신앙은(신자들은) 불원 이것을 유의와 유념하지 아니하고서는 대 환란에 접하기가 곤란함을 경고하고 있는 것입니다.

이렇게 본다면 적그리스도의 근거와 출처에서 이방(이방)인은 처음부터 해당이 전혀 되지 않는다는 것이고 오직 유대에만 관계가 있고 되지만 유대인으로서 이방에서 태어났거나 이방에서 산자는 하등의 관계가 없으며 오직 유대 땅 안에서 태어나야 하고 유대 땅 안에서 어린 시절은 자라나고 살았어야 하는(장성한 이후에는 제외됨) 그런 자들 가운데 나타날 것이라고 가정할 때, 유대가 AD 1948년도에 독립이 되었고 독립 된지 이미 50여 년에 가까워 온 것등은 모름지기 어떤 함수관계가 있고 되는 것이 아닐 수 없는 듯합니다.

　이렇게 본다면 유대가 독립이 된 후 유대 땅에서 태어난 어린이들이 벌써 40여세 이상 되었으며 앞으로 얼마 못가서 그들은 50대와 60대가 될 것이므로 지금의 기독교적 입장과 세계사적 입장에서는 이를 예의 주시해야할 일들(입장)입니다. 그리고 적그리스도는 유다 지파나 단 지파와 어떤 연관성을 지니고 태어날지도 모르므로 이 또한 예의 주시해야할 과제물일 듯합니다.

제2장 적그리스도의 출생지

"단에서 소리를 선포하며 에브라임 산에서 재앙을 공포 하는도다"고(예레미야 4:15).

적그리스도의 출생지는 제1장의 "적그리스도의 출처"와 상당 부분이 중복되는 사건(부분)이지만 그럼에도 성서에 나타난 바를 하나하나 상고하고 넘어가지 아니하면 안 될 듯합니다.

솔직히 말해서 적그리스도의 출생지는 누가 무엇이라 해도 그리스도의 출생지와 쌍방이 상당 부분에서 비교가 되기 때문에 이를 주시와 비교하면서 다음의 사항들을 상고하지 아니하면 안 될 듯합니다. 왜냐 하니 그것이 본 과제가 처리해야할 당면 과제(사항)들이기 때문입니다.

성서적 견지에서 보면

"또 그것의 머리에는 10뿔이 있고 그 외에 또 다른 뿔이 나오매 세 뿔이 그 앞에 빠졌으며"라고(다니엘 7:20상반절).

또한 성서는

"그중 한 뿔에서 또 작은 뿔 하나가 나서 남편과 동편과 또 영화로운 땅을 향하여 심히 커지더니"라고(다니엘 8:9).

또한 성서는

"내가 보니 바다에서 한 짐승이 나오는데 뿔이 열이요 머리가 일곱이라"고(계시록 13:1상반절).

성서대로 적그리스도는 바다에서 나오게 되는데 그럼 여기서의 바다는 무엇을 의미하는가? 나온다는 것과 출생한다는 것은 다르지 않은가 함입니다. 성서와 일반상식으로 그는 그리스도의 흉내를 내기 위해서라도 출생지는 따로 두고 자라는 곳도 따로 둘지도 모릅니다. 그리고 그가 일하는 곳도 따로 두고서 일을 할지도 모릅니다. 왜냐 하니 어떤 이유나 조건, 경우나 처지에서도 그는 외형상으로 여호와 하나님의 흉내와(하박국 1:11, 데살로니가 후서 2:4) 그리고 예수 그리스도의 흉내를(마태복음 24:15) 단단히 내야하기 때문입니다. 누가 그에게 와서 하나님 노릇과 예수 그리스도의 흉내를 좀 내라고 명하거나 요구하지 아니해도 그는 누구보다 더 잘 낼 것입니다. 그럼 그 이유는 무엇이고 어디에 있는 것입니까? 그것은 바로 그를 뒤에서 조종하고 있는(계시록 13:2, 4) 마귀가 그에게는 신이기 때문입니다(계시록 13:3~5, 16:13).

1. 적그리스도의 출생지는 마곡에서인가?

"나 주 여호와가 말하노라 그 날에 곡이 이스라엘을 치러 오면 내 노가 내 얼굴에 나타나리라"고(에스겔 38:18).
"인자야 너는 마곡 땅에 있는 곡 곧 로스와 메섹과 두발 왕에게로 얼굴을 향하고"(에스겔 38:2).

성서를 보면 여기에 나타나는 마곡은 어딘지 모르게 적그리스도와도 관계가 있고 장차 나타날 세계의 대 전쟁(아마겟돈 전쟁)과도(요한계시록 16:16) 상당한(밀접한) 관계가 있고 되는 곳임이 분명합니다. 성서에 보면 장차 마지막 전쟁은 누가 무엇이라고 해도 곡과 마곡지역에서 일어나게 섭리되어져 있습니다(에스겔 38:2, 계시록 20:8). 적그리스도는 이때 세계의 임금들을(계시록 16:14, 16, 19:18, 19)

먼저 이곳으로 전쟁을 위해 호출하게 되고 그 뒤를 이어서 군대를 그곳으로 마지막 때에 불러 모으게 될 것입니다(에스겔 38:1~6, 요엘 3:11~12, 요한계시록 19:18, 19, 20:8). 적그리스도가 이 때 모으는 군대는 바다의 모래와 같기에(계시록 20:8하반절, 하박국 1:9) 성서는 그 수효가 자그마치 세계 인구의 3분의 1에 해당되는 수라고 규정해 놓고 있습니다(계시록 9:15, 18). 적그리스도가 세계의 용사와 청년들 3분의 1을 모아서 전쟁을 붙일 수 있는 곳이라면?(이사야 3:25)

① 먼저 적그리스도 자신이 그 곳(전쟁터)과 전혀 상관이 없는 자는 아니란 것입니다.

② 대 전쟁을 그 곳에서 일으키려면(계시록 16:16, 19:18~20, 20:8~9) 그는 누구보다 사전에 곡과마곡 지역의 지리와 풍수와 기타에 능한 자여야 한다는 것이 공통된 지적(상식)입니다.

만약에의 경우 위의 지적이 사실이라면 적그리스도와 곡과마곡지역은 상당한 연관 관계를 유지하고 있는 것 일지도 모르는데, 이런 경우는 그리스도가 베들레헴에서 출생은 했으나(마태복음 2:5~6, 누가복음 2:4~7, 15) 자라나신 곳은 나사렛이고(마태복음 2:23, 누가복음 2:39, 요한복음1:46) 피난하신 곳은 애굽이었듯이(마태복음 2:13~15) 유대인으로서 마땅히 유대 안에서 출생해야 할 적그리스도는 철두철미 초반기에는 나사렛 예수의 흉내를 내기 위해서도 어떤 박해에 의해 곡과 마곡 지역으로 일단 피신해 가서 자라게 되거나 아니면 하늘의 뜻과 그의 부모들이 그를 데리고 곡과 마곡 지역으로 이주를 해가서 살게 될지도 모른다는 결론이 나옵니다. 형편과 처지 그리고 여건적으로 보아서 능히 이런 일과 경우가 있을 수도 있다는 결론(가설)이 나타납니다.

추측해 보건데 적그리스도를 임신한 부모가 기독교인으로서 유대 땅 어쩌면 예루살렘 도성 안에서 살았는데 이웃이나 주변 사람들이 그들이 기독교인임을 반대하거나 미워하면서 기독교 신앙을 포기하고 유대교인이 되기를 강요하거나 원(억압)했을 때 이를 거부한 후 아기를 낳고 하는 수 없이 곡과 마곡지역으로 건너가서 살지도 모른다는 것(가정)입니다. 이 문제에서는 꼭 꼬집어서 그러하다기보다 여건상으로 그럴 가능성도 결코 배제할 수가 없는 것이 아닌가 함입니다.

그래서 성서는
"내가 또 불을 마곡과 및 섬에 평안히 거하는 자에게 내리리니"라고(에스겔 39:6) 라는 선언을 하고 있는 지도 모를 일입니다.

본 과제를 넘어가면서 유의할 것은(대 전쟁에서 나타날 것이지만) 위에 나타나는 곡과 마곡 지역 외에도 마지막 대 전쟁 때에 대군이 모이는 장소는

① 여호사밧 골짜기입니다(요엘 3:2, 12).
② 옛 바벨론 지역 곧 유브라데 강 지역입니다(예레미야 46:10).

고로 이 문제에 대하여 기독교인들의 바른 이해가 무엇보다 요구되고 있습니다.

2. 적그리스도의 출생지는 로스에서 인가?

"로스와 메섹과 두발왕 곡아 내가 너를 대적하여"(에스겔 39:1하반절).

성서를 보십시오.
"그는 이방 신을 힘입어 크게 견고한 산성들을 취할 것이

요 무릇 그를 안다 하는 자에게는 영광을 더하여 여러 백성을 다스리게도 하며 그에게서 뇌물을 받고 땅을 나눠 주기도 하리라"고(다니엘 11:39).

솔직히 말해서 성서대로는 적그리스도의 출생지가 로스와 관계가 있고 되는 것이 아닐까 의문을 가(제기)하게도 됩니다. 본 항은 앞의 제1항과 상당한 연관성이 있는 만큼 상호 보완과 주시를 요구하고 있습니다.

성서에 보면 적그리스도란 위인은 자기의 때가 되면(요한계시록 13:1~7) 이유여하를 막론하고 일어나게 되어져 있는데 그 때에 그는 주로 로스 쪽에서 상당한 활동(역할)을 (영역확보) 하게 될 것은 상식선이 되고 있습니다. 왜냐 하니 이것이 이미 성서의 예정 섭리이니 말입니다.

성서를 보십시오.
"인자야 너는 마곡 땅에 있는 곡 곧 로스와 메섹과 두발 왕에게로 얼굴을 향하고 그를 쳐서 예언하여 이르기를 주 여호와의 말씀에 로스와 메섹과 두발 왕 곡아 내가 너를 대적하여 너를 돌이켜 갈고리로 네 아가리를 꿰고…"라고(에스겔 38:2~4상반절).

또한 성서는
"인자야 너는 곡을 쳐서 예언하여 이르기를 주 여호와의 말씀에 로스와 메섹과 두발왕 곡아 내가 너를 대적하여" 라고(에스겔 39:1).

상술한 성서를 보면 적그리스도는 마지막 때에(마지막 전쟁 시) 곡과 마곡(에스겔 38:3, 계시록 20:8) 지역에다 세계의 장정들과 용사와 모든 군대를(이사야 3:25, 38:1~6, 요엘 3:14, 계시록 19:18~19, 20:8) 이끌어 모으고 그곳에서 전쟁을 일으켜 이스라엘을 향해(계시록 20:9상반절,

요엘 3:2) 쳐들어가게 하는데 그럼에도 그 자신이 그곳과 아무런 연관이 없다면 왜 그곳을 무대 삼고 오고가며 세계의 왕들과 장군들과 각급 군대와 장정과 용사와 자유인과 종들을(계시록 19:18~19) 그곳으로 불러 모으겠느냐는 주장(지적)입니다. 이는 분명 일리(의미)가 있는 말이지 결코 거부나 무조건 외시해서는 안 될 말(주장)들입니다.

성서를 보면 마지막 대 전쟁시에는(불 전쟁시에) "저희가 지면에 널리 퍼져 성도들의 진과 사랑하시는 성을 두르매"라고(계시록 20:9상반절).

우리가 아는바 대로는 이때에 이스라엘과 예루살렘을(스가랴 12:3, 9, 14:2, 계시록 20:9) 향해 세계의 군대가 적그리스도의 휘하에서 일사불란하게 움직이며 진격하게 될 것입니다. 세계의 용사와 군대와 자유인들이 모이는 곳으로 지정된 3대 지역이 바로 다음의 장소(지역)들 임을 명심해야 합니다.

① 곡과 마곡 지역(계시록 20:7~9, 에스겔 38:1~3).
② 여호사밧 골짜기 지역(요엘 3:2, 3:12).
③ 유브라데 강 지역 등입니다(예레미야 46:6).

이렇게 되니 성서의 예고는 의미하는 바가 큽니다. 거두절미하고 에스겔 38장과 39장을 보면 이곳은 이미 적그리스도와 암암리에 관계가 있고 되는 것이 많습니다. 곡이나 마곡, 로스와 메섹과 두발이 적그리스도와 상당한 관계가 형성되어 있음을 찾아보게 되는데 그 연관된 부분에 대하여 솔직히 깊은 것은 우리가 전혀 알 수 없고 설령 안다고 해도 그것은 이미 성서에 계시된 그것뿐이므로 그 이상은 알 필요가 없지만 그럼에도 예의 주시할 과제들임에는 분명한 것입니다.

유의할 것은 에스겔 38장과 39장이 이루어질 때에는 누구보다 적그리스도의 전성기로서 그가 가장 활동하고 있을 때이고 승승장구할 때인 만큼 그가 어디보다 이곳을 자기 사역의 무대 원지점으로 삼고 일을 한다는 그것이 마음에 걸리고 있음은 사실입니다.

3. 적그리스도의 출생지는 이방의 바벨론 쪽인가?

"자기의 소유 아닌, 거할 곳들을 점령하는 갈대아 사람을 일으켰나니"라고(하박국 1:6하반절).

성서에 보면 옛 바벨론이 마지막 때에 다시 나타나는 것과 같은 혼돈의 때가 있을 것임을 알립니다. 그래서 우리는 의아해 하고 있습니다.
왜 성서는 마지막 때에 가서 과거에 사라져 버린 바벨론이 새삼스럽게 다시(자주) 나타날 것을 예고(강조)하고 있는 것인지 의문입니다.
성서를 보십시오.
"나팔을 가진 여섯째 천사에게 말하기를 큰 강 유브라데에 결박한 네 천사를 놓아 주라 하매"라고(계시록 9:14).
거두절미하고 유브라데 강은 옛 바벨론에 예속되었던 곳입니다. 옛 바벨론에 예속된 유브라데에서 결박되었던 천사를 놓아주라고 명하는 것은 혹시 그 주변에서 적그리스도가 나올 것임을 의미하는 것이 아닐까 반문을 하나 알 수 없는 일입니다. 성서를 보면 마귀(짐승)가 지금은 무저갱에 갇혀 있음이 밝혀집니다.
그래서 성서는
"또 내가 보매 천사가 무저갱 열쇠와 큰 쇠사슬을 그 손에 가지고 하늘로서 내려와서 용을 잡으니 곧 옛 뱀이요 마귀요 사단이라 잡아 일천년 동안 결박하여 무저갱에 던져 잠그고 그 위에 인봉하여 천년이 차도록 다시는 만국을 미혹하지 못하게 하였다"고(계시록 20:1~3중반절).

또한 성서는

"예수께서 네 이름이 무엇이냐. 물으신 즉, 가로되 군대라 하니 이는 많은 귀신이 들렸음이라 무저갱으로 들어가라 하지 마시기를 간구하더니"라고(누가복음 8:30~31).

그러므로 그들은 언젠가 그곳에서 잠시 놓여나게 됩니다.(계시록 20:3하반절, 20:7) 그는 그곳에서 잠시 나오기 때문에(계시록 11:7, 17:7~8) 갖은 악행을 그 짧은 기간 동안에 범하게 됩니다.

그래서 성서는

"무저갱으로부터 올라오는 짐승이 저희로 더불어"라고(계시록 11:7중반절).

또한 성서는

"그 후에는 반드시 잠깐 놓이리라"고(계시록 20:3하반절).

또한 성서는

"천년이 차매 사단이 그 옥에서 놓여"라고(계시록 20:7).

또한 성서는

"나와서 땅의 사방 백성 곧 곡과 마곡을 미혹하고"라고(계시록 20:8상반절).

그리고 제2항의 로스와 메섹과 두발 역시 옛 바벨론에 예속된 곳이니 이들 모두가 연관성이 상호 없다고는 말을 할 수가 없습니다.

성서를 보면

"큰 성 바벨론이 하나님 앞에서 기억하신바 되어"라고(계시록 16:19).

또한 성서는

"그 이마에 이름이 기록되었으니 비밀이라 큰 바벨론이라 땅의 음녀들과 가증한 것들의 어미라 하였더라"고(계시록 17:5).

또한 성서는

"큰 성 바벨론이여 귀신의 처소와 각종 더러운 영의 모이는 곳과 각종 더럽고 가증한 새의 모이는 곳이 되었도다"고(계시록 18:2).

또한 성서는

"화 있도다 화 있도다 큰 성 견고한 성 바벨론이여 일 시간에 네 심판이 이르렀다 하리로다"고(계시록 18:10).

또한 성서는

"큰 성 바벨론이 이같이 몹시 떨어져 결코 다시 보이지 아니 하리로다"고(계시록 18:21).

위에 나타난 성서를 보면 하나같이 적그리스도가 바벨론에서 나오거나 아니면 적그리스도가 자기의 본거지를 이곳 바벨론으로 정하는 것이 행여 아닌가고 의문할 지경입니다. 그렇지 아니하고서야 왜 마지막 때에 가서 이 바벨론이 그렇게 자주 나오게 되느냐 하는 그것입니다. 그리고 옛 바벨론의 본거지들은 지금에서 대개가 마호멭 교도들이 살고 있는 지역들인 만큼 그곳에서 활동하는 것이 솔직히 말해 유대에서 활동하는 것 보다는 적그리스도로서는 가장 안성맞춤이고 일하는 데에도 편리(평안)할 것입니다.

위에 나타나는 성서를 뒷받침이라도 하려는지는 모르나 이 문제에서는 다음의 성서에 우리 모두 귀를 귀기울려야 할 듯 합니다.

"보라 내가 사납고 성급한 백성 곧 땅의 넓은 곳으로 다니며 자기의 소유 아닌 거할 곳들을 점령하는 갈대아 사람을 일으켰나니 그들은 두렵고 무서우며 심판과 위령이 자기로 말미암으며"라고(하박국 1:6~7).

또한 연이어서

"그들은 다 강포를 행하러 오는데 앞을 향하여 나아가며 사람을 사로잡아 모으기를 모래같이 많이 할 것이요"라고(하박국 1:9).

또한

"그들은 그 힘으로 자기 신을 삼는 자라 이에 바람같이 급히 몰아 지나치게 행하여 득죄하리라"고(하박국 1:11).

상술한 바를 보면 적그리스도는 바벨론 곧 옛 갈대아 쪽에서 일어나 역사하는 것이 아닐까를 의문케 됩니다. 이는 분명 의미가 있는 선언입니다. 혹시 적그리스도는 이스라엘 땅 안에서 태어난 후 갈대아 곧 옛 바벨론 지역으로 일단 이주한 후 그곳 사람으로 변장되어 나타날 수도 있다는 것을 명심해야 합니다. 그런다고 해서 꼭 그곳에서 나타(출생)난다는 것은 아닙니다. 그럴 가능성이 다분히 있다는 것뿐입니다. 그럼에도 적그리스도의 출생지는 옛 바벨론의 본거지 등은 아니란 것만은 확실합니다. 고로 여기에 대하여 상식과 방식입니다. 다른 생각은 말아야 합니다. 이것이 그리스도인의 태도요 상식과 방식입니다.

4. 적그리스도의 출생지는 유대와 예루살렘 쪽인가?

"그러므로 너희가 선지자 다니엘의 멸망의 가증한 것이 거룩한 곳에 선 것을 보거든"라고(마태복음 24:15).

적그리스도는 나타나서 다각적, 다방면에서 활동을 하게 될 것입니다. 처음부터 그는 왕으로 나타나기에(다니엘 8:23, 11:36) 또한 왕의 노릇을 하게 되기에(계시록 13:7, 16,

17:12) 행동거지 하나하나가 일반인과는 완전히 다를 것입니다. 솔직히 말해서 이미 밝혀진바 그대로 그는 자기 왕국을 세우게 됩니다(다니엘 11:44~45).

그럼에도 그는 어느 날 갑자기 마귀(첫 번째 짐승)로부터(계시록 11:7) 권세를 받고(계시록 13:1~4) 적그리스도로 변모되어 나타나는 것은 결코 아니란 것입니다. 그도 역시 철저한 인간이기 때문에 어느 날 갑자기 나타나서 대 역사를(계시록 13:1~7) 나타내는 것은 결코 아니고 어린 아이로 왔기 때문에 자라날 때부터 대범하고 비범한 일을 자주 하는가 하면 경우에 따라서는 주위의 사람들을 심히 놀라게 함으로서 자기 수하에다 상당수의 사람을 두고(거느림) 오고 갈듯 합니다. 성서의 예고를 보면 그래야 그가 무슨 일을 하든지 속전속결로 끝맺음할 것이고 민족과 주변 나라를 자기 수중에 넣을 것 아닙니까? 어쩌면 그것이 그가 해야 할 지상적 과업이고 성서의 예언 성취이고 하나님의 뜻을 이루어드리는 계기완성이 될 것 아닙니까?

다시 말해서 그렇게 일을 시작함으로서 그는 자기의 때가 설령 된다고 해도 직접적으로 자신이 전면에 나서서 일을 추진하거나 진행하지 아니해도, 모든 것은 자기 의사대로 진행될지도 모릅니다.

이때에 예루살렘 성전의 문을 닫게 하거나 제사와 예물을 금지 시키지는(다니엘 8:11~12, 9:17~18, 27) 아니해도 수하인들이 나서서 그 일을 처리할 것입니다. 이미 성서대로 그에게는 열 뿔이(완전함) 있고 일곱 머리가(지혜와 지식) 있으니(계시록 13:1) 매사에 능수능란한 자요 지혜로운 자입니다. 지혜롭고 능하고 완전한 자인만큼 무엇이든 자기가 직접 나서서 하는 것이 아니고 수하인들과 자기 군사들에게 명하사 일하게 하시니 더 무자비하고 무섭고 사나울 수가 있습니다.

그럼에도 그는 처음에 나타났을 때에는(계시록 13:1~5) 얼마 되지 아니한 상태이지만 기독교회와는 한판의 싸움을 벌일 것이기에(계시록 13:7, 다니엘 7:21) 그도 친히 전면에 나타나서 진두지휘를 할 듯합니다. 일단 여기서 승리를 한 연후에는 매사에 자기 백성을 앞 내세워 명령을 하고 조종할 것입니다.

그래서 성서는

"장차 한 왕의 백성이 와서 그 성읍과 성소를 훼파하려니와"라고(다니엘 9:26상반절).

위 성서의 예고를 보면 그 때는 자기가 직접 일하지 아니해도 그를 따르는 자(시종들)(다니엘 11:43) 그의 지지자들이(백성들)(다니엘 9:26상반절, 신명기 28:49~50) 일어나서 예루살렘 성전과(회당 포함)이방 땅의 교회당들의 문을 닫게 할 것입니다(계시록 15:8, 에스겔 44:1~2). 그럼에도 이 때 그는 자기 왕국을 이스라엘의 수도 예루살렘에는 세우지 아니하고 속전속결로 예루살렘 곧 영화로운 땅에서(다니엘 8:9, 11:16, 41) 그렇게 멀지 아니한 지역의 어디를 선택해서 자기 왕국의 수도로 정할 듯합니다(다니엘 11:44~45). 그래야만이 다음의 예언도 이와 연관이 있으니 이루어질 것 아닙니까?

성서를 보십시오.

"능히 그 앞에 설 사람이 없겠고 그가 영화로운 땅에 설 것이요"라고(다니엘 11:16하반절).

또한 성서는

"그가 또 영화로운 땅에 들어갈 것이요"라고(다니엘 11:41 상반절).

적그리스도가 자기의 종말도 아닌데, 그의 때를 초기, 중기, 말기로(3기) 나누면 이때는 초기의 마지막 부분 정도에 속하는데… 이 예언이 이루어지려면 그의 궁전은(다니엘 11:45) 예루살렘에서 그렇게 먼 곳에 위치한 것은 아니라는 결론이 나옵니다.

솔직히 그래야만이 다음의 성서(예언)도 이루실 것이 아닙니까?

성서를 보십시오.

"또 작은 뿔 하나가 나서 남편과 동편과 또 영화로운 땅을 향하여 심히 커지더니"를(다니엘 8:9).

이런 성서는 우리가 적그리스도와 그의 나라(왕국)와 그의 궁전을 연구하는데 하나의 결정적 증거물이 되고도 남는 부분입니다.

그럼에도 여기서 우리가 반드시 유의하고 넘어가야할 것이 있는데 이 때 적그리스도에게는 엄청난 백성들과 나라들이 협력하게 된다는 바로 그것입니다. 여기에 상당한 난제가 생길 수밖에 없습니다. 성서를 보면 에돔, 모압 암몬 자손의 대개가(다니엘 11:41) 그것에게 속하게 될(나라도 포함) 것입니다. 그리고 성서를 보십시오.

"그가 열국에 그 손을 펴리니 애굽 땅도 면치 못할 것이므로"라고(다니엘 11:42).

또한 성서는

"그가 권세로 애굽의 금은과 모든 보물을 잡을 것이요 리비아 사람과 구스 사람이 그의 시종이 되리라"고(다니엘 11:43).

이렇게 되니 그가 세계 정복에 나설 때 속전속결이 되고 세계의 기독교회를(유대교 포함) 넘어뜨릴 때에도 속전속결이(다니엘 7:21, 계시록 13:7) 될 수밖에 없습니다. 혹자는 지적하기를 그럼 적그리스도가 나타나 예루살렘(이스라엘)의 남편과 동편을 점령하고(다니엘 8:9) 왕국과 백성을 그곳 사람으로 조성하려는 이유가 도대체 무엇이냐 거나 아니면 왜 레바논과 길르앗은 여기에 거의 해당이 되지 않느냐고 반문을 하나 이것도 성서적 예언 섭리인 만큼(스가랴 10:10) 이스라엘 회복 제3기에서 반드시 상고하시기를 바랍니다.

분명 적그리스도는 시작부터 예루살렘 성전을 짓밟으면서 (계시록 11:2, 15:8, 에스겔 44:1~2) 자기의 가증스러운 우상을 어처구니없게도 성전 안에다 세우거나(마태복음 24:15) 성전 마당에 세운 후에(계시록 11:2) 그것을 섬기게 하거나 (다니엘 9:27, 11:31, 계시록 13:15) 아니면 이방에 있는 교회당들 건물 안에다 자기 신상을 세우고(계시록 13:14) 그것에게 모두가 경배하게 할 것 입니다. 교회를 그가 다 없애지만, 얼마를 남겨둔 그곳들에게다 말입니다. 그럼에도 그의 출생지가 유대와 예루살렘이냐 하는 것이 의문입니다.

어떤 이는 장차 이스라엘 평야 옆의 므깃도 골짜기 하다드림몬에서(스가랴 12:11) 애통이 있듯이 예루살렘에서도 애통이 있을 것임을 보나 이는 적그리스도가 그곳에서 탄생할 것이기 때문에 그곳에 심한 애통이 있는 것 아닌가고 반문하나 온당치는 못합니다.

어떤 이는 적그리스도가 왕으로(다니엘 8:23, 9:26, 이사야 19:4) 나타날 것인 만큼 왕은 예루살렘 도성 안이 아닌 다윗 왕의 고향인 유대 땅 베들레헴에서 출생하는 것이 아닐까 반문할지도 모릅니다. 성서에 보니 유대가 회복이 되고 장차 흩어져 있던 유대인들이 고국으로 모두 돌아올 즈음이면(에스겔 39:28, 아모스 9:9) 예루살렘 도성 안에는 여호와의 전이 건축될 것인데 이렇게 되면 이스라엘의 왕은 다윗이(그의 후손) 왕 되기가 쉬울 것인데(에스겔 37:24, 25) 그런 경우 적그리스도 역시 유다 집에서 나올 확률도 배제할 수 없으니 행여나 베들레헴 그 주변이 아닐지도 의문입니다.

설령 그리스도의 반대편인 적그리스도가 예루살렘이나 베들레헴에서 출생을 한다 해도 성서의 예고를 보아 그는 그곳에 언제까지나 머물면서 자라지는 아니할 것입니다. 그는 어디서 자라던 간에

① 유대인이고(선민).
② 유대 땅 안에서 출생한 자이고.
③ 유다와 단 지파에 예속된 자이기 쉬울 것입니다.

그렇기 때문에 그는 어느 정도의 세력을 잡으면 유대와 예루살렘을 향해 진군할 것입니다. 그가 예루살렘을 향해 이유 불문코 진군을 하는 이유는

① 그는 왕이 되기 위해서 입니다.
② 그는 세계의 종교를 통일하기 위해서 입니다.
③ 그곳에 자기 신상을 세우기 위함입니다.
④ 그는 그곳에서 하나님 취임식을 가지기 위해서입니다. (마태복음 24:15, 데살로니가 후서 2:4) 그래야 여호와 하나님을 대적케 될 것이니 말입니다(계시록 13:6).

고로 그는 예루살렘을 어느 곳보다 먼저 점령하려할 것입니다.

성서를 보십시오.

"능히 그 앞에 설 사람이 없겠고 그가 영화로운 땅에 설 것이요"라고(다니엘 11:16하반절).

또한 성서는

"그가 또 영화로운 땅에 들어갈 것이요"라고(다니엘 11:41 상반절).

또한 성서는

"또 영화로운 땅을 향하여 심히 커지더니"라고(다니엘 8:9 하반절).

또한 성서는

"그가… 영화롭고 거룩한 산 사이에 베풀 것이나"라고(다니엘 11:45하반절).

위의 성서는 모두가 적그리스도는 영화로운 땅을 점령하게 될 것임을 예고한 것 아닙니까?

그는 예수 그리스도의 철저한 반대자이니 행동을 그리스도와 유사(비슷)하게 할 것이므로, 이곳(베들레헴) 출생지에서 그리스도가 애굽으로, 나사렛으로 가셨듯이 예루살렘이나 베들레헴, 기타의 장소에서 북쪽 바벨론 지역의 어느 곳으로 가거나 남쪽 애굽의 여타 지역으로 가서 어느 한 기간까지는 그곳의 백성인양 행세를 할지도 모릅니다. 처음부터 그는 이를 위해 출생을 했으니 그의 부모들은 무저갱에서 나온 마귀들이(계시록 11:7, 20:3하반절, 20:7) 그를 인도하고 이끄는 대로 어디든 따라갈 것입니다. 어찌할 것입니까? 그것이 주어져 있는 여호와의 변함없는 예정 섭리이니

5. 적그리스도의 출생지는 바다에서 인가?

"내가 처음부터 그것을 비밀히 말하지 아니하였나니 그 말이 있을 때부터 내가 거기 있었노라 하셨느니라"고(이사야 48:16 중반절).

분명 성서는 적그리스도가 바다에서 나온다고 기술하고 있습니다. 솔직히 요한계시록 13:1절을 보십시오. 적그리스도

의 현현지는 바다로 나옵니다. 그러면 왜 여기의 적그리스도가 바다에서 나온다고 했는데 이 바다는 어디이고 무엇을 의미하는 것입니까? 솔직히 여기에 대하여는 구구한 해석이 난무하고 있는 것은 사실입니다.

성서를 보면 이 때는 이미 무저갱으로부터 올라오는 첫째 짐승(마귀)과 두 증인의(두 감람나무)(계시록 13:3~6) 싸움에서 두 증인이 패배하여 죽임을 당한(계시록 11:7) 이후이기에 이미 짐승 곧 마귀와 그의 사자인 적그리스도와(계시록 13:1~7) 그리고 거짓 선지자의(계시록 13:11~13) 때로 접어든 것인 만큼 세상만사가 심히 요란하고 어느 것 하나에도 안정이 없는 심한 불균형과 불만의 요소로만 가득 채워진 그때 입니다.

그러므로 성서에서는
"그러나 땅과 바다는 화있을진저 이는 마귀가 자기의 때가 얼마 못 된 줄을 알므로 크게 분내어 너희에게 내려갔음이라 하더라"고(계시록 12:12하반절).

또한 성서는
"하나님의 계명을 지키며 예수의 증거를 가진 자들로 더불어 싸우려고 바다 모래 위에 섰더라"고(계시록 12:17 하반절).

또한 성서는
"내가 보니 바다에서 한 짐승이 나오는데 뿔이 열이요 머리가 일곱이라 그 뿔에는 열 면류관이 있고 그 머리들에는 참람된 이름들이 있더라"고(계시록 13:1).

상술한 성서는 하나같이 마귀와 적그리스도가 바다와 묘한 관계(연관성)가 있고 됨을 알리고 있습니다. 그럼에도 여기에 나타나는 바다의 문제에서는 상당한 이론이 전개 될 듯합니다.

그래서

① 어떤 이는 적그리스도가 지중해 연안에 있는 어느 나라에서 나올 것이라고 주장할지도 모릅니다(유대와 로마(이태리)도 지중해 연안국이니).

② 또한 어떤 이는 바다에서 적그리스도가 나온다고 했으니 이는 섬나라 가운데서 적그리스도가 나온다는 뜻이라 하면서 막무가내일지도 모릅니다만 신빙성이 없습니다.

③ 이단 종파에서는 여기에 나타나는 바다는 지중해 연안국을 의미하는 것이 아니고 미국을 의미한다고 주장하면서 미국은 동서가 바다이고 그리고 로마 이후 10분국에서(다니엘 7:7~8, 20) 파생되어 나왔으니(계시록 13:1상반절) 당연히 미국에서 적그리스도가 나타나야 한다는 해석과 주장을 하는 경우도 봅니다. 그러면서 이들은 계시록 17장의 음녀는 미국으로 보고 요한계시록 18장의 짐승은 소련으로 보기 때문에 어처구니없는 해석이 나타나 세인들마저 놀라게 하는 경우를 봅니다. 어떤 경우든 간에 이런 해석은 성서적이 못되고 반가운 해석 방법도 아닙니다. 그런가 하면 이들 가운데 어떤 이들은 계시록17장에 나타난 짐승과 음녀의 관계에서 짐승은 미국이라 하고 음녀는 유대라는 해석도 하기에 해석학 상 상당한 모순을 자아내는 경우를 보기도 합니다.

④ 어떤 이들은 바다는 바람과 기타에 의해 언제나 동요되는 곳으로서 예수께서도 배를 타시고 가시다가 풍랑을 만난 것과 같이(마가복음 4:36~39) 이는 어디까지나 환란이 극심한 세상을 비유하는 것인 만큼 적그리스도는 하늘에서 내려오신 것이 아니고 요란하고 환란이 극심한 이 세상에서 나올 것이란 주장입니다. 가만히 주시해 보면 일리가 있는 듯합니다. 왜냐 하니 적그리스도가 나타날 때에는 대 환란의 후반기로서(계시록 11:2, 13:5) 두 증인에 의해(계시록 11:3~6)

이미 세계는 초토화 되고 뒤죽박죽이 된(계시록 11:5~6) 이후이니 바다는 혼돈된 세상으로 본다는 것입니다.
 우리는 여기서 다시 대조된 면을 찾아봅니다.
 ① 먼저 나타나는 짐승은 바다에서 올라옵니다(계시록 13:1).
 ② 두 번째 나타나는 짐승은 땅에서 올라옵니다(계시록 13:11).
 위의 이 양자는 상당한 대조를 이루며 시작부터 차이점을 보이는데 그럼 그 이유는 무엇이고 어디에 있는 것입니까? 어느 면으로 보나 전자의 짐승은 적그리스도로서 바다에서, 후자는 거짓 선지자로서 땅에서 올라온다고 하니 각기 그 나름대로의 뜻이 있음이 분명할 듯합니다. 그런다고 해서 적그리스도가 바다에서 나온다는 것을 액면적으로 받아들이기는 심히 어렵고, 이를 세상과 연결시키면서 바다가 연결되어 있는 쪽 나라에서 나온다고 정의하는 것이 유리할 듯합니다.

6. 적그리스도의 출생지는 단에서 인가?

 모세의 뒤를 이어 이스라엘의 영도자가 된 여호수아가 백성들을 이끌고 가나안 땅을 점령할 때 각 지파별로 지역을 분할해 주었는데, 요단강을 하나의 기점으로 해서 동편에다 두 지파 반을(루우벤, 갓, 므낫세절반) 그리고 그 나머지 9지파 반을 요단강 서쪽을 골고루 나누어 주었는데 그 중에서 단 지파만은(사실 므낫세 지파도 양분되었으나 양쪽 똑같이 큰 땅을 차지했음 : 그는 지파가 원래 아님) 예루살렘에서 서쪽으로 조금 떨어진 지역의 일부와 갈릴리 북쪽 바알 가드 아랫부분의 일부를 분할해 가졌습니다.
 여기서 제비를 각기 뽑기는 했으나 유독 단 지파를 남북으로(거의 끝에서 끝) 양분시킨 것부터가 문제의 불씨를 다분히 지니게 한 것인 만큼 단 지파와 적그리스도는 무언중에 상당한 연관성이 있는 것 아닌가고 사람들은 지적(주장)할지도 모를 일입니다. 능히 그럴 가능성이 있고 가져 볼법한 사건(일)입니다.

거두절미하고 이때는 그냥 나누어 가진 것이 아니고 각기 제비를 뽑았는데(여호수아 19:40) 그럼에도 이상한 것은 단 지파가 남북 두 갈래로 나뉘게 되었다는 그것입니다. 그 절반은 유다 지파의(여호수아 15:1~2) 북쪽 그러니깐 베냐민 지파의(여호수아 18:11~20) 서쪽에 남고 나머지 절반은 최북단으로 올라가서 므낫세 지파와(여호수아 17:1~6) 납달리 지파의(여호수아 19:32~39) 북쪽 사이 점에 위치하게 되었으니 그 규모가 미미하기 짝이 없었습니다.

가나안을 점령하는 이 과정에서 왜 단 지파가 심히 왜소한 가운데 나뉘어져서 분산이 되었는지 알 수 없으나 여기에는 여호와 하나님의 엄청난 비밀이 숨겨져 있을 것임은 명약관화입니다.

그런데 여기서 문제가 되는 것은 성서적으로 적그리스도가 여러 면에서 단 지파와 관계가 있고 되는 것이 아닌가고 할 때 단 지파가 일부 살던 예루살렘 옆 서쪽 지역과 북쪽의 단 지역이 상당한 관심을 가지게 하는 것은 두말할 나위가 없는 사실입니다. 잘 아시다시피 북쪽에 위치해 있는 단은 가이사랴 빌립보에서 서쪽으로 얼마 떨어지지 아니한 지역에 위치해 있습니다. 단의 동편 가이사랴 빌립보는 로마의 황제신을 섬기기 위해 신전이 그리스도 당시에 세워져 있던 지역입니다.

그럼에도 불구하고 이보다 더 큰 의문점을 우리가 솔직히 가지는 것은 단에 대하여 성서가 지적하고 있는 의문점들 때문입니다.

성서에 보면

"단아 네 신의 생존을 가리켜 맹세하노라"고(아모스 8:14). 여기서 성서는 "단"에 신이 있다는 것을 알리는데 여러 면(정황증거)으로 보아 이는 여호와의 신과 상당한 차이점을 나타냅니다. 왜냐 하니 구약 성서 아모스 8:14절의 하반부를 보면 그런 자는 "엎드러지고 다시 일어나지 못하리라"고 선언합니다. 이는 아무래도 여호와 하나님보다 다른 그 무엇에 이단이 연관성이 있다는 것임을 알림 아닙니까? 이보다도 예레미야서를 보면 이 단에 대하여 보다 더 의문점을 가지게 합니다.

성서를 보십시오.

"단에서 소리를 선포하며 에브라임 산에서 재앙을 공포하는도다"고(예레미야 4:15).

그러함에도 불구하고 여기서 단도직입적으로 단과 에브라임을 연관시켜 나타내는 것을 보면 이는 분명 북쪽에 위치해 있는 단 도시를 의미함이 아니고 예루살렘에서 얼마 떨어지지 아니한 서쪽 지역을 의미시킴임이 분명하기 때문에 여기서 문제가 솔직히 제기되는 것은 누구도 부인(부정)못할 사실입니다.

솔직히 성서를 보면

"그 말의 부르짖음이 단에서부터 들리고 그 준마들의 우는 소리에 온 땅이 진동하며 그들이 이르러 이 땅과 그 소유와 성읍과 그 중의 거민을 삼켰도다"고(예레미야 8:16).

이는 적그리스도의 시종들과(다니엘 11:42~43) 군사들과(다니엘 11:31) 백성들의(다니엘 9:26상반절) 나타나는 소리가 단 지역에서부터 먼저 들려온다는 것을 의미하는 것인데 이것은 바로 적그리스도의 원 고향이(출생지) 단 지역임을 의미하는 것이거나 아니면 적그리스도의 군대가 대 환란의 후반에 가서 남과 서쪽 곧 지중해와 육지에서 단 지역으로 물밀듯이 마구 밀고 올라와서 그곳으로부터 다시 성도 예루살렘에 이른다는 것이거나… 해서 성서는 양자 선택을 우리에게 제시하고 있음인지도 모를 일입니다.

성서 상으로 보면 적그리스도가 북방의 단 지역이 아닌 예루살렘의 서쪽에 위치해 있는(지중해 연안까지) 단 지역과 상당한 관계를 가지고 있음은 사실입니다.

그래서 성서는 이 지역에서

"여호와께서 말씀하시되 내가 술법으로도 제어할 수 없는 뱀과 독사를 너의 중에 보내리니 그것들이 너희를 물리라 하시도다"고(예레미야 8:17).

여기서 뱀과 독사가 나온다고 한 것은 적그리스도와 마귀는(용 뱀) 밀접한 한 관계를 단에서 가지고 있음을 밝힘입니다. 그러다보니 자연 적그리스도의 출생지에 대하여는 단 지파가 거주하던 예루살렘의 서쪽 지역이 상당히 유리함을 발견하게 됩니다. 그렇다면 적그리스도가 자기의 장막 궁전을 짓는 그 지역이(다니엘 11:45) 단 지파 지역에서 어느 정도 남하하므로 거리적으로는 그렇게 먼 곳이 아니란 것이 밝혀지고 그곳에서 동북 지역이면 예루살렘이 연결되는 곳이기에 (다니엘 11:44) 자연 이 문제에서 우리의 관심이 집중되는 지역은 아스돗과 아스글론과 가자와(GAZA) 그랄과 그곳들에서 홍해 바다에 이어지는 곳까지 입니다. 이것은 성서 상 어찌할 도리가 없는 곳들이 아닌가 합니다.

마귀는 적그리스도가 그리스도의 흉내를 내게 하기 위해서, 그리스도는 예루살렘 남쪽에서 출생을 했듯이 적그리스도는 예루살렘 서쪽지역에서 출생케 할지도 모를 일입니다. 성급하지만 이러한 문제(과제)도 반드시 연구와 검토가 되어져야 할 것입니다. 왜냐 하니 지역상으로 보아 그 지역이 단의 거주지역일 것이니깐 말입니다. 이 과제에서 우리는 무엇보다 성서에 귀를 기울이지 아니하면 안 됩니다.

7. 적그리스도의 출생지는 10분국에서 인가?

"그 발은 얼마는 철이요 얼마는 진흙이었나이다"고(다니엘 2:33).

성서에 보면 다니엘서에 나타나는 10발가락 시대 곧 10분국 시대와 적그리스도의 출현과는 상당한(밀접한) 관계가 형성되어져 있고 된다는 것을 알게 됩니다. 뿐만 아니라 이 10분국 시대에 가서(다니엘 7:7, 20) 세계의 종국도(다니엘 7:19~22) 뒤를 이어서 오게 될 것임을 성서는 알립니다. (다니엘 7:24)

성서를 보십시오.
"또 왕이 보신즉 사람의 손으로 하지 아니하고 뜨인 돌이 신상의 철과 진흙의 발을 쳐서 부숴뜨리매… 우상을 친 돌이 태산을 이루어 온 세계에 가득하였나이다"고(다니엘 2:34~35).

또한 성서는
"왕께서 철과 진흙이 섞인 것을 보셨은즉 그들이 다른 인종과 서로 섞일 것이나 피차에 합하지 아니함이 철과 진흙이 합하지 않음과 같으리이다"고(다니엘 2:43).

또한 성서는
"이 열왕의 때에 하늘의 하나님이 한 나라를 세우시리니"라고(다니엘 2:44상반절).

하는 등등을 보면 분명 10분국 시대와(다니엘 7:7) 적그리스도의 시대(다니엘 7:8) 그리고 대 환란과 그리스도의 재림 사건과는 밀접한(이어질) 관계가 형성되어져 있음이 고스란히 나타나고 있습니다.

그럼에도 우리가 여기서 바로 가장 문제시 하는 대목은 무엇보다 적그리스도의 출생이 10분국 가운데에서 이루어질 것이냐 하는 그것입니다. 과거 바벨론을 기점으로 해서 메대와 바사 그리고 헬라와 로마가 지배하고 다스리던 나라들을 보면(다니엘 7:4~7) 나타날 이 10분국 가운데 내륙에 위치한 지역보다 바다와 관계가 있고, 되는 나라들에게서 의문점이 더 있는 것도 부정할 수는 없습니다.

그러다 보니 성서는
"내가 보니 바다에서 한 짐승이 나오는데"라고(계시록 13:1 상반절)
하여 적그리스도가 바다와 관계가 있는 나라에서 출생할 것이 아닌가고들 하기에 문제가 아이러니컬해 집니다. 솔직히 사람들은 적그리스도가 바다와 관계가 있고 된 "로마"에서(이태리) 나타날 것이 아닐까란 의문도 합니다. 과거의 로마는 네로 황제를 위시해서 10대 박해가 연이어졌던 곳이고 특히 기독교회가 이방으로 나간 이후 그곳에서 제일 먼저 꽃을 피운 것은 사실이니 그곳에서 적그리스도가 나타나는 것은 당연한 귀결이 아닐까고들 말입니다. 그래서 적그리스도가

① 로마 교황청(로마교황)에서 나온다.
② 로마 곧 이태리의 어디에서 나온다.

고들 주장을 하나 지금의 입장에서는 그렇게 큰 신빙성을 솔직히 지니지 못하고 있음은 하나의 좋은 본보기와 교훈들 입니다. 이와는 달리 어떤 이들은 10분국에서 보다 10분국에

서 파생되어져 나간 나라로서 바다가 있는 미국에서 나올 것이 아닌가 하면서 미국은 동은 대서양이고 서는 태평양을 끼고 있으니 이런 대해를 끼고 있는 나라에서 적그리스도가 출생을 하고 나타날 것이 아닐까고 지적(주장)하나 큰 의미나 신빙성을 제공하지 못하고 있는 것 또한 사실입니다.

물론 적그리스도가
① 바다와 관계가 있게 나타나는 것은 사실입니다(계시록 13:1).
② 나타날 10분국과 관계가 있고 되는 것도 사실입니다(다니엘 7:7, 24).

그런다고 해서 적그리스도가 로마나(이태리) 영국, 소련, 미국 등지에서 출생을 할 것인가 하는 것에 대하여 성서는 회의적인 태도(입장)를 취하고 있습니다.

솔직히 10분국과 적그리스도와의 관계를 보십시오.
"또 10뿔이 있으므로 내가 그 뿔을 유심히 보는 중 다른 작은 뿔이 그 사이에서 나더니 먼저 뿔 중에 셋이 그 앞에 뿌리까지 뽑혔으며 이 작은 뿔에는 사람의 눈 같은 눈이 있고 또 입이 있어 큰 말을 하였느니라"고(다니엘 7:8).

또한 성서는
"그 열 뿔은 이 나라에서 일어날 10왕이요 그 후에 또 하나가 일어나리니 그는 먼저 있던 자들과 다르고 또 세 왕을 복종시킬 것이며"라고(다니엘 7:24) 합니다. 여기서 우리가 자칫 오해하면 적그리스도와 그의 왕국이 10분국들 가운데 그 한 나라가 아닐까고 할 것이나 사실 성서를 자세히 보면 전혀 그렇지 아니함을 알게 됩니다. 분명한 것은 먼저 10분국 시대가 온 연후에(다니엘 7:7, 24) 적그리스도의 때와 (다니엘 7:8 ,20, 계시록 13:1~5) 그의 왕국 시대가 (다니엘 11:44~45) 오는 것만은 사실입니다.

성서상으로는 10뿔 곧 10분국이 먼저 일어나고(다니엘 7:20) 그 뒤를 이어서 다른 뿔 곧 적그리스도의 나라(시대)가 나타나고(다니엘 7:20중반절) 적그리스도와 그의 나라에 의해 지상의 기독교회(유대교 포함) 시대가 무너지게 될 것입니다.

성서를 보십시오.

"내가 본즉 이 뿔이 성도들로 더불어 싸워 이기었더니"라고 (다니엘 7:21).

또한 성서는

"또 권세를 받아 성도들과 싸워 이기게 되고"(계시록 13:7상반절) 입니다. 이것은 적그리스도의 나라가 기독교회를 넘어뜨릴 것을 예고한 것이고(다니엘 7:25, 8:11~12, 24, 9:17~18, 26, 27) 그 뒤를 이어서는 지상의 각 나라를 넘어뜨리게 될 것을 예고하고 있음입니다(계시록 13:7하반절, 13:16, 17:12).

이때에는

"그 택한 군대라도 그를 당할 힘이 없을 것이므로"(다니엘 11:15하반절).

그러니 자연적 현상에서

"능히 그 앞에 설 사람이 없겠고"(다니엘 11:16중반절)가 될 것입니다. 어쩌면 이것이 가장 성서적이고 예언적일 것입니다. 그 때에는 적그리스도가 직접 나타나 명령(호령)을 하고 진두지휘할 것이지만(다니엘 8:23~24, 11:3) 그럼에도 성서는

"장차 한 왕의 백성이 와서 그 성읍과 성소를 훼파하려니와"라고(다니엘 9:26상반절) 합니다. 그렇다면 이는 무엇을

의미하고 있는 것입니까? 이는 장차 나타날 적그리스도는 스스로 오는 자가 아니기에(다니엘 8:24, 계시록 13:2, 4) 자기 혼자만 나타나는(오는) 것이 아니고

① 거짓 선지자와(계시록 13:11~13),
② 자기의 백성들과(다니엘 9:26, 계시록 13:7, 16),
③ 자기의 군대와(다니엘 11:31),
④ 자기의 시종들을(다니엘 11:42~43)

동원하고 나타날 것임을 예고하고 있기에 세계가 두려워하고 겁을 먹고 있는 것입니다. 그럼 그 이유는 무엇입니까? 그 이유는 바로 그는 마지막 때에 나타날 왕이기 때문입니다(이사야 19:4, 다니엘 8:23, 9:26, 계시록 17:12).

그럼에도 적그리스도의 출현 그 자체에 있어서 10분국과 다소의 연관성이 없는 것은 아닐 것이지만 그의 출생에 숨겨져 있는 비밀에서는 꼭 그렇다고 규정하기는 심히 어려운 듯합니다. 왜냐 하니 이런 것들 하나하나는 적그리스도의 나라와 출현과 관계가 있고 되는 것들이지 그의 출생비밀과 관계가 있고 되는 것들은 처음부터 아니기 때문입니다.

8. 적그리스도의 출생지는 기타 지역인가?

"그 중 한 뿔에서 또 작은 뿔 하나가 나서 남편과 동편과 또 영화로운 땅을 향하여 심히 커지더니"라고(다니엘 8:9).

이미 앞에서 지적한 여러 개 지역을 제외하고서도 적그리스도의 출생지로서 거론이 될 만한 지역이 하나 둘이 아닙니다. 주어진 66권 성서를 똑바로 놓고 보십시오. 적그리스도의 출생 예정(후보지)지역이 어디 하나 둘인지를 말입니다.

적그리스도의 출생 예정(후보지) 지역이 너무나 광범위하기 때문에 본 과제를 연구 검토하는 학자들의 심신이 심히 곤고하고 피곤한 것임은 누구도 부정할 수 없는 사실입니다. 그러함에도 본 과제(본 항)에서는 4가지로만 나뉘어서 생각해 보아야할 듯합니다.

가. 예루살렘의 동편 어디에서인가?(다니엘 8:9)

예루살렘의 동편에 위치한 나라들 가운데 한 나라에서 과연 적그리스도의 출생이 이루어지고 그곳에서 적그리스도가 나타날 것인지에 대하여는 이유 불문코 반드시 연구의 과제로서 연구해 보지 아니하면 안 됩니다.
성서를 보십시오.
"그 중 한 뿔에서 또 작은 뿔 하나가 나서… 동편과…"라고(다니엘 8:9).
또한 성서는
"그가 또 영화로운 땅에 들어갈 것이요 많은 나라를 패망케 할 것이나 오직 에돔과 모압과 암몬 자손의 존귀한 자들은 그 손에서 벗어나리라"고(다니엘 11:41).
이는 여러 면에서 적그리스도와 예루살렘의 동편 지역(땅)이 관계가 전혀 없는 것이 아니고 다소 있다는 것을 알림입니다. 설령 적그리스도가 이곳들에서 출생을 하지 아니한다고 해도 그곳과 관계는 철저히 있기 때문에 결코 과소평가해서는 아니 되고 그곳 백성들이 그의 백성이 된다라는 예언에는 어찌할 도리가 없는 것(대목)입니다. 그것이 이미 계시된 성서의 예언이니 말입니다.

나. 이스라엘의 남편 어디인가?

성서를 보십시오.
"그 중 한 뿔에서 또 작은 뿔 하나가 나서 남편과…"라고 (다니엘 8:9).
또한 성서는
"그가 열국에 그 손을 펴리니 애굽 땅도 면치 못할 것이므로"라고(다니엘 11:42).
또한 성서는
"그가 권세로 애굽의 금은과 모든 보물을 잡을 것이요 리비아 사람과 구스 사람이 그의 시종이 되리라"고(다니엘 11:43).
이는 이미 성서가 적그리스도와 이스라엘의 남편지역(땅 : 나라)들과는 상당한 관계가 설정되어져 있다는 것을 예고하고 있는 대목들이 아닙니까? 그런다고 해서 적그리스도의 출생지역마저도 꼭 꼬집어서 그곳들 이라고 규정하기는 심히 난감한 듯합니다.

다. 적그리스도가 자기 장막 궁전을 세우는 그 주변 어디인가?

성서를 보면 이미 적그리스도는 자기의 장막 궁전을 어딘가에다 세우도록 섭리(예정)되어져 있음이 나타나고 온 세계는 그에게 자기 왕궁을(장막 궁전) 세우도록 장소와 시간(기회), 물질, 군대와 백성들을 제공한다는 것을 알리고 있습니다.
성서를 보십시오.
"그러나 동북에서부터 소문이 이르러 그로 번민케하므로 그가 분노하여 나가서…"라고(다니엘 11:44).

위의 성서는 이미 적그리스도의 왕궁이나 거처는 이스라엘 곧 예루살렘에서 "남서"쪽임을 알게 됩니다. 그의 거처지가 철저히 예루살렘에서 남서쪽 방향이니 지금의 형편과 처지 그리고 위치에서 상고하건데 그곳이 어디쯤 인지는 쉽게 이해가 될 것입니다.

다시 성서를 보십시오.

"그가 장막 궁전을 바다와 영화롭고 거룩한 산 사이에 베풀 것이나"라고(다니엘 11:45).

여기서는 적그리스도의 장막, 궁전을 짓는 그곳이나 그 주변에서 혹시 적그리스도가 출생할 것이 아닌가 하는 의구심을 가질 수도 있으나 기실에 있어서 그렇지 못한 것이 솔직한(신앙적) 이실직고입니다. 왜냐 하니 여러 가지 여건과 환경, 처지와 입장을 감안(고려)해 보건데 말입니다.

라. 기타 지역에서 인가?

예루살렘 곧 이스라엘의 동편과 남편을 제외한 북쪽의 레바논이나 길르앗 지역에서 적그리스도가 나타날 것이 아닌가 또는 출생할 것이 아닌가고 반문을 하나 그것은 결코 그렇지가 못한 듯합니다. 왜냐 하니 성서의 예언상 이런 지역은 거의가 해당이 되지 아니하고 있음이 이를 잘 반영하고 있습니다.

성서를 보십시오.

"그들은 앗수르 땅에서부터 모으며 길르앗 땅과 레바논으로 그들을 이끌어 가리니 그 거할 곳이 부족하리라"고(스가랴 10:10).

분명 북쪽 지역 곧 길르앗과 레바논은 장차 유대 땅 화되므로 적그리스도가 그 곳에서 출생한다는 것은 시기적으로 보아도 기대난입니다. 불원 그 곳이 성서의 예언대로는 유대화 된다고 하나 역시 이방 땅이기 때문에 문제가 있다고 보아야합니다.

어찌 되었거나 간에 위에 나타난 제1절에서 제3절까지는 유의해 볼법한 지역들임에는 누구도 부정할 수가 없습니다. 적그리스도의 출생이나 활동 지역으로서와 그의 왕국건설의 지역으로서 말입니다.

제3장 "적그리8스도의 명칭"

"저 불법한 사람 곧 멸망의 아들이 나타나기 전에는"라고 (데살로니가 후서 2:3하반절).

주어진 성서를 보면 나타날 적그리스도의 명칭은 하나 둘로 나타나는 것이 아니며 여러 종류(가지)로 나타납니다. 그러함에도 그 나타나는 과정에 따라 각기 다른 면(다른 형태)을 보이는 것은 사실입니다. 뒤에서(제4권) 나타날 것이지만 두 감람나무는 두 감람나무란 명칭 이외에도 두 증인, 두 촛대, 두 선지자 이외에 "기름 발리운 자 둘"(스가랴 4:14) 로 나타나는 것과 같이 적그리스도의 명칭은(이름) 수효가 상당히 많음을 발견하게 됩니다.

여기서 우리는 왜 그럴까? 또는 왜 그래야 하는가 하는 의문문을 가질 수도 있으나 그럴 필요(이유)는 없습니다. 왜냐 하니 그 명칭에 따라 나타나고 역사해야할 일이 다르기 때문입니다.

적그리스도의 명칭에 있어서 성서적 관점에서 크게 분류를 하면 5가지 정도로 나뉠 수가 있기 때문에 우리는 이 과정에서 이를 또다시 세분화하기보다 크게 나누어(분류) 생각해(분석 : 연구) 보는 것이 가할 듯합니다. 이 점을 먼저 고려해야 합니다. 왜냐 하니 그것이 성서와 적그리스도를 바로 아는 우리 모두의 지름길이기 때문입니다. 그런다고 해서 어느 것은 익사해 버리거나 어느 것은 돋보이게 하자는 것은 결코 아닙니다. 모든 것을 사실화와 현실화 하자는 것뿐입니다.

1. 정치와 관계가 된 것(왕)

"그가 애굽인을 잔인한 군주의 손에 붙이시리니 포학한 왕이 그들을 치리하리라 주 만군의 여호와의 말씀이니라"고(이사야 19:4).

성서를 보십시오.
"열왕을 멸시하며 방백을 치소하며 모든 견고한 성을 비웃고 흉벽을 쌓아 그것을 취할 것이라"고(하박국 1:10).
또한 성서는
"또 영화로운 땅을 향하여 심히 커지더니"라고(다니엘 8:9 하반절).
또한 성서는
"그것이 하늘 군대에 미칠 만큼 커져서"라고(다니엘 8:10 상반절).
또한 성서는
"또 스스로 높아져서 군대의 주재를 대적하며 그에게 매일 드리는 제사를 제하여 버렸고"라고(다니엘 8:11).
또한 성서는
"패역자들이 가득할 즈음에 한 왕이 일어나리니"라고(다니엘 8:23상반절).
또한 성서는
"장차 한 왕의 백성이 와서 그 성읍과 성소를 훼파하려니와"라고(다니엘 9:26상반절).
또한 성서는
"이 왕이 자기 뜻대로 행하며 스스로 높여 모든 신보다 크다 하며"라고(다니엘 11:36상반절).

성서 상으로 보면 적그리스도는 그 나타나는 과정과 명칭에 따라 상당한 차이가 나기도 하고 적게 나기도 합니다. 그리스도인 된 우리는 무엇보다 먼저 이 점을 감안해야 합니다.

성서는 정치와 관계된 바로는 적그리스도를 왕이라 칭합니다. 그는 10분국 이후에(다니엘 7:24상반절) 나타날 나라의 한 왕으로(다니엘 7:20, 24하반절) 규정하고 있기에 여러 면에서 각기 달라짐을 봅니다. 그는 왕으로 나타나지만(다니엘 8:23, 9:26, 11:36) 어느 한 나라의 왕이 아니고 전 세계의 왕이심을 성서는 이미 예고하고 있습니다. 반드시 아래의 지적을 참조시기를 바랍니다.

(1) 성서를 보십시오. 적그리스도는 나타나면 그는 세계의 왕이 됩니다(이사야 19:4, 다니엘 7:24, 8:23, 9:26). 그것이 성서의 요구사항입니다. 그는 오실 세계의 왕이 되기 때문에(다니엘 7:24, 계시록 17:12) 첫 짐승(마귀)으로부터(계시록 11:7) 임금처럼 권세를 받게 됩니다(계시록 13:2, 4, 17:12). 그래서 성서는 그의 힘과 능력과 권세가 자의적인 것이 아니고(다니엘 8:24상반절) 마귀(용)적이라 합니다(계시록 13:1~2). 무엇보다 그는 세계인의 왕이 되기에

① 세계의 임금들을 자기 수하에 넣고서 곡과 마곡으로(에스겔 38:1~6, 계시록 20:7~8) 아마겟돈 전쟁을 위해 모으기도 하고(계시록 16:14, 16, 19:18~19),

② 열왕을 멸시하며 방백을 치소하며 모든 견고한 성을 비웃고 흉벽을 쌓아 그것을 취하기도 하고(하박국 1:10),

③ 그는 세계의 왕으로서 빼앗기도 하고 빼앗은 것을 나누어 주기도 하고(다니엘 11:39하반절),

④ 그는 자기를 안다 하는 자들에게는 여러 백성을 다스리

게 권세를 주기도 하고(다니엘 11:39),

⑤ 그는 어떤 경우와 처지에도 자기 뜻대로 행하며(다니엘 11:36),

⑥ 그는 각 족속과 백성과 방언과 나라를 다스리는 권세를 소유하기도 하며(계시록 13:7하반절),

⑦ 그는 유아와 노인을(신명기 28:50) 제외한 작은 자나 큰 자나 부자나 빈궁한 자나 자유한 자나 종들을 자기 수하에 두고(놓고) 지배케 되며(계시록 13:16),

⑧ 그는 스스로 큰체하며 많은 무리를 멸하기도 합니다(다니엘 8:25중반절).

그러니 이 얼마나 놀라운 일(사건)입니까? 어디 그것뿐입니까? 결코 그렇지 아니합니다. 그는 나타난 지상 왕이기에 왕의 노릇을 단단히 하게 됩니다. 그럼 그 이유는 무엇입니까? 그 이유는 간단합니다. 그는 자기 이름 그대로 이름값을 하게 되는 것입니다. 그의 이름이 무엇입니까? 적그리스도가 아닙니까? 그럼 적그리스도가 무엇입니까? 그리스도의 반대편, 또는 그리스도의 흉내자 또는 그리스도를 대적하는 자가 아닙니까? 그러니 그리스도가 자기 왕국의(메시야의 왕국) 임금이듯이 그도 자기 왕국의 임금이 되어야 하는 것 아닙니까?

그는 성서대로 이미 왕으로 오신 자입니다. 마귀는 예수에게 "자기는 천하만국과 그 영광"을(마태복음 4:8~9) 소유한 임금임을 자랑하고 있지 아니합니까? 천하만국과 그 영광을 소유한 마귀로부터 지상을 지배하고 다스릴 권세를 받은 자라면 누가 무엇이라 해도 그는 왕이십니다. 그는 왕이기에

① 자기 백성을 두게 되고(다니엘 9:26상반절, 계시록 13:7, 16),

② 자기 군대를 두게 되고(다니엘 11:31),

③ 통치권을 자의로 행사하며 (다니엘 11:36상반절),

④ 자유의지대로 자기 땅을 분할해서 자기 백성들에게 다스리게 나누어 주며(다니엘 11:39하반절),

⑤ 자기 왕국의 왕궁을 친히 세우기도 하고(다니엘 11:45),

⑥ 자기의(왕국) 시종을 두기도 하고(다니엘 11:43),

⑦ 자기가 필요한 나라와 백성을 불러서 쓰기도 합니다(다니엘 11:41~43).

이런 자의적 특권은 왕에게 반드시 있기 마련입니다. 누구도 이 왕의 왕권에 도전하거나 반대자는 가차 없이 죽일 것입니다(계시록 13:7~8, 13:15, 다니엘 8:24~25).

(2) 그는 세계의 왕으로서(다니엘 7:24, 11:39) 마지막 전쟁을 벌이게 됩니다(계시록 16:14, 16, 19:18~20, 20:8~9). 그는 아마겟돈 전쟁을(제3차 세계대전) 위하여(계시록 16:16) 곡과 마곡지역으로(에스겔 38:1~6, 계시록 20:8) 세계의 젊은이들을(용사 장정) 모으게 되는데(이사야 3:25~26) 그 수효가 어떤 곳에서는 모래 같다고 규정하고(계시록 20:8, 하박국 1:9) 어떤 곳에서는 자그마치 전 세계 인구 가운데 3분의 1이 해당된다고 합니다(계시록 9:15, 18). 너무나 어처구니없는 대 역사임에는 사실입니다.

세계의 왕들과(계시록 16:14, 16, 19:18~19) 장군들과(계시록 19:18) 군대와 기타의 무리를 한 곳으로(계시록 19:19) 끌어 모으려면 그만한 힘과 능력이 그에게 주어져 있지 아니하면 도저히 이루어질 수 없는 일입니다(계시록 13:1~6). 그럼에도 적그리스도는 세계의 임금으로(다니엘 7:24, 8:23, 9:26) 나타났으니 기필코 주어진 일을 충실히 이행할 수가 있을 것입니다.

(3) 그는 지상에 임하는 왕이기에(계시록 17:12) 모든 법을 변개해서 라도(다니엘 8:25중반절) 상권(경제)과 기타를 장악할 것입니다(계시록 13:17). 그는 지상의 모든 상법을 개정한 후 상권을 자기 수중에 일단은 넣어야할 것입니다. 그런 후에 자기를 따르거나 믿거나 섬기며(하박국 1:11, 다니엘 11:30, 32, 34, 12:2) 오고 가는 자에게는 그 지역을 다스리는 권리를 주며(다니엘 11:39) 그리고 세워진 자기 신상에다 경배하는 자들에게(마귀신당)(계시록 13:15) 매매를 할 수가 있는 상표권을 부여하게 되는데(계시록 13:16~17) 그것을 가진 자들만이 대 환란 때에 물건을 사게도 하고 팔게도 할 것입니다. 그 때 그는 누구도 감히 생각지 못한 다양한 일을 하게 될 것입니다. 이 때 적그리스도가 나눠주는 상표권은 일종의 주민증이나 메달유형이 될 것인데 앞면에는 적그리스도의 신상이나 그의 초상화가 새겨질듯 하고 그 뒷면에는 666수효가 적히기도 하되 그 상표권은 세계 정부 이름으로 전달될 것이기 때문에 문제가 심각해질 것입니다.

  (4) 그는 잔인한 왕이기에(하박국 1:10) 지상의 상권과(제3절) 병권만(제2절) 쥔 것이 아니고 언론과 자유의 모든 권리마저도 송두리째 자기 손아귀에 넣게 될 것입니다(계시록 13:1~5, 13:11~12, 19:18). 그는 능수능란한 구변술수와 다재다능한 임기응변과 다양한 인기술로 모든 이의 마음과 생각, 신앙 등을 완전히 사로잡고 좌지우지할 것입니다. 그리고 그는 세계의 각종 언론이나 사회상 기타 모두를 장악하고 자기보다 먼저 나타난 두 증인에 대하여(계시록 11:5~6) 갖은 험담을 늘어놓으면서 자기는 절대로 그렇지는 아니하다면서(계시록 11:10) 누구보다 자기만은 다정다감한 이웃이고 형인 양 손짓하면서 모든 인간을 자기 장중에

이끌어다 넣을 것입니다.

 (5) 그는 자기 왕국의(세계의) 왕으로서(다니엘 11:45) 자기의 나라(세계) 안에 있는 각(모든) 종교를 일단 손아귀에 넣을(장악) 것입니다. 자기의 말을 안 듣는 종교는 싸워서라도(다니엘 11:36, 38) 지도자와 신자를 닥치는 대로 모두 죽이거나(다니엘 7:21, 8:24, 시편 79:1~3, 계시록 13:7상반절) 문을 닫게 하므로서 없애기도 하지만 일부 교회당들은 자기의 군대나(다니엘 11:31) 백성들을 보내어서 성소를 훼파케 해서(다니엘 9:17~18, 9:26) 없애기도 할 것입니다. 이것은 그가 이 세상의 왕으로서(다니엘 7:24) 능히 취할 수 있는 권리이며 이미 창조주께서도 이 모든 것을 적그리스도 곧 이 세상의 왕에게(계시록 17:17) 허락하신 것이라고 규정할 때 당연한 귀결이라 해야 할 것입니다.

 그렇다면 그 이유는 무엇이고 어디에 있는 것입니까? 대환란의 후반부에 기독교회도, 기독교 신자와(계시록 13:7, 15~17, 다니엘 7:25, 8:11~12, 8:24) 세상이 하나같이 적그리스도에게 죽임을 당하거나 넘어지고(다니엘 11:30, 32, 34, 12:2하반절) 마는 그 이유는 무엇입니까?

 성서를 보십시오. 그 해답이 나옵니다.

 "너희는 흉한 날이 멀다하여 강포한 자리로 가까워지게 하고 상아 상에 누우며 침상에서 기지개 켜며 양떼에서 어린 양과 우리에서 송아지를 취하여 먹고 비파에 맞추어 헛된 노래를 지절거리며 다윗처럼 자기를 위하여 악기를 제조하며 대접으로 포도주를 마시며 귀한 기름을 몸에 바르면서 요셉의 환란을 인하여는 근심치 아니하는 자로다"라고(아모스 6:3~6).

 또한 성서는

"시온을 피로, 예루살렘을 죄악으로 건축하는 도다 그 두령은 뇌물을 위하여 재판하며 그 제사장은 삯을 위하여 교훈하며 그 선지자는 돈을 위하여 점치면서 오히려 여호와를 의뢰하여 이르기를 여호와께서 우리 중에 계시지 아니하냐. 재앙이 우리에게 임하지 아니하리라 하는 도다 그러므로 너희로 인하여 시온은 밭같이 갊을 당하고 예루살렘은 무더기가 되고 성전의 산은 수풀의 높은 곳과 같게 되리라"고(미가 3:10~12).

또한 성서는
"내 백성을 유혹하는 선지자는 이에 물면 평강을 외치나 그 입에 무엇을 채워 주지 아니하는 자에게는 전쟁을 준비하는도다 이런 선지자에 대하여 여호와께서 가라사대 그러므로 너희가 밤을 만나리니 이상을 보지 못할 것이요 흑암을 만나리니 점치지 못하리라 하셨나니 이 선지자 위에는 해가 져서 낮이 캄캄할 것이라 선견자가 부끄러워하며 술객이 수치를 당하여 다 입술을 가리울 것은 하나님이 응답지 아니 하심이어니와"라고(미가 3:5~7).

또한 성서는
"들의 짐승들아 삼림 중의 짐승들아 다 와서 심키라 그 파수꾼들은 소경이요 다 무지하며 벙어리 개라 능히 짖지 못하며 다 꿈꾸는 자요 누운 자요 잠자기를 좋아하는 자니 이 개들은 탐욕이 심하여 족한 줄을 알지 못하는 자요 그들은 몰각한 목자들이라 다 자기 길로 돌이키며 어디 있는 자이든지 자기 이만 도모하며 피차 이르기를 오라 내가 포도주를 가져오리라. 우리가 독주를 잔뜩 먹자 내일도 오늘 같이 또 크게 넘치리라 하느니라"고(이사야 56:9~12).

성서가 위에서 이런 문제를 다루고 있으니 어찌 됩니까? 대 환란은 우리의 문턱까지 다가와 있는데, 그리고 대 환란 때에 적그리스도에 의해 세상과 종교, 종교인들 모두가 뒤죽박죽이 될 것인데 그것도 모르고 하나같이 위에 나타난 예언을 이루기라도 하려는 듯이 각각 죄를 범하고 있으니 어찌될 것입니까? 그러니 누구를 누가 원망하고 시비하며 탓할 것입니까? 이 과정에서 솔직히 나와 당신은 대 환란을 준비하고 있습니까? 준비하고 있다면 어떤 방향의 준비입니까?

① 순교입니까?
② 대 환란 통과입니까?
③ 피난처 행입니까?
④ 사전에 죽어서 하나님 나라 행입니까?
⑤ 될 대로 대라 하다가 적그리스도를 섬기고 그리스도를 배신하는 것입니까?

도대체 어느 것을 선택하려고 준비를 하고 있는 것입니까? 이 과정에서 당신의 신앙 수준은 어느 정도 입니까? 지금 당신이 출석을 한다는 교회당 안의 사람들을 보거나 그들의 신앙척도를 보아서는 결코 사는 길보다 죽음의 길 뿐임을 명심해야 됩니다.

마지막 때에는 이 세계와 종교계 그 자체가 어떻게 될 것인지는 이미 성서가 그대로 예고하고 있는바 인데 대권을 가지고 오는 적그리스도와 싸워서 솔직히(어떻게) 이길 수가 있을 것입니까? 그렇다면 왜 이런 엄청난 일이 다가오고 있음에도 불구하고 기존의 기독교회가 속수무책이고 바라다만 보고 있습니까? 어쩌면 속수무책이 상책일 지도 모른다는 선입견을 갖고 있는 탓도 있지만, 또한 유비무환의 대책이 전혀 없는 탓도 있지만, 솔직히 핵심적 진리는 이것들이 아닐 것입니다.

아래의 성서를 보십시오.

"이는 우리의 죄와 우리의 열조의 죄악을 인하여 예루살렘과 주의 백성이 사면에 있는 자에게 수욕을 받음이니이다"고(다니엘 9:16하반절).

또한 성서는

"많은 목자가 내 포도원을 훼파하며 내 분깃을 유린하여 나의 낙토로 황무지를 만들었도다"고(예레미야 12:10).

거두절미하고 현금당대 기독교회가 여호와 하나님 보시기에 이런 무서운 범죄 행각을 일삼으니 어찌 중징계가 임하지 아니할 것입니까?

그러니 성서는 거두절미하고

"그러므로 저희가 이제는 사로잡히는 자 중에 앞서 사로잡히리니 기지개켜는 자의 떠드는 소리가 그치리라"고(아모스 6:7) 합니다.

그러므로 적그리스도에게 마지막 때 그리스도의 교회들이 망하고 넘어지고 마는 것은 도리가 없는 일입니다. 다가오고 있는 대세를 똑바로 보지 아니하고 현실운영과 유지 등에만 급급했으니 멸망당하는 것은(다니엘 8:24) 여호와의 지상명령이며 당연지사가 아니겠습니까?

2. 신과 관계가 된 것

"저는 대적하는 자와 범사에 일컫는 하나님이나 숭배함을 받는 자 위에 뛰어나 자존하여 하나님 성전에 앉아 자기를 보여 하나님이라 하느니라"고(데살로니가 후서 2:4).

성서를 보면 누가 무엇이라 해도 적그리스도는 철저한 마귀의 사람입니다(다니엘 8:24상반절, 11:38, 하박국 1:11, 데살로니가 후서 2:4). 마귀로부터 힘과 능력과 권세를 다양하게 받고 나온 자입니다(계시록 13:1~4). 그는 하나님에 의해 역사하기보다 철저히 마귀에 의해 역사하는(되는) 자입니다(다니엘 8:23~24, 계시록 13:3~4, 20:10). 그러다 보니 여호와와의 관계에 있어서 엄청난 모순의 악을 범하게 됩니다.

고로 그는 여호와를 향하여

"짐승이 입을 벌려 하나님을 향하여 훼방하되 그의 이름과 그의 장막 곧 하늘에 거하는 자들을 훼방하더라"고(계시록 13:6).

또한 그는

"또 스스로 서서 만왕의 왕을 대적할 것이나"라고(다니엘 8:25중반절).

또한 그는

"그가 장차 말로 지극히 높으신 자를 대적하며"라고(다니엘 7:25상반절).

또한 그는

"스스로 높여 모든 신보다 크다 하며 비상한 말로 신들의 신을 대적하며"라고(다니엘 11:36중반절).

또한 그는

"그 열조의 신들과 여자의 사모하는 것을 돌아보지 아니하며 아무 신이든지 돌아보지 아니할 것이나"라고(다니엘 11:37)

이렇게 되면 솔직히 어떻게 됩니까? 그가 여호와에게만 반기를 들고 일어나는 것은 아닐 것입니다. 그는 뒤돌아서서 "지극히 높으신 자의 성도를 괴롭게 할 것이고"(다니엘 7:25중반절) 그러므로 자연 지상에다 심각한 우려와 파괴를 나타내게 될 것입니다. 그는 신과의 관계에서 "지극히 높으신 여호와를 훼방(대적)하게 됩니다." 그가 지극히 높으신 여호와를 대적하고 훼방하는 것은 그만한 이유가 있기 때문인데 그것이 바로
  ① 자기를 신으로 삼기 위함과,
  ② 자기를 하나님이라 하기 위함입니다(데살로니가 후서 2:4).

여기에 바로 문제가 생깁니다. 적그리스도의 명칭에서 가장 심각한 과제가
  ① 자기를 신으로 삼는 자,
  ② 자기를 하나님이라 하는 자입니다.
  이 얼마나 어처구니없고 놀라운 일(사건)입니까? 한국에도 문XX 하나님이 있고, 박XX 하나님이 있고, 기타 여러 성씨를 가진 하나님이 나타나서 까불고 찢고 부수고 야단법석을 떨고 있습니다만 이런 수작과 헛된 욕심은 세상적이고 마귀적이고 정욕적임을 우리는 잘 압니다. 인간이 자기를 하나님 또는 신들로 화하려는 낯간지러운 행위 따위는 악마적이고 적그리스도적임으로 결코 용서를 받을 수 없는 일임을 잊어서는 아니 됩니다.
  상술한 바와 같이 자기를 신으로 삼는다는 것은 아무리 생각해 보아도 어처구니없는 악의적 사건입니다.
  장차 적그리스도는 자기를 신으로 삼기(둔갑)위해서는
  ① 교회들이나 성전의 안과 밖에 있는 십자가와 각종 간판들을 부수거나 불태워 없애고(시편 74:9) 지상에서 표적이 없게 할 것입니다.
  ② 성소의 모든 조각품이나 성구들을 마구 끌어내어 부수

고 불태울 것이고(시편 74:5~6) 그와 동시에 자기 신을 세울 기틀을 마련할 것입니다.

③ 이 땅에 있는 하나님의 모든 회당과 교회(성전 :성당포함)들을 불사르고(시편 74:7, 8, 79:1, 예레미야애가 2:6, 7) 꼭 자기들에게 필요한 건물들만 도처에다 조금 남길 것입니다. 왜냐 하니 그래야 그곳에 멸망의 가증한(마태복음 24:15) 적그리스도의 신상을 세우고(계시록 13:14하반절) 그것에게 절하게 할 것 아닙니까?(계시록 13:15)

④ 그는 자기가 필요한 교회당 얼마를 골라서 도처에 놓아 두고 다른 것은 가차 없이 불사를 것이고 골라놓은 교회당(회당 : 성당)들은 안과 밖에 있는 십자가와 종탑, 교회당 간판들, 안에 있는 강대상과 각종 의자 및 성구들 모두를 끌어내어 불사르고 난 뒤 교회당 안이나 밖에다 "자기기를 세워 표적을 삼고"(시편 74:4) 신자나 불신자나 간에 그것을 섬기고 그 기에다 경배케 할 것입니다. 이는 과거 일본 군국주의 말엽에 한국의 기독교회가 이미 경험한바 있는 사건이기도 합니다.

⑤ 그런 후에 그는 자기를 하나님화 할 것입니다.

성서를 보십시오.

"저는 대적하는 자라 범사에 일컫는 하나님이나 숭배함을 받는 자 위에 뛰어나 자존하여 하나님 성전에 앉아 자기를 보여 하나님이라 하느니라"고(데살로니가 후서 2:4).

여기서 가장 어처구니없는 것은 그가 다른 곳도 아닌 성전이나 교회당 안에 앉아서(제단 위에) 자기를 보여 하나님이라 한다는 바로 그것입니다. 이렇게 되면 어찌됩니까? 지상에 이 때 남은 교회당은 "여호와의 전"이 아니라 "마귀당"이 되는 것 아닙니까? 이미 한국의 기독교회는 일본 군국주의자들에 의해 고상히 이 맛을 본 경험이 있으니 더 이상 설명하지 아니해도 익히 아는바가 아닙니까?

그래서 성서를 보십시오.

"그들은 그 힘으로 자기 신을 삼는 자라 이에 바람같이 급히 몰아 지나치게 행하여 득죄하리라"고(하박국 1:11)합니다.

요즘 보니 한국에도 박모씨는 자기를 높여서 성부하나님이라 칭하면서 성부하나님 취임식까지 마쳤을 뿐 아니라 자기들 종파를 천부교라고 까지 칭한 후에 죽어간 것을 보게 됩니다. 이 얼마나 어처구니없는 망조입니까? 어떤 이는 자기가 세계 종교를 통일하려고 오신 하나님이라 하면서 큰 소리를 치니 놀라운 것인지 어이가 없고 가증스러운 것인지 망조는 망조입니다. 어찌 이 세대에 하나님이 되고 싶은 자가 그렇게도 많은지 알다가도 모를 일입니다. 이 세대가 그렇게 악한지 아니면 이 세상사가 그렇게 악하게 돌아가는 것인지? 아니면 인심이 수심이 되어져 가는 것인지… 무엇이 잘못 되어도 한참씩 잘못된 것입니다.

분명 적그리스도는 장차 이 땅 위에서 자기를 신격화할 뿐 아니라(하박국 1:11, 데살로니가 후서 2:4) 작은 교회당들은 가차 없이 사전에 문을 닫게 하거나 아니면 불을 태우거나 헐어버리고(시편 74:5~8) 도처에는 좀 큰 교회당들만 골라서 남겨두게 될 것입니다. 왜냐 하니 이유 불문코 지상에서 교회당적 흔적은 완전히 폐기처분 시켜야 하기 때문입니다. 그런 후 외적으로는 적그리스도 자기의 기를 교회당 안과 밖에 세워서 그곳이 자기의 교회당임을 만천하에 밝히게(선언) 만들고(시편 74:4) 그곳의 안과(마태복음 24:15, 다니엘 11:31하반절) 바깥마당에는 자기 우상을 무조건 만들게 하여 세운 후(계시록 13:14) 전 인류가 그 우상 신당에 와서 무조건 섬기고 경배케 할 것입니다. 이 때 누구든지 이를 거역이나 반대 하는 자는 현장(교회당)에서 비참히 죽임을 당하거나(계시록 13:15) 아니면 끌어내어 산과 들, 감옥, 지하실 등지에서 죽일 것입니다(마태복음 24:9, 마가복음 13:9, 시편 78:64, 79:2~3). 그리고 그들의 시체는 교회당 주변에(시편 79:2~3) 내던져서 공중의 새와 땅의 짐승으로 먹게 하거나(예레미야 15:3) 아니면 썩어지게 할 것입니다. 그래서 성도들의 믿음과 인내, 철저한 각오를 요구하고 있는 것입니다(계시록 13:10하반절, 14:12).

적그리스도가 다른 곳도 아닌 지상의 성전이나 교회당 안에서 자기를 하나님 화 하게 되니(다니엘 8:12, 9:26~27. 11:36~38, 데살로니가 후서 2:4) 그의 능력과 품위 그의 행동과 언변(구변) 그의 의복 기타 모든 것이 엄청날 것이며 그는 자기가 지상에 임한 하나님임을 이 땅과 모든 인간들에게 과시(선포)하기 위하여 "능력과 표적과 기적"을 최대한 나타낼 것이고(데살로니가 후서 2:9) 또한 수하에 거짓 선지자를 두어서 엄청난 불이 자기의 요구 사항에 따라 하늘로부터 이 땅에 내려오도록 할 것이고(계시록 13:13) 자기 우상(신상)을 만들어 놓으면 그 우상이 말하게 하므로서(계시록 13:15) 많은 사람을 미혹하게 될 것입니다(계시록 13:14 상반절, 19:20). 그러니 이 엄청난 대 역사를 보고도 누가 감히 그를 이 지상에서 믿거나 따라가지 아니할 것입니까?

그는 하나님 앞에서는 분명 마귀의 사람이요, 악마의 사자요, 적그리스도입니다. 그럼에도 불구하고 이 지상의 인간들 눈에 보이고 비칠 때에는 그는 성전에 나타난 하나님이요(계시록 13:4~5, 13~15, 데살로니가 후서 2:4, 다니엘 11:36) 절대자요, 능하신 분이십니다(계시록 13:6, 13, 15,

다니엘 11:36). 그러니 전 인류가 그를 믿고 따라 가게 되는 것은 정한 이치입니다.

성서를 보십시오. 그럼에도 그는 어처구니없는 자임이 다시 나타납니다.

"그 대신에 세력의 신을 공경할 것이요"라고(다니엘 11:38 상반절).

또한

"그 열조가 알지 못하던 신에게 금은보석과 보물을 드려 공경할 것이며"라고(다니엘 11:38 하반절).

또한 그는

"이방 신을 힘입어 크게 견고한 산성들을 취할 것이요 무릇 그를 안다 하는 자에게는 영광을 더하여"라고(다니엘 11:39 상반절),

그러니 적그리스도는 나타나는 그 명칭 하나하나에 따라 해석도, 역사도 능력과 힘도 완전히 다르다는 것임을 잊어선 아니 됩니다.

3. 대 환란에 관계된 것

"저가 모든 자 곧 작은 자나 큰 자나 부자나 빈궁한 자나 자유한 자나 종들도 그 오른손에나 이마에 표를 받게 하고 누구든지 이 표를 가진 자 외에는 매매를 못하게 하니"라고(계시록 13:16~17).

적그리스도의 명칭에 있어서 대 환란과 관계가 있고 되는 것에서는 그는 작은 뿔로 나타나기도 하고(다니엘 8:9) 뱀과(예레미야 8:17) "짐승"으로도(계시록 13:1~2) 나타납니다. 그는 무저갱으로부터 올라온 첫째 짐승에게서(다니엘 7:19, 계시록 11:7, 17:8, 20:3하반절) 모든 권세와 힘을(계시록 13:2, 4) 받은 자입니다. 그는 뱀이요 뿔이니 심히 사납고 싸우기를 좋아할 수밖에 없고 그는 짐승이니 역시 마찬가지입니다. 어느 것을 보아도 그의 속성과 명칭 그대로 입니다.

성서를 보십시오. 성서는 적그리스도를 대 환란 때에 나타날 짐승이라 했는데(첫째 짐승은 마귀, 둘째 짐승은 적그리스도, 셋째 짐승은 거짓 선지자) 이 짐승의 모양을 보십시오.
① 뿔이 열입니다(계시록 13:1, 다니엘 7:20)(뿔이 있음).
② 머리가 일곱입니다(계시록 13:1).
③ 모양은 표범과 비슷하게 생겼습니다(계시록 13:2).
④ 발은 곰의 발 같습니다(계시록 13:2).
⑤ 입은 사자의 입 같습니다(계시록 13:2~5, 다니엘 7:20 하반절).
⑥ 눈도 있습니다(다니엘 7:20하반절, 7:8).

특별히 그의 입을 보십시오.
① 큰 말하는 입이 있고(다니엘 7:20하반절).
② 그 입은 사자의 입 같고(계시록 13:2).
③ 큰 말과 참람된 말하는 입을 받고(계시록 13:5상반절).

그러므로 매사에 능하고 힘이 있으며 구변에도 자신이 있고 속임수에도 능한 자입니다. 어디서나, 누구 앞에서도 거리낌이 없으며 심지어 말 속에 능력과 힘, 지혜가 있고 강하게 나타난다는 것을 알리고 있습니다. 고로 세인들이 그를 보고 대할 때 어떤 현상이 나타날 것인지는 자명한 것 아닙니까?

또한 나타난 짐승이기에(계시록 13:1, 4, 5, 8) 그는 굉장히 사납습니다. 그럼과 동시에 열악스럽고 어딘지 모르게 마이너스적입니다. 신앙인의 눈에는 그에게서 촌티 나는 행동과 모습과 냄새를 발견할 것입니다. 그럼에도 세인과 믿음이 없는 자들에게는 그것이 보이지 않을 것입니다. 어쩌면 그것이 원리와 이치가 될 것입니다. 그래서 그는 자기를 거부하거나 용이신 마귀를 경배치 아니하는 자는 가차 없이 죽일 것이고(계시록 13:8~10) 자기 우상을(신상) 섬기지 아니하거나 경배치 아니하는 자는 인정과 사정을 보지 아니하고 죽일 것입니다(계시록 13:15). 그는 그 권세를 용으로부터 받았는데(계시록 13:2, 4, 5) 용 곧 마귀는 적그리스도에게 자기에게 있는 "능력과 보좌"를 주었는데(계시록 13:2 하반절) 어찌 그에게 경배치 아니 하거나 섬기지 아니하는 자를 가만히 놓아둘 것입니까? 자기들을 섬기지 아니한 자 모두에게 비참히 보복할 것 입니다.

또한 용이요 마귀인 짐승이(계시록 11:7, 13:2하반절, 13:4) 적그리스도에게 42개월간 일할 수 있는 권세를(계시록 13:5) 부여했는데 여기에다 자기의 전권을 담아 준 것입니다. 그래서 누구도 때가 때인 만큼 "그와 더불어 싸울 수는 없습니다"(계시록 13:4하반절). 이 때 지상에서는 누구도 짐승과 같지는 못합니다(계시록 13:4중반절). 그러므로 이 짐승이 인간의 눈에 전지전능자로 보이게 됩니다(다니엘 7:25, 8:24, 11:36).

심지어 수하에 거짓 선지자를 두어서(계시록 13:11~13) 하늘에서 불을 내리게도 하고(계시록 13:15) 자기 우상을 만들고(계시록 13:14) 멸망의 가증한(마태복음 24:15) 그 우상이 말을 하게도 하고(계시록 13:15) 입을 열어 만인이 보는 앞에서 또는 성전 안에서 하나님을 향하여 훼방을 하고 그의 이름을 욕되게 하고는(계시록 13:6) 자기를 높여 하나님으로 칭한 후(다니엘 11:36, 38, 39, 하박국 1:11) 성전(교회당) 안에서 지상에 임하신 하나님 취임식을 거행할 것입니다(데살로니가 후서 2:4). 온 세계와 사람들은 그를 임하신 하나님으로 믿고 따를 것입니다. 그는 특히 이적과 기사에 능하여(데살로니가 후서 2:9~11) 많은 그리스도인을 넘어뜨려(다니엘 11:30, 32, 12:2, 데살로니가 후서 2:4) 자기 백성으로 만들 것이고 그의 능력과 힘을 온 누리에 가득 채울 것입니다.

적그리스도는 그 명칭 그대로 두 번째 나타난 "짐승"이니(계시록 13:1~4) 사납기가 한이 없어 자기를 배반하거나 믿지 아니하는 자는 사자의 입과 같은 입으로 마구 물것이고 곰의 발 같은 발과 발톱으로 마구 할퀴어 큰 상처를(계시록 13:2) 나게 하고 갖은 매질과 고문 따위로(마태복음 24:9, 마가복음 13:9) 넘어지게 할 것입니다.

또한 그는 짐승이니 대 환란 때에

"때와 법을 변하게 하려 할 것이며 성도는 그의 손에 붙인바 되어 한 때와 두 때와 반 때를 지내리라"입니다(다니엘 7:25).

이는 성서적으로 무엇을 의미함입니까? 그는 짐승이니 그의 때에는 지상의 모든 국법을 고쳐서 자기를 세계의 임금으로 내세우게 할 것이고 42개월 동안에는 주신바 모든 것을 자기 수중에 넣고 마음대로 요리할 것입니다. 그는 짐승이면서도 능한 왕이기에(하박국 1:10) 왕의 일을 유감없이 발휘할 것입니다(다니엘 8:23~24, 9:26상반절, 11:26상반절, 이사야 19:4). 그는 대 환란 시 후반에 임하는 짐승이기에 두 감람나무와는 달리 나타나자마자 정치와 경제만(계시록 13:16~18) 완전 접수(장악)하는 것이 아니고 지상의 모든 병권도 접수하게 됩니다. 그럼과 동시에 지상의 모든 왕들도 통치하고 다스리게 됩니다(계시록 16:14, 16, 19:18~20, 하박국 1:10).

그런가 하면 그는 기독교회도 접수하고(계시록 13:7, 다니엘 7:21) 다스리게 됩니다(다니엘 7:25, 8:11~12). 그는 짐승으로서 지상에서 필요치 아니하다고 생각되는 모든 교회당들을 없애거나 불태우거나(시편 74:5~8) 훼파시켜 버리거나(다니엘 8:13, 9:26) 매일 드리는 각종 예배와 감사 등을 금지시킬 것입니다(다니엘 8:11~12, 9:27, 12:11). 그리고 기독교 신자로서 자기를 믿지 않거나 따르지 아니하는 자는 가차 없이 모두 멸하고(다니엘 8:24) 자기 우상을 섬기지(경배) 아니 하는 자들 역시 모두 죽일 것입니다(계시록 13:15). 왜냐 하니 적그리스도의 속성이 바로 "자기의 소유 아닌 거할 곳들을 점령하는"(하박국 1:6중 반절) 자이기 때문입니다. 신자는 무엇보다 여기서는 이 점을 유의해야 됩니다.

그는 대 환란 시 짐승으로 나타나기에 정치, 경제, 군사, 사회, 일반에도 관심을 집중시킬 것이지만 그에 못지않게 종교에 보다 더 관심을 많이 기울이고 반대자에게는 철저히 보복을 가할 것입니다. 왜냐 하니 세계 지배와 다스림에는 무엇보다 먼저 종교를 장악해야 되는 난문제가 있기 때문입니다. 세계를 지배하고 정복하려면 먼저 종교부터 지배하고 장악해야지 그것이 성립되지 아니하면 얼마 못가서 무너지게 됨을 그는 누구보다 더 잘 알기 때문입니다.

여기서 유의할 것은 적그리스도와 그의 군사들의 태도가 "신속함" 등도 예의 주시해야 됩니다. 성서를 보십시오. "그들은 다 강포를 행하러 오는데 앞을 향하여 나아가며 사람을 사로잡아 모으기를 모래같이 많이 할 것이요"라고 (하박국 1:9).

또한 성서는
"그 말은 표범보다 빠르고 저녁 이리보다 사나우며 그 기병은 원방에서부터 빨리 달려오는 기병이라 마치 식물을 움키려하는 독수리의 날음과 같으니라"고(하박국 1:8).
또한 성서는
"그들은 그 힘으로 자기 신을 삼는 자라 이에 바람같이 급히 몰아 지나치게 행하여 득죄하리라"고(하박국 1:11).
위의 성서는 하나같이 저와 군대와 시종들이 신속하고 빠름을 지적하며 그의 명칭에 나타난 대로 행동할 것임을 알리고 있습니다.

4. 종교와 관계된 것

"또 지극히 높으신 자의 성도를 괴롭게 할 것이며 성도는 그의 손에 붙인바 되어 한 때와 두 때와 반 때를 지내리라"고(다니엘 7:25하반절).

성서를 보면 적그리스도의 출현은 기독교회와 철저히 관계가 있고 됩니다. 그래서 적그리스도의 출현이 있으면
① 두 감람나무를 그는(마귀) 먼저 죽일 것입니다(계시록 11:7).
② 지상에서 기독교의 지도자들을(기름부음 받은 자) 없이 할 것입니다(다니엘 9:26상반절, 시편 78:64, 79:2~3).
③ 기독교 신자들도 닥치는 대로 죽일 것입니다(다니엘 7:21, 8:24, 시편 79:2~3, 계시록 13:7~10).
이 세 가지 사건은 불원간에 우리들 앞에 다가올(나타날) 성서적 사건이기에 경각심과 요주의가 필요합니다.

적그리스도는 지상에서 그리스도의 흉내를 가장 잘 내는 자인만큼 무엇보다 종교에 능하고 구변과 괴변에도 능하며 지혜와 지식과 술수에 뛰어나고 거짓과 속임수에 선수권자(챔피언)인만큼 유대교나 기독교회 그리고 마호멭교 등을 자기 손아귀에 넣는 것은 그렇게 어렵거나 힘들이지 아니할 것입니다. 왜냐 하니 이때는 이미 예비 된 적그리스도의 때요 여호와 하나님께서 종교인들을(기독교도 포함) 버려서 심판을 받게 할 자가 너무 많이 나타날 것이니(데살로니가 후서 2:11~12) 그렇게 어렵지 않게 적그리스도는 기독교를 접수하고(계시록 13:7, 다니엘 7:21) 자기 수중에 넣게 될 것입니다.

성서를 보십시오.

"또 권세를 받아 성도들과 싸워 이기게 되고"라고(계시록 13:7상반절).

또한 성서는

"내가 본즉 이 뿔이 성도들로 더불어 싸워 이기었더니" 라고(다니엘 7:21).

저희가 일단 기독교를 이기고 나라를 얻을 것이므로 성서는

"하나님이 자기 뜻대로 할 마음을 저희에게 주사 한 뜻을 이루게 하시고 저희 나라를 그 짐승에게 주게 하시되 하나님 말씀이 응하기 까지 하심이니라"고(계시록 17:17).

이 얼마나 놀라운 사실입니까? 위 성서의 예정(기술)도 있지만(예고) 그것이 하늘에 계시는 아버지 하나님의 뜻과 섭리이니 어찌할 것입니까? 분명 적그리스도는 종교와 관계가 되어 나타나는 것은 사실입니다.

그래서 성서는 그가

① 멸망의 가증한 것으로 나타난다고 합니다(마태복음 24:15, 마가복음 13:14).

② 불법의 사람으로 나타나고(데살로니가 후서 2:3, 8)
③ 멸망의 아들로 나타나고(데살로니가 후서 2:3)
④ 자칭 하나님으로 나타나고(데살로니가 후서 2:4)
⑤ 불법의 비밀로 나타나고(데살로니가 후서 2:7)
⑥ 악한 자로도 나타나고(데살로니가 후서 2:9, 3:3
⑦ 뱀으로도 나타나고(예레미야 8:17)
⑧ 꾀와 궤휼에 능한 자로도 나타나고(다니엘 8:25)
⑨ 미운 물건으로도 나타나고(다니엘 9:27중반절, 11:31)
⑩ 모든 신보다 큰 자로 나타나고(다니엘 11:36상반절, 11:37상반절)
⑪ 주의 대적으로 나타나고(시편 74:4)
⑫ 여호와께 악을 꾀하는 자로 나타나고(나훔 1:11)
⑬ 적그리스도로 나타나고(요한1서 2:22~23, 4:3)
⑭ 기타 등등입니다.

성서에서 지적하는 바의 적그리스도는 하나님을 대적하는 자요(다니엘 7:25) 그리스도의 정반대인 자요, 처음부터 그리스도의 흉내를 그대로 내는 자를 의미합니다. 적그리스도가 그리스도를 흉내 내는 것은 그렇게 어려운 일이 아니므로(고린도 후서 11:13~15참조) 의미심장함입니다.

적그리스도는 그리스도를 대적하는(시편 74:4, 다니엘 8:25 중반절) 반대자이니 그리스도의 행동을 그대로 답습하기도 하고 경우에 따라서는 거짓 것으로 속이려고도 할 것입니다. 그럼과 동시에 그는 멸망의 가증한(마태복음 24:15) 자이니 배도를 일삼게 할 것이고(데살로니가 후서 2:3) 기존 교회들을 파괴로 무너뜨리고(시편 74:5~8) 기존의 교회 질서와 법을 자기의 취향과 취미, 멋과 맛대로 변개시킨 후(다니엘 7:25중반절) 자기에게 유리한 대로 역사하고 움직이게 명령할 것입니다.

　그는 시작부터 종교적으로 기독교와는(유대교 포함) 상당한 관계를 가지고 있으니 어느 종교보다도 기독교(유대교)를 가장 적대시할 것입니다. 이미 기독교회는 이를 명심해야 됩니다. 솔직히 기독교 이외의 종교는 그가 칼(죽임)과 함께 자기의 우상을 가져다가 섬기라고 명령하거나 만약에의 경우 그것을 섬기지 아니하는 자를 죽인다고 하면(죽이면) 그렇게 큰 힘을(시간과 정역) 들이지 아니 하고서도 모두를 넘어지게 하고 자기들 수중에(자기편) 넣고 좌지우지할 수 있을 것입니다. 왜냐 하니 저들의 종교와 적그리스도교가 유사하기 때문입니다.

　적그리스도는 누구든 일단 자기의 수중에 한번 들어온 자들을 놓치지도 아니할 것이지만 요리하기도 별것이 아닌 것마냥 취급할 것입니다. 왜냐 하니 그에게는 그만한 능력과 힘이 있기 때문일 것입니다. 솔직히 말해서 적그리스도와 거짓 선지자를 보십시오. 그는 입이 사자 같고(계시록 13:2) 하수인인 거짓 선지자는 용처럼 말을 하기에(계시록 13:11) 기기묘묘한 말의 홍수로 사람을 녹이고 사로잡을 것인 만큼 누구이든 자기편 사람으로 만드는 것은 누워서 식은 죽 먹듯 할 것입니다.

　기독교 이외의 종교는 그가 처음 일을 시작함과 동시에 자기의 군사로 장중에 넣거나 접수를 할 것이지만 기독교만은 누가 무엇이라 해도 그렇게 호락호락 넘어가지 아니할 것이니 일단은 대 전쟁을 일으켜야 할 것입니다(계시록 13:7). 이때의 전쟁은 세계대전이 아니라 종교적 전쟁인 만큼 어느 면으로 보나 속전속결로 끝이 날듯합니다(계시록 13:7, 다니엘 7:21). 왜냐 하니 자라보고 놀란 사람 솥뚜껑보고 놀란다고 하듯이 이미 현금당대의 기독교회들이 마지막 말기적 현상을 하나씩 사전에 나타내고(노출시키고) 있었으니 적그리스도가 그렇게 힘들이지 아니해도 넘어지게 하고 파괴시키며 접수하는 것은 어렵지 않을 듯합니다. 솔직히 현금당대 기독 교회당들의 안과 밖을 들여다보십시오. 이미 그런 징후와 조짐과 현상들이 계속 나타나고 있지 아니한지를 말입니다. 이미 한국의 경우는 일본 군국주의 말엽과 38선 이북의 공산주의 치하에서(두 번썩이나) 겪었던 일 아닙니까?

　적그리스도는 종교적으로 미운 물건이요(다니엘 11:31, 12:11) 멸망의 아들이요(데살로니가 후서 2:4) 멸망의 가증한 것이니(마태복음 24:15, 마가복음 13:14) 그의 이름대로(이름 값) 멸망의 가증한 짓은 해야 할 것 아닙니까? 그렇다면 멸망의 가증한 짓이란 무엇입니까? 그 것은 바로

　① 일단은 이 지상의 교회당들의 문을 닫게 하고 큰 교회당 안에다 자기 신상을 세우기(계시록 13:14~15) 위하여 제일 먼저 기독교와의 전쟁을 일으키는 것이고, 이 전쟁에서 기독교회는 대패하여 넘어지게 하는 그것입니다(계시록 13:7, 다니엘 7:21). 이것이 여호와가 그에게 주신 제1차적 위업과 힘의 과시인 것입니다.

　② 이 지상의 기독교회가 적그리스도와의 전쟁에서 대패를 하므로 무너지니 그 뒤를 이어서 교회당의 불태움과 파괴(다니엘 8:11~12, 9:17~18, 26) 교회당 안의 각종 성물(기물)들이 고스란히 파괴가 되고 부서지고 망가지게 하는 것 등입니다(시편 74:4~7).

　③ 적그리스도는 이유 불문코 교회당의 십자가와 종탑들과 간판들이 그곳에서 사라져 버리게 할 것입니다. 그것들이 있으면 교회당의 흔적이 남으니 일단은 교회당의 흔적이 지상

에서 사라지게 할 것입니다(시편 74:9). 어쩌면 그것이 적그리스도가 제1차로 기독교회 위에 가할 압박과 가중한 작업일 것입니다.

④ 이 지상에서 기독교회가 적그리스도에 의해 무너져서 대개가 불에 태워지거나 헐어지게 하고(시편 74:6~7, 74:7) 그 얼마를 남겨 두고서는 그 안에다 적그리스도 자기 신상을 만들어 세워두고 그것을 섬기거나 경배하게 할 것입니다(계시록 13:14~15). 그러면서 반대하는 자는 가차 없이 죽일 것입니다.

⑤ 그 때 지상에서는 여호와에게 드려지는 제사와 감사예물이 끊어지게 되고(다니엘 8:11~12, 9:27) 그것을 드리는 자는 가차 없이 잡아다 가두거나(마태복음 24:9, 마가복음 13:9) 죽일 것이기에(계시록 13:10, 다니엘 8:13하반절) 겁이 나서 사람들은(그것이 가증스러우나) 저들이 시키는 대로 맹목적이긴 하나 따를 것입니다. 왜냐 하니 살아야 되기 때문입니다.

⑥ 이렇게 한 후 그는 지상의 기독교인들에게는 가증한 회유책을 쓰게 될 것입니다. 여기서 수많은 기독교인들이 넘어질 것이고(다니엘 11:30, 32, 34) 그의 이적과 기사를 보고도 넘어질 것이고(계시록 13:13, 19:20, 데살로니가 후서 2:9~11) 경우에 따라서는 회유책과 강압책을 동시에 그는 사용할 것입니다(하박국 1:9~10). 그런 연후에 바람같이(강풍) 급히 몰아서 자기의 신을(하박국 1:11) 전달하게 될 것인데 이 과정에서 그는 자기가 바로 오신 하나님이니(데살로니가 후서 2:4) 누구든지 자기 신만을 섬기면 산다 또한 살려준다고 회유할 것입니다.

⑦ 그는 이 지상에 얼마 남겨둔 교회당 안에 자기 우상을

만들어 세운 후(계시록 13:14) 그 신을 섬기는 자들에게(계시록 13:15) 짐승의 표를 주어서(계시록 13:16) 그 표를 가진 자만이 매매를 하게하여 연명케 할 것이니(계시록 13:17) 이 때 기독교인의 상당수가 배고픔을 견디지 못하여 적그리스도에게 넘어가는(데살로니가 후서 2:3 중반절) 어처구니 없는 경우가 도처에서 생겨날 것입니다. 그럼에도 그것이 부끄러운 일임을 알지만(다니엘 12:2 하반절) 믿음이 연약하니 어찌합니까?

이때에 성서는

"오직 자기의 하나님을 아는 백성은 강하여 용맹을 발하리라"고 합니다(다니엘 11:32하반절).

그래서 성서는

"백성 중에 지혜로운 자가 많은 사람을 가르칠 것"(다니엘 11:33상반절)임을 아울러 강조하고 있습니다.

⑧ 이때를(적그리스도의 때) 전후하여 기독교회의 목사와 (제사장) 장로들도 잡아다가 마구 가두고 죽일 것입니다(마태복음 10:17~19, 24:9, 시편 78:64, 79:2~3, 10). 그래서 이 지상에는 기름 부음을 받은 목사와 장로가 끊어져서 없어질 것입니다(다니엘 9:26상반절). 그러므로 우리가 반드시 유의해 두어야할 것은 이 때 기존의 목사와 장로로서 배가 심히 고프다는 것 때문에 적그리스도의 우상을 섬기는 자는(배도자) 저들이 처음에는 살려둘 것 같으나 기실에 있어서 그것이 잠시 잠깐이고 며칠 후이면 인정과 사정을 보지 아니하고 비밀리에 죽임을 당하게 될 것입니다. 그러므로 여기서(이런 경우) 순교가 기름 부음을 받은 목사와 장로들에게는 기본과 상책과 모델케이스가 될 것입니다(시편 78:64, 79:2~3, 79:10, 계시록 6:10~11, 예레미야애가 2:20).

⑨ 성서의 지적과 같이 이때의 기독교는 풍선에서 바람이 빠지듯, 고목나무 넘어지듯 넘어질 것인데 자연 순교자들이 너무 엄청나서 헤아릴 수조차 없을 만큼 생겨날 것입니다(계시록 6:10~11, 7:13~14)(순교는 제6권 순교자를 참조할 것). 그러나 그와는 정반대로 일반 평신도들 가운데에는 배가 심히 고프다거나 각종 고문을 이기지 못한다는 것을 하나의 기화로 해서(계시록 13:8~9) 적그리스도를 섬기는 데로 일단(집단) 넘어가게 될 것이지만 이들의 대개는 그리스도를 배도와(데살로니가 후서 2:3) 배신하고서도(다니엘 11:30, 32, 34) 며칠 못가서 기실은 적그리스도와 그의 일당(백성들)에게 끌려가서 죽임을 당하게 될 것입니다. 왜냐하니 저는 멸망의 가중한 자이니(마태복음 24:15) 앞과 뒤, 오늘과 내일이 다르기 때문입니다.

성서를 보십시오.

"이는 우리의 죄와 우리의 열조의 죄악을 인하여 예루살렘과 주의 백성이 사면에 있는 자에게 수욕을 받음이니이다"고(다니엘 9:16하반절).

그러므로 신자는 어떤 이유에서도 다니엘 11:32하반절의 말씀에 귀를 기울이며 순교자의 반열에 들어갈지언정 잘못 실수하거나 착각한 나머지 악한 자의 속삭임에 속아서는 결코 아니 될 것입니다.

⑩ 적그리스도에 의해 이 때 기독교회당들은 불에 타고 성물들은 파괴가 되고 예배와 감사는 끊어지고(다니엘 8:11~12) 목사와 장로는 순교이든가? 배교이든가 양단간에 교회당에서 끊어져 사라지고(다니엘 9:26상반절, 스가랴 13:7) 일반 신자들도 순교이든가 아니면 배교이든가 양단간에 죽거나 뿔뿔이 흩어져 버리고 말 것입니다(스가랴 13:7, 에스겔 9:5~7). 적그리스도는 명칭 그대로 불법한 사람, 멸망의 아들, 멸망의

가증한 자로 이 때 군림하게 될 것입니다(다니엘 11:31하반절, 마태복음 24:15, 데살로니가 후서 2:3, 7상반절, 8상반절). 그는 일단 예루살렘과 성전을 접수(더럽힘)하고 자기를 그곳에서(다니엘 11:16, 31, 41, 12:11, 마태복음 24:15) 하나님이라 칭하게 됩니다(데살로니가 후서 2:4, 하박국 1:11, 다니엘 11:36, 38). 일단 이 가증한 자가 성전에 앉아서 하나님 화 하게 되면 이방 땅에 그 때에 남겨진 교회당 안에서도 그를 신격화 하는 예배가 시작이 되고 모두 그를 믿고 따르게 될 것입니다. 이때에 반대자는 가차 없이 죽일 것입니다(계시록 13:8~10, 13:15). 이때가 바로 성서가 지적하는 바의 적그리스도의 전성기가 됩니다.

⑪ 상술한 바의 순서와 절차에 따라 하나하나가 이루어져서 끝이 나야 적그리스도는 세계의 임금들과(계시록 16:14, 16, 19:18) 장군들을(계시록 19:18) 동원하게 될 것이고 명하여 군대와 용사와 자유인과 종들 모두를 아마겟돈 전쟁을 위하여 곡과 마곡 지역으로 불러들일 것이기에(에스겔 38:1~6, 계시록 19:18~19, 20:7~8) 우리의(신자의) 바른 이해가 여기서는 철두철미 요구됩니다. 이 모두는 멸망의 가증한 것과 관계가 있고 됩니다.

5. 속임수와 관계된 것

"독사의 알을 품으며 거미줄을 짜나니 그 알을 먹는 자는 죽을 것이요 그 알이 밟힌즉 터져서 독사가 나올 것이니라"고(이사야 59:5).

어느 면으로 보나 속되고 가증스러운 것과 관계가 있고 된

것, 각종 속임수와 관계가 된 것들은 결단코 반가운 것이 못 됩니다. 속임수와 관계된 적그리스도의 명칭들은
　① 불법의 비밀(데살로니가 후서 2:7),
　② 불법한 자(데살로니가 후서 2:8),
　③ 악한 자(데살로니가 후서 2:9상반절),
　④ 마술의 주인 된 아리따운 기생(나훔 3:4상반절),
　⑤ 기타 등으로 나타납니다.
　이런 이름을 보면 하나같이 이는 속이고 비밀과 함정으로 가득 채워진 이름들이지 그것이 진리와 정의적인 이름들은 결코 아님을 알게 됩니다.
　불법의 비밀은 언제나 사람을 그리스도에게서 배도케 하고 (데살로니가 후서 2:3, 다니엘 11:32상반절) 각종 능력과 표적과 거짓 기적과 불의의 모든 속임수에(데살로니가 후서 2:9~10) 넘어지게 만드나니 여기에 바로 문제의 악함이 있습니다.
　그래서 성서는
　"너희가 아나니 불법의 비밀이 이미 활동하였으나"라고(데살로니가 후서 2:7).
　또한 성서는
　"악한 자의 임함은 사단의 역사를 따라"라고(데살로니가 후서 2:9). 또한 성서는 "하나님이 유혹을 저의 가운데 역사하게 하사 거짓 것을 믿게 하심은"이라고(데살로니가 후서 2:11).
　또한 성서는
　"그가 또 언약을 배반하고 악행하는 자를 궤휼로 타락시킬 것이나"라고(다니엘 11:32상반절).
　이런 성서는 하나같이 적그리스도는 사단의 역사자(사역자)로서 속임수에는 이미 도가 통한 자인만큼 그에게는 인간

이 전혀 알 수 없는 괴력이 있어서 누구든지 그와 접하게만 되면 넘어지게 되고(다니엘 11:34) 하나님과 진리에서는 벗어나고 완전 떠나게 된다는 것을 알립니다.
　그래서 우리는 성서의 가르침대로
　"우리를 무리하고 악한 사람들에게서 건지옵소서"라고(데살로니가 후서 3:2).
기도해야 합니다. 악한자 마귀와 적그리스도에게서 지켜주시는 이는 오직 여호와 하나님이십니다(데살로니가 후서 3:3). 적그리스도는 인간을 속일 때 예수가 그리스도(메시야)이심을 부인케 하거나(요한1서 2:22) 아직은 마지막 때가 아니므로(요한1서 2:18) 세상이 좀 더 오래 지속이 된다거나 (아모스 6:3) 경우에 따라서는 그리스도의 재림이 오랜 연후이거나 아니면 없다고 속삭일 것입니다(베드로 후서 3:4~5). 또한 요셉의 환란을 위해서는 전혀 준비도 않고 근심과 걱정도 하지 않거나 그런 것이 과거나 먼 훗날의 사건인양 외시해 버리고 말 것입니다(아모스 6:6). 또한 적그리스도의 영은 대범하고 담대해서 예수 그리스도가 육체로 오신 것을 부인하게 할 것입니다(요한1서 4:1~3). 적그리스도의 영은 처음부터 미혹의 영이니(요한1서 4:6) 자기를 따르지 않거나 믿지를 아니하면 가차 없이 억압하고 학대와 박해를 가하고 죽일 것입니다(계시록 13:8~10).
　그래서 성서는 이 적그리스도에 대하여
　"주께서는 눈이 정결하시므로 악을 참아보지 못하시며 패역을 참아보지 못하시거늘 어찌하여 궤휼한 자들을 방관하시며 악인이 자기보다 의로운 사람을 삼키되 잠잠하시나이까?"고(하박국 1:13).
　또한 이 적그리스도에 대하여

"그가 낚시로 모두 취하며 그물로 잡으며 초망으로 모으고 인하여 기뻐하고 즐거워하여 그물에 제사하며 초망 앞에 분향하오니 이는 그것을 힘입어 소득이 풍부하고 식물이 풍성케 됨이니이다"고(하박국 1:15~16).

이 얼마나 어처구니없는 예언(경고)입니까? 위의 성서는 하나같이 적그리스도는 시작부터 속이는 자로서 철저히 그리고 완벽하게 속이게 될 것임을 밝히는 대목이 아닙니까? 사람을(신 : 불신) 낚시로 낚을 자는 낚고, 그물을 쳐서 잡을 자는 잡고 초망으로 모을 자는 모은다는 것 자체가 철저히 모든 것을 시행하겠다는 의지표명이 아니고 무엇입니까? 이와 같은 힘과 능력의 적그리스도 앞에 불원 풍전등화격인 현실 기독교회의(다니엘 7:25, 8:11~12, 13하반절, 24) 이것저것을 직시해 보십시오. 단도직입적으로 말해서 마지막을 맞이하고 있는 현금당대의 기독교회에서는 여기에 대한 하등의 대비책을 세우지 못하고 무방비 상태에 놓여 있는데 그 저의가 과연 무엇이고 어디에 있는 것인지 그것이 의문입니다. 이미 적그리스도의 가스에 질식이 된 것인지 아니면 그가 나타날 것을 사전에 감지한 나머지 넘어지거나 그를 따라나설 사전 준비를 하고 있는 것인지 그것이 의문입니다.

불원간에 나타날 적그리스도는 지상의 모든 종교법과 국법을 변경해서라도(다니엘 7:25중반절) 자기에게 유리한대로 정리와 처리할 것입니다. 각 나라의 변개된 법에서는 자기를 오직 왕으로 또한 연합국을(세계 각국 연합) 창설하여 자기를 그 왕으로 등극케 할 것이고, 각 종교법에서는 자기를 하나님으로(데살로니가 후서 2:4, 다니엘 11:36, 38) 둔갑을 시키고 성서를 없애 버리는 대신에 자기의 교훈서와 교리집(강령집)을 만들어 돌릴 것입니다.

그러다 보니 자연 자기도 모르는 사이에
"또 스스로 서서 만왕의 왕을 대적할 것이니"라고(다니엘 8:25중반절).
또한
"그가 장차 말로 지극히 높으신 자를 대적하며"라고(다니엘 7:25상반절).
또한
"짐승이 입을 벌려 하나님을 향하여 훼방하되 그의 이름과 그의 장막 곧 하늘에 거하는 자들을 훼방하더라"가 현실일 것입니다(계시록 13:6). 이쯤 되었으니 그는 만국 법대로 열왕을 멸시하며 백성을 치소하며 모든 견고한 국가와 성을 비웃을 것이고(하박국 1:10) 자기 힘과 능력을 과신과 과시해 보이며 자신을 신으로 삼을 자입니다(하박국 1:11).

그는 마음이 심히 교만하고 정직하지 못하면서(하박국 2:4) 그와는 반대로 궤휼에는 능하고(다니엘 8:23하반절) 다반사에 마저도 가만히 있지 못하고, 매사에 능수능란하기 때문에 자기 욕심껏 행하게 되고 만왕들과 만민을 전쟁을 위해 모으게 될 것입니다(계시록 16:14, 16, 20:8, 하박국 2:5). 성서가 아무리 이 적그리스도의 불법과 불의, 속임수에 대하여 경고를 한다 해도 사람들은 사전 대책이 없는 만큼 하나같이 그를 따라만 갈 것입니다. 그는 분명 성서적으로 미혹과 유혹자이지만 사람들은 그가 도성인신하신(요한복음 1:14) 하나님이거나 진리의 사람이양 알고 신봉할 것입니다. 이때에는 오히려 진리와 정의 말씀이 백성들로부터 버림과 외시를 받으며 참 성도가 추방과 피를 보게 될 것입니다.

왜냐 하니 이때에는 사람들의 마음이 다음과 같이 될 것이기 때문입니다.

"그들이 선견자에게 이르기를 선견하지 말라 선지자에게 이르기를 우리에게 정직한 것을 보이지 말라 부드러운 말을 하라 거짓된 것을 보이라"고(이사야 30:10).

또한 성서는

"너희는 정도를 버리며 첩경에서 돌이키라 이스라엘의 거룩하신 자로 우리 앞에서 떠나시게 하라 하는도다"고(이사야 30:11), 바로 이런 때가 적그리스도가 임할 때이기 때문에 상처와 넘어짐의 후유증이 더 심각해질 것입니다.

제4장 적그리스도의 나타날 시기(출현 시기)

"가로되 진노하시는 때가 마친 후에 될 일을 내가 네게 알게 하리니 이 이상은 정한 때 끝에 관한 일임이니라"고(다니엘 8:19).

잘못된 자들이 강조하기를 신자는 대 환란 이전에 공중휴거 되기에 환란 가운데 나타날 두 감람나무와(계시록 11:3~6) 적그리스도와(계시록 13:1~6) 거짓 선지자가(계시록 11:11~13) 나타나기 이전에 이미 그리스도의 공중 재림이 있는 양(데살로니가 전서 4:16~18) 턱없이 오해와 악선전을 하나 성서는 이를 철저히 배격하기에(데살로니가 후서 1:8~10, 2:3, 8) 바르게 고쳐져야 합니다.

단도직입적으로 이야기해서 대 환란 때에는 먼저 두 감람나무가(계시록 11:3~4, 스가랴 4:1~3, 10~12, 14) 나타나는데 그 기간이 1260일입니다(계시록 11:3). 이들이 자기 때가 차면 뒤이어서 적그리스도(마귀)가 나타나고 그들이 먼저 온 두 증인을 죽이게 됩니다(계시록 11~7). 이 과정에서 우리가 주시해야할 것은 무저갱에 갇혀서(계시록 11:7, 17:8, 20:3) 일천년 동안 있던 마귀(용)가 그곳에서 일천년이 찬 후(계시록 20:7~8) 나와서(계시록 11:7)
① 적그리스도에게 권세를 주고(계시록 13:1~4),
② 곡과 마곡 전쟁을 일으키게 되는데(계시록 20:8),
성서를 보면 그리스도의 재림 역사가 적그리스도의 나타남 이전에는 결코 있을 수 없다는 것을 알리고(예언) 있습니다.

성서를 보십시오.
"저 불법의 사람 곧 멸망의 아들이 나타나기 전에는 이르지 아니하리니"라고(데살로니가 후서 2:3하반절),
이는 이미 그리스도의 재림은 적그리스도의 출현 이후에 있을 것임을 우리에게 알림입니다. 그리스도의 재림이 적그리스도 이후라면 적그리스도의 출현은 대 환란 이전이냐? 하는 것입니다. 대 환란 이전에 적그리스도가 나타나야 성도의 공중 휴거가 이루어지는 것 아닙니까? 그렇지 아니하다면 성도의 대 환란 이전 공중휴거란 심히 황당무계한 속임수로 밖에 보이지 않는 것입니다. 어떤 경로를 통하던 간에 이런 사건은 사실 그대로 파헤쳐져야할 것입니다.
솔직히 적그리스도의 나타날 시기에 대하여는 궁금한 것이 현실적으로 하나 둘이 아닙니다. 종종 우리는 그리스도의 재림이 임박했다는 소리를 자주 듣고 있으며 어떤 이들로 부터는 이미 대 환란이 시작되었다느니 지금은 이미 대 환란이 시작될 바로 그 때이라느니 하는 어처구니없는 소리를 자주 듣기에 혼돈(혼란)을 초래한 나머지 어리둥절해져서 시대적 방향감각마저 완전 잊어버린 혼미의 때에 이른 듯합니다.
두 증인이 나타날 시기가 있으면(계시록 11:3~6) 적그리스도의 출현 시기도 분명히 있을 것입니다(계시록 13:1~3). 두 증인이 와서 일할 그 때를 일컬어서 우리는 대 환란의 전반기라 말하고 그 기간을 1260일 이라고 규정합니다(계시록 11:3). 그러나 적그리스도의 때는 대 환란의 후반기로서 42개월이라 하는데(계시록 11:2, 13:5) 그럼 에도 여기서 우리가 고민하고 항상 신경을 곤두세우는 것은 적그리스도의 나타날 시기가 언제이냐 하는 그것입니다.
그럼 우리는 이하에서 적그리스도가 나타날 시기는 언제인지 성서적으로 그것을 하나하나 상고해 보면서 마지막 때를 준비(대비)하도록 노력하고 애쓰지 아니하면 안 됩니다. 왜냐하니 만사는 유비무환 아닙니까? 특히 기독교적 입장에서는 더욱 더 그러한 것 아닙니까?

우리가 여기서 기필코 유의해야 할 것은 적그리스도의 출현 시기에 대해 그 밸런스나 초점을 결단코 이방의 그 무엇에다 맞추어서는 절대로 아니 된다는 것입니다. 적그리스도의 출현이나 두 감람나무의 출현 역시 그러하지만 그리스도의 재림도 역시 그러합니다. 이와 같은 대 역사적 사건은 폐일언하고 유대적(성서적) 사건과 밸런스를 시작부터 맞추고 초점을 돌려놓아야 하는 것임을 결코 있어선 안 됩니다.

1. 10분국 시대

"또 그것의 머리에는 열 뿔이 있고 그 외에 또 다른 뿔이 나오매 세 뿔이 그 앞에 빠졌으며 그 뿔에는 눈도 있고 큰 말하는 입도 있고 그 모양이 동류보다 강하여 보인 것이라"고(다니엘 7:20).

먼저 유의할 것은 위에 나타난 열 뿔(다니엘 7:20, 24) 곧 열 나라에(10분국) 대하여는 여기서 개괄적인 것만 상고하고 확실한 것은 제5권 대 환란의 시작 제9장 7~8항을 참고하시기를 바랍니다.

다니엘 선지자 때에 바벨론제국의 임금인 느부갓네살이 위에 있은 지 이년에 꿈을 꾸었는데(다니엘 2:1) 그 꿈에서 큰 신상이 나오게 됩니다(다니엘 2:31). 그런데 그 신상의 발을(발가락들) 보면 얼마는 철이요 얼마는 진흙입니다(다니엘 2:33).

다니엘은 이 발가락들을 설명하는 과정에서(다니엘 2:41~43) 마지막 세상으로 가게 되면 바벨론(다니엘 2:37~38, 4) 메대바사(다니엘 2:39상반절, 7:5) 헬라 (다니엘 2:39하반절, 7:6) 로마가(다니엘 2:40, 7:7상반절) 10분국으로(다니엘 7:7하반절) 나눠지는데 이 10분국이 반은 철에 속하고 반은 흙에 속하는 혼탁한 때가 될 것인데(다니엘 2:41~43) 그 때가 지나가면 대 환란의 때가 되는데 그 대 환란의 후반기에 가서 적그리스도가 나타날 것임을 알리고 있습니다. 그래서 성서는 먼저 넷째 짐승의 때가 오고 뒤이어 그것에서 10뿔 시대가 오고(다니엘 7:7) 그 뒤를 이어서는

"내가 그 뿔을 유심히 보는 중 다른 작은 뿔이 그 사이에서 나더니"라고(다니엘 7:8상반절).

또한 성서는

"그 열 뿔은 이 나라에서 일어날 10왕이요 그 후에 또 하나가 일어나리니 그는 먼저 있던 자들과 다르고"라고(다니엘 7:24).

여기서 적그리스도와 그의 나라를(왕국) 작은 뿔로, 한 나라로 비유하고 있음이 돋보입니다. 적그리스도의 나라가(왕국) 한 뿔 또는 한 나라로 나타나는 것은 대 환란의 후반기에 적그리스도가 나타나면 세계는 그의 나라가 될 것임을 예고함인 듯합니다.

또한 여기서 반드시 유의할 것은

"이 작은 뿔에는 사람의 눈 같은 눈이 있고 또 입이 있어 큰 말을 하였느니라"고(다니엘 7:8하반절).

그러니 놀라운 것 아닙니까? 고로 최 근래에 와서는 상당수의 사람들이 이 발과 발가락의 철과 진흙의 절반을 일컬어서 철은 소련 곧 공산주의와 관계가 된 나라들로서 10분국

에 속했던 공산주의 국가들을 비유하는 것이라 하고(동구권) 진흙은 영국이나 이태리(로마) 특히 EC국가등과 관계가 있고 된 나라로서 10분국에 예속될 민주주의 국가를(유럽) 의미하는 것이라 하면서 심한 괴변과 열을 올리는 것도 봅니다.

성서대로 보면 10분국에(다니엘 7:7, 19~20) 철이 반이고 진흙이 반 될 때에 세계의 마지막이 온다는 것을(다니엘 2:34~35) 이미 3000여 년 전에 예고하고 있음도 놀라운 일이지만 하나님의 아들 그리스도가 이 땅 위에 다시 오시기 직전에 대 환란이 있는데 이 대 환란은 전반기와(1260일) 후반기로(42개월) 나눠지고 전반기는 두 증인의 때로 (계시록 11:3~6) 후반기는 적그리스도의 때로(계시록 13:1~6) 나누어졌다는(섭리되었다) 것도 심히 놀라운 일이 아닐 수가 없습니다.

성서의 예언 섭리대로 요즘 유럽 쪽을 바라보면 이미 옛 로마가 10분국으로 점차 나뉘어져 가려는 세대인(현실) 것만은 사실이지만 이 10분국을 기존의 EC연합 국가들과 연관성을 지우는 것은 대단한 착각과 어리석은 잘못입니다. 흔히들 유럽의 EC공동체가 전에는 10개국이었기에 다니엘서 2장에 나타나는 10발가락은 EC의 10분국을 의미한다고 주장을 하다가 이제는 EC가 12개국이 되고 나니 말하기를 불원간에 두어 나라는 탈퇴하게 될 것이라고 떠들거나 호들갑을 떨고 있는 것은 찬란한 악과 고상한 모순이며 현금당대 종교적 병입니다.

그럼에도 지금의 입장에서 유럽 공동체(EC)쪽의 사정을 자세히 살펴보면 그것에 소속된 나라들은 이미 12개국이지만 벌써 3~4개국이 새로이 가입을 신청해 놓고 있으니, 심지어 그들 나라들이 로비 활동까지 하고 있는 것을 보니 EC

공동체는 불원 지금의 12개국이 아니라 앞으로 수효가 상당수 늘어날 전망인데, 그렇게 되면 옛 바벨론 메데 바사, 헬라, 로마 등에(다니엘 7:4~7) 예속되지 아니했던 나라들도 (10분국 이외에) 상당 수 EC에 가입이 될 것인데 이런 경우는 결코 바람직하지 못한 현상이 나타나게 되므로 10분국과(10뿔)(다니엘 7:7하반절) 유럽 공동체(EC)를 연결시키는 행위는 결단코 바람직한 처사가 못되므로 폐기 처분해야 할 것입니다. 요즘도 보면 여러 제단들에서는 각종 종말집회에서, 그리고 각종 서적들에서 이 문제를 연관시켜 전달하는 몰상식꾼들이 많이 나타나고 있으나 기실은 대단히 잘못된, 성서의 본질을 오도하는 자들입니다. 결코 청취하거나 가까이 해서는 아니 될 분탕자들 이므로 요주의 인물들임을 명심해야 됩니다. 언제나 성서 해석은 정의로워야 합니다. 그리고 진리적 이여야 합니다. 외지거나 모나는 것은 성서해석에서는 결코 바람직하지 못합니다. 여기에 나타난 10분국에 대한 문제는 제5권 대 환란의 시작 제9장을 참고하시기를 바랍니다.

 기존의 유럽 EC국가들과 성서에 나오는 10분국과를(다니엘 2:33, 41~42, 7:7) 연관시키다보니 자연 10분국에서 떨어져나간 나라들 가운데 특히 미국에서 적그리스도가 나올 것이란 주장을 하는 성서해석 따위가 생기는데 이는 대단히 잘못된 성서 해석이니 찬란힌 위선괴 조작이며 비성서적임을 잊어서는 아니 됩니다. 솔직히 말해 위의 이런 성서 해석이 상천하지 어디에 또 있을 것입니까? 성서는 어느 나라 어느 민족 중심이 아닙니다. 그것도 이방 나라에 말입니다. 솔직히 될 수도 없고 되어져서도 아니 됩니다.

 성서는 철저히 유대(선민)중심이지 동구나 서구 중심이 아닙니다. 비록 10분국이 유럽 쪽에 해당이(이유 제4국이 〈다니엘 2:40, 7:7상반절〉 유럽에서 나왔으니) 된다고 해서 그리고 그것을 하나의 기화로 해서 적그리스도를 미국 땅으로까지 비화시켜 그곳에서 나타난다고 하면서 성서해석을 마구 뜯어 고치는 이적 행위는 망조요 아주 잘못된 성서해석법이므로 분명 바로 잡아져야 됩니다.

좌우간 적그리스도는 옛 로마에(다니엘 2:33, 40, 7:7 상반절) 예속된 10분국 이후에 나타납니다. 유럽 쪽의 동향을 보면 이미 10분국 시대는(다니엘 2:33하반절, 41~43, 7:7하반절) 시작되려는 것이 아닐까? 또는 이미 10분국 시대에 지금 돌입한 듯한 감을 떨쳐 버릴 수가 없음은 사실입니다. 과거 바벨론, 메대 바사, 헬라, 로마 등에 속해 있던 유럽 쪽 나라들이 어느 나라들인지에 대하여는 하나하나 기술하지 아니해도 익히 아는 바이고 그 나라들이 나라로서의 활동을 개시할 때가 10분국 시대인데 그럼에도 그곳의 나라들이 이스라엘이 독립된 AD 1948년을 기점화 해서 어떤 나라는 민주주의에, 어떤 나라는 공산주의에 예속되어 반은 철, 반은 진흙적인 나라가 된 것을 보고서 세계의 기독교는 이때가 바로 10분국 시대의 도래라고 야단법석을 친 것은 사실입니다. 너무도 어처구니없다고 해야 할지 모릅니다.

일단 10분국 시대 앞에서, 또는 10분국 시대에 우리가 산다고 해야 할지 모르기에 지금은 적그리스도의 출현 시기가 임박한 지점에(다니엘 7:7~8, 24) 산다고 보는 것이 현명할 듯합니다.

2. 적그리스도는 마지막 때에 나타남

"마지막 때에 패역자들이 가득할 즈음에 한 왕이 일어나리니"라고(다니엘 8:23상반절).

성서적 관점에서 보면 두 감람나무나(계시록 11:3~6, 스가랴 4:2~3, 11~12, 14) 적그리스도의 출현은(다니엘 7:21, 계시록 13:1~4, 하박국 1:10~11) 마지막 때에 이루어진다고 하는 그것입니다.

마지막 때가 되려면 예수 그리스도께서 지적한대로

① 복음이 천하만국에 먼저 전파되어야 하고(마태복음 24:14, 마가복음 13:28~29),

② 유대의 회복 곧 독립이 성립되어야 합니다(마태복음 24:32~33, 마가복음 13:10).

그럼에도 복음이 만국에 전파가 된 것은 솔직히 유대의 독립인 AD 1948년도에 이루어졌는데 기독교 복음이 온 세계 만국에 선교된 것도 그 즈음입니다. 복음이 천하만국에 전파될 즈음에 유대가 독립이 되었다는 것은 아이러니컬한 사건(역사)이 아닐 수 없습니다.

성서를 보면 복음이 먼저 온 세상에 전파되고 나야 그제야 끝이 오는데(마태복음 24:14) 그 뒤를 이어서 "멸망의 가증한 것이 거룩한 곳에 서게 될 것입니다"(마태복음 24:15). 이 과정에서 어처구니없는 것은 이 멸망의 가증한 것이 나타남에 있어서

"능히 그 앞에 설 사람이 없겠고 그가 영화로운 땅에 설 것이요"라고(다니엘 11:16중반절).

또한 성서는

"그가 또 영화로운 땅에 들어갈 것이요"라고(다니엘 11:41 상반절),

이것이 사실 그대로(솔직히) 이루어지고 나니 복음의 온 세상 전파와 멸망의 가증한 것 출현은 그렇게 먼 거리를 두고 나타나는 것이 아니고 아주 가까운 거리(사이)를 두고 있

음을 밝히고 있습니다. 고로 멸망의 가중한 적그리스도는 "세상 끝에(만물의 마지막 때에) 나타나는 것"은(베드로 전서 4:7상반절, 마태복음 24:14하반절) 성서의 요구사항입니다.
　성서가 지적하는 적그리스도의 출현 시기를 보면
　"아이들아 이것이 마지막 때라 적그리스도가 이르겠다함을 너희가 들은 것과 같이 지금도 많은 적그리스도가 일어났으니 이러므로 우리가 마지막 때인 줄 아노라"고(요한1서 2:18).
　또한 성서는
　"이 네 나라 마지막 때에 패역자들이 가득할 즈음에 한 왕이 일어나리니 그 얼굴은 엄장하며 궤휼에 능하며"라고(다니엘 8:23).
　4개국의 시대가(다니엘 2:24, 32~33, 38~40, 7:4~7상반절, 8:23상반절) 지나가고 10분국 시대의(다니엘 2:23, 41~43) 마지막 때는 바로 적그리스도의 때인 만큼(다니엘 7:7하반절, 계시록 13:4~7) 고통 하는 때요(디모데 후서 3:1) 불같이 자기 살을 먹는 때요(야고보서 5:3), 도살의 때입니다(야고보서 5:5). 그럼과 동시에 착취하여 먹는 때요(미가 3:2~3) 삯을 위해 기독교적 점판이 펼쳐지는 때요(미가 3:11, 에스겔 13:6) 이에 물것이 있어야 축복하는(미가 3:5) 때요 누구도 믿을 수 없는 때요(미가 7:5~6) 질투의 불이 가득한 때요(스바냐 1:18) 교회들이 자기 기능을 상실한 때입니다(마태복음 10:17~18, 에스겔 9:5~7). 마지막 때는 기롱하는 때요(베드로 후서 3:3, 유다서 18) 기롱하는 자가 도처에 나타나 기독교회를 어지럽히고 더럽고 추하게 하는 때입니다. 소위 교회당 안에서 간증이니 찬양이니 예화니 뭐니 하는 보잘것없는 것 따위로 말입니다.
　이런 저런 것을 모두 종합해서 보면 적그리스도가 나타날 시기는 세상의 마지막 때임을 알게 됩니다. 그리고 적그리스도는 대 환란의 후반기에 나타나니(계시록 11:2, 13:1~5) 이 또한 마지막 때임을 밝힘입니다. 적그리스도만 그런 것이 아니고 그의 나라 역시 지상 최 종착점이니 바른 이해가 요구됩니다.

3. 적그리스도의 나타날 시기는 유대의 독립 이후임

"무화과나무의 비유를 배우라 그 가지가 연하여지고 잎사귀를 내면 여름이 가까운 줄을 아나니"고(마가복음 13:28).

나타난 여러 가지 상황이나 경황증거로 미루어 보아서 마지막 때로 접하면 자연 유대는 여호와에 의해 독립이 되게 되어져 있습니다. 유대의 독립이 구약 성서의 완전한 바램이요, 신약 성서의 예언 성취이기도 합니다(마태복음 24:32~33, 마가복음 13:28~29). 그럼과 동시에 여호와 하나님과 선민 이스라엘과의 철저한 약속(계약)관계 이행이기도 합니다. 그러함에도 이 하나님과 이스라엘과의 약속(계약)은 편무계약이므로 성취는 더욱 놀라운 것입니다.

거두절미하고 유대의 독립은 그리스도께서 이 땅 위에 계실 때 제자들과의 약속이고 그리스도인들 모두와의 약속이며 전 인류를 향한 마지막 때의 예고와 경고이기도 합니다(마태복음 24:32~33). 성서는 그리스도께서 적그리스도가 마지막 때 나타나기 이전에는(마태복음 24:14하반절). 결코 나타나지 아니하며(데살로니가 후서 2:3) 최종적 마지막 때가 되어야 나타난다는 것을 밝혔습니다. 적그리스도는 유대가 회복되기 이전에는 결코 나타나지 아니한다는 것과 그리고 대 환란의 후반기에 가서 나타나기 때문에(계시록 13:1~5) 그 이전까지는 세계 도처에 적그리스도의 일당들과(다니엘 8:23) 그 기운과 입힘들이 나타나서(다니엘 8:23상반절, 데살로니가 후서 2:3~10, 요한1서 2:22, 4:1~3, 6) 역사한답시고 세상을 어지럽히고 심히 소란케 만들 것임을 가르치고 있습니다. 그러다 보니 거짓 그리스도와 거짓 선지자들의 출현이(마태복음 24:23~26) 상상 이외로 많음을 주시하게 될 것입니다.

 성서학 상으로 적그리스도는 유대가 회복되기 이전에는 절대로 나타나지 못하는데 그럼 그 이유는 무엇이고 어디에 있는 것입니까? 솔직히 말해서 적그리스도란?
 ① 유대인 가운데서 출생해야 하고,
 ② 유대인으로서 유대 땅 안에서 출생한 자이어야 하고,
 ③ 구약 성서의 예언을 이루어야 하고(다니엘 8:19),
 ④ 유대가 독립이 된 이후 최소한 40~50년 정도가 지나간 이후라야 한다는 것입니다.
 그러므로 시기적으로 보아 적그리스도는 유대가 AD 1948년도에 독립이 되었기에 아직까지는 나타나서 본격적으로 활동할 시기가 되지 못했기에 조용했으나 그럼에도 이미 유대가 독립이 된지 약 반여세기가 가까웠으므로 앞으로 얼마가지 아니해서 적그리스도가 나타날 조짐이 여기저기에서 무수히 나타나고 보일 것은 사실일 것입니다.
 솔직히 애굽에서 나온 이스라엘의 후손들이 시내 광야에서 머문 기간이 40년입니다. 만약에의 경우 유대의 회복에서 이 40년을 더하여 보십시오. 그러면 1988년이 됩니다. 이미 이 1988년은 지나갔기에 제1차 출애굽시의 40년과 제2차 출애굽인(사실은 출로마임) 유대 회복과 40년이 이미 지나

갔으므로 지금의 형편에서는 누구도 마음을 놓을 수가 없는 시기입니다(로마서 13:11, 12). 그래서 성서는 정신을 차리라고(베드로 전서 4:7) 경고하는 듯합니다.

그런고로 지금의 상태에서 적그리스도가 이방 땅 어디에서 출생할 것으로 예견하거나 믿거나 가르친 잘못된 이설과 감언이설에 신자는 결코 속거나 휘말려 들어서는 아니 됩니다. 그것은 자신도 남(이웃)도 죽이는 독초입니다. 혹자는 적그리스도가 미국이나 소련에서 출생하거나 나타날 것이라고 가르치고 주장들을 하나 이는 성서를 아주 오해한 종교적 무지꾼들의 헛디딤에서 기인된 속임수인 만큼 철저히 배격해 버리지 아니하면 아니 됩니다. 또한 어떤 이는 로마나(이태리) 독일에서 적그리스도가 나온다고 주장을 하거나 로마 카톨릭(바티칸)에서 나온다고 주장하나 모두가 찬란한 오산입니다. 왜 그런 것인지는 성서를 보면 알 것 아닙니까? 로마인들에게 보낸 로마서나 마가복음을 보시면 능히 알 것입니다.

또 우리가 익히 아는바와 같이 미국이나 소련, 로마나 독일등지에서 적그리스도가 출생을 하거나 나타난다고 생각하거나 가상해 볼 때 과연 다음의 성서가 묵인이나 묵과할 것이며 다음의 성서가 용이하게 이루어질 수가 있느냐 하는 것입니다.

성서는
"그 중 한 뿔에서 또 작은 뿔 하나가 나서 남편과 동편과 또 영화로운 땅을 향하여 심히 커지더니"라고(다니엘 8:9).

여기서 남편과 동편, 영화로운 땅을 향하여 심히 커진다는 것은 미국, 소련, 로마, 독일 등과는 하등의 관계가 없는 말씀이 아닙니까? 꼭 꼬집어서 이야기 하라면 적그리스도의 출생지나 그의 나타날 나라(장소)와 위에 나오는 미국, 소련,

로마 등등과는 일백만 분의 일도 관계가 없는 그 무엇입니다. 그러니 정신을 차리지 아니하면 안 됩니다.

솔직히 말해서 위의 성서는 전적 유대와만 관계가 있고 된 말씀임을 누구나가 쉽게 이해가 되고 아는 말씀인 만큼 기독교 신자들의 바른 이해와 설정이(정의) 요구됩니다.

그리고 또한
"능히 그 앞에 설 사람이 없겠고 그가 영화로운 땅에 설 것이요"라고(다니엘 11:16하반절).

또한 성서는
"그가 또 영화로운 땅에 들어갈 것이요"라고(다니엘 11:41 상반절).

여기서 성서는 영화로운 땅에 적그리스도가 용이하게 들어간다는 것과 그러기 위해서는 그가 이 영화로운 땅 근방에 자기 왕국을 세우게 될 것임을 모름지기 알리고 있습니다. 왜냐 하니 그는 능하고 지혜로우니 빈틈없을 것이기 때문입니다(계시록 13:1). 그리고 여기서 가장 유의할 과제는 "영화로운 땅"입니다. 성서를 보면 여호와의 이름을 "주의 영화로운 이름"이라(고린도 후서 9:15상반절) 칭하고 있듯이 성서상과 역사상 "영화로운 땅"이라 칭할 수 있는 곳은 한 곳뿐이니 오직 예루살렘입니다. 그러므로 적그리스도는 예루살렘에 입성할 것을 위해 용이한 지역에다 자기 왕국을 세우고 거하게 된다는 것을 명심해야 합니다.

또한 성서상으로 적그리스도와 제1차로 관계된 나라는 구약성서 다니엘 11:41~43절을 보면

① 에돔,
② 모압,
③ 암몬,

④ 애굽,
⑤ 리비아,
⑥ 구스(에티오피아),
⑦ 기타 등입니다.
무엇보다 오늘에서 사는 우리는 이점을 유의해야 됩니다.
그래서 성서는
"그가 권세로 애굽의 금은과 모든 보물을 잡을 것이요 리비아 사람과 구스 사람이 그의 시종이 되리라"고 합니다(다니엘 11:43).

여기서는 하나같이 미국, 소련, 로마등지와는 하등의 관계가 없고 이스라엘을 하나의 기점으로 해서 동쪽과 남쪽 특히 남서쪽 나라들에게 보다 더 큰 비중을 두고 있는 것임은 사실입니다.

에돔과 모압과 암몬은 이스라엘의 동쪽이지만 애굽과 리비아와 구스(에티오피아)는 이스라엘의 남서쪽이니 무엇인가? 우리에게 경종과 경고를 이미 하고 있다는 것을 알게 됩니다. 어디 이것뿐입니까? 그렇지만은 않습니다. 이미 성서는 적그리스도가 자기의 왕국을 어디에다 세울 것인지 그것마저 예언(예고)하면서 적그리스도는 미국이나 소련, 로마등지와는 억만 분의 일도 전혀 관계가 없다는 것을 밝혀두고 있습니다. 그가 나타나 역사할 때 그의 편이 되는 데에는 다소 관계가 있을 것이지만, 그러므로 이런데서 오는 서구적 오열과 그쪽 종교적 재채기는 그만 두어야 합니다.

성서를 보십시오. 적그리스도는 자기왕국의 왕궁을 어디에다 세우는지를 말입니다.

"그러나 동북에서부터 소문이 이르러 그로 번민케 하므로 그가 분노하여 나가서 많은 무리를 다 도륙하며 진멸코자 할 것이요"라고(다니엘 11:44).

여기서 적그리스도의 왕국은(왕궁) 바로 "동북에서" 소문이 들려오는 지역 곧 이스라엘 땅에서 남과 서쪽 지역에 위치한 곳임을 알게 됩니다. 남쪽에다 비중을 두며 특히 남서쪽에 보다 더 큰 비중을 자연 두고 있는 만큼 성도의 요주의를 요구하고 있습니다.

그래서 성서는

"그가 장막 궁전을 바다와 영화롭고 거룩한 산 사이에 베풀 것이나"라고(다니엘 11:45상반절).

이는 이미 적그리스도의 궁전 구조와 장소가 어디이고 어떤 것인지 그것을 그대로 밝혀두는 것 아닙니까?

적그리스도는 자기 왕국의 왕궁을

① 위치 면에서→ 바다와 영화롭고 거룩한 산 사이에 세운다고 이미 예고하고 있습니다.

② 왕궁의 구조→ 장막 궁전을 세운다고 합니다. 대궐이기보다 장막 궁전을 세우게 되니 부자들보다 가난한 자의 편에 설 것임을 단호히 밝히는 것입니다. 그러니 문제가 심각해집니다. 또한 그의 궁전 주변국들이 결코 부국이거나 강대국이 아님에도 문제의 불씨가 있습니다. 다시 말해서 그가 세계의 왕이 되려면 대궐을 세워야 하나 장막 궁전을 세우니 부한 자와 강한 자들에게는 치명타가 아닐 수 없으니 경종을 울리는 것입니다.

그리고 그가 입고, 먹고, 마시고, 살고, 거하고… 하는 것 모두가 너무도 인간적이고 서민적이며 대중적이니 주변 백성들은 고사하고 주변 국가들이나 세계인이 그를 믿거나 의지하고 따르는 것이 용이 할 수밖에 없다는 것입니다. 무엇보다 이점을 마지막 때에 살고 있는 기독교 신자들은 유의해야

할 것입니다. 왜 그렇습니까? 그 해답은 간단명료합니다. 기존의 기독교 국가들을 보십시오. 그리고 교회당 안에 있는 무리들을 좀 보십시오. 목사와 장로들의 외관상을 좀 보십시오. 먹는 것, 마시는 것, 입는 것, 기거하는 것, 타고 다니는 것… 하나하나를 보십시오. 어느 것을 보아도 대중적이고 서민적이 되지 못함이 대다수입니다. 그런데 적그리스도는 정반대이니 세인들이 그를 믿거나 따르는 것은 당연하다고 보아야 합니다. 나사렛 예수는 오늘 교회당의 목사나 장로와 같은 분이 아닌 머리 둘 곳이 없으신 분 아닙니까?(마태복음 8:20) 적그리스도가 나사렛 예수 흉내를 내느라고 왕궁을 장막으로 칠 것인데(다니엘 11:45) 누가 그를 우러러 보지 아니할 것입니까?

특별히 이방인 된 우리가 유념해 두어야할 과제는 적그리스도가 유대인으로서 12지파 중 유다지파나 단 지파에 소속된 자이기 쉽기에 또한 그는 구약 성서에만 능한 것이 아니고 신약 성서에도 능한 자일 것이기에 이제까지의 유대 역사로 미루어 보아 이미 적그리스도가 나타났다는 것은 아무리 보아도 아직은 시기상조인 것 같고 불원간에 나타날 수 있다는 것을 가정해 볼 법도 합니다. 왜냐 하니 시기와 장소, 환경과 절차상 이미 적그리스도가 될 만한 대상이 이 세상에 태어나서 어딘가에서 자라나고 있거나 장성했다고 가정할 수도 있다는 것입니다. 다시 말해 유대가 독립된 이후에 유대에서 태어났으나 유대가 아닌 곡과 마곡지역이든가 아니면 유브라데 강 주변에서 자라날 수도 있지만 그곳 보다는 팔레스타인 난민촌이나 가자 지구 시나이 반도 쪽, 애굽이나 리비아 지역등지에서 자라나거나 아니면 이미 장성한 자로서 때를 기다린다고 가정할 수 있다는 데에 문제가 다분히 있습니다. 그러므로 지금은 시기적으로 심히 급박한 때인 만큼 유대와 그 주변을 예의 주시치 아니하면 안 됩니다.

우리가 여기서 알아두어야 할 것은 유대가 AD 1948년도에 독립된 것을 두고 본다면 적그리스도가 어린 아이로 와서 이미 어딘가에서 자라고 있는 것이 아닐까 라거나 아니면 이미 어느 정도 장성하여 일어날 만반의 준비를 하고 있는 것이 아닐까 함 등을 고려해 볼 때 이방 땅에 있는 기독교인으로서 솔직히 등골이 오싹하고 소름이 끼치고 현기증이 나며 맥이 탁 풀린다고 해야 할지 모를 일입니다. 시기적으로 보아 그리스도의 재림도 심히 가까워 오지만 그보다 먼저 적그리스도의 임함이 더 가까이 오고 있다는 것을 감안할 때 두렵고 떨림을 금치 못합니다.

성서를 보십시오.

"강한 백성과 거룩한 백성을 멸하리라"고(다니엘 8:24하반절).

또한

"그가 또 지극히 높으신 자의 성도를 괴롭게 함 것이며"라고(다니엘 7:25중반절),

또한

"성소와 백성이 내어준바 되며"라고(다니엘 8:13중반절),

또한

"그가 그 이레의 절반에 제사와 예물을 금지할 것이며"라고(다니엘 9:27중반절).

또한 성서는

"성도는 그의 손에 붙인바 되어"라고(다니엘 7:25하반절).

4. 적그리스도가 나타날 시기는 두 증인의 때가 지나가야 함

"내가 나의 두 증인에게 권세를 주리니 저희가 굵은 베옷을 입고 1260일을 예언하리라"고(계시록 11:3).

적그리스도는 자기가 어느 때쯤에 나타나고 싶다 해서 나타나는 자는 아닙니다. 예수는 세례를 받고서도(마태복음 3:13~17) 약 1년여 간을 기다렸습니다. 그 이유는 자기보다 먼저 이 땅 위에 오신 선구자 세례 요한이 순교치 아니하고 그냥 자기의 때를 기다리시고 계시기에 그가 자기의 길을 바로 가게 해드리기 위해서라도 일 년여 간이나 기다릴 수밖에 도리가 없었습니다. 그러시다가 먼저 오신 세례 요한이 잡혔다는 소식을 전해 듣고서는(마태복음 14:1~11, 마가복음 1:14) 본격적으로 나가서 복음을 증거 하시게 되었듯이 적그리스도 역시 자기가 나타나고 싶다거나, 나타나서 일을 하고 싶다고 해서 언제 어디서나 마구 일어나서 일을 할 수 있는 그런 형편과 처지, 성질은 못됩니다. 모든 만사에는 예의와 범절이 있고 시간과 때가 있으며 그리고 규칙과 정의가 있기 마련입니다.

적그리스도는 그래도 머리가 7이요 뿔이 10인데 자기보다 먼저 와서 일을 하고 계시는 두 증인이(계시록 11:3) 저들의 길을 가고 자기들의 일을(계시록 11:3~6) 쉬지 않고, 부지런히 하고 있는데 그들이 일을 마칠 그 때까지는(계시록 11:7상반절) 밉거나 싫거나 간에 기다릴 수밖에 도리가 없는 것입니다. 그 이유는 상호간에는 각기 주어진 때가 있기 때문입니다. 두 증인이 저들의 일을 하고, 그 일들을 마친 후, 순교를 당하고 할 그 때까지는, 그리고 적그리스도 역시 전자가 일을 다 하면 그를 죽이고(계시록 11:7하반절) 일어나야 하기에 이 모든 것을 순서적으로 하나하나 진행하고 지키지 아니하면 안 되기에 기다리게 됩니다.
 적그리스도는 모세가 미디안 땅에서 40년간 기다린 것을 (사도행전 7:30, 출애굽기 3:2~4) 누구보다 잘 알고 있으며 하나님의 아들 그리스도가 선구자 세례 요한을 위해 30여 년 이상 기다려 주신 것을 알고 있기에 대 환란의 나팔 소리가 난다고 해도(요엘 2:1, 아모스 3:6, 스바냐 1:16) 끝까지 용의주도하게 자기의 때를 기다릴 것입니다. 성서를 보면 적그리스도는 두 증인이 죽은 이후에 이미 42개월 동안 일할 수 있는 권한과 기회를 부여 받고 있기에(계시록 11:2, 13:5) 두 증인이 일을 마칠 때까지는 참을 것입니다.
 적그리스도는 자기의 본격적 일을 시작하려 할 때에는 먼저 나타나는 짐승을 통해서 두 증인을 죽이고 난 후(계시록 11:7) 일을 시작할 것이기 때문에 조금도 바쁘게 서두를 것이 없음을 누구보다 잘 알고 있습니다. 그는 두 증인이 세상에서 저 하늘을 닫고 비 오지 못하게 한 후에 일을 시작하므로(계시록 11:6) 세인들로부터 엄청난 욕과 비난과 저주, 갖은 험담 등을 받게 될 것을 잘 알기에(계시록 11:10) 먼저 두 증인부터 죽이고 세인의 인심을 사면서 서서히 나타나지만 일단 나타난 후에는 자기의 멋과 맛, 취향과 의향대로 속전속결로 세계와 종교를 지배하고 자기 장중에 넣을 것입니다.
 두 증인이 나타나 일을 시작할 때에는 비록 적그리스도가 나타나서 본격적인 자기의 일을 시작하지는 아니하지만 그 때는 이미 그가 어린 아이로 태어나서 자라난 연후인 만큼 두 증인이 자기 일을 마칠 때까지는 모름지기 그것을 주시하면서 기다리고 있다는 것을 명심해야 합니다. 어쩌면 그것이 모두를 위한 일 일지도 모를 것입니다.

5. 적그리스도가 나타날 시기는 무저갱에서 마귀가 나온 후임

"저희가 증거를 마칠 때에 무저갱으로부터 올라오는 짐승이 저희로 더불어 전쟁을 일으켜 저희를 이기고 저희를 죽일 터인즉"(계시록 11:7).

성서를 보십시오.
"내가 본즉 이 뿔이 성도들로 더불어 싸워 이기었더니"라고 (다니엘 7:21).
무저갱에서 올라온 마귀는(계시록 11:7, 17:8, 20:3, 7) 제1차적으로 두 감람나무를(계시록 11:4)(두 선지자 : 계시록 11:10) 없애고 적그리스도와(계시록 13:1~6) 거짓선지자를 앞세워서(계시록 13:11~14) 기독교회를 파멸시키고 자기 왕국과 왕궁을 세울 것입니다(다니엘 11:44~45).
여기서 유의할 것은 적그리스도에게 있는 힘과 권세와 능력은 마귀의 것인데(계시록 13:2, 5) 나타난 거짓선지자의 것도 마찬가지란 것입니다(계시록 13:11~13).
적그리스도의 날은 언제나 맹목적으로 주어져 있는 것은 아닙니다. 여호와의 섭리 속에서 한정된 범주 안에 있습니다. 적그리스도가 될 자격도 역시 앞에서 이미 열거한바 그대로
① 유대인 이어야 하고,
② 유대에서(유대 땅) 출생한 자이어야 합니다.
그러기 때문에 적그리스도는 어느 날 갑자기 적그리스도가 되어 이 땅 위에 나타나는 것은 아닙니다. 그리스도가 어린

아이로 오셔서 유대 땅에서 나시고(마태복음 2:1~6, 미가 5:2) 애굽으로 피난을 가시고(마태복음 2:13~15) 그 곳에서 다시 나사렛으로 와서 사셨다가(마태복음 2:23) 30여 세가(누가복음 3:23) 지난 연후에 세례를 받고(마태복음 3:13~17, 누가복음 3:21~22) 복음 사업에 나타나셨듯이(마태복음 4:12~17) 적그리스도 역시 그리스도와 유사한 흉내를 골고루 나타낼 것이기에 그는 유대인으로서 유대 땅 안의 어디에서 나실(출생) 것이고 그곳에서 어린 나이에 이방 땅인 곡과 마곡지역 쪽이나 애굽 지역으로 내려갔다가 얼마 후 그곳에서 다시 유대에로 돌아와서 살거나 아니면 유대와 이방 땅 사이 특히 팔레스타인 난민들이 사는 어느 지역을 골라서 살다가 어느 정도 일을 할 수 있는 연령이 되면 자기 왕국과 왕궁을 세우기 위하여(다니엘 11:44~45) 갖은 수고와 노력을 경주할 것이고 그의 왕궁이 세워지면 얼마 못가서 또는 그 전후를 기해서 대 환란이 시작될 것이며(그 이전일지도 모름) 대 환란이 일단 시작되면 무저갱에 갇혀 있었던 마귀가 그곳에서 이미 나오게 되었고(계시록 11:7, 17:8, 20:3) 그 마귀는(짐승) 적그리스도로서 일할 수 있는 자기의 사자에게 권세와 보좌와 영광과 힘 모두를 주게 될 것입니다(계시록 13:2, 4).

  이렇게 되면 적그리스도는 사자에다 독수리의 날개를 달고 뛰는 격이 되기에 인간 편에서(세상 편) 보면
  "누가 이 짐승과 같으뇨. 누가 능히 이로 더불어 싸우리요"(계시록 13:4)
라는 감탄사가 여기저기에서 터져 나올 수밖에 없도록 되어져 있습니다.

  그는 말에나 지식, 지혜 등에 능한 자이며(계시록 13:2,

5, 20:8하반절, 다니엘 7:20하반절) 인격이나 이성, 감정 등에도 능하고 인물이나 체력 면에서 역시 뛰어난 자입니다. 그러므로 모든 이에게 귀감과 호감이 될 만한 부분이 다분하기에 세상과 종교인들이 그를 따르고 추종케 될 것 입니다.

앞에서 이미 논했거니와 적그리스도는 어느 날 갑자기 무저갱으로부터 올라온 짐승(마귀)의(계시록 11:7) 권세를 받고 나가서 적그리스도의 노릇을 하게 되는 것은 결단코 아닙니다. 상당수의 사람들은 적그리스도는 어느 날 갑자기 되고 나타나는 양 단단히 오해를 하나 그것은 아주 잘못된 인식론입니다. 그런 것은 영의 세계에서도 어려운 일인데 현실에서는 더욱 더 어려운 일입니다. 누구보다 마귀나 적그리스도는 지혜와 지식이 있기에 이런 문제에서도 능하기에 함부로 처신하지는 아니할 것입니다. 솔직히 적그리스도는 먼저 오신 두 증인보다는(계시록 11:5~6) 대단히 인기가 있고 철저히 나사렛 예수화 하고 나사렛 예수마냥의 행동을 처음부터 계속할 것이므로 많은 무리가 여기에 속아 넘어지기도 하고(다니엘 11:30, 32) 그와 친합할 것입니다(다니엘 11:34). 적그리스도는 나타난 후 초반기에는 다소의 지식적이고 신사적 행동으로 기독교를 잠식하고 야금야금 넘어뜨릴지도 모릅니다. 나중에는 어차피 빠른 속도로 멸절해 버릴지라도 말입니다(다니엘 8:11~12, 8:24하반절). 어쩌면 강하고 약함, 빠름과 느림의 조화가 그의 속성과 수완과 능력일지도 모릅니다.

그러므로 적그리스도의 출현 시기는 마귀(짐승)가 갇혀 있던 무저갱으로부터(계시록 17:8, 20:2~3) 나옴을 입을 그때부터라고 규정할 수밖에 없습니다. 그 이상의 것은 우리의 관할(영역)이 아니고 여호와의 장중에(예정) 속한 것이므로 넘어 가는 것이 좋을 듯합니다.

성서를 보십시오.

"용을 잡으니 곧 옛 뱀이요 마귀요 사단이라 잡아 일천년 동안 결박하여"라고(계시록 20:2).

또한 성서는

"무저갱에 던져 잠그고 그 위에 인봉하여 천년이 차도록 다시는 만국을 미혹하지 못하게 하였다가"라고(계시록 20:3).

또한 성서는

"네가 본 짐승은 전에 있었다가 시방 없으나 장차 무저갱으로부터 올라와 멸망으로 들어갈 자니"라고(계시록 17:8상반절).

성서는 분명 먼저는 마귀(용)가(계시록 12:9, 13:2, 4, 20:2) 무저갱에 갇혀있다는 것을 밝히고 있습니다. 그러나 그 갇힘이 한정된 범위임을 알립니다.

성서를 보십시오.

"무저갱에 던져 잠그고 그 위에 인봉하여 천년이 차도록"이라고(계시록 20:3상반절).

또한 성서는

"마귀요 사단이라 잡아 일천년 동안 결박하여"라고(계시록 20:2하반절).

또한 성서는

"천년이 차매 사단이 그 옥에서 놓여나와서"라고(계시록 20:7).

여기서 성서는 단도직입적으로 마귀가 무저갱에 갇혀서 천년동안 머물게 될 것임을 알립니다. 그럼에도 그것이 한정된 범위 안에 있는 것인 만큼 그 천년이 지나면 그 곳에서 나오게 되는데

성서를 보십시오.

"무저갱으로부터 올라오는 짐승이 저희로 더불어 전쟁을 일으켜…"라고(계시록 11:7).

또한 성서는

"만국을 미혹하지 못하게 하였다가 그 후에는 반드시 잠깐 놓이리라"고(계시록 20:3하반절).

또한 성서는

"사단이 그 옥에서 놓여"라고(계시록 20:7하반절).

또한 성서는

"나와서 땅의 사방 백성 곧 곡과 마곡을 미혹하고 모아 싸움을 붙이리니…"라고(계시록 20:8).

이렇게 하여 마귀가(용) 무저갱에서 나오게 되면 그는 인정과 사정을 보지 아니하고 먼저 순서와 절차에 입각해서 자기에게 주어진 권리와 힘대로 일을 하게 될 것입니다.

성서대로 그는

① 적그리스도에게 권세를 주십니다(계시록 13:1~4).

② 거짓 선지자에게도 힘과 능력을 주십니다(계시록 13:11~13).

③ 두 증인과 싸워서 그를 죽입니다(계시록 11:7).

④ 기독교와의 전쟁에서도 이기게 됩니다(다니엘 7:21, 계시록 13:7).

⑤ 지상의 모든 종교를 자기 수중에 넣게 됩니다(다니엘 7:25, 8:11~12, 13, 24, 9:26).

⑥ 그는 세계를 통일시키고(이스라엘은 제외됨) 자기가 왕이 됩니다(이사야 19:4, 다니엘 8:23, 9:26상반절, 11:36하반절, 하박국 1:10, 계시록 13:16~17, 16:14, 16, 17:12).

⑦ 그는 그 뒤를 이어서 지상에 임한 하나님이 됩니다(하박국 1:11, 데살로니가 후서 2:4, 다니엘 8:12, 계시록 13:15).

위의 이런 일들은 그가 무저갱에 갇힌 지 일천년이 지나서 나옴으로 이루어지는 일입니다.

그럼에도 그리스도인 된 우리가 여기서 반드시 유의해 두어야할 과제는 계시록 20:3절과 20:7절에 나타나는 "천년"과 계시록 20:4하반절과 20:6하반절에 나타나는 "천년"과는 판이하게 다름을 잊어서는 아니 됩니다. 단도직입적으로 설명해서 전자의 천년은 그리스도의 부활 승천으로부터 그리스도의 다시 오심 그 때까지를 의미시키고 후자의 천년은 첫째 부활(계시록 20:5하반절, 20:6상반절) 이후에 나타날 새로운 세계의 천년인 만큼 이는 백보좌의 심판과(계시록 20:11~13) 연관성이 되어 있어서 "새 하늘과 새 땅"(계시록 21:1)에서의 새로운 삶과 왕국의 생활을 의미시킴인 만큼 무엇보다 성도들의 바른 판단을 필요로 하고 있는 대목입니다.

6. 적그리스도의 나타날 시기는 그리스도의 재림 직전임

"저 불법의 사람 곧 멸망의 아들이 나타나기 전에는 이르지 아니하리니"라고(데살로니가 후서 2:3하반절).

성서를 보면 적그리스도는
① 두 증인이 나타난 이후에 나타납니다(계시록 11:5~7, 13:1~5참조).
② 적그리스도의 출현이 먼저이고(계시록 13:1~4) 뒤에는 그리스도의 재림이 있습니다(데살로니가 후서 2:3 하반절).
성서를 보십시오.
"그 때에 불법한 자가 나타나리니 주 예수께서 그 입의 기운으로 저를 죽이시고 강림하여 나타나심으로 폐하시리라"고(데살로니가 후서 2:8).

그러므로 성서는 철저히 그리스도의 재림 적전에 적그리스도가 나타날 것임을 예고하고 있습니다. 그러면서 성서는 대 환란 이전에 성도들의 공중 휴거를 철저히 배격 하고 있습니다. 그러니 대 환란 시작이 먼저이고 중반기에 적그리스도의 출현이 있고 그 다음에 그리스도의 재림이 있습니다. 성서에 나타난 대 환란을 종합해 보면 전반기가 1260일이고 후반기는 42개월인데 전반기인 1260일은(계시록 11:3하반절) 두 증인의 때이고(계시록 11:3상반절) 후반기인 42개월은 적그리스도 때이니(계시록 11:2하반절, 13:5) 그의 때는 성서적으로 두 증인의 때 뒤에 연이어지는 것이 당연함입니다.

  적그리스도의 나타날 시기는 대 환란의 중반기이고 적그리스도의 종말이 대 환란의 마지막이 되는 것입니다. 적그리스도의 출현이 대 환란의 중반기로 보니 이 적그리스도의 시대인 42개월이 지나가면 그리스도의 재림의 시기가 된다는 것은 당연지사 입니다. 고로 적그리스도가 그리스도의 재림 바로 직전에 나타난다는 것은 이미 의미 있는 선언입니다(데살로니가 후서 2:3, 8, 다니엘 7:21~22, 26~27, 8:25). 그러면 어떤 이들이 질문하기를 왜 적그리스도가 그리스도의 재림 직전에 나타나느냐고 하거나 왜 하필이면 그리스도 앞에 나타나 뒤에 오시는 그리스도의 권위에 먹칠하려 하느냐고 반문하거나 아니면 왜 그리스도와 적그리스도를 비교하려 하느냐고 반문할지도 모를 일입니다만 그런 것은 결코 아닙니다.

  성서를 보면
  "이 네 나라 마지막 때에 패역자들이 가득할 즈음에 한 왕이 일어나리니"라고(다니엘 8:23),
  이는 무엇을 의미합니까? 적그리스도가 나타날 시기가 되면 세계의 도처에는 거짓자, 패역자들로 가득차고 기독교 안에서도 거짓 선지자로 가득 채워질 것임을 가르침입니다. 고로 문제가 안 될 수 없습니다.

또한 성서를 보면 적그리스도의 출현은 그리스도의 재림 직전임을 못 박고 있습니다(데살로니가 후서 2:8). 신약 성서 데살로니가 후서 2:4절과 2:7절 그리고 2:8절은 이 문제에서 유독 일맥상통하고 있으며 마태복음 24:15절과 데살로니가 후서 2:4절이 일맥상통하고 있음을 봅니다. 여기서는 그리스도의 재림 직전에 반드시 적그리스도가 불법한 자와(데살로니가 후서 2:8상반절) 악한 자로(데살로니가 후서 2:9상반절, 3:3하반절) 멸망의 자식으로(데살로니가 후서 2:3하반절) 불법의 사람과(데살로니가 후서 2:3하반절) 불법의 비밀로(데살로니가 후서 2:7상반절) 자칭 하나님으로(데살로니가 후서 2:4) 나타나 활동을 하는가 하면 주인이 외출을 하거나 멀리 떠나고 나면 그 집의 종이 주인 노릇을 한다고 하듯(마태복음 21:33~38) 하나님의 아들 그리스도가 아직 나타나지를 아니하니(오래 걸리니) 그리스도의 머슴에도(종) 들어가지 못할, 종의 명부에도(반열) 없는 자, 가룟 유다보다도 못한 적그리스도가 나타나 그리스도의 몸 된 교회들을 지상에서 몰아내고(시편 74:5~8, 다니엘 7:21, 25, 8:24, 계시록 13:7) 난장판화 하는가 하면 남겨진 교회당 안에(성전) 자기 신상을 세우고(계시록 13:14) 그것에게 전 인류가 절을 하게하고(계시록 13:15) 반대하는 자는 가차 없이 죽이고(계시록 13:15, 마태복음 24:9) 교회당의 법을 변경한 후 "자기 신" 곧 "자기 하나님"을(하박국 1:10~11, 다니엘 7:11, 11:36, 39, 데살로니가 후서 2:4) 섬기게 하고 여호와 하나님마저도 그곳에서 대적할 것이니(다니엘 7:25 상반절, 8:25, 계시록 13:6) 가관일 것입니다. 그러나 그렇게 된들 어떻게 할 것입니까? 이미 여호와의 예정 섭리가(성서) 그런데 말입니다.

　적그리스도는 마귀의 사자인 만큼(계시록 13:1~6) 마귀가 무저갱에서(계시록 20:1~3, 7) 얼마나 고생과 고통을 당했다는 것을 잘 압니다(계시록 13:3, 12하반절). 그리스도가 다시 오시면 자기도 잡혀서 불 못에 던져진다는 것을 (계시록 19:20, 20:9~10) 누구보다 그는 익히 알고 있습니다. 그러므로 그리스도가 다시 오시기 직전에 그리스도의 교회당들을 초토화(박살) 시키고(다니엘 7:21, 25, 8:11, 24) 자기가 성전에 앉아 하나님이 되고 하나님 노릇을 해보려고(하박국 1:11, 다니엘 8:11~12, 데살로니가 후서 2:4) 갖은 수단과 방법 그리고 궤계를 다 동원해 보지만 그것은 결코 얼마가지 못해서 깨어질 것입니다(다니엘 7:22, 8:25하반절). 그리고 그는 권세를 빼앗기고 끝까지 멸망할 것입니다(다니엘 7:26). 그럼에도 이 과정에서 우리가 아는 것은 이 모든 것이 이미 정한 종말까지는(다니엘 9:27하반절) 계속된다는 것입니다. 솔직히 공중 휴거를 주장하는 자들은 어찌 생각을 할지 모르나 분명 그리스도는 적그리스도의 때가 지나가야 오십니다. 왜냐하면 이미 적그리스도에게는 그에게 주어진 짧은 기간이 있기 때문입니다. 그 기간은 누가 무엇이라 해도 그에게 속한 때요, 기간입니다. 그래서 그 때를
　① 한 때와 두 때와 반 때라 합니다(다니엘 7:25, 12:7).
　② 한 이레의 절반이라 합니다(다니엘 9:27).
　③ 42개월이라 합니다(계시록 11:2, 13:5).
　④ 2300주야에 속한 때입니다(다니엘 8:14).
　⑤ 1290일과도 관계된 때입니다(다니엘 12:11하반절).

이를 잘 음미해 보면 우리에게 의미시키는 바가 큽니다.

그리스도께서 자기 백성을 신원하시기 위하여(다니엘 7:22, 계시록 6:10) 적그리스도에게 여호와가 주신 이 기간이 지나야 오신다는 것은 아이러니컬한 일입니다. 이 기간 안에 아마겟돈이라는(계시록 16:14, 16) 세계 대전이 터지게 되어져 있는데 그 지역은 바로 이스라엘에서 북쪽으로 올라가는 곳으로 현재의 터키와 이라크와 소련이(3국) 접촉(국경) 되는 곳입니다. 이곳을 성서는 곡과 마곡지역 이라합니다. 장차 전쟁이 그 안에서 일어나게 됩니다. 그 지역에서 북쪽으로는 아라랏 산이 있고(지금의 아르메니아공화국 예레반 지역) 남쪽으로 내려오면 옛 바벨론이 있고 티그리스 강과 유브라데 강이 있으며 그리고 그 주변에서 세계의 인구 3분의 1이(군인 : 용사 : 자유인) 그 때에 죽음을 당할 터인데(계시록 9:15, 18) 그 주위에는 이 때 이들의. 시체를 묻을 하몬곡의 골짜기가 이미 위치하고 있으니(에스겔 39:11) 여호와의 계획과 치밀하심에 다시 한 번 놀라지 아니할 수가 없습니다. 이는 누가 보거나 생각해도 놀랍고 주시할만한 일입니다.

여기서 성도된 우리가 반드시 유의해 두어야할 것은 바로 곡과 마곡과 아마겟돈 전쟁지역이 성서 상으로 터키, 시리아, 이라크, 이란, 소련의 남단이기는 하나, 그럼에도 적그리스도의 궁전과 왕국건설 그리고 그곳에 동원될 군인과 지역들을 보니 이 나라들 외에도 레바논, 이스라엘, 팔레스타인, 요르단, 사우디아라비아, 이집트, 리비아, 키프로스, 에티오피아, 수단, 튀니지, 쿠웨이트 기타 상당 지역이 된다고 가정할 때 놀라움을 금치 못합니다. 동원이 되는 군인과 기타의 수효도 놀랍지만 그 못지않게 전쟁터로 주어진 그 지역이 상당히 광범하다는 것에서도 놀라움을 금치 못하고 있습니다. 이 문제에서 보다 더 상세한 것은 마지막 전쟁(아마겟돈) 부분에서 상고하시기를 바랍니다.

7. 적그리스도가 나타날 시기와 유대의 성전 건축

"저로 하여금 저의 때에 나타나게 하려 하여 막는 것을 지금도 너희가 아나니"라고(데살로니가 후서 2:6).

성서를 보십시오.
"이 네 나라 마지막 때에 패역자들이 가득할 즈음에"라고 (다니엘 8:23상반절).

또한 성서는
"이것이 마지막 때라 적그리스도가 이르겠다함을 너희가 들은 것과 같이 지금도 많은 적그리스도가 일어났으니 이러므로 우리가 마지막 때 인줄 아노라"고(요한1서 2:18).

또한 성서는
"보라 그리스도가 여기 있다 혹 저기 있다 하여도 믿지 말라"고(마태복음 24:23하반절).

또한 성서는
"거짓 그리스도들과 거짓 선지자들이 일어나…"라고(마태복음 24:24상반절).

또한 성서는
"그러면 사람들이 너희에게 말하되 보라 그리스도가 광야에 있다 하여도 나가지 말고 보라 골방에 있다 하여도 믿지 말라"고(마태복음 24:26).

여기서 성서는 적그리스도와(계시록 13:1~3) 거짓 선지자가(계시록 13:11~13) 나타나기 전에도 종교계가 이런 문제로 심히 요란하고 어지러울 것임을 예고하고 있습니다. 우리는 먼저 이를 감안해야 합니다.

AD 1948년도에 유대는 독립이 되었고 예루살렘은 이 때 동과 서로 나뉘어 졌습니다. 원래 예루살렘 성전은 동 예루살렘 안에 속해 있어서 이 때 유대인들은 하는 수 없이 저들의 임시 수도로 정한 텔아비브에 임시 성전을 건축했습니다. 그래서 20여 년 동안 지내다가 AD 1967년 일주일 전쟁에서 저들은 동 예루살렘을 점령한 후 수도를 임시수도인 텔아비브에서 속전속결 예루살렘으로 옮겼으나 임시 성전은 여전히 텔아비브에 그대로 두고 있습니다. 그 이유는 예루살렘 성전 터에 회교(이슬람교)의 제2 신전이라는 마호멛 신전이 세워져 있기 때문입니다. 그러므로 이때부터 유대와 선민들은 심각한 새 딜레마에 빠져들고만 것입니다. 왜냐 하니 그 전까지는 예루살렘 성전건축의 필요성을 느끼기는 했으나 그런대로 지냈으나 이제는 한시도 그냥은 있을 수가 없다는 데에 문제가 생기게 된 것 입니다.

그럼 다음의 사항들을 예의 주시해 보기로 하십시다.

(1) 적그리스도가 나타날 시기는 예루살렘에 유대인의 제4 성전이 세워지기 바로 직전인가 하는 것입니다. 상술한 바 대로 유대인은 동서 예루살렘을 1967년도 전쟁이후에 합병은 했으나 동 예루살렘 안에 아직도 여전히 이방인의 신전이 그대로 있고 그 주변에 이방인의 마을들이 있고 이방인들이 살고 있어서 이방인들이 오고 가며, 이방인 저들의 신에게

제사를 드리려고 들어가고 나오며, 제사를 드릴 제물들이 쉴 새 없이 들어가고 나오는가 하면 이 과정에서 가장 어처구니 없는 행위는 성안의 이방인들이 신전의 제사 음식물을 가져와서 먹고 있으니 유대적 입장에서는 그것이 이만저만의 고통과 어려운 일이 아닙니다. 솔직히 예루살렘은 구별이 되고 성별된 도시이며 성서대로는 "영화로운 땅"(다니엘 11:16, 41상반절)이 아닙니까? 그러니 여기에 문제가 다분히 있다는 것입니다. 그 뿐이 아닙니다. 지금 예루살렘의 회교신전은 감시가 이만 저만 심한 것이 아닙니다. 그런고로 적그리스도는 이 이방 신전 곧 우상의 신전(회교신전)을 보호하고 자기가 그 곳을 자기 신전화 하기 위해서, 이곳이 모름지기 파괴가 되기 이전에 오느냐(임하는가?) 하는 질문입니다. 그래서 "멸망케 하는 미운 물건을 세울 것이며"와(다니엘 11:31하반절) "멸망의 가증한 것이 거룩한 곳에 선 것을 보거든"(마태복음 24:15)이 이와 관계가 있고 되느냐 함입니다. 사실에 있어서는 그렇지 아니하지만 말입니다.

(2) 적그리스도는 예루살렘 도성 안에 있는 이방인의(회교도) 신전이 파괴가 되고 유대인들이 여호와의 성전을(제4 성전) 속전속결로 지을 그 때에 나타나느냐 하는 질문입니다. 왜냐 하니 일단 이방의 신전이 파괴가 되고 나면 유대의 제4 성전이 세워지는 것이기 때문에 그 때 그가 홀연히 나타나느냐 하는 것입니다. 어떻게 보면 그곳에다 적그리스도는 자기 신과 우상을(다니엘 11:31하반절, 12:11, 마태복음 24:15, 마가복음 13:14, 계시록 13:14~15) 세우고 42개월 동안 (계시록 11:2, 13:5) 머물게 될 것인데 암암리에 적그리스도는 자기 기호와 구미에 맡도록 건축을 하기 위해 이곳과 저곳이 사람과 저 사람에게 압력을 가해 자기의 취향에 가장

알맞게 하기 위해 그 때에(사전에) 오시는 것이 아닌가 하는 것입니다. 사실은 그것이 아니지만 말입니다.

(3) 그럼에도 불구하고 적그리스도는 예루살렘 도성 안에 이방인의 신전이 세워져 있을 동안에는 결단코 나타나지 아니합니다. 그리스도의 재림도 역시 마찬가지입니다. 그럼 그 이유는 무엇이고 어디에 있는 것입니까? 그 이유는 아직까지 때가 되지 아니했기 때문입니다. 그렇다면 그것은 무엇을 보고 압니까? 적그리스도는 이방 신전에다 자기의 신당(신상)을 세우지는 아니합니다. 성서의 법과 규칙대로는 오직 제4 성전인 여호와의 전 안에다 자기의 신당을 세우게 됩니다. 그럼 그 이유는 무엇인지 상고해 보십시다.

① 그는 스스로 높아져서 만왕의 왕을 훼방해야 하고(다니엘 8:25),

② 그는 자기 신상을 제4 성전에다 세워야 하고(다니엘 11:31하반절, 12:11, 마태복음 24:15),

③ 그는 성전과 교회당의 문을 일방적으로 닫아야 하고(계시록 11:2, 15:8, 에스겔 44:2),

④ 그는 성전에 앉아 스스로 하나님이 되어야 하고(하박국 1:11, 데살로니가 후서 2:4),

⑤ 그는 자기를 배반하거나 섬기지 아니하는 자는 죽여야 하고(계시록 13:15),

⑥ 기타(다수) 등입니다.

고로 적그리스도는 제4 성전이 건축되어야 오시게 됩니다. 그리고 유념해야 할 것은 예루살렘에 있는 회교 신전이 파괴되었다 해서 그는 즉시 오는 것도 결코 아닙니다. 회교 신전이 예루살렘에서 일단 파괴가 되고 나면 적그리스도는 자기의 우상(신상)은 어디에다 설치를 해야 하고(계시록 13:14~15)

자기의 기는(깃발) 어디에 다가 꽂아야하며 (시편 74:4) 그리고 자기는 자기 왕궁을(다니엘 11:44~45) 예루살렘의 아래쪽 어디에다(자기처소) 세우고서 오고갈 것인지 이를 예의 주시해야 하기 때문입니다. 그럼에도 그는 지혜로우니(계시록 13:1) 일단은 이방인의 신전을 선민들이 파괴시키고 여호와를 위한 제4 성전이 세워질 그때까지는 기회만 호시탐탐 노리면서 잠잠히 있을 것이므로 이방 신전이 존재하는 한 결코 적그리스도의 출현은 있을 수가 없을 것이고 그 나타날 시기도 아니 될 것입니다.

(4) 일단 여호와의 제4 성전이 동 예루살렘에 있는 성전 터 위에 세워지게 되면 세계인의 이목이 그곳에 집중된 가운데 입당과 헌당예배를(제사) 성대히 드리게 되고 그 뒤를 이어서 랍비(장로) 회의에서(이사야 24:23) 나사렛 예수가 저들을 위해 오신 메시야임을 받아들여 승인(공인)하고(이 문제는 이스라엘 회복 제3기를 참고할 것) 뒤이어서 신약성서 27권도 여호와의 말씀임을 저들이 받아들여 공인함으로서 성서는 66권임을 제4 성전에서 만천하에 공개하게 됩니다. 그런 후에 예루살렘과 유대 전역에서, 예루살렘 성전과 전국에 있는 회당에서, 그리고 개인의 가정에서 나사렛 예수를 그동안 저들이 받아들이지 아니한 것을 후회하고 통회 자복하게 되면 돌아온 성령의 대 역사가(에스겔 36:26, 37, 37:14) 극에 달하게 되고 선민의 구원 역사와 속죄가 완전 성립이 된 후 얼마가지 못하여 세계는 대 환란에 들어가게 되고 대 환란의 후반기에 가서 새로 건축된 이스라엘의 제4 성전의 문이 닫히게 될 것입니다(계시록 15:8, 에스겔 44:1~2). 이때에 적그리스도는 성전 안에다

① 자기의 기를 달게 하고 (시편 74:4),

② 자기 신상(우상)을 세우게 하며(계시록 13:14~15),
③ 자기를 오신 신으로 둔갑시킨 후(데살로니가 후서 2:4, 하박국 1:11),
뒤를 이어서 전 인류가 자기를 믿고 섬기게 하는 역사를 나타내게(명령하게) 될 것입니다. 그것이 그의 힘이고 오신 목적중 하나이니 말입니다.

그래서 성서는 패역자들이 가득할 즈음에 적그리스도가 나타나되(다니엘 8:23상반절) 그는 지상나라의 왕으로 나타나게 된다고 예고합니다(이사야 19:4. 다니엘 8:23하반절). 왜냐 하니 그는 이 세상 국가의 제반사를 손에 넣을 것은 고사하고(하박국 1:10, 계시록 13:7하반절, 13:16) 상권까지 손에 쥔후(계시록 13:17) 예루살렘 성전과 이방의 모든 교회들을 자기 수중에 넣고서 파괴를 시킬 것이기 때문입니다(다니엘 8:11~12, 13하반절, 8:24, 9:17~18, 26).

위에 나타난바 이외를 여기서 잠시 상고하고 넘어가기로 하십시다.

적그리스도가 나타날 시기는 곡과 마곡전쟁 이전임을 잊어서도 안 된다는 것입니다. 분명 적그리스도가 나타나야 그리고 그의 마지막 때가 되어야 그는 곡과 마곡지역에(계시록 20:7~8, 에스겔 38:1~6) 군대와 용사들, 장군들과 임금들을(계시록 19:18~19) 불러서 몰아넣고 전 쟁을 붙일 것입니다. 그럼 그가 나타나면 왜 곡과 마곡 지역에다 전쟁을 붙이십니까?
① 성서의 예언을 성취키 위해,
② 지나친 과신과 과욕 때문에,
③ 그리스도의 재림을 위해,
④ 세계와 전 인류의 심판을(마지막) 위해,

⑤ 알곡과 가라지, 신자와 불신자의 구분을 위해서입니다.
　그렇다면 그가 곡과 마곡 전쟁 이전에 나타나야 하는 이유는 무엇이고 어디에 있는 것입니까? 이 시점에서 우리가 이를 바로 아는 것이 무엇보다 급선무이고 대단히 반가운 일입니다.
　① 성서의 예고 그대로 그가 전쟁을 준비해야 하므로,
　② 군대를 그곳에 집결시켜야 하므로,
　③ 임금들과 장군들도 그곳에 소집과 동원시켜야 하므로,
　④ 그곳에서 신구약성서의 예언을 고스란히 이루어 드려야 하므로 입니다.
　그렇다면 이 곡과 마곡 전쟁은 누가 일으키는 것입니까? 그곳의 전쟁은 적그리스도가 일으키는데 그 이유는 무엇이고 어디에 있습니까?
　① 여호와를 대적하려고(계시록 13:6, 19:19~20),
　② 성도들의 진을 파괴하려고(계시록 20:9상반절),
　③ 사랑하는 성을(예루살렘) 파괴시키기 위해서입니다(계시록 20:9중반절).
　그래서 이 전쟁은 이미 그 승패가 확정되어져 있는 것입니다. 그럼에도 적그리스도는 자기 무덤을 스스로 파고 들어갑니다(계시록 19:19~20, 20:10). 그런들 어쩌할 것입니까? 누구도 이를 사전에 가로막을 수 없는 것 아닙니까? 곡과 마곡 전쟁의 원흉이 적그리스도 자신인데 자기가 망한들 누구에게 탓할 것입니까?
　그럼 이 전쟁의 장소는 누가 선택한 것입니까? 섭리는 여호와이나 적그리스도는 자신이 선택한 것입니다. 그는 구약과(에스겔 38:1~6) 신약의(계시록 20:7~8) 예언을 이루시기 위해 그 장소를(곡과 마곡) 솔선 택한 것인 만큼 누가

무슨 말을 한들, 또 누구의 변명에서도 유익을 얻지 못합니다. 왜냐 하니 자기 선택의 길을 간 것이니 말입니다.

아-멘

송기호목사 출간저서들 111권

【종말론 13권】

번 호	책 명	페이지
대환란 제1권	대환란의 서막	426쪽
대환란 제2권	피난처	434쪽
대환란 제3권	적그리스도의 출현	416쪽
대환란 제4권	666의 비밀	416쪽
대환란 제5권	대 환란의 시작	416쪽
대환란 제6권	최후의 그날들	406쪽
대환란 제7권	두 감람나무	442쪽
대환란 제8권	성서적 종말사	440쪽
대환란 제9권	종말에 나타난 대사들	432쪽
대환란 제10권	메시야의 선포식	434쪽
대환란 제11권	순교자	420쪽
대환란 제12권	공중휴거냐 환란통과냐?	451쪽
대환란 제13권	천년왕국이 있는가? 없는가?	404쪽

【마가복음 연구, 전12권】

번 호	책 명	페이지	가 격
1	마가복음 연구 제 1권	364쪽	4,500원
2	마가복음 연구 제 2권	396쪽	6,000원
3	마가복음 연구 제 3권	470쪽	7,000원
4	마가복음 연구 제 4권	426쪽	7,000원
5	마가복음 연구 제 5권	429쪽	7,000원

번 호	책 명	페이지	가 격
6	마가복음 연구 제 6권	413쪽	7,000원
7	마가복음 연구 제 7권	429쪽	7,000원
8	마가복음 연구 제 8권	417쪽	7,000원
9	마가복음 연구 제 9권	419쪽	8,000원
10	마가복음 연구 제 10권	416쪽	8,000원
11	마가복음 연구 제 11권	419쪽	9,000원
12	마가복음 연구 제 12권	367쪽	8,000원

【천국의 메시지(4복음 설교집 11권) 계속됨】

번 호	책 명	설교편수	페이지	가 격
1	천국의 메시지 [제 1권]	26편	343쪽	12,000원
2	천국의 메시지 [제 2권]	18편	308쪽	18,000원
3	천국의 메시지 [제 3권]	15편	304쪽	18,000원
4	천국의 메시지 [제 4권]	14편	314쪽	18,000원
5	천국의 메시지 [제 5권]	13편	324쪽	18,000원
6	천국의 메시지 [제 6권]	14편	314쪽	18,000원
7	천국의 메시지 [제 7권]	14편	324쪽	18,000원
8	천국의 메시지 [제 8권]	12편	321쪽	18,000원
9	천국의 메시지 [제 9권]	13편	319쪽	18,000원

번호	책 명	설교편수	페이지	가 격
10	천국의 메시지 [제 10권]	13편	315쪽	18,000원
11	천국의 메시지 [제 11권]	13편	311쪽	18,000원

【마태복음 설교 4,000편연구, 전60권】

번호	책 명	설교편수	페이지	가 격
1	마태복음설교3000편연구[제 1권]	89편	546쪽	15,000원
2	마태복음설교3000편연구[제 2권]	86편	547쪽	15,000원
3	마태복음설교3000편연구[제 3권]	83편	561쪽	15,000원
4	마태복음설교3000편연구[제 4권]	87편	561쪽	15,000원
5	마태복음설교3000편연구[제 5권]	88편	561쪽	15,000원
6	마태복음설교3000편연구[제 6권]	92편	550쪽	15,000원
7	마태복음설교3000편연구[제 7권]	86편	556쪽	15,000원
8	마태복음설교3000편연구[제 8권]	85편	556쪽	15,000원
9	마태복음설교3000편연구[제 9권]	85편	558쪽	15,000원
10	마태복음설교3000편연구[제10권]	86편	555쪽	15,000원
11	마태복음설교3000편연구[제11권]	84편	559쪽	18,000원
12	마태복음설교3000편연구[제12권]	84편	559쪽	18,000원
13	마태복음설교3000편연구[제13권]	84편	557쪽	18,000원

번호	책 명	설교 편수	페이지	가 격
14	마태복음설교3000편연구[제14권]	83편	559쪽	18,000원
15	마태복음설교3000편연구[제15권]	82편	562쪽	18,000원
16	마태복음설교3000편연구[제16권]	83편	557쪽	18,000원
17	마태복음설교3000편연구[제17권]	80편	560쪽	18,000원
18	마태복음설교3000편연구[제18권]	83편	557쪽	20,000원
19	마태복음설교3000편연구[제19권]	82편	568쪽	20,000원
20	마태복음설교3000편연구[제20권]	81편	559쪽	20,000원
21	마태복음설교3000편연구[제21권]	83편	556쪽	20,000원
22	마태복음설교3000편연구[제22권]	81편	559쪽	20,000원
23	마태복음설교3000편연구[제23권]	80편	560쪽	20,000원
24	마태복음설교3000편연구[제24권]	78편	560쪽	23,000원
25	마태복음설교3000편연구[제25권]	80편	557쪽	23,000원
26	마태복음설교3000편연구[제26권]	82편	554쪽	25,000원
27	마태복음설교3000편연구[제27권]	78편	561쪽	25,000원
28	마태복음설교3000편연구[제28권]	77편	562쪽	25,000원
29	마태복음설교3000편연구[제29권]	78편	558쪽	25,000원
30	마태복음설교3000편연구[제30권]	80편	556쪽	25,000원
31	마태복음설교3000편연구[제31권]	80편	544쪽	25,000원
32	마태복음설교3000편연구[제32권]	81편	559쪽	25,000원
33	마태복음설교3000편연구[제33권]	80편	559쪽	25,000원
34	마태복음설교3000편연구[제34권]	78편	559쪽	25,000원
35	마태복음설교3000편연구[제35권]	75편	559쪽	25,000원
36	마태복음설교3000편연구[제36권]	78편	559쪽	25,000원
37	마태복음설교3000편연구[제37권]	77편	562쪽	25,000원

번호	책 명	설교편수	페이지	가 격
38	마태복음설교3000편연구[제38권]	75편	560쪽	25,000원
39	마태복음설교3000편연구[제39권]	77편	557쪽	25,000원
40	마태복음설교3000편연구[제40권]	76편	561쪽	25,000원
41	마태복음설교3000편연구[제41권]	75편	562쪽	25,000원
42	마태복음설교3000편연구[제42권]	73편	557쪽	25,000원
43	마태복음설교3000편연구[제43권]	76편	562쪽	25,000원
44	마태복음설교3000편연구[제44권]	77편	560쪽	25,000원
45	마태복음설교3000편연구[제45권]	75편	562쪽	25,000원
46	마태복음설교3000편연구[제46권]	79편	563쪽	25,000원
47	마태복음설교4000편연구[제47권]	76편	560쪽	25,000원
48	마태복음설교4000편연구[제48권]	76편	565쪽	25,000원
49	마태복음설교4000편연구[제49권]	75편	558쪽	25,000원
50	마태복음설교4000편연구[제50권]	75편	559쪽	25,000원
51	마태복음설교4000편연구[제51권]	78편	559쪽	25,000원
52	마태복음설교4000편연구[제56권]	78편	557쪽	25,000원
53	마태복음설교4000편연구[제53권]	74편	562쪽	25,000원
54	마태복음설교4000편연구[제54권]	75편	562쪽	25,000원
55	마태복음설교4000편연구[제55권]	81편	563쪽	25,000원
56	마태복음설교4000편연구[제56권]	74편	561쪽	25,000원
57	마태복음설교4000편연구[제57권]	78편	564쪽	25,000원
58	마태복음설교4000편연구[제58권]	75편	558쪽	25,000원
59	마태복음설교4000편연구[제59권]	221편	594쪽	25,000원
60	마태복음설교4000편연구[제60권]	567편	598쪽	25,000원

【핫 이슈 저서들 10권 계속됨】

번호	책 명	페이지	가 격
1	죽음의 세계[상권]	384쪽	18,000원
2	죽음의 세계[하권]	401쪽	18,000원
3	사후의 세계[제 1권]	439쪽	18,000원
4	사후의 세계[제 2권]	453쪽	18,000원
5	사후의 세계[제 3권]	433쪽	18,000원
6	사후의 세계[제 4권]	449쪽	20,000원
7	사후의 세계[제 5권]	459쪽	20,000원
8	사후의 세계[제 6권]	460쪽	20,000원
9	사후의 세계[제 7권]	454쪽	20,000원
10	사후의 세계[제 8권]	461쪽	20,000원

【총회회보에서 사후의 세계 연구】

편	제 목	비 고
제 1편	목사나 성도가 "천국이나 낙원으로 갈 그 때"에 가져갈 것이 있는가?	총회회보 1-8호
제 2편	천국(낙원)은 어떤 곳인가?	총회회보 9-16호
제 3편	천국은 어떤 자가 들어가는가?	총회회보 17-24호
제 4편	천국에 있는 것들은?	총회회보 25-33호

【믿음에 대한 설교】

번호	책 명	설교편수	페이지	가 격
1	믿음에 대한 설교[상권]	36편	437쪽	20,000원
2	믿음에 대한 설교[하권]	46편	438쪽	20,000원
3	대환란 제3권 적그리스도 출현		415쪽	20,000원

대환란 (제 3권) 적그리스도의 출현

1990년 12월 12일 인쇄
1990년 12월 23일 발행
2023년 12월 20일 재인쇄
2023년 12월 29일 재발행

정가 20,000원

판권소유

- 저　　자 / 송　기　호
- 발 행 인 / 오　영　순
- 발 행 처 / 정 오 출 판 사
- 서울 동대문구 천호대로9가길 10(2층)
- 대표전화 / 963-0331, 2254-0691
- 등록번호 / 제300-2005-125호
- 등 록 일 / 2005년 7월 25일

※ 파본은 언제나 교환해 드립니다.

송기호 목사 저서들은 전국 기독교서점에서 판매되고 있습니다.